让我们甲骨文一起追寻

新浪微博
weibo.com/oracode

莱
丛
Rhein

〔德〕赫尔曼·格拉瑟 著

周睿睿 译

德意志文化

（1945～2000年） 下

DEUTSCHE

KULTUR

1945-2000

译 歌德学院（中国）
翻译资助计划

社会科学文献出版社
SOCIAL SCIENCES ACADEMIC PRESS (CHINA)

The translation of this work was financed by the Goethe-Institut China
本书获得歌德学院（中国）全额翻译资助

第三部分

变革的时代

抗议美国入侵柬埔寨的示威游行，1970 年 5 月

第 12 章

现代化与反抗

西方与东方：新社会与现代性的赤字 389

很长时间以来，没有人注意到 1948～1965 年的经济奇迹背后蕴含了深刻的精神内涵。同 1960～1965 年的学潮酝酿期以及随后的学潮相比，这一时期的经济建设和使日常生活秩序化的工作太平淡无奇了。与此同时，作为社会生活阐释者的知识分子（他们随后都主动或被动地卷入了抗议活动），总以为大多数民众的呼声有太重“黄金时代”的烙印，相对而言，还是自己的个人精神履历更加重要。这些话语权的拥有者只会鼓吹某些表象——让社会的大多数人认可为幸福的表象。代表着战后时期的消费、娱乐、住房甚至时尚的意向唤起了与日俱增的怀旧情绪，人们开始对那个时代产生了研究兴趣。

在1948年货币改革和1963～1965年奥斯维辛审判之间，西德经历了一次社会与文化的重大变革。这次变革的重要性甚至超过了日后的学潮。因为尽管学潮后来被人们翻来覆去地研究，其本身却并未对公众的集体思维模式产生深刻的刺激。

这个变革就是现代化，使城市和农村社会、生活条件、个人和集体的存在感都产生了急剧变化的现代化——后来人们给它取了个名字叫“重建中的现代化”。作为经济基础的物质条件已经具备，社会的精神格局也日益凸显，“有了这些基础，一场显而易见的社会变革在随后的几年就出现了，这是一场充满了活力的深刻变革，其范围远远超出了经济和
390 技术领域。此前的经济技术变革只是它的潜伏期。这不是一次即刻就能看出效果的社会突变，而是潜力酝酿的结果，它撼动了旧有思想的基石”。

早在1982年，汉斯·彼得·施瓦茨就建议，从现代化的角度来考察1950年代的社会变动。他认为，从50年代中期开始，“崭新而庞大的现代化推土机”就在不断地铲除连第三帝国和第二次世界大战都未能摧毁的前工业时代的残渣余孽。在这种意义上，50年代应该被作为重大的转捩点来重新审视，它把当今作为成熟西欧国家的德国从它的历史中剥离。

1950年代，并不像某些别有用心的人说的那样，仅仅

是简简单单的新旧社会形式上的转轨。根据政治学家汉斯·迈耶的观点，50 年代是在阿登纳的领导下，德国人民终于在反现代性的第三帝国灭亡后，凭借所有代表了“现代”的形式与原则，不容置疑地向世界宣称：我们进入了“现代社会”。罗塔·伽尔认为，一个看起来那么守旧，对外宣传只是想“保护”和“重建”的联邦共和国政府，竟在统治的最初几年就寄希望于变革与发展，并以此作为新的公共认同和自我定位的出发点，这实在值得玩味。在这个背景下，霍斯特·缪勒把它称作“一个激进的崭新开始，带来了拐点”。鲁道夫·莫西则干脆断定，德国在 50 年代走向了一个新社会。

在 1950 年代文化生活的表象中，阿克谢·席特找到了新的研究模型。正是这些文化的表象证实了作为一项工程的现代化，与所谓的凄惨的“德国式道路”不同的现代化，是通向进步的康庄大道，而这被许许多多的先锋派潮流所推崇的现代化，本身就是由多个不同时代叠加而成的：摩登世
界里的不摩登的人们，不摩登世界里的摩登的人们。被马克 391
斯·韦伯称作“西方理性主义的普世化”的东西遇到了巨大的阻力。“保守皮毛下的现代化”已然含有那时德国的保守派对现代性的肯定，他们其实比 1990 年代的新保守主义进步多了。

1950 年代出现的现代化浪潮根源诸多。下面这些因素都或多或少地起了作用：威廉时代的进步思想，魏玛共和国时代推崇的“世界大都市”的开放性，甚至后来毁于自身道义的第三帝国的现代性结构。它也包括导致了最终突变，

使“政治文化”和民主化顺理成章的战后德国西方化和美国化进程，以及当时德国的欢欣鼓舞与欣欣向荣。这些都对现代化得以成功起到了至关重要的作用。

恐怖的战争和颓丧的战后时代已经过去，一种“美好新世界”的情绪正在蔓延：完整的家庭，舒适的家居，轻松、和谐而多彩的时装设计向人们传达着一种生活在“美丽新世界”的幸福感。可以说，德国人从未对祖国有那时那么大的认同感，从未找到像那时那么强烈的“家乡”的归属感。

“到处都是曲线啦，圆弧啦，羽翼啦。仿佛那段有着绞架和党卫队，喊着‘希特勒万岁’的可恶的历史弯路可以通过甲壳虫、牡蛎和焖腰子得到赦免。我们觉得，现在好像卸下了罪孽的沉重负担。”

而“另外一个德国”，也就是民主德国，则仿若在遥远的异邦。那里的人们远远地注视着这边，钦羡这里的快乐。他们不知道自己何时能像这样欢欣，却不得不在心理上尽力保持平衡。两个德国时间上的隔阂，在真正的柏林墙建起之前就已存在：西德的人们已经开始奔向“摩登时代”了，东德还在第三帝国时代的废墟里挣扎。“有一次，一个国家机关的秘书对我说‘社会主义是贫穷的’，他在一个为特殊使命而设置的机关里任职。和通过马歇尔计划很快赶上西方
392 发达国家的西德不同，东德至今仍然饱受物质匮乏之苦。只要看一眼住宅的厨房和卫浴里可笑的塑料装潢，或者莱比锡街道两侧鸽笼般的住宅楼——就连这样的住宅楼还是给外交官和外国记者们住的——就会明白这一点。在那些住宅里，

水管接在生锈了的钢管上，然后输送到楼层高处。四家的浴盆里只有一家放出来的水是干净的，其他三家的都是铁锈色。在新建的高楼里做客时，我走在曲折的楼梯上，楼板是倾斜的，墙面被胡乱刷过，这就是‘起重车逻辑’，大跃进式生产的产物。在这种‘新建筑’里生活的东柏林住客对我说，两个新搬进来的退休同事对这样的居住条件颇有微词，几个月之后，情况仍然没有得到改善，他们一怒之下交还了党员证。”

东德现代化“赤字”的严重程度，在民主德国政权垮台后才被曝光，西德以越来越围观者的态度记录着这一切。现实生活的不如意也催生了某种程度的怀旧情绪。两个德国的差距使东德人，尤其是那些住在贯穿东西德铁轨旁的东德人，感觉自己的生活停留在二三十年前的过去，不得不用与“美好旧时光”有关的联想来自我欺骗。老一辈的西德人也常常怀念青年时代。有些人声称，在民主德国才能找到一点点早已在西德消失殆尽的“德意志身份”。“于是兴起了历史博物馆，它们告诉人们，德国在变成今天这个美国化了的德国之前是什么样子。”

> 肯尼迪鼓吹的和平战略极大地影响了德国的内政与外交，使人们觉得推倒柏林墙是不可能的了。但是，大家还是希望能开放柏林墙通行。这是维利·勃兰特时期德国社会民主党的一项特别主张，受到艾贡·巴尔的支持。他认为，柏林墙是恐惧和东德专制政府坚持的标志。“人们不禁要问，是不是有可能逐渐消除东德政府

> 393 的忧虑——尽管这忧虑是完全可以理解的——告诉他们，推倒柏林墙，消除界限可以实现，即使有风险，也是可以共同承担的。”“通过接触来改变”的政策可以被程序化。在这自由的社会风气下，德国总统勃兰特和他的外长瓦尔特·席尔批准通过了一系列与华沙组织国家的协议，如1970年8月12日与苏联签署的《莫斯科协议》，1970年10月7日与波兰签署的《华沙协议》等。当然，这些协议也是在西德人的公民权得到确保的前提下才被签署的。
>
> 尽管立场各自不同，1971年9月3日，英美法苏的四方会谈还是成功举行①，会议以国际法的形式确认“不通过武力改善现有状况”。苏联首次承诺开放东西柏林市民之间的无障碍交往。此后，两德又通过了一系列协议。1971年12月17日条约的签订恢复了联邦德国和西柏林被柏林墙阻隔的通行。四方会谈所达成的协议以及随后两个德国间的条约于1972年6月3日正式生效。

自由主义的西方各国承诺，绝不向民主德国强加任何与其意识形态相悖的东西。但这个社会主义国家的理想世界在其现实的存在下日复一日地遭到腐蚀，重要的只是那些特权阶层，游离于只对平民有效的体制之外。有一些东西，从社会、政治、文化或者经济的角度都不足以使人信服，被柏林

① 这是冷战开始后，处于两大意识形态阵营的双方第一次聚首德国。

墙简简单单地联系了起来。此外，尽管不那么情愿，西方国家还是越来越承认并试着接受两个德国的存在。并且，由于东方政策带来种种好处，与民主德国的国家元首达成越来越多的妥协——这些妥协也包括将长期提供给日益下滑的“战略经济对话”国的经济援助。作为“反法西斯主义防护墙”的柏林墙使一种政治幻想维持了三十年之久，最终却 394
因作为“下层基础”的社会经济已被侵蚀得千疮百孔而一朝覆灭。

民主德国与西方世界及其现代化步伐之间的鸿沟越来越深，越来越清晰，民众也就有了一种认命的情绪，认为自己的一生注定要在民主德国度过了。所有要求、所有希望——只能当民主德国真正实现了共产主义之时才能变为现实了。“因此，人们尽管未必是共产党员，却积极使自己适应国内的生活。并不是他们选择了民主德国，他们也认为，国家可以有一种更好的形式，但这就是他们的祖国啊。祖国的成就也就是他们的成就，祖国的成功也会给他们脸上增光。今天我们争论那到底是出于某种国家意识，还是那1700万在战后有着同样特殊命运的德国人在同病相怜，都不过是嘴皮子官司。”

“德国被分裂，说到底我们得感谢希特勒和四个强权大国的霸权政治。但是，柏林墙的建造，我们却得归功于自己。它是东西德双方政治不成熟的结果。”

彼得·本尔德对民主德国的心理蓝图做出这番评估三年之后，柏林墙倒塌了。两德间现代化的赤字差距，人们之前带着认命的态度孤立地忍受过，互相抵偿过，现在从本质上促成了和平演变，并以一种新的、人们未曾料想到的方式继续存在。这些差距产生的问题令人震惊，统一也使两德一起面临新的危机：随着西德保有的众所周知的亲英美化，肆无忌惮的市场经济及其后果也进入了整个德国——至少是在前西德，因为资本主义不计后果的开采与剥削，社会化的市场经济越来越失去了它的效力。

反对肯定性文化

20世纪60年代末爆发于联邦德国的学潮运动急剧而武断地片面否认了50年代大行其道的现代化进程。当然，
395 学潮运动本身就以“现代化辩证法的辩证”的姿态出现，目的是不让现代化进程在自我满足中停滞不前。可是，学潮运动能够取得巨大成功，还得感谢此前社会通过现代化发展所取得的进步（尽管现代化是其攻击对象）。50年代的现代性文化和60年代末的学潮文化是一枚硬币的两面。这两股新观念不断涌现的文化思潮都在探索，如何使这个联邦共和国从摆脱“德国式”集权主义的过程中获得繁荣——尽管会走一些弯路——而黄金的50年代进行了更为广泛的尝试。反叛的学潮一代作为文化革命的使者，在其“无政府状态的短暂夏日”里促成了僵化结构的解体——这些变革首先出现在艺术领域、官僚机制、教育界和政治之中。许多变革一直被左翼的旗手高调地宣扬了重要意义，但可惜的是，它们终究只是轻轻挠了一下表皮，直到日后这些左翼旗手本身也在小册子《青年之罪》的修订版中蜕变为中立主义者甚至右倾的新保守主义者。

> 1985年，柏林自由大学举办了一次名为“左翼知识界在文化革命和文化毁灭中寻求突破”的座谈会（座谈会是由大众汽车公司基金会赞助的）。作为这次座谈会延续的是后来在法兰克福召开的社民学联①代表会议。在此会议上，奥斯卡·奈格特说，别在社民学联的悲剧上再加演一场复兴的闹剧了。他的发言获得了潮水般的掌声（他也警告大家，不要被机会主义所左右，贬低自己选择的道路）。听众中一位小姐高喊道：“你们都已经忘记自己的初衷了！”还有人说：“什么都没有了。所说的一定会发生的革命，消失了。”一个慕尼黑来的青年悲哀地说：“你们的书，你们的思想连同你们的脸面一起丢失了。”“我受够了，我也退出好了。”社民学联从前的一个人物如此愤愤然地宣告。哈贝马斯对此评价道：在从前反叛的青年左翼中，只有丽塔·苏斯穆特作为妇女部长保留了下来。

彼得·施耐德在其小说《伦茨》（*Lenz*，该书出版于1973年）中描绘了作为一代人的学潮参与者的精神与社会图景：整整一代人，在自己的国家，这个有着经济奇迹和高度文明的现代国家，竟然倍感陌生。“这一日下午，伦茨在 396
城里的购物街上漫步……他注视着橱窗里的摆设，感到很惊讶，那里居然每个月都会陈列出新的汽车、皮大衣、鞋子、

① 全称为“社会民主主义大学生联盟”，是德国一个左翼性质的党派，成员以大学生为主。

电视机，晚礼服和西服。永远都有社会名流，三年以来一成不变地从红色的跑车上走下来，永远都有在巴利（Bally）专柜售卖贵得要死的鞋子的女售货员，永远都有关于詹姆斯·邦德的电影，永远都有像他和他的朋友们跟进政治新闻那样急不可耐地等着最新款的大众汽车的人们。”

赫伯特·马尔库斯①替残酷的自利主义起了个比较好听的名字——“肯定性文化”。面对被过于物质化的文化理念，不满的声音越来越多。但这些声音首先并非以社会批判和社会分析，而是以社会心理的形式出现，见于各种非主流文化以及“选择性文化”。对于各种秘密发展起来的青年文化模式来说，无论其风尚在于艳丽的色彩，还是在于混乱，或在于进攻性，或在于顾影自怜，美国风都有着极为重要的影响力。罗尔夫·迪特·布林克曼和拉尔夫·莱纳·吕古拉将其在三月出版社出版的选集命名为《酸》，可谓此类文化转型的里程碑。他们俩在1969年总结了这些转型的文化是如何作为新文化的使者，在过去的几年中凭借其通感般的爆破力瓦解了联邦德国的“肯定性文化”。

《酸》中的文章以一种扮酷的口吻写成，毫不留情地批评了经济奇迹时期贪图安逸、装腔作势的小市民气。“哦，黑暗中的笑容，哦，污浊的洞！给爱让出一点位置吧！不过一句操蛋而已。操蛋的手臂，操蛋的嘴，操蛋的屁股。让我舔舔你肚子上的咸水，让我僵硬的阴茎在你的乳房中间摩

① 赫伯特·马尔库斯（Herbert Marcuses，1898～1979年），他是德美混血的社会学家和哲学家。

擦，穿过你的腋窝。我要吮吸你的乳头，你的耳朵，舔你的屁股。我要在你的肚子上躺着，做梦。”

节选的文段具有代表性地表现了那时对社会底层和随后到来的学潮中具有典型意义的性解放观念：运用流行文化的表现手法，系统地、有组织地解放肉体，这对于冲破美学意义的形式局限具有标志性。

流行于社会底层的不仅是《酸》的语言，还有关于植物种族的描述。急流勇退吧，做你自己的事吧，任社会发 397
展吧。那些看样子像是在“局外”的人，实际才是局中人。那些逃离社会以及其中一切的所谓礼仪和谎言的人，才是真正“有范儿”、真正识相的人，因为他知道：在远离压迫的地方有一个嬉皮国，美丽而和平，那是艺术的挪亚方舟，它会在无政府状态的狂喜和蓬勃的烟雾中到达巅峰。裸体，与你交融，这一切都被赋予了向遮遮掩掩的哲学示威的含义，而灌木般犬牙交错的蓬乱发型则仿佛存心激怒精心剪裁、注重效率的“布尔乔亚式分头”一样充满 398
了挑衅意味。

伍德斯托克音乐节①成了流行文化的盛典。1969 年 8 月中旬，50 多万名穿着牛仔裤、运动鞋的年轻人聚集在位于纽约州贝瑟尔小镇附近的奶农马克斯·雅思古尔的 240 公顷的牧场上，来参加“这个史上最盛大的摇滚音乐节，青年

① 伍德斯托克音乐节（Woodstock Music and Art Fair）是美国纽约州乡村小镇贝瑟尔在 1969 年举办的音乐表演活动。贝瑟尔距离阿尔斯特县的伍德斯托克 43 公里。为期 3 天的音乐节，共有 40 万名音乐爱好者涌入贝瑟尔，使得伍德斯托克音乐节成为史上最成功的摇滚音乐节之一。

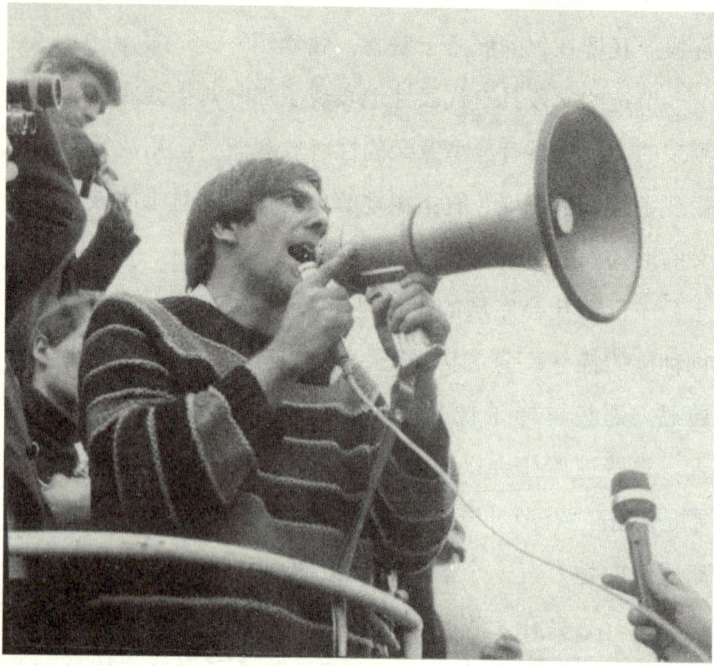

鲁迪·杜契克在1967年的一次游行上用扩音器讲话

文化力量的和平示威”，这次集会持续了3天。

新的美国式叛逆神话起源于加利福尼亚州（伯克利大学），迎合了人们“美国梦”破灭的心路历程。美利坚曾经是那样一个充满了无限可能的国度，但随着美国的探险之旅的深入，这个高度工业化的国家的阴暗面和矛盾性也愈加被曝光。1950年代麦卡锡主义宣扬的充满火药味的反共产主义，以及1964年美国加入越南战争使情况更加恶化。美国的地下组织发表了很多言论，成为人们反对西方世界帝国主义和资本主义的旗号。约翰·肯尼迪用卡里斯玛式①的个人魅力把德国青年也召集到其麾下的时代早已经过去了。紧随其高潮——1963年在西柏林的勋伯格广场上发表的宣言“我是一个柏林人!”——的是肯尼迪遭到了刺杀，然后为了黑人民族而战斗的勇士马丁·路德·金也被暗杀了，美国的“民主”图景顿时被抹了黑，尽管这幅图景在再教育政策里被描绘得是那么激动人心。然后，罗伯特·肯尼迪②也遭到了暗杀，而关于这一点的记忆是那么深刻，因为他是唯一在三位有望成为美国总统的候选人中信誓旦旦地宣称自己要为千百万弱势人群，尤其是美籍黑人尽力，并且火速结束越南战争的。“我们在政客身上再也看不到一丁点儿希望。随着金和肯尼迪的被暗杀，美国政治焕然一新的机会就永远地错失了。”托德·吉特林如此说道，他当时担任美国民主社会学生联盟的主席。

迪特·巴克③对非主流文化进行定量分析后认为，对非主流文化的代表人物的最好称呼是社会边缘人，想要逃离社

① 卡里斯玛（Christmas）是德国社会学家马克斯·韦伯从早期基督教观念中引入政治社会学的一个概念。韦伯认为卡里斯玛是这样一类人的人格特征：他们具有超自然、超人的力量或品质，具有把一些人吸引在其周围成为追随者、信徒的能力，后者以赤诚的态度看待这些领袖人物。

② 美国总统约翰·肯尼迪的弟弟，1964年当选为纽约州参议员。1968年6月初他刚赢得了民主党加利福尼亚预选的胜利，便于6月5日早晨在洛杉矶一家旅馆内遭枪击而身亡。

③ 迪特·巴克（Dieter Baacke，1934～1999年），德国教育家、比勒菲尔德大学教授。

会规范和束缚的边缘人。如嬉皮士、雅皮士、垮掉的一代、新左翼、诗人、各种乐队和社团、电影制作人、煽动者的这
399 些年轻人，他们逃离到幻想中的自由乡村的梦想从未破灭，并以此作为自己的风格。在他们当中，产生了一股广泛的、想要打倒拜金主义和资产阶级革命小市民社会虚伪的双重道德的热潮。

波恩瓦德·费斯佩尔是崇尚国家社会主义的作家威尔·费斯佩尔之子，后来和恐怖主义者古德伦·恩斯林同居并有一个儿子，1971 年开了一个治疗自杀的心理诊所。他在小说《旅途》中对一个美国朋友说："我要写一本书，书名就叫恨，我恨杜布罗夫尼克①，我恨德国。我恨到处滚的蔬菜。我恨满大街的汽车。我恨街道。我恨柏林。我恨孩子。我恨我的父亲。我恨所有把我变成这样一头母猪的人。我恨我的教师，恨很多很多东西。"

洛尔福·迪特·布林克曼是废墟一代的代表人物。这一代人带着学潮特有的狂飙突进般的热情崛起，在崛起的同时也被孤立。布林克曼关注着这一代人的挫败感和进攻性：他们生长在经济奇迹中，却深感心灵的堕落——本来，强烈的自我意识可以帮助他们从艺术表现的绝望中走出，重塑一个新的自我认同，但现在，连这些自我意识也被剥夺了。布林

① 杜布罗夫尼克（Dubrovnik），古称拉古萨（Ragusa），克罗地亚南部港市，此城面临着意大利半岛的东岸，位于杜布罗夫尼克地峡之末端，以风景优美闻名，是热门的度假胜地，有"亚得里亚海之珠"的美称。它也是克罗地亚语言及文学的其中一个发展中心，是不少诗人、剧作家、数学家、物理学家及其他学者的居所。

克曼的第一本小说《在坑内》于1962年出版，描述了一个年轻男子外在和内心的孤独，在过境时重访了自己的家乡，试图寻找纯洁和无辜，却不得不发现自己的寻找纯属徒劳。这位作家把他的目光投向了毁灭、污垢、垃圾、满脸横肉的人们、赘肉。叙述常常把读者引向厕所，那里潮湿而肮脏，但被描写成驱赶商品美学的一剂清新的除臭剂。没有一个事物是“存在”的，所有的都在毁灭、堕落、异化。布林克曼出版过一本日记和笔记集，内容关于石化的生活、不受限制的憎恨、沉沦的天空和僵化的西方世界，《梦、起义、暴力、谋杀——起义者微妙感觉的探索》是它的标题。

大抗拒 400

1966年，四国联盟很讲究“力量均衡”地选出了最好的代表，与作为联邦德国总理库特·格奥尔格·基辛格和时任德国外长的维利·勃兰特开始共同努力，缓解当时德国内政和外交的僵持局面。战后还从来没有一个内阁是由这么多政见不一、互相矛盾，而在政治上又具有贯彻力，同时在各自专业领域如此富有才能的成员组阁而成的，这其中有：赫尔曼·霍尔谢尔、克特·施特罗贝尔、格奥尔格·勒伯尔、布鲁诺·黑克、赫伯特·维纳、卡洛·施密特、凯－乌维·冯·哈塞尔、卡尔·席勒、汉斯·卡策、杰哈德·施罗德、汉斯－荣格·维施奈维斯基、弗朗茨·约瑟夫·施特劳斯、杰哈德·施托尔滕贝格。基辛格本人则是“被人以词语的本意称作一个受过良好教育的人——尽管在1970年代这个称呼越来越受到质疑，甚至受到嘲笑。他一直在抗拒知识精英的等级以及精神上的条条框框，尽管这样，却从未被夸夸其谈和不切实际的热情所左右”。

正是这些“和谐平均律”，让人们感受到生活正日渐走上正轨，社会里弥漫着一股追求和谐的风气，让人很好维持这一切，这股风气会促使冲突产生的叛逆文化受到越来越多的抵制。由此，当德法裔记者比阿特·克拉斯菲尔德1968年11月8日在德国基督教民主联盟大会上，在柏林议会大厅里公然揭露基辛格本人曾参与过德国国家社会主义工人党，并送其以“法西斯主义者”的美称时——这无异于给了他一记响亮的耳光——此事便具有了标志性的意义。比阿特本人在当天被判一年监禁，并不得保释。“这个判决是这样的严苛，相形之下，对奥斯维辛集中营战犯的判决过于宽松了，还有那些一直被审判但从未被判决的、有着纳粹背景的政治明星人物。这一切都给人们，尤其是青年一代留下了深刻印象，即他们的前辈尽管对民主二字信誓旦旦地宣布效忠，却从来没有真正地学会何谓民主。”

随着四国联盟的建立，德国自由民主党成为唯一一个勇负“反对党监督”重担的政党，而它是否真的能担此重任，人们从质量和数量上都无法信赖。所谓“议会外反对
401 党”同德国社会学生联盟合并，前景不容乐观。一连串反对紧急状况法①、反对礼萨·巴列维访德、冲击施普林格出

① 1968年5月30日，德国联邦议会通过紧急状况法，确保国家在危机情况下（自然灾害、起义、战争）有行使特殊职能的能力。此法遭到所谓的议会外反对党的大规模反对。

伊朗统治者夫妇穆罕默德·礼萨·巴列维和法拉赫皇后（中）拜访德国总统海因里希·吕布克（右）和总统夫人威赫米娜（左），第二排是露特·勃兰特和时任德国外交部部长的维利·勃兰特。照片摄于1967年5月的奥古斯图斯堡

版社[①]和反对美国发起的越南战争的示威游行，使得议会外反对党在许多极端民主主义者眼中顿时变成了为真正的共和国基础秩序而战的先锋队。当然，对大多数人来说，共和国正由于学生骚乱陷入了极大的危险之中——从这个情况不难推测，民主的“本我”已经从根本上丧失了。

汉学系学生艾尔哈德·奈克曼于1967年夏递交给汉堡安全防务站高校工作组的理论论文反映了当时政治敏感的青

① 1968年4月11日，有人在柏林枪杀了当时作为学生运动领袖的鲁迪·杜什克。当医生抢救其生命时，施普林格出版社的晨报记者警告自己的同事不要插手此事，这造成上百名愤怒的学生冲击出版社。

年学生的声音。此论文被一名教授节选作为口号，呈给了加
402 布伦茨[①]："德国的大学不是处在危机中，而是已经完全衰落。这一切只有通过一场革命来改变。"该论文拟出了一幅战略性的草图，鼓吹"持续的高校骚乱政策"，该政策主要目的是通过"汉堡大学学生群体的大规模行动"建立一个新的公共领域。1967年11月9日的扰乱汉堡高校校长办公室的聚会标志着事件升级到白热化阶段。德特列夫·阿尔伯斯和辛内尔克·贝默两人打出了后来举世闻名的标语"在陈腐的长袍下的1000年"（Unter den Talaren Muff von tausend Jahren）迈步向前，引得礼堂中很多教授也加入了他们的行列。

> 许多大学都发生了骚乱。在汉诺威，葬下欧内索格[②]一周后成立了反抗者议会，这使学生运动迅速扩大，也给那些仍然相信着缓和的人明示了其爆炸性的影响力。哈贝马斯举行了一次重要演说并指出，只有学生运动才能够唤醒人们此前被当局有意或无意打压或封锁

---

① 奥托·冯·加布伦茨（Otto von Gablentz），时任德国驻荷兰大使。

② 本诺·欧内索格（Benno Ohnesorg，1940～1967年）是一名德国大学生，于1967年6月2日在柏林德意志歌剧院进行反对伊朗国王穆罕默德·礼萨·巴列维访问德国的示威活动时，被便衣警察枪杀。这是他首次参加政治示威。欧内索格当时是26岁的学生，研究浪漫主义、德语文学和文化。当他被杀时，妻子正怀着他们的第一个（仅有的一个）孩子。他的死亡是左翼的一个集合点，六二运动团体以他被杀的那天命名。20世纪60年代末的左翼学生运动在他死后膨胀起来，许多当时才十几岁和二十几岁的德国政治家都深受影响。在柏林德意志歌剧院旁设有本诺·欧内索格的纪念物，他家乡汉诺威的一座桥梁也以他的名字命名。

> 了的意识，甚至连当局者本身都有可能把这个意识从自己当中驱逐出去。作为议会外反对党声音的学生运动，确实部分促成了政治公共领域的重建，他们行使了民主监督的职责。游行示威的力量，在我们这个不想革命的状况下，独自担负起了政治启蒙的重任，它以启蒙为自己的目标。尽管如此，在本该进行民主讨论的时候竟出现了暴力和反暴力，哈贝马斯对此忧心忡忡。“针对事采用武力”口号很容易转化为针对人的暴力，他这样警告试图以“针对事采用武力”作为口号的左翼法西斯主义者，这个口号使他们自己被城市安全防卫警卫队列为攻击目标。

对当局压迫的抗拒是与当时流行的“建立一个无专制 403
社会”的希冀分不开的，这个无专制社会应该以民主作为基石，注重民生，最重要的是要能带给人们精神上的愉悦。在西格蒙德·弗洛伊德的性心理发展学说的基础上，赫伯特·马尔库斯阐发了“无压迫文化的想象”，这个设想由“利比多道德”（libidinöse Moral）决定。马尔库斯在联系了席勒的《审美教育书简》[①] 的观点后做出如下结论：“在一个真正具有人性的文化里，存在应该更像是享受而不是受罪。人们应该一边娱乐，一边发展，一边生活，生活不是为了受苦。”

---

① 《审美教育书简》又译《美育书简》，德国古典美学家席勒的代表作。是1793～1794年席勒写给丹麦王子克里斯谦公爵的27封信，1795年经整理出版。追求人类本性的完善，提倡理性的自由是席勒美育思想的核心。

如同赫伯特·马尔库斯的同行者阿多诺一样，自从商品交换社会高度发达以来，艺术就一直在反对越来越受程序化约束的生活，并视这种生活为本该是自由主体的"人"的对立面。"艺术的功能不是让一个齿轮开始运作，而是抵制不管做什么都必须讲究功能和效果的心态。艺术才是注重终极目的的，可在充满了等级意味的有关管理当局的控制下，它却变成了毫无目的。艺术想要无摩擦地融入社会，可在这样一种管理思想下，却被全社会看作异类。"

> 彼得·魏斯在其1970年创作的戏剧《荷尔德林》中，设计席勒对荷尔德林说了这样的话："美的概念先于自由的概念而生……社会结构变革之前，须先有人的变革。"在该剧之后的段落里，马克思对荷尔德林说："要为变革做准备，有两条路可走：一条是研究具体的历史状况，另一条是赋予深刻的个人体验以具体的形式。"
>
> 魏斯的戏剧，尤其是《越南讨论》（在此剧中，魏斯以越南的历史和长时间的解放战争为例，讨论底层人民拿起武器反对压迫是必要的，美国消灭革命的根基的努力也是必要的），极大地影响了联邦德国的知识分子的政治性。怀旧性的历史工作以及对于法西斯时代、资本主义和帝国主义时代的研究使那个时代
> 404 的小说《反抗的美学》受历史性和神话性的影响颇重。"这本小说讲述的是欧洲反法西斯战争及其受害者的故事，尤其着重于无产阶级的反法西斯起义，他

们中的很大一部分人受到位于莫斯科的共产主义大本营的领导和援助——这些人的故事通过一些参与过起义的人，男人和女人，通过一些历史事件来展现。许多都是真实的人名、真实的事件，有一些使用了化名，还有一些是为了叙述方便而杜撰出来的，我隐去了真实的地名，而采用柏林、巴黎、巴塞罗那、西班牙内战广场、斯德哥尔摩这样的大城市名取而代之，但是从一些影射和文段节选中大家还是很容易在历史中找到其原型。另外，我也同时穿插了关于十月革命之前和之后那一段历史的描述。”

打破常规

社会上充满了挑衅心理，其目的是冲破思想和行为上的一切规范、守则、态度、禁忌、偏见以及已有但毫无意义的秩序，以此来为将要到来的运动做准备。艺术领域首先有了反应，而在这些反应的影响下，其他方面也开始看到了反叛的迹象，叛逆的美学开始流行，当然这也只有在有关当局表现出足够宽容度的前提下发生。人们再也不仅仅满足于主日祷告文，而开始要求成功。哈贝马斯认为，最开始用来打破陈规的新技术也给久旱干涸的官僚机构带来了一丝清风，因为它们针对复杂而又易感的交往网络中的雷区，所以事半功倍。流行文化的狡猾之处在于，它在下意识中萃取并提炼了日常生活五光十色的色彩和轮廓，并将其扩大、加工，再把它们重新带回人们的意识，新的

1968年12月，女学生乌苏拉·塞佩尔因非法侵犯他人住宅被起诉，她和几个同学在法庭上跳脱衣舞，以此挑衅法庭

游行示威的技术就采用了这个特征，使得象征性的符号变得可笑。

405 然而，以这种方式政治化了的公共领域却并不能带来学习和改进。失望了的革命激情急不可耐地向着老化的各种机构发起了精心策划的冲击，在长长的征途中，这种急不可耐的心态很容易转化成因为受到挫折而产生的好战心理。哈特穆特·冯·亨提西1968年在纽伦堡的一次名为“联邦共和国的反对党”的谈话中指出，青年们的这种浑身长刺的心态有一个错误的人类学基础，只不过损害公共秩序对他们一点好处也没有，因为这样做只能证明做这些事的人的脆弱易感。

“我们应该对每一点小小的挫折感到高兴，因为它们是由我们的天性生发而出的，我们应该感谢这些小小的插曲，是它们阻止了我们不至于陷入真正的抑郁性格，也不至于一时冲动做出什么糊涂事。”

> 费茨·图尔菲与迪特·昆策尔曼、莱纳·朗豪斯合办了一号公社[①]，公社是在已是危房的柏林耳房里成立的，以流亡到美国的作家乌维·约翰逊命名。公社的成立是那时以现在人的角度难以想象的政治闹剧中的标志性事件，反对性压抑极大地刺激了小市民的想象力。
>
> 这些革命的小丑实行了一种为当时社会礼教所不齿 406
> 的生活方式，当然，从潜意识心理学来说，这也是他们自我的一种解放。一切都是对司法的嘲笑——如果这样做有助于人们找回真理的话，我会坚持到底，这是图尔菲在法庭上的表态——混乱中的乐趣，群交（当然，创办者莱纳·朗豪斯和他的女友，也就是一号公社的封面女郎乌施·奥伯迈尔很快又回归到了传统一夫一妻制的世界当中，像许多正常的情侣那样）。在死一般的寂静里，革命者为这个严肃的社会带来了生趣。“谁两次

① 1967年1月，“社会主义德国学生联合会”的成员在西柏林组织了“一号公社”，这是德国开风气之先的头一个，也是最著名的被称为“公社”的男女合租式公寓。就像其他公社一样，一号公社成为反权威运动的种子。他们鼓吹男女平等，并创建了托儿所和免费学校。他们排斥市民阶级的小家庭，指责那是压制情感的一种神经质强迫性的社会组合。一号公社强烈反对的是战后那种看重表面道德的虚伪社会。一伙年轻男女合租公寓，共用厨房、厕所、浴室，在今天的德国是完全正常的事，但是在1967年，这一现象激怒了整个国家。被称作“一号公社”的这种充满挑衅性的男女混合公寓住房，彻底颠覆了德国传统社会的礼教习俗。

> 和同一个人睡觉，谁就是创办者。”当柏林的学生1967年夏快乐地迎接费茨·图尔菲从狱中释放时，他们喊出了这个口号。变不整洁为浪漫，在革命性的演说中加入色情、污秽的词语，人们用这些来尝试着摆脱商品美学的魅力光泽和讲究卫生带来的压力。布尔乔亚式的整洁癖和被赋予了革命意味的叫春放在一起受到关注，大家只不过是想要做人罢了。

1969年1月31日，法兰克福学院社会研究所被占领，占领者们威胁释放除了阿多诺、路德维希·冯·弗里德堡和鲁道夫·贡泽特之外的三名领袖，警察出面了。他们逮捕了几名学生，其中有身为阿多诺的博士生和社会民主主义大学生联盟领袖的汉斯·荣格－卡拉尔。很快，阿多诺本人的授课也受到了干扰，主要是因为一些女生在讲堂上表演起了脱衣舞。在一次《明镜》周刊的访谈中，对议会外反对党在支持和反对态度中摇摆不定持反对态度的阿多诺表示，他从未在其作品中为任何一种行为或运动塑造某种榜样。不久之后他死了，学生中怀有敌意的人的攻击使他很伤心，他们认为他是蒙昧者死灰复燃，他的死震惊了公众，他们以升级的暴力方式来控告他的精神著作权。

霍克海默退隐到了泰辛，其作品越来越多地采用了叔
407 本华的悲观主义哲学，以求与神学靠拢。在一篇名为《反对左翼极端主义》的笔记中，这位越来越保守的哲学家写道：“在今天，对资本主义进行攻击必须要在双重意义上接受对于极端主义威胁的反思。如同在资本主义国家也有

法西斯倾向一样，攻击资本主义的人需要做好心理准备，即左翼极端反对党有可能摇身一变成为恐怖的极端主义。”

辩证法术语

议会外反对党的语言——这种语言带有浓重的法兰克福学派腔，当然很快也被人们弃置不用——开创了一个圈子，该圈子受阿多诺的作品《本真性的行话》影响很大，那都是些新的概念和思考维度。须知即使在1945年之后，德语语言教育也受到带有意识形态色彩的《格林大字典》[①] 的压倒性影响，囿于系统条理的各科各目的桎梏之中。这些字典、德语教科书、歌集、史书将官话、套话潜移默化于语言使用者之中，社会在这些伪田园的语言保护伞下定型。传统官方的德语能通过粉饰太平的表述，把不幸描述成幸运。辩证法认为，在传统的德语中沉沦，社会将不再有发展的空间。《本真性的行话》从语言上证明了被标准的官方词汇浸淫的“受过教育的人”没有撼动现有秩序的能力。

新发明的辩证法的语言在此犹如一杆标枪，是冲破现有泛滥的陈词滥调、偏见和各种所谓理论的武器。新潮的表述及通过其体现出来的新思想激活了民主的讨论。碎碎念的肤浅和表面文章像石膏一样一块一块地被撬开。议会外反对党的语言开创出了一种提问的方式，这种方式将不留情面，然而诚实地揭开用空洞的套话也不能自圆其说的表面和谐下的

① 这是一本影响力巨大的德语词典，其对德语的意义就如同《牛津英语词典》对英语的意义。该词典就单词的起源和各时期的不同用法等做了说明，同时还列举有摘自文献中的例句。

真面目。在否定和制宪会议的辩证法里，也是通过这些辩证
408 法、词语和概念领域被大大激活。这些词语和概念被从德国人的思维当中抽离出去很久了，即使偶尔存在，也只不过是在深奥的学术论文中使用，以为其增加光彩度，比如马克思主义、社会主义、心理学研究。

让·阿梅里，一位曾受过纳粹分子迫害的哲学家和散文家，是认识到“辩证法术语”中具有辩证色彩的新语言——包括带有象征意味的单元词——真正从结构上开始接近“本真性的行话”的第一批人中的一个。否定和质疑的必要性，即使站在本身的立场上，也不再具有反馈作用。“辩证法术语”成了为敌－友界限划分服务的工具，对任何言论的态度都是顺我者昌，逆我者亡。左翼的语言必须在这样的“辩证法术语”的萌芽阶段就揭示其法西斯主义的本质，必须把自身打造成“天将降大任的群体”形象。阿梅里反对的不仅仅是批判性理论拙劣的模仿者，比如，他也认为阿多诺引以为豪的《否定辩证法》充斥着专业术语，整本书尽是“拒绝平庸的蛮横表现，最终结果是语言和思想脱节得厉害，以至于读者满怀希望地阅读，到了最后却像是剥开洋葱的培尔·金特①，茫然不知所云”。《辩证法术语》，无论自以为多么具有进步性，最终其实都在涉及走向落后的危险。“抛开那些真实思想中蕴含的暧昧和文字游戏，抛开那些通

① 《培尔·金特》是易卜生创作的戏剧作品之一，它通过纨绔子弟培尔·金特放浪、历险、辗转的生命历程，探索了人生是为了什么、人应该怎样生活的重大哲学命题。剥洋葱是剧中一幕：饥饿难忍的培尔·金特想以洋葱果腹，不料所有洋葱都是只有外皮的无心果实。

过变戏法般供人取乐，沦为时尚的所谓辩证法而吸引人眼球的语言——它们从出生之日起就准备着以堕落为时尚，抛开所有有根有据的反对意见，从逻辑和合理性上面都可以推倒的辩证过程——抛开以上这些，辩证法面临着成为自视甚高、自命为精英阶层的内部自我交流的工具的危险。从它在自己的术语和行话里下滑之日起，这种危险将使它，无论它打算采取什么方式进行自我辩护，名声扫地。”

> 议会外反对党语言有非同一般的贯彻力，这一点也体现在反对运动的几个主要人物身上。他们都是语言修辞的天才，致力于将新潮的理念变为现实，他们用嘴皮子功夫努力打造出一个更好的、更具有价值的、有头有脚的世界观模型。在这些善于说辞的年轻左派中，鲁迪·杜什克是最具演讲天赋的。鲁道夫·奥古斯塔因写道，在这一点上，
> 1945 年之后的德国只有弗朗茨·约瑟夫·施特劳斯和赫伯 409
> 特·维纳两人可与之相提并论。
>
> 尽管鲁迪·杜什克演讲时天花乱坠，他却能够有效地使听众陷入他的演说魔力中。这个奇迹与他的演讲方式是分不开的：他不仅仅是靠嘴在讲话，他在麦克风前一站，就代入了自己的整个灵魂，甚至他那顶巴斯克帽子下的浓密的眉毛也在说话。他在那些被乏味的政治演说毁掉了的修辞中注入了一种新的声调，即使他提议马上就在雷根斯堡或者别的什么地方发动革命，他的话也会那么具有说服力，连他自己都会相信。

鲁迪·杜什克的革命生涯终止得十分突兀。1968年4月11日，机会主义工人、地域主义者约瑟夫·巴赫曼（一次单一性事件，但受到了施普林格报纸的影响）开枪击伤了他，杜什克死于1979年圣诞节期间一颗击中头部的子弹。

恐怖主义

如果我们从其变态的恐怖主义特征来观察发生于20世纪70年代末的反抗运动——当然，这样的观察未免片面（因为，同最终以武力结局的教条主义一样，通往可实现的人本主义的道路同样需要通过这种方式来修筑）——那么，其心理构图中的反现代路径就十分明显，它们囿于领导人的人格结构，并以反英美化为出发点。

德国红军派①的恐怖主义分子将吉利安·贝克②比作纳

① 这个深受极左思潮影响、发端于西德"1968年学潮"的团体在20世纪70年代成为震惊世界的暴力恐怖组织。1968年4月2日晚，极左青年安德雷亚斯·巴德尔和古德伦·恩斯森（女）伙同另外两人用自制的燃烧物点燃了法兰克福的两家百货公司，从而拉开了恐怖活动的序幕。1970年，巴德尔和迈因霍夫等人成立了"红军派"组织，它的成员大都出身富裕家庭，以年轻知识分子和大学生为主体。在最初的17名核心成员中，有10名大学生、2名律师和2名记者。他们家境良好，受过高等教育，政治理念十分极端。从60年代末到80年代中期，"红军派"把攻击目标锁定在德国经济、金融和政界的高层人物身上，先后制造了多起血腥的暴力事件，34人成为恐怖袭击的牺牲品，其中包括西门子公司总裁贝库茨、德意志银行行长赫尔豪森以及德国托管局局长罗韦德尔等多名政商界要人。

② 1932年生于南非约翰内斯堡，小说家、新闻家，在恐怖主义的研究上很有名气。其作品《希特勒的孩子们》就是以德国"红军派"为对象写作的。

粹分子：他们自己居然被说成是“希特勒的孩子”！人们有理由怀疑一系列发生在西德，已构成犯罪的无政府主义爆炸事件是“红军派”构建西德社会所进行的尝试，这些尝试的目的说穿了就是把西德变成一个法西斯主义社会。“如果不看巴德尔和迈因霍夫那伙人的犯罪能力和纳粹的意识形态之间的相似性，《希特勒的孩子》这本书所分析得出的精神与文化上的渊源正是促使乌里克·迈因霍夫和古德伦·恩斯林的信念。荣格·卡拉尔，20世纪60年代末除鲁迪·杜什克之外的德国社会主义学生联盟最具有影响力的发言人，在 410
他惨遭暗杀前不久的一次讲话中指出，很多新左派主义者从小就深受落后的、非理性的甚至纳粹式的思想的耳濡目染。正是这些思想使他们接触到了这个社会里仍然阴魂不散的法西斯主义因素。”

但是，贝克认为，这些都算不得真正的“大开眼界”。用战争的方式来反对法西斯主义会使人本身的法西斯性也变得合理起来。贝克表示，1970年代末的这两个组织——新纳粹和恐怖主义组织——在很多根本性的问题上有共同之处。比如说，两个组织的成员都是使用武力和恐怖袭击来迫使别人遵从自己的意志。这些成员经常公开表述自己对他们归为“敌人”那一类人的憎恨以及想要毁灭这些敌人的意愿，他们认为，只要是自己的敌人，就活该被他们以恐吓、夺取其自由甚至以斩草除根的方式使其消失。他们都是反议会制、反自由主义、反民主、反联盟且很不宽容的。他们都自命为社会精英，自诩有能力领导广大草根阶层进行革命，而这也是为了广大草民好。因为这些草民根本不知道，什么才是对自己好的。他们破坏、致人伤残、谋杀，一切行为都是在对个体的权利和法律的完全无视下进行的。

> 我们想要真正搞清楚什么是生活。我们的运动破灭了，但它不是作为乌托邦的理想破灭，而是作为社会运动而失败的。我们一直追随的社会主义只是为我们提供了某些图景，我们想要的实际比这些图景更多。我们一直在身外寻找被羞辱的人，结果最后才明白：被羞辱的人其实就是我们自己。一切的一切，一切的错误，都有我们推波助澜。今天，我感到自己比其他人激进许多，他们胆小得连自我都无法回归。相对于我所做的而言，弗里茨·图尔菲、巴德尔和迈因霍夫所做的那一套才是真正的逃避（莱纳·朗豪斯如是说）。

在尝试着解释恐怖主义是如何产生的及其含义的时候，贝克一直沿着追寻每一个恐怖分子的生平履历的途径，他这么做是为了从他们的生平中找到这些恐怖分子行为动机的蛛丝马迹。比如19岁的苏珊娜·阿布莱希特，1977年谋杀德意志银行主席的荣格·彭托事件的参与者，曾对其父母说过
411 这样的话："鱼子酱，我已经吃够了！"这句话清楚地表明了她的心理活动，即憎恶一个表面上物质发达，实则人人只为自己着想、忽略他人的社会。这种心理活动在其他恐怖分子身上也很多见。这些"出身于条件良好的家庭的孩子"，由于从小就被灌输的敏感性观察到了这一点，并力图反对，只是他们本身不知道如何使用非法西斯式的更好的行为来表达反对，这正表明这些恐怖主义行为的源头是一种挫败感，

1977 年 9 月 5 号，汉斯·马丁·施莱耶遭袭并被绑架，1977 年 10 月 19 日他被发现时已遭杀害

但最终变质为攻击性。这些人不懂得如何自我反省，将原本是人本主义的人生目标放在社会实践中实现，结果这些目标一失足变味为暴力的变态反应。

卡尔·海因茨·扬森认为，其后一代，也就是第二代恐怖分子，仍保有战后一代心理负担记忆的阴影。这些想要逃离我们这个发达社会的孩子，要么就是深刻厌恶着他们在其中成长起来的大大小小的市侩家庭里弥漫的物质主义，要么（如果他们出身贫寒）就是备受经济衰退的打击，感到个人的未来黯淡无光。自由主义的内政部部长维尔纳·迈霍夫为这些年轻人的行为动机提供了一个可供参考的解释：他们追求一个更好的世界，但他们的革命动力却未能在合适的时机 412
以投身于改革的方式得到发泄，因为真实世界的政治在他们眼里过于沉重。就这样，他们最终走入了谋杀、凶杀和低级的银行抢劫等死胡同。

那么，为什么女性在恐怖主义中扮演了如此重要的角色呢？超过半数构成犯罪的恐怖主义事件是由她们造成的。几乎所有参与了恐怖主义活动的女性经济状况都是良好的。在对众多女性恐怖主义者的生平进行了研究之后，古斯塔夫·纳斯的结论是：年轻人还没有学会如何区分理想与现实，如何区分什么样的图景只能用来做梦，什么样的事情是可人为做到的。有一种世界只存在于理想和“主义”中，有一种世界存在于已建立的社会及其统治结构和不完美中，这两者之间的鸿沟使他们无比震惊。其中一些人震惊之后的反应就是走向极权，尽管他们完全可以选择走另一条道路，完全可以用一种更好的方式来反应。无视于良知、法律、行为后果以及家庭与社会的牵挂，这样的行为更容易为以感情为主导的那一类人所采用，这就是为什么女人才特别适合于做极权主义的领导者。而思想解放的女人在面对着男人们的粗暴和冷血时，不甘居于劣势，她们要超越，她们要以一种极端的方式来补偿自己与男人之间获得解放程度的落差。

联邦德国的现代化和英美化进程的前景一片光明，因为这些过程是在非暴力的环境下完成的（尽管人们不得不承认，在这个外人看上去如此和平的社会中，仍然有相当数量的纳粹犯罪分子存在。）到了20世纪七八十年代，人们感到恐怖主义是“自由的侮辱”。“自由的侮辱”这个口号是一小群好战的人提出来的，其人数多少看似微乎其微到不足为患，但他们的一系列肆无忌惮的暴力行径，给联邦德国的国家以及社会体系甚至文化心态蒙上了噩梦般的创伤阴影。不但如此，被这些恐怖行为激化的反应也搅浑了现代化建设的空气，导致整个社会开始弥漫着一种消极情绪。当巴德尔－迈因霍夫小组的活动浮出水面时，海因里希·伯尔[1]确定，这是一场6个人对6000万人的战争。

> 人称“波西米亚人”的安德里亚斯·巴德尔伙同 413
> 牧师之女古德伦·恩斯林、女记者乌里克·迈因霍夫和律师霍尔斯特·马勒，他们的计划是以革命般的暴力手段来为土崩瓦解的学生运动的目标增加新的推动力。1968年，巴德尔、恩斯林和其他两名同伙在法兰克福的购物大楼放置了两枚燃烧弹，显然，他们是受到了莱纳·朗豪斯和弗里茨·图尔菲一号公社一张传单的“启发”：1967年，布鲁塞尔一家购物大楼起火案造成了300人死亡，这张传单用这样一个富有火药味的问题叫嚣着：“什么时候柏林的购物大楼才能起一次火呢？……燃烧的购物大楼，燃烧的人，第一次让一个欧洲大城市感受到了越南战争中的人们那种支离破碎的感觉（亲眼看着人们被烧，甚至自己也被烧），显然，我们这些在柏林的人还没有经历过。”

---

[1] 海因里希·特奥多尔·伯尔（Heinrich Theodor Böll，1917～1985年），生于德国科隆，第二次世界大战后德国最重要的作家之一，1972年获诺贝尔文学奖。

这几名案犯被抓后，法庭的判决一度从提审改为释放，然后又改变了一次判决，巴德尔在柏林被人指认并被捕。1970年，他事先经过安排，同乌里克·迈因霍夫在柏林社会问题研究中心的图书馆会面并获得自由，之后又有一场纵火案，该研究中心的一名工作人员被严重烧伤。暴力行为开始一步步升级，直到1980年代末，一直都有新的受害者。尤其使人记忆深刻的是1977年5月5日绑架德国雇主协会主席汉斯·马丁·施莱耶，在这次绑架案中，他本人的司机和三名警务人员遭枪击身亡。此案直接导致了全国性的恐慌。同年10月13日，一架从马洛卡飞往法兰克福的汉莎航空公司的飞机被几名巴勒斯坦人劫持，飞行员被一名恐怖分子杀害，因为他们提出的释放巴德尔及其同伙的要求没有被答应。这些犯人被依照特律释放后，巴德尔、让·卡尔·拉斯珀和恩斯林在施塔姆海默监狱自杀。他们死后的第二天，施莱耶的尸体在埃尔萨斯被发现。直到1977年的“德国之秋”，一共有28人在恐怖活动中丧生。

第 13 章

西德的文化革命

经历的学问

“学问”（Belesenheit），这是一个被彼得·魏斯所提倡，并且在抗议活动中成为典型的概念——“你应该读书。你应该让自己受到教育。你应该思考发生在你周围的各种各样的问题。你应该有自己的观点!”——这个概念的提出和流传导致了一股理论的和社会批评的论文热潮的出现，其中表现尤为突出的是苏尔坎普出版社系列，其“灰色”（hektographierte）文学作品在当时的市场中占了相当大的份额。众多林立的小出版社纷纷建立，它们格外以出版来自美国的反传统、颠覆性的“地下出版社”的作品为导向，积极促进实验性的或稀有的文学和艺术作品以及政治理论和政策论战的作品面世。它们的动机建立在一种另类的自我认识之上，可说是站在了资本主义出版行业本质的对立面：尽管它们也希望通过书这件商品来挣钱，但是对于它们来说，书的使用价值高于其作为商品的交换价值；在它们的工作中，“摆在第一位的任务是给阅读的、思考的人民带来思想、概念、想象和启发”。

1968年，左派作家们举办了一个“唱反调”的图书博览会。这些作家自认为是文学的“生产者”，是“所有社会群体的政治代表和文学创作者中的专家”。1970年的组织规章里写明，文学创作者的任务是分析全社会的发展以及它带给文学创作领域的影响，确定其在资本主义体系中的位置。“从这些分析当中，我们可以制定出进行阶级
415 斗争的社会策略。这样做的目的是，废除社会分工类别的组织方式。”作家出版社的签约作者们同时也是社会活动家。

与传统的理解相比，在他们眼里，学问更像是一种个人经历，纷繁的经历构成了革命者的“祖先肖像画廊”。从作品中抽离出的艺术形象在那个时代的精神“演习”中内化，并通过各种时尚的、符号的、合乎礼仪的方式表现。

马克思是思想上毋庸置疑的先行者，他的一系列理论使人们有理由希望，通过否定之否定，借助发挥幻想和希望可以使一个关于不再被陌生化的社会的乌托邦变为现实。马克思认为，自由在于“社会化的人，也就是生产者，理性地

调节与自然之间的物质交换，并将其划在社会化的控制之下，而不是任其为某一种贪婪而盲目的权力所支配”。通过自主自觉的工作以及阶级斗争，剥削者必须拿出资源来供社会共享，“地球上的天堂”由此得以实现。在那时，人们不需要再去“工作”，而只是“从事”于某件事，这种自主自愿的“从事”超越了迄今为止被异化和使人讨厌的“工作”。只是，在资本主义的体制下，人们因为工作而遭受了压迫和剥削。

> 猎人、渔夫、批评家——在现今社会里，不管这人是谁，他都必须一直这么做下去，只要他不想丢掉过活所需的饭碗——而在共同体化的社会里，每一个人都不必仅限于一个封闭式的工作圈子，他可以在各行各业中挑选任何一种自己喜欢的分支来从事，而这也是为了提高自己，社会会自己调节生产。这样，每个人都可以今天做这个，明天做那个，我们可以上午捕鱼，下午养牛，吃过饭之后再做会儿批评家，只要我有兴趣，我就什么都可以干，并不必非得变成专职猎人、渔夫、牧羊人或者批评家。

阿根廷医生埃内斯托·切·格瓦拉成了革命的榜样，因为他站在卡斯特罗一边，参加了古巴的人民解放革命。在和正统的共产主义者以及卡斯特罗本人产生了裂痕之后，他从1965年开始，在玻利维亚组织了一系列反对以美国为首的工业国家苦心经营的新殖民主义的行动。1967年，他在玻利维亚被军方逮捕并遭到杀害。“切·格瓦拉的警句‘我们

要创造两个、三个、四个越南'被学生运动者欣喜若狂、
416 如获至宝地接受，激励了许多人。这句话——正如'切，
万岁'一样——被多次刷写在了墙上。”

抗议活动的参与者发现了一本反殖民主义宣言：《地球上被诅咒的人》。1925年生于马提尼克的非洲裔医生弗朗兹·法农（Frantz Fanon）是这本书的作者。他终身都在为将阿尔及利亚从法国的殖民统治下解放出来而斗争，1961年死于美国，“黑色教父”运动将他奉为领袖。1965年第2期的《时刻表》首次发表了《地球上被诅咒的人》中一整章的德文翻译。书上说，落后的民族挣脱了它们的锁链，它们成功地挣脱了枷锁，这些民族决定通过武力来表达自己的意愿。

抗议活动者认为，毛主义是对正统共产主义及其经典著作中偏激见解的一次创造性的、具有革命意义的超越。《毛主席语录》在某种程度上成为西德左翼分子的“红色圣经”。书的扉页上写着林彪的话“读毛主席的书，听毛主席的话，照毛主席的指示办事”，这被人们当成义务来遵守。在毛泽东看来，叛逆的青年一代是更加美好的未来的保证：“你们青年人朝气蓬勃，正在兴旺时期，好像早晨八九点钟的太阳。”

> 女学生们照罗莎·卢森堡的榜样来打扮和调教自己，以此来推动妇女解放运动的发展；她们很快发现，被称为上层建筑的所谓理论，其实是她们的男同志们用来掩饰性高潮的说辞，和小市民的男权呓语没有很大差

> 别。和以前一样，人们期待的女性应该闭紧嘴、不说话。“即使我们仍然想开口表达自己的意见，也说不出什么来，即使我们真的说出来了，也会被堵上。小市民的残渣余孽、所谓社会主义的群交、社会主义的孩子、爱情、社会主义的真实性、同性恋、社会主义制度磨人的角质、社会主义知识分子的感伤、社会主义的生活援助、革命的摸索、关于性革命的论调、全社会的性高潮、社会主义解放、战斗！”上面一段话来自一张传单——很能体现叛逆的左派妇女们面对来自左派的压迫时的态度——这张传单与后来为德国社会主义大学生联盟的智囊团所采用的那句口号不谋而合：“从小市民气的遗毒中解放社会主义的杰出人才！”

商品美学 417

恩斯特·施罗德在柏林的席勒剧院扮演着浮士德，台下一群虔敬的听众静静聆听着歌德有如神来之笔的台词。突然，正当演员要说出那句经典台词的时候，扩音筒里猛地爆出一群事先已有准备的学生的声音：“歌德与我们有什么相干？约翰逊博士（Samuel Johnson）又关我们什么事？”成百上千的传单飞进了“包厢和衣冠楚楚的人群之中”。演出被迫中断。

“你们这些人啊！发生在越南的屠杀，你们冷漠地袖手旁观，心底都不起一丝波澜，你们只管在浮士德式的伟大中沉醉，就觉得万事大吉。这是恐怖的文化，它该停止了！”

精心布置的舞台激怒了深受学生抗议活动影响的叛逆一族，他们所要反对的正是这种受过教育的、布尔乔亚气十足的文化消费。资本主义的一切向经济看齐的观念，甚至连精神与存在都被出卖给了经济利益的做法通过文化的意识形态传播，连哄带骗地暗示大家“像现在这样，一切都好；只要像这样走下去，一切都会好”，这样的谎言该结束了。叛逆的年轻人反对的是道貌岸然的“领带文化”[①]，艺术家和知识分子们纷纷以套头衫和牛仔裤作为自己的时尚，这套“反时尚的时尚”很快成为青年们的时尚新宠。这种时尚的对立面是布尔乔亚式的旅行手册式的思维，以及“一颗势力心、两只利害眼”的看热闹的心态。总而言之，他们就是要反对经济奇迹时期被仪式化、商品化的文化生态。一年一度的文化市场走马灯似地变换，粉墨登场地都是些伪文化人，只管乱哄哄地你方唱罢我登场，真正的社会活动却被束之高阁。这么一帮伪君子们，只要闲来跟着工人的示威游行走上几步，签几份裁军协议，就饥寒交迫中的发展中国家发表几句感言，便施施然以为自己已经给一群迷途的羔羊伸出援助之手了。对人们应该持何种态度这类问题，在他们眼里，同明天应该穿什么衣服这类问题没有多大区别。

哈贝马斯认为，市民社会的发展导致了文学公共领域的沦落。早先的文学公共领域被貌似“公共”或貌似属于私人领域的文化消费所取代。文艺以及文艺批判的读者群变成了消费文化的消费者群。尽管自由资本主义的通信系统不但

① 穿西装打领带在那个年代是生活较为富裕的资产阶级的装扮。

通过经济实惠的通信疏通了消费者和文化商品之间的渠道，而且从心理上大大降低了人们的畏难情绪，但是，大众文化的名声一直毁誉参半，因为它积极地适应文化水平相对较低的消费人群对于文化产品的休闲与娱乐功能的诉求，而不是 418
拉高广大的听/观众群的欣赏水平，使他们关注并欣赏一些本质上更为完整的文化形态。

人们对日常生活现象变得越来越敏感——即使是在中小学，思想前卫的教师也开始批判性地分析各式“文章类型”，诸如广告、海报之类——尤其是用马克思主义分析问题，那些被鲜红的旗帜所装扮起来的，期待可以运用这些分析来改变各种社会关系的现状的希望。“商品美学”的概念，在这一切中扮演着一个启发式的关键词。之前的各种理论，尤其是那些关于政治的操纵与压迫的因果联系的讨论——这类政治性的讨论在大学生和青年中学生中间举行过多次——所有在这些讨论和理论中阐发的观念，都被“商品美学”这一概念系统化了。

沃尔夫冈·弗里茨·豪格[①]描述了商品的生产和推广与人的意识和需求之间的联系。在这些作品中，他继续发展了一些批判性的术语，关于“商品美学”的问题由此上升为有关“商品美学”的一套理论，这都是他的功劳。商品美学关心的不是商品的使用价值，也不是体现其特征的一面。对新产品的贪婪被唤醒了。每购买一件产品，它都必须是真

① 沃尔夫冈·弗里茨·豪格（Wolfgang Fritz Haug），1936年3月23日出生于德国，1979～2001年任德国柏林自由大学的哲学教授。

正的“新”产品，第一次被开发的产品，顾客的感觉在市场上占据首要地位。为了适应这种需求，人们所追求的那些抽象概念被以各种方式表达了出来：白色的碧浪代表着洁净，牛奶沐浴露代表着柔顺丝滑，保时捷系列代表着进取和突破。在各种被通感的商品所营造出的五光十色的秀场前，问题的中心已经不再是商品的真实性。人们不再关心什么是“隐藏在后面的本质”，配件俨然已成为主体。正如卡尔·马克思曾经指出的那样，商品对潜在的顾客青睐有加，商品美学的刺激性就在于商品所影射的各种美好愉悦的、“恋爱般的感觉”。

新达达主义

约瑟夫·博伊斯[①]的艺术由单纯的艺术行为延伸到了实用的政策领域，也推动了某些潜在的社会政策理论的产生。这些理论肇始于1968年，同鲁道夫·施代纳[②]的人类
419 学观念、德国古典主义、德国浪漫主义的观念在“社会整容、一种社会建设的艺术”的主要理念下相融合，使“正在进行中”的、海潮般的运动向深度和广度上继续发展——他是故意想要冲破现有的文化模式的束缚。1971年，他成立了“通过全民公决直达民主”组织。从“艺术等于

① 约瑟夫·博伊斯（Joseph Beuys，1921～1986年），著名的德国行为艺术家，其作品包括各种雕塑、行为艺术，信奉人人都可以是艺术家的观点，代表作如《如何向死兔子讲解图画》《油脂椅》等。

② 鲁道夫·施代纳（Rudolf Steiner，1861～1925年），奥地利社会哲学家，人类学创始人。作品有《真理与学问》等。

生活，生活等于艺术”的理念出发，他以使所有人都有权公开享用学术资源的口号为前提，在杜塞尔多夫艺术学院担任教职，因为这一点，他——在学生的技术支持下——甚至与约翰内斯·劳领导下的北威州政府产生了矛盾。他的学生约格·伊门多夫发展了 LIDL 艺术[①]，以此讽刺当时的处于国家内部的权威当局者。1968 年 1 月 21 日，他左腿绑上了一根被绘成黑红金的木刷，在波恩联邦宫前进行示威，以鞭挞当时缺乏创意、碌碌无为的联邦政府。当他在 1969 年运动周年日重新前往波恩，试图以在联邦宫一侧建立一个 LIDL 之屋来庆祝 LIDL 行动周年时，警察只用了三分钟就毁掉了这个以纸和木头搭建起来的建筑。

很快，“正在进行时”的行为艺术的小打小闹就被更大的示威场面所取代。在这种场合，行为艺术家特别喜欢称自己为“做事的人”。比如，1969 年的某一天，汉斯－尤尔根·舒尔特（HA Schult）和君特·萨里埃一起，把慕尼黑的沙克街变成了一个巨大的废纸堆。一年之后，他又和一些如同海藻和菌类一般疯狂生长的边缘文化一起出现，批判普罗大众对待废品的愤怒态度。“完全的艺术家”蒂姆·乌尔里希在汉诺威市开办了一家销售艺术想法的办公室，向顾客们推销艺术化的商品，以此表明自己对它们的支持态度。“被批判的愤怒所激动，高喊着由政治术语组成的口号，年轻的叛逆者从各地雨后春笋一般涌

① LIDL 艺术是活跃在 1968 ~ 1969 年的德国行为艺术项目。目标是追问表现和可被表现的，语言的图像性和图像的语言性之间的关系，它是一次为战后德国的守旧氛围带来新鲜空气的尝试。

现，他们受到像约瑟夫·博伊斯这样颇负盛名的艺术家们的支持，冲向了许许多多的攻击目标，正是由于这些目标场域的存在，那时的国际艺术买卖被分成了各种封闭的小流派。年轻的艺术家绝不后悔和1968年的学生们一起上街游行，并借此机会以达达主义式的搞怪和嘲讽，以各种具有爆炸性的流行文化来激怒养尊处优的资产阶级公民们。在那个年代，人们都是既可以欣赏喷瓶喷出来的五颜六色的广告，又可以看懂解剖刀一般细致犀利的社会批判的，做这两件事情的时候，他们同样心安理得。”（卡琳·托马斯）

420 许多各不相干的图片突然同时出现在一处，到处都是铺天盖地的图片（看看在任何一家小报刊亭外挂着的海报吧，那上面盖满了图片、图片所属的文章标题以及图片所描述的内容的页数，灾难、性、艺术、运动、谋杀，所有这些主题同时出现在一张平面上，声嘶力竭地呐喊着），这些图片与嘈杂的广告叫卖声结合，是组成人工合成、包装过的看点的原材料。现代的媚俗世界被夸张但真实地暴露于日光之下，与此同时，这些肤浅的东西依然还在为人们津津乐道。“罗伊·里奇登斯坦的滑稽画、安迪·沃霍尔的明星画和汤姆·韦瑟尔曼的裸体画为一个衣食无忧的消费世界做了艺术上的锦上添花，这比坐在家里安安静静地看书摘要有趣多了。”这些人创造出一种引人注目的“色彩几何”，用这种方式尝试着“把严格的艺术结构”流行化，或者像奥托·赫伯特·哈耶克那样，用大块的塑料把城市装扮成一个充满色彩的世界。

在寻找新的艺术造型的时候，人们开始重新审视起决定作用的角度——这样的例子有君特·余克的“被钉钉子的钢琴”和约瑟夫·博伊斯的“不能坐的椅子”，二者均诞生于1963年。“习以为常的东西成了噩梦。因此，这些东西只有在毁灭中才能获得自己的艺术魅力。它的日用功能反而被疏远了——这些艺术品是对那些想要舒舒服服地‘躺在我们日常生活的表达方式’上睡大觉的人的一次讥讽的鞭挞，艺术品就是要拒绝平庸而舒适的靠枕。这是在教育那些心存侥幸的政治家，不要以为可借着现代艺术之名便可督促人们提高效率，多多办事。抵制的时代来临了。”在这个时代，主流的、肯定性的“高大全”人物形象在慢慢消解，取而代之的是埃米尔·舒马赫[①]的作品中古旧的人物和风景，霍尔斯特·扬森和汉斯·贝尔摩的作品中扭曲的人脸和躯体，西格玛·波尔克的格子画，伯恩纳德·舒尔策的超现实主义题材。尽管人们的表现手法可以如此多样，如此不同，那些表现却都源于同一种不满：对格式化的艺术形式的不满，这些一成不变的艺术规则早已不能反映混浊、散漫和充满歧义的现实了——这个世界再也没有不变的东西。当时，在慕尼黑成立了一个艺术小组，起名为“距”，其“源于本质的呐喊将矛头指向了被消费压迫和社会习俗逼得日益狭隘的个人，

① 埃米尔·舒马赫（Emil Schumachers，1912～1999年），德国画家，战后德国重要具有代表性的抽象表现主义艺术家。

它满含讽刺地对经济奇迹时期的意识形态中错误的社会和政治认识唱着反调，同时，也为社会自由提供了一种蓝图”。

421 在格奥尔格·巴泽利茨①的第一次个人展览上，警察以淫秽露骨为由没收了《裸体的男人》和《桶中之夜》这两幅画作。其实这两幅作品深刻揭露了那个时代的小市民气和假正经。“当人们建立起第一家色情用品商店时，就已经陷入了和《裸体的男人》和《桶中之夜》一样色情的诅咒。尽管，图画中的手淫场面其实却是在隐喻消费社会中的孤独、人与人的疏离和贪婪。”

1960年代末的叛逆艺术在1963年的《QUIBB宣言》中已隐约可见，即预先用一种极端的方式表达社会活动的主张。汉斯·彼特·阿弗尔曼是《QUIBB宣言》的作者，他原以埃德瓦德·金霍茨的抽象拼贴画（比如《干净：为一首沃尔夫·比尔曼所作、关于一个肥胖而友爱的父亲的歌作画》）为榜样，用《QUIBB宣言》影射精神的扭曲和政治上的误解。但后来，作为一名坚定的马克思主义者，阿弗尔曼放弃了自己的艺术生涯，以全身心地身投于政治活动。《QUIBB宣言》的内容就是，当下盛行的艺术是统治者的艺术，因此，被统治的大多数对其丝毫不感兴趣。

---

① 格奥尔格·巴泽利茨（Georg Baselitz），德国画家，曾就读于东德，后迁居西德。北美人认为他是个新表现主义者，而欧洲评论界一般认为他是现代主义者。1960年代警察曾查禁他的一幅画《桶中之夜》，因为该作品有着露骨的性爱内容，促使他更快进入了艺术家的行列。巴泽利茨是身价最高的在世画家之一，现在担任柏林艺术学院的教授。

在这漫长的旅途中，叛逆的学生和艺术家很快又重新接受了“艺术就是艺术”的主张。潜意识中的感伤，隐秘的浪漫主义和一些新出现的形而上的追求，所有这些都在艺术家们的下意识中涌动。卡尔·鲁尔伯格[①]在回顾时评论说，20世纪60年代的“狂飙突进运动”般的情绪一直延续到了70年代，演化为任人宰割的痛苦感。而80年代的艺术，在他看来则满是新表现主义的狂野，新神话派等派别重新开始怀旧，开始向主流文化靠拢。“当大画家杰哈德·里希特[②] 1963年带着讽刺的毒刺，和西格玛·波尔克一起创建所谓的‘资本主义现实主义’时，人们说，君特·格拉斯当初会宁愿多写一本书，而不是投身于政治；当格奥尔格·巴泽利茨像恩斯特·路德维希·克希纳[③]一样——此人曾把他道德冲动的年轻时代说成是‘年轻的白痴’——把他那些令人难忘的、叛逆的、 422
‘色情年代’的画作贬低为‘青春期的泥’时，我们便看明了，告别那些对社会还充满着美丽幻想的年代会带给我们什么。”

不再玫瑰色的电影——解放的剧院

反工业文明的文化革命导致了一连串后果，在电影行业的后果就是，一夜之间，人们不再追求技术的完美。这次改革的公理“一部电影就是一部电影就是一部电影”的提出就

① 卡尔·鲁尔伯格（Karl Ruhrberg），德国现代艺术批评家，1960年代活跃于德国艺术舞台。

② 杰哈德·里希特（Gehart Richter），1932年生，德国视觉艺术家。

③ 恩斯特·路德维希·克希纳（Ernst Luduwig Kirchner），德国表现主义国家，“桥”画派的创始人。

是要反对“虚假的、一切都顺利的、油嘴滑舌的电影”，“与这样的电影相比，我们更加倾向于粗线条同时也更具有生活气息的作品。我们不想再拍一切都如梦幻般美好的玫瑰色的电影——我们想让它富有更多色彩，有血有肉”。此话来自“新美国电影小组”的《开篇宣言》，它所提倡的审美情趣和行动主义很快传到并影响了德国。人们把电影理解为一种生活的模式，应该“直言不讳”，并且充满了猥亵和血腥，推崇这样的电影，是为了阻止“满汉全席”饕餮式的电影消费。人们开始认同并接受电影不一定非要那么具有艺术性，这当然会导致一大批电影业余爱好者作品的产生，不过人们出于爱面子而隐瞒了这一点。“事情开始起了变化，有了发展，人们可以或快或慢、如其所愿地去做一件事，可以从某一个独到的视角去观察这个世界。未经多想，未经论证，来自四面八方的资金一批接一批地投入其中，使人们有能力使用现代技术。随随便便地记录一下某一次愉快的郊游就被认为是电影作品，试试新镜头就是一次电影业的实验。当他们拍摄女友裸体的录像时，他们便认为自己是在为性自由而斗争，偷偷地拍摄两人一起睡觉时的私密行为，他们便认为是在为世界革命做贡献。”盖布里尔·劳勃[①]在1969年奥伯豪森[②]第十五届西德短片电影节上如是说。

“奥伯豪森派”在1960年代初认为，他们的功课在于，

---

① 盖布里尔·劳勃（Gabriel Laub，1928～1998年），波兰裔记者、批评家。

② 奥伯豪森（Oberhausen）位于德国鲁尔工业区西部，是北莱茵－威斯特法伦州的州直辖市，隶属于杜塞尔多夫行政区。它还是北莱茵－威斯特法伦自行车骑行城市成员中之一。

电影《爱比死更冷》中的汉娜·史古拉、乌利·罗梅尔和莱纳·法斯宾德，1969 年

以真实的内容反衬经济奇迹时期电影内容的虚假，拓宽人工的、僵化的、资产阶级式的电影制作方法。而德国社会主义学生联盟的电影则呈现出一种反美学主义，其是以对构图和叙述的强烈不信任为基础的。

新的电影人戒除一切商业元素，他们的作品中有很 423
多美国式的混合元素的注入。安迪·沃霍尔决定了所谓的“布景”。譬如，在 1963 年的《睡眠》中，镜头中出现的只有一个睡梦中的老人，从同一个角度记录拍摄长达六小时之久。1968 年的 *Fuck* 的内容则是色情淫秽的困扰。“除了赫尔穆特·考斯塔兹的《特别有价值》（拍摄于 1968 年），其余的都是些不是电影的电影，如彼得·内斯特勒拍摄于 1967 年的《鲁尔区》，维尔纳·内克斯拍摄于1968年的《科勒克》，托马斯·施图克拍摄于1968年的《温暖的点》，汉斯·福克斯拍摄于1969年的《电影68》或者阿道夫·温克尔曼拍摄于1968年的《自拍》，这些电影内容过于平淡无味，几乎没有推动任何前进。”电影《宝贝儿的事》（拍摄于1968年，导演为梅·施皮尔斯，演员有乌施·格拉斯、维尔纳·恩科、亨利·冯·吕克）的成功清楚地说明了，对艺术很敏感的观众们对反美学主义本身的反应是多么冷淡。该电影的创作意图在于，揭露民众的循规蹈矩、顺从和小市民气，电影的创作者们通过讲述一个看似辛辣、实则毫无恶意的故事来达到这个意图。在施瓦本[①]地区的波西米亚人中间有一个
424 人名叫马丁。有一日，马丁目睹了一场抢劫并报了警，尽管他自己也受到了怀疑。他的女朋友芭芭拉则在警署跳了一段脱衣舞，帮助被捕的人逃脱。马丁最终还是被捕，但他射出了子弹，擦伤了警察。“导演认为，用修辞的方式来主导主角看似异常滑稽的表演，最终体现出其原则，看似正常的世界在这原则前原形毕露。”

年轻的莱纳·维尔纳·法斯宾德[②]充满信心地发展了他

---

① 施瓦本。既是民族，部分来自日耳曼；也是地理区，位于德国西南部历史地区，包括今德国巴登－符腾堡州南部和巴伐利亚州西南部，以及瑞士东部和阿尔萨斯。

② 莱纳·维尔纳·法斯宾德（Rainer Werner Fassbinder，1945～1982年），德国导演、演员和话剧作者，新德国电影最重要的代表人物之一。出生于德国巴伐利亚州巴特－弗里斯霍芬（Bad Wörishofen）。法斯宾德是一个双性恋者，在他短暂的一生中共拍摄了41部电影，主要作品包括《四季商人》等。他死于毒品过量服用，他的死被一致认作为是新德国电影的结束。

的电影主题，引人注目的是其浓重的叙事元素。“我认为，为了表现出我想说的东西，采用一种简单的处理手法是有必要的。”

正如许多他的同行和表演艺术家一样（比如汉娜·许古拉、英格里德·卡芬、皮尔·拉本、库特·拉布），法斯宾德来自“慕尼黑行动剧院派”，该派在1968年年初成了“反传统剧院”。1969年，他制作出了第一部电影《爱比死更冷》。紧随其后的短短三年中，他制作出了十来部叙事电影以及电视电影，所有这些电影的故事主体都是巧合性犯罪和贫苦的城市郊区景致。电影《卡策尔马赫》（*Katzlmacher*）主要描述了生活在联邦德国的外籍务工人员的精神世界，德国小市民对外国人有着法西斯式的排斥和憎恶，这使他们很痛苦。《R. 阿莫科先生为什么走了？》则是一部有关“生活压力、社会的无为、社会人的冷漠——以及不同人群中骇人的差距”的电影。（一个技术绘图员因为深刻的挫败感而产生了攻击性，打死了他的妻子、他妻子的朋友和他自己的孩子。第二天，他准时出现在上班地点，把自己吊死在办公室的厕所里。）

人们把法斯宾德称为“幻想的无政府主义者”。他通过骇人的直接和细致观察表述自己的想象和困扰。“很快，社会上形成了一股参与的审美观，这种审美观对发生的一切事情都做出快速而即时的反应，也不压制‘激动的情绪’。人们的想象力应该‘无政府主义’地自由发挥，而不应该由某种意识形态证明其合法性，也不该被美学的条条框框所束缚。法斯宾德可以自由地修正意见、推翻之前的论述、承认过去的错误、制订新的计划，他在心理上没有任何阻碍。这种直率和诚恳的、拒绝一直待在象牙塔里、自己给自己以保证的心态肯定会被社会误解并引起人们的不信任感。表现同
425 性恋者的反抗的《自由的丛林法则》，鞭笞反闪米特主义者的《垃圾》和《城市与死亡》，这一切在审慎的考察者看来都有如无稽之谈，但其同时也证明了，法斯宾德冲破了所谓禁忌边界的束缚。”作为自学者，他尽情嘲笑电影艺术的“规则”，在扭曲的激情中，他毫不顾念自己那放浪形骸的生活。与之相呼应，他也随手打破了电影的体裁限制，并且用一种反美学的美学丰富了电影世界。

人们借行动主义之手许给自己以剧院的解放：观众不应该一直处于被动地位，演员也不应该再为剧院的权力结构所困。有人说，剧院的行程已经僵化，每一场演出都不再是因为真正的动因所激发，同政治敏感的青年人之间的联系也失掉了。在那如同庙宇一般的高高在上的博物馆里，享乐和休闲一族正懒散地漫步在休息室中。

街头剧院，作为以上那种剧院的对立模式，出现了。演出方式和剧目的选择都可以激发观众们的政治热情。演员和观众应该被带入一种相互联系的互动关系中，这种关系会消除舞台所带来的疏离感。

费尔南多·阿拉巴尔[①]特立独行，他的生平更为他蒙上了一层神秘的、非主流的面纱。这位古怪而优秀的

① 费尔南多·阿拉巴尔（Fernando Arrabal），生于1932年8月，是西班牙剧作家、编剧、电影导演、小说家和诗人。

“揭露戏剧家”很受人们追捧。（他于1967年拍摄了《亚述人的建筑和皇帝》，1969年拍摄了《乐趣之园》和《而她给花朵们戴上了手铐》。）受到安东尼·阿道斯提出的概念“表现野蛮与恐怖的剧院”的启发，他在自己的作品中尝试着以夸张手法表现肉欲、施虐和痛苦，以悲剧的手法使人们的心灵达到净化（这是“灵魂的一剂针药”），批评家格奥尔格·亨瑟尔对此评论道：“阿拉巴尔将他下意识中的恐怖成分具体塑造成为幽灵列车上的演出形象；仿佛观众坐着迷茫的列车，在黑暗中被追逐，在转角处，一道突然亮起的闪电照亮了咆哮的怪兽，这种感觉甚是骇人。”

1951年，朱利安·贝克和朱迪斯·玛里娜在纽约建立了“直播剧场”。后来，他们迫于来自美国本土的压力，于1964年迁往柏林。在柏林艺术学院，人们穿着与美国海军陆战队统一的服饰，上演了《肯尼斯·布朗号的禁闭室》：人们被凌辱、剥夺了尊严——他们受到了惩罚：不许相互说话，走动只能采用小跑步的方式，不许坐下，没有得到许可不许碰触自己的身体，接到命令后要站在一根酷刑鞭旁边，不许越过画在地板上的白线——他们紧张的心灵和拷问在两个小时的演出中真实地呈现在观众面前。“这出戏剧在许多西欧城市里 426
巡演，可算得人们在舞台上所能看到的最残酷的东西了。”很长时间以来，漂泊的剧组人员——那时是32个——一直在国内国外找寻着安身之处，1967年年初，他们总算在克莱菲尔德找到了暂时落脚之处。

连工人阶层也那么受市民剧场的“收买”，在总是以反对党的身份出现的左翼看来，举行在雷克林豪森[①]的鲁尔电影节[②]就是一个绝佳的例子。演出进行时，工人阶层和资产阶级市民一样坐在城市剧场中，看上去并没有多大差别。到处都盛行着文化消费，到处都一样。女人们穿着银光闪闪的扎眼的礼服，男人们穿着黑色西装，所有人都故作严肃。

“裸体”是为了从精神上褫夺做作的肯定性文化的地盘，裸露成为进步戏剧工作中导演的首选。“在剧院里裸体——这是合乎伦理的还是伤风败俗的呢？”这是波兰籍剧院实验派耶尔泽·格罗妥维斯基提出的问题，此人极具理论性的剧目在观众中产生了很大的影响。褫夺，意味着放弃一切可能为我们做自我辩护的理由，放弃一切粉饰我们的遮羞之物，勇敢地做自我批评。赤裸的身体象征着追求绝对坦率的艺术，它是在向大家宣告自己的努力，要放下一切人为造作之物，感受信任，变得纯净：我就是我这样的人。当然，格罗妥维斯基自己也害怕——后来，如洪水般泛滥的裸体频频出现在各种场合和舞台上也证实了他的担忧——这种追求最后会变成针眼般狭隘，仅容得下资产阶级颓废派那么点儿目标。“我感觉自己像一个为某个目标而奋斗的人，最终却突然发现，这些东西根本就是残缺而丑陋的。”

在高涨的抗议活动中，行动派剧场、反传统剧场、示威、静坐示威、占领等之间的界限越来越模糊。高校里的教

---

① 雷克林豪森（Recklinghausen）是德国北莱茵－威斯特法伦州西北部的城市，位于鲁尔区的北部。

② 它是欧洲最具有历史的电影节之一，始于战后初期。

与学，电视节目上一股脑出现的嘉宾论坛，论坛上乱哄哄的好戏，这一切都越来越接近革命艺术，构思上也颇具煽动艺术。朱迪斯·玛里娜（她是埃尔文·皮斯卡托在纽约工作 427
室的学生）就1968年发生在巴黎的五月风暴谈道："我想，皮斯卡托提出的'政治性剧场'的构想，随着五月风暴时学生们占领巴黎德·奥迪翁剧院被画上了句号。"

柏林的剧院上演的马克西姆·高尔基的戏剧《夏天之客》，导演彼特·施泰因，1974年

1971年，《今日剧场》的七月刊以"街头剧场"为重点，那一期的头条写着《1971的实验结束了吗?》。在一份关于第四次"实验"的报告中——实验内容是法兰克福的一家进步剧场论坛——恩斯特·温特说："前来观看者带着对艺术的渴 428
望，期望看到一场戏剧的预言，期望发现新的作家和表现手法，他们后来一定会大呼上当。"除了弗朗茨·科萨福、科约兹和康拉德·巴耶尔，其他戏剧家只是来走走过场，与戏剧

本身毫无关系，还有一些人对剧场的发展毫无信心，更有一些人打算永远离开剧场，将戏剧工作仅仅看作实用的社会工作。甚至连为剧场开发一批新的“无产阶级”观众，借此脱离受过教育的资产阶级观众的影响的尝试也失败了。

然而，那个时代舞台上最重要的变革却并没有无功而返，只是它不在于开发了新的观众群，而在于人们开始考虑剧场的流动性——正是借助了这一次变革，“市民的剧场”才得以度过了危机。库特·许伯纳和他手下的一批人（其中有扎代克、明克斯、汉斯·彼得、多尔、伯克哈德·毛尔）把1962～1973年的不来梅推上了“划时代的剧场”榜首。

> 在那些年头，不来梅几乎是唯一一处没有大动干戈搞实验的舞台，它只是满怀着对未来的好奇一头扎进工作。这就是说，在不来梅，人们不会把摸不清来路的东西弄进彩排室“实验”，而是冒着更大的风险一头钻进最主要的工作，个人的发展方向也由此确定。彼得·扎代克[①]是这样，威尔弗里德·明克斯是这样——他从一个小小的舞台布景人员成长为一流的导演——彼得·施泰因[②]也是这样，汉斯·霍尔曼、莱纳·维尔纳·法斯宾德、克劳斯·米夏埃尔·格吕伯都是这样。

① 彼得·扎代克（Peter Zadek，1926～2009年），德国导演、剧场经理翻译、剧作家，被誉为德语剧院中最好的导演之一。

② 彼得·施泰因（Peter Stein），1937年生于波恩，德国剧场、歌剧和电影导演。

冒险多一点民主

“冒险多一点民主!”有着卡里斯玛式人格魅力的维利·勃兰特以这句箴言将许多挑剔的左派人士紧紧绑在自己身边。在《回忆与联想》一书中的“良心的机会”一章里，霍尔斯特－艾伯哈德·里希特（Horst－Eberhard Richter）[1]说，维利·勃兰特是一个可以承担过去并影响未来的人。

在1969年举行的德国联邦议院第六次选举上，尽管基督教民主联盟和基督教社会联盟仍然是德国势力最强大的党派，社会民主党却在这次选举中越过了40%这道大坎。瓦尔特·希尔接替了在选举中失败的德国自由民主党主席埃里希·门德，领导德国社会由国家自由主义向左派自由主义的转型。在希尔的帮助下，维利·勃兰特于该年10月21日以超过必要票数249票两票的251票当选为德国总理。39年
以来，终于有一位社会民主派人士站在了德国政界顶端。早 429
在几个月之前的5月5日，德国联邦大会就选出了司法部部长古斯塔夫·海纳曼作为时任德国联邦共和国总统的海因里希·吕布克的接班人——海纳曼是来自社会民主党的候选人——由此为日后的权力更迭做下了铺垫。

维利·勃兰特于10月28日发表了就职演说，在演说中，他预告了一个“内政改革”的计划，该计划的关键词是“持续和更新”“更多民主”“变革的能力”。

① 霍尔斯特－艾伯哈德·里希特，1923年生于柏林，是德国的心理分析家、社会哲学家，在德国的和平运动中发挥了相当大的作用。

在北大西洋公约组织和欧洲共同体的范围内，联邦德国的安全在于维护德国国家的统一和自我决定的权利，而从国际法上承认民主德国却并未被纳入人们的考虑范畴之内：尽管德国的国土上存在着两个德国，它们彼此并不是外国。在经济政策方面，要努力做到“稳定发展，不让萧条来临”，也就是要在经济政策上保持一致。在教育和科学政策面前，内政有优先权；对选举人的年龄限制应该去除，婚姻法、刑法、税务法的改革，以及政府、联邦国防军和社会政策的改革也应该继续。“我们并不是已经发展到了民主的尽头，我们的改革才开始。”

沃尔夫冈·耶格[①]认为，新的联邦德国总理的就职演说是崭新开始的宣言，宣告着德国将要向新的目标以及“新的疆界”进发。这样的崭新开始，勃兰特的崇拜者约翰·肯尼迪在1960年代初也为美国绘制了自身的蓝图。“这是联邦德国有史以来要求最高，斗志最昂扬的就职演说……勃兰特把他在半年前载于《新社会》五月刊上的颇受争议的论文《选择》的内容搬到了他的政府计划书当中：‘对于基督教民主联盟和基督教社会联盟来说，民主是国家的组织形式。对于社会民主党来说，民主是一个原则，这个原则应该影响并被贯彻到所有人的社会存在中。’”

勃兰特当选为总理标志着人们的意识已经产生了深

① 沃尔夫冈·耶格（Wolfgang Jäger），1940年生于德国，德国政治学家，1995~2008年任位于弗莱堡的阿尔伯特-路德维希大学的校长。

> 刻的转变。这不仅仅是一位社会民主党人在政坛的扶摇
> 直上。他是一个没有父亲的孩子，一个私生子，这位左
> 派社会党党员，哪怕通过流亡也要与纳粹政府做坚强的
> 斗争，承受了多年的诽谤，他提出的共和国公民意识对 430
> 于稳定和发展的重要性终于获得了认可。早在1965年，
> 君特·格拉斯就道出："要是1933年的19~26岁的年
> 轻人有着维利·勃兰特般的政治敏锐度和道德责任感，
> 我们将会免去多大一场灾难啊！"

勃兰特的政治热情受到多方面的影响，这些影响来自在他之前的伟人、他个人的远见以及充满希望的"白日梦"，当然也有强烈的政治野心和他对权力的直觉，这一切日后都使得他的内政和外交获得了成功，这些成功也得到了应有的承认。如果没有维利·勃兰特，德国社会主义学生联盟至多不过是一个街头组织。1972年，莱纳·巴泽尔领导下的基督教社会联盟和基督教民主联盟在联邦德国历史上第一次提出"建设性的不信任投票"，该提案失败后，勃兰特在第七届德国联邦议院选举中一举夺魁。社会民主党首次成为势力最大的政党。艺术家、出版界人士、作家以前所未有的热情投身于党派政治，在他们看来，维利·勃兰特就是政治更新的象征，他身上融合了权力与精神、实用主义与道德、启蒙与进步。勃兰特和时任德国外长的瓦尔特·希尔共同实行了向东德开放的外政，这项政策为他赢得了很高的声望。

1970年12月，勃兰特于访问波兰期间在华沙集中营纪

念碑前下跪："他用这标志性的一举把花环的两端终于连接在了一起，尽管之前它们还那么硬挺挺的。在那湿漉漉的花岗岩石上，他向后退了一步。这位国家领导人屈膝下跪的姿势定格成一个具有纪念意义的造型，那一刻时间凝固。他膝盖着地，却并不是倒下，双手叠放，头下垂。"（此话出自《明镜》周刊上赫尔曼·施莱伯的原文。）勃兰特这一跪有着十分重大、具有影响力的意义。那时，到处都在嘲讽着德国对于新的世界规则的意识，保守的圈子尤其是大企业主以及受他们控制的党派在对待东欧各国的问题上，总是提出各种修正主义的权利要求。当此时，勃兰特以他的一跪清楚地向世人说明了，德国承受着巨大的道德负罪感，要悼念法西
431 斯遇难者，并请求原谅。

第二次当选总理后，勃兰特的性格弱点也显示出来了，而这些弱点又被疾患和他性格中的矛盾所加重，由此表现得更加明显——1971年，他获得了诺贝尔和平奖——获奖之时，德国内政旧病复发，尤其是计划中的改革不能得到经济支持。尽管人们就如何改革展开了很多讨论，但是，这些讨论却从未有过完整的结果。"党派政治的极化和意识形态化多数情况下'只在'政治雄辩中出现。在这些辩论中，文化的斗争日益白热化，很多斗争都在不同的层面上围绕着同一个问题：关于'另一种共和国'的问题。总的来说，那个时代的德国政治是社会主义和自由主义的联盟，这个联盟尚处在探索与试验的阶段，这些探索与试验所带来的文化影响很难评估。不过，从长远来看，我们还是可以认为它是一个划时代的阶段，正如同那个阶段的许多改革一样，带来了

真实效应。”

勃兰特和赫伯特·维纳两人处不好关系。维纳是一个有着战略性远见和冷静头脑的谋士，一个尖刻的批评家。不仅如此，他还“乐于沉思、冥想，思考失败、自我冲突，思考生命的易逝和自身肉体的消亡。他饮酒。并且，作为一个60岁的人，他和女人之间仍然保有‘感伤而爱慕’的关系”。阿努尔夫·巴宁认为，勃兰特是一个一直在寻找最终家园的政治家——“其实，不管到哪里，他总感觉自己是客人，一直、一直在漂泊。”说得更加深刻一点，人们其实不会在任何地方停留，终其一生都只是一个局外人，无论到哪里都是天涯过客。勃兰特时代的终结在1974年5月突如其来：随着纪尧姆事件的曝光（勃兰特的私人顾问被发现是一名民主德国的间谍，并被逮捕），勃兰特宣布辞职。赫尔穆特·施密特接任总理职务。瓦尔特·希尔接任古斯塔夫·海纳曼成为第四任联邦德国总统。

> 古斯塔夫·海纳曼永远不能掩饰他自己对联邦德国第一阶段的历史是持相当保守态度的。是他，“起草了唯一一份值得一提的反对康拉德·阿登纳政策的意见书”。海纳曼的接任者希尔则与他正相反，担任“联邦共和国先生”的生活轨迹象征着这个国家的“成功史”。尽管希尔是勃兰特之外又一根社会主义和自由主义同盟的顶梁柱，但他所遵循的却是在自由主义和社会民主主义结盟的历史案例上做一些调整和加

工的路径，就像是他的盟友弗拉赫和迈霍夫所做的那
432 样，这条路径比较保守。希尔把重点放在德国政策的与时俱进和继续发展之上，而不是像阿登纳那样来一个“从零开始”，他这么做并没有减少阿登纳时代所取得的成绩，这些成绩当中也有德国自由民主党贡献的一分力量。

第 14 章
东德的配合与阻力

教育独裁下的生活 433

作家莱纳·昆策，1933 年 8 月出生于一个矿工之家，16 岁那年加入德国统一党。他在大学学习音乐和艺术史，博士毕业之前被人指控进行反革命破坏活动。华沙条约组织的军队占领捷克斯洛伐克共和国后，他退还了党员证——他的妻子也是捷克人——“与书本隔绝，与报刊隔绝，与外界隔绝，紧闭在自己的世界里。”尽管如此，他还是未曾放弃对“拥有人性化面孔的社会主义”的希望。1976 年，他出版了《神奇的年华》一书——此书以简短的方式驳斥了自由德国青少年[1]自己往自己脸上贴金的谎言，如什么受到保护的童年啦，美好的少年时代啦之类，驳斥了有关当局目空一切的自吹自擂——并因为此书被开除出民主德国作家协会，却获得了联邦德国作家协会成员的资格。在诗集《敏感的路》中，莱纳·昆策用四行诗的形式精辟地描述了民主德国教育专政的嘴脸，如："无知／于是你们就会一直无知下去／我们会这样／来教你们"。

教育本该是以启蒙和授人以方向为诉求，在东德却走到了反面：教育成了愚民的策略。国家组织了一支由教师、识时务者和广告家组成的队伍，组建起教育的专政，被这样教育出来的人除了服从国家意志，既没有多少可抵制的，也没有多少可做之事。外在的压迫是和内在的潜移默化相结合的。在东德国家安全部[2]的协助下，"臣民们"生活在恐惧之中——而统治者自己也充满了恐惧（在这里，我指的是每个工作人员在侦察别人的同时也在被自己的同事暗中侦察）。

434 一面宣传，一面压迫，这样教育出来的人们才会五体投地地高唱赞歌。各种使人印象深刻的叙述赞美着社会主义的独特和高尚：人们总是斗志昂扬，胸怀爱国主义的义务，为

---

① 自由德国青少年，德语 Freie Deutsche Jugend。1946年成立的14岁以上青少年的组织。到1989年为止，自由德国青少年是原东德唯一的青少年组织，并且和德国统一社会党有密切关系。

② 民主德国国家安全部（Ministerium fuer Staatssicherheit，MfS），成立于1950年，1990年解散，简称史塔西（Stasi）。民主德国国家安全部直接受德国统一社会党高层领导人的领导。

了实现伟大理想，同假想出来的家乡和祖国的敌人做坚决斗争。经济建设与工作中的英雄人物，教育和文化都在证实着他们为全民族做出的巨大功勋。个人主义、自我意识和批评能力在对出席公共场合时的领导人类似于宗教般的景仰和集体赞歌中消亡。组织布下了一张张严密的网，每一个个体都深陷其中。德国统一社会党是当时的人数最多的党派，其次德国工会联盟也占有相当的分量，还有为青年一代而设置的自由德国青少年。除此之外，还有德国民主妇女联盟、德苏友好协会、运动和技术协会、德国运动联合会、文化联合会，以及许许多多其他的组织。对于普通民众来说，加入这些组织的好处当然在于获得一种官方的、对于自己所从事的活动的认证，还可以避免被提出一些干系更大的要求。尽管国家成功地做到了让理想主义为意识形态服务，但很多人对于乱哄哄的党派政治还是保有相当的距离的。尽管人们似乎在表面上跟着起起哄，却一直在努力，一有空子就尽快地消失到个人的小天地里去。官方的宣传早已嗅到其中阶级敌人的味道，连舞厅的地板上都有敌人在窥伺着，看着那些不良青少年在那儿随着布吉·伍吉①跳舞，而人们“竟然还对这样的群魔乱舞报以掌声”。

对于每一个国家尤其是那些极权的国家来说，为了维护稳定，必须得到青少年的认可。在民主德国的教育专政体制下，“国家的监工”理解下的教育是一种规章、一种条例、

① 布吉·伍吉是一种以钢琴为基础的蓝调音乐，起源于19世纪70年代初美国得克萨斯州东北部，在20世纪30年代末和40年代初开始流行。

一种细则，就这样他们还想要自己受人喜欢。民主德国将作
为辅助的道德体制纳为教育目标，这种道德体制要求人们在
严苛的等级制度中找到自己的位置，在完成任务时牢记纪律
性，以及为了更高的目标（比如说国家、民族、家乡）应
该忘我地努力和付出，它从几十年前起就在影响着德国人的
集体精神气质了。对极权体制的迷信被包装了起来，包装纸
就是新的社会主义人民传来的捷报：他们迈着胜利的步伐奔
向未来。每一个生长在民主德国的青少年都应该接受到这样
435 的教育：要随时准备着巨大的付出，要有坚定不移的阶级意
识，要为共产主义而战斗——这些话是埃里希·霍内克
1981年在柏林召开的德国统一社会党中央委员会报告上写
下的。

> 几乎没有人可以逃脱统一的社会主义教育制度，从幼儿园开始直到大学，甚至后面的再教育也从未间断。教育是民主德国宪法的基本原则之一——所有公民都有同等的获得教育的权利，十年制义务教育，每一个人都有权利接受更高级的教育，每一个人都有权利和义务接受职业培训——这些原则是包含了很多进步因素的，比如在高中十年级时，所有学生都会接受多种职业技术的培训。但是，试图通过学校和青少年组织的交互影响来把孩子和青少年“绑定”在一种“全日制教育流程”中的行为，却并不是为了提高教育质量，而是作为无间歇的意识形态渗透被滥用了（至少，青少年可以在青少年组织里暂时逃离教育管制，因为多数的妈妈需要去

> 工作，所以超过80%的中小学生都会被送去1~4所课余青少年托管所）。和“市民－帝国主义”青少年政策不一样的是，民主德国的孩子和青少年不像前者那样，是社会化操控和剥削的对象，而是被纳入工人阶级的革命斗争体系中去。反面是很明显的：在德国统一社会党的教育体制下，青少年是政治操纵的对象，被嵌入一个没有任何漏网之鱼的秩序化结构中（从早上6点的到校开始直到晚间6点的课外活动）。民主德国的教育目标是：限制个人人格的发展，不允许孩子们有个人的意志。当时柏林的一位幼儿园女教师的扼腕长叹可说是一个很好的注解：“永远同意，永远说是，这使我安心。”

但是孩子们终究会长大，成长教会了他们各种各样的“免疫”策略，在几十年的漫长过程中，防止了国家权力在这样的青少年政策中取得彻头彻尾的成功。非黑即白的思想教育对“教育的牺牲品”所造成的伤害并不是太大。随着柏林墙的修建，之前已经被明显察觉到了的公开反抗爆发了，除此之外，还有很多人逃往西德（仅仅在1960年的
1~9月，就有43648名年龄在15~25岁的年轻人离开了民 436
主德国）。音乐使反抗变得更为激烈。“1965年10月发生在莱比锡市中心的‘摇滚示威游行’只不过是冲突的一种激烈的表示，而这种冲突早从九年前就开始在民主德国各地纷纷爆发，直到1965年夏天，终于成为青少年冲突的导火索。最开始时只不过是一些英美的摇滚乐团，比如披头士、滚

石，在民主德国青少年中间如同在资本主义世界那样大为流行。人们通过西方的电台收听他们的音乐，用磁带录下，并在自己的乐器上学着演奏。”收听这样的音乐、“不修边幅的”长发、“散漫的”行为作风，尤其是某些共同的俚语把东德的青少年和西德的同龄人联结在了一起，增强了他们对国家权力的恐惧——无论是反法西斯那一代，还是其后的一代，都对青年人的需求及其文化表达方式感到陌生和不理解。尤其是民主德国青年人所使用的俚语——比如“禽兽啊！”“真爽”——在国家权力机构的监控者看来，都是很可疑的，因为这些语言中的自发性和想象力是那么明显，它们那么具有创造性，根本就不吃死板的功能性德语的那一套。这些监控者断定，十来岁和二十来岁的年轻人所使用的语言表达了联邦德国的资产阶级一切向钱看的心态。但是，这些语言已然发展得如此蔚为可观，以至于已经无法再轻轻松松地就禁止它们的使用了——至少，它们也是一种突出的文学修饰。1973年，《少年W之新烦恼》问世，这是一则关于一个个人主义的局外人的生存和死亡的故事，本书是乌尔里希·普伦茨多夫（1934年生于柏林）写作的——这本书后来被搬上了舞台，走进了电影院，改编成电视剧，获得了巨大成功。

> 乌尔里希·普伦茨多夫的故事的主人公埃德加·维伯奥被作为民主德国青少年的集体肖像来解读，因为他说话的样子“就像是一个17岁的国内年轻人在讲话，也有着和其他年轻人同样的基本问题”。有谁想象得出

> 没有牛仔裤的生活吗？牛仔裤是世界上最高贵的裤子。因为有了牛仔裤，我再也不穿那些人造材料制成的破布片了，它们看上去总像是在跟谁怄气似的。为了牛仔 437
> 裤，我完全可以放弃一切，当然最好的东西可能除外。音乐也除外。这里我说的可不是什么门德尔松选段之类的，而是真正的音乐，人群。我并不是反对门德尔松，但是这样的音乐不能从深处打动我。我说的当然是真正的牛仔裤。有了它，我什么裤子也不要。比方说，真正的牛仔裤前裆是没有拉链的。根本就只有一种牛仔裤才可被称为真正的牛仔裤。

“驻扎”是教育专制的图谱，它决定了整体的居住环境。城市的衰落，尤其是房屋与住宅，本是“市民阶层的”起源之处，如今也日益式微，这不仅与修葺所需的建筑材料和资金匮乏有关，而且同有组织的住宅区相比，新城区的“驻扎”方式（每一层楼分成许多小套间）也使得一种政治监视从本质上更容易进行。在对东西两德的住宅修建成果进行比较时，人们得出的结论是，1949 ~ 1970 年，民主德国每年人均住房建造率只有联邦德国人均住房建造率的 16.5%，最多也只达到了 57.7%。不仅如此，民主德国新建造的住宅也明显小很多——只有联邦德国人均拥有住房面积的 1/3。

教育专制的规则和计划经济——两者的关系是相互的（都有着束缚作为集体动物存在的人们的教条的烙印）——不放过生活中的任何一个方面，其作用当然也有好有坏。

妇女广泛地参与工作在当时是经济上的必须之举。她们从家庭的束缚中脱出，但此举同时也为国家把权力之手伸向孩子敞开了大门，孩子们被国家接管，受到的是国家的教育。与此同时，参加工作也推进了妇女解放运动，女性们越来越多地获得了独立和自主。但是，家庭保护和抵御政治要求的功能依然未能被摧毁。不过，汉斯－约阿希姆·马兹认为，民主德国的家庭教育模式基本还是家长专制式的，因为多数家长本身就是压制性教育的牺牲品，被迫在一个只有适
438 应和服从才能求得一碗饭的社会中生存。“多数情况下，孩子们被非常严苛地‘按’进家长的意愿和社会压迫的节奏的模子之中：从休息时间、睡觉时间和吃饭时间直到一个职业妇女所必须遵守的社会作息时间通通有规定，这也属于家庭与社会压迫交互作用的范畴。”

由于所获得的物质鼓励很低，人们一心为工作的观念以及在工作上取得进展的兴趣也较低。他们工作的动能仅限于为自己赢取稍微像点样的生活——自己的小居室、沿着墙排成一排的柜子、一台洗衣机、一台电视机、一辆特拉比[①]，等等。在长时间的配给制下，食品配给总算得以保证，尽管多少有些片面。除此之外，人们还可以受到亲戚和熟人从西德寄来的一些包裹，尤其是在困难时期。

> 吃喝在民主德国是难得的业余享乐，这就是为什么民主德国的胖子一点也不亚于资本主义世界的胖子。

---

① 一种产自东柏林的轿车。

> “以口舌之欢来稳固情绪”的做法在民主德国公民中非常流行：狂饮、吸烟、暴食都是安慰精神的好办法。进食方式当然是非常不健康的：过多的脂肪和甜食，而新鲜蔬菜和水果则极度缺乏。健康食品简直是闻所未闻，素食不仅走到哪儿都会受到嘲笑，而且也几乎是不可能的。根据民主德国的统计年鉴，1987年，平均每名公民每年消耗18.6千克黄油，54千克白糖，99.4千克肉食以及肉制品。由于营养过剩，35%的男子和45%的女子明显超重。由于不健康饮食所导致的病症，按照保守估计也要对一半以上的因病死亡负责。几乎有65万名专业人员嗜酒，大约15%的民众滥饮，由此可以估算出，总共约有250万民主德国公民是酒精瘾君子。

职业道德的缺乏导致了“长期的闲逛式罢工”。《工作法》的序言里写着“不再有被剥削的、不自由的工作的重压，为自己和社会自由工作”，此话被人们逐字逐句地采纳了。正如伊莱纳·伯默在其尖刻的分析《彼处》（写于1982
年）中所记述的那样：只要老板、厨子或者酒保不乐意， 439
餐馆就可以一直关门，或者客人想要进来也会被敷衍阻止——“请您等一会儿，我们会给您安排位置的”——尽管餐馆明明是空的。“酒保的例子很典型。整个民主德国都是这样。蔬菜店门口挂着牌子：‘外出采购，停止营业’——实际上售货员却在路上溜达，让那双萨拉曼达的靴子穿起来更合脚。超市收银台前的队伍排得越来越长，而

东德活跃分子运动的创办者阿道夫·亨内克（1905～1975年，德国统一社会党党员、东德中央委员会委员）在厄尔尼茨的石煤矿山作坊

售货员却在和她的女友闲聊某一首她最爱的歌。明明在工作时间，房产管理所所有办公室都关着门，门后传来一阵阵大
440 笑——那是某一位工作人员庆祝生日的笑声。‘个人不管用’的办法到处都管用。某一位顾客的抱怨几乎不能引起任何批判性的后果。人们会对这位怒气冲冲的公民保证，他的批评已经被放入集体中进行评估。”

明明缺少职业道德，却要用大量的宣传投入来掩饰：教育专政对遵守规范，尤其是当个人和集体取得成果时，不吝赞美之词，否则就会采用非难、警告和核准的方式来工作。除此以外，各种“计划”——比如 1950 年代末的第一个“重工业五年计划”和“化学工业落成计划”（“化学给人面包、富裕和美丽”）——还会吹捧各种其实并没有达到的成果。手工业及其服务是例外，直到民主德国末期，超过半数的手工业及其相关服务由私人掌控，1981 年时的统计数据是 59% 。

充满狂想的“工业宣传”——尽管民主德国的生产力一直比其他东欧国家高——使得在西德的人们错误地估计了局面，结果当两德统一以后，人们在面对东德经济的悲惨境遇时不禁大吃一惊。

德国统一社会党的乐观精神忽略了一个事实，即民主德国内部，在真正的工人和政治上的“无产阶级的先锋队”之间已经存在着一条怪异的鸿沟。这在民主德国建立初期就很清楚：某一个列宁式的干部政党的强制性代表需求的提案遭到了反对。企业集体合同的实施以及与之相关的工会在实行计划中起到的功能性作用，Wismut 公司的员工们在极其恶劣的工作环境下为苏联的核经济工作，1953 年 6 月 17 日柏林工人要求提高生活水平的起义余波，甚至包括 1956 年短期的去斯大林主义和 1961 年柏林墙的修建，通过这些事件，工人们各种公开以及未公开的反抗形式呼之欲出。埃里希·霍内克 1971 年提出了不容反驳的政治纲领，纲领中强调了经济政策和社会政策的统一性，尽管保证了社会安定，但从长远看来，它却彻底毁掉了本已落后的民主德国工业，恶化了人们的职业道德，并使得人们对社会主义的信仰更加失去了可信度。

441 本身并不存在的社会主义当时的存在状况，在1989年两德和平统一之后方才重见天日。1990年，以压倒性多数投票给要以联邦德国为“榜样”的正是工人政党，投票之时，他们憧憬着更好更美丽的生活。也有一部分人民运动，还在做着关于革新民主德国以及关于有着人性面孔的社会主义的美梦，面对着真正的人民的意见时只能自我欺骗。比如，23岁的国营铁路员工米尔科就这么说：“当我听到关于剧院顾问、诗人、画家这类职业时，我就明白：我可以从事这些工作，我也想干这些工作。这些工作会使我们的社会主义有着人性化的面孔。还有十年就可以完成。告诉你，我都不必在那里。”

关于农业经济集体化的规定也一直受到质疑，尽管其体制一直运行良好：食物配给令人满意，农村人口有相当的社会保障。一部分的中间阶级生活富裕。除此之外，相当一部分的知识分子（医生、技术师、工程师）对生活极其满意，更不用提广泛的政治决策阶层以及他们背后大大小小的圈子，这一切都致使数十年来，危机一直在潜伏着。

从理论上来讲，民主德国的人们当然也是有休息时间的，因为这样的休息时间可以被广泛用来鼓励自主努力。社会和各种组织结成了一张紧密的网，保证了对人民群众的全面掌控。人们有义务参加社会活动，以保证他们不受私人喜好的引诱。由官方规定的一些仪式（比如青年礼）营造出一种伪理想主义的氛围，实则是尽可能地全面搜罗“服务人员”。

谈到“社会主义制度下的友谊与社交”，意识形态化的官方语言会这么说，社会主义制度下的工人和他们在资本主义制度下受到剥削的同事不一样，他们在社会主义保障和规定的工作时间的基础上还有着多余的精力留给休息时间。他们会说，社会主义的休息时间将会依法随着生产力的提高而增多，所以不仅能提供放松和娱乐，还能通过许多文化和科 442
学联系促进个人发展。

> 1963 年，在德国统一社会党第四次会议上，瓦尔特·乌尔里希提出了专政教育中的休息时间计划纲要。与之前相比，上班族将更多地影响他们的住宅、城市、村庄、企业、俱乐部以及文化宫的美化。文化宫里丰富多彩的生活不断，在那里，人们有机会在小圈子、图书馆和工作小组中获取全方位的知识，从深度和广度上丰富自己。从事写作的工人可以在企业以及小团体办的报纸的编辑部、小组、俱乐部和文化宫、业余小型歌舞场和剧院找到很好的工作机会以及听/观众群。在合唱团里，人们排演新歌曲的意愿和能力在增长，青年人表现出了跳舞的热情。剧院乐团、舞蹈队、合唱团以及年轻有才的工作人员都满怀热情，创造新作品、保护文化传统中的精华，在多变的文化节目中寻找并找到自己的路。电影和摄影团队应该参与全方位的美好生活的构建，并在其表演和展览中向广大公众敞开大门。

爱好文学的人可以在图书馆结社，爱好历史的人可以在博物馆结社。

崭新人类的社会主义乌托邦失败了，出于失望，混日子和机会主义的心态占据了上风。“混日子的人都有着痛苦而颓丧的心灵，只有在听从于当权者（父母、教师、牧师）的意志时才能找到相对的平静和轻松。尽管他们的意愿受到了伤害，他们的骄傲受到了损毁，但是，他们却以放弃自身的价值获得了回报。那就是他们现在终于可以不被打扰，有时甚至能心甘情愿地做做工作，获得平静了。要求他们做什么，他们就做什么：没有反对意见！现在他们只是在进行他们的义务！其他的一切本来也没有什么意义。就凭我一个人也改变不了什么。这些人从来不出头，永远退居后台，如果有人在公共场合问他们什么问题，他们一定会给出简短的、千篇一律的、事先设置好的回答：‘没觉得有什么特别。’
443 某种程度上，他们在已被定下条条框框的小市民生活中消磨日子，在自己的小天地里，可以种种花草、培养爱好。从这里面甚至可以生发出某种雄心壮志，他们对现在的富足生活感到很骄傲，考虑的也是如何使生活富足。‘邻居对此可会怎么想哪！’的思虑是井底之蛙文化和小市民‘田园生活’的推动力。莎拉·克尔施[1]把民主德国的落后文化及其落伍之见描写得十分有趣：‘在红色绣球花，弯曲的树/以及红房子前有一位老女人/她给我端来了茶，庄重地/端回了盘

[1] 莎拉·克尔施（Sarah Kirsch），1935年4月出生于德国，德国女作家。

子，回到她倾听和观察的岗位/在她那绣满了乱七八糟廉价花纹的窗帘后’。”

人们纷纷逃向田园，这严重地削弱了社会政策的反对力量，以至于当人们已经看到西德的“能量”带来的剧变时，都抱着一种相当无助而且听天由命的态度。尤其是这一切无动于衷地算计着利用东德的版图，毫不顾忌“社会主义”的市场经济原则，那本应该是人们可以从中获取很多利益的投资。一旦和 45 年的东德专政教育的后果正面相遇，西方世界对于本就极困难的心理转换很重要的移情作用消失了。此外，东德的精神气质也受西方的电视节目传播而来的西德图景的影响，充满了幻想。失望情绪（思想里的柏林墙）在两德统一之后很快就转向了东德人自己。1990 年，尚有 77% 的东德人对市场经济保有信心，两年之后就降到了大约 50%，之后又降到了大约只有 1/3。1990 年，绝大多数人都表示赞同接受西德的机构体质，五年以后，从德国联邦议院和政党开始到职业与中小学教育机构，再到卫生系统，大家都对此持怀疑态度。看似吊诡的是，尽管如此，近几年以来，对社会主义理念的认可度在上升。对共产主义的好感在 1990 ~ 1995 年从 7% 增至 27%，今天多数人都接受社会主义作为一种理想的存在，而在 1990 年年初，只有少部分人持此观点。

专政教育倒塌之后，克里斯塔 · 沃尔夫提出了“为了我们的国家”的号召，希望以此拯救社会主义理想，在那时，大多数人对这个理想已经不抱希望了。1990 年 5 月的大选显示，人们把拯救自己的希望寄托于西德，自然，对 444

于即将到来的变革也并没有多少准备。“再也不低贱了”，在其转型的日记《被变卖的铺路砖》中，托马斯·罗森洛谢尔用这种萨克森的方式表达了他对两德统一带来的希望的憧憬。今天，人们不禁要问，那时为这一切付出的代价是否最终能得到补偿。“那时也可以有别的方式的，比如赔款而不是交回。那样的话，就不会是事关重大的90%的东德财产落入西德的手中，使得西德胜者为王的理论被坐实得如此之久。或者，也可以让已经开始自我反省的东德媒体有几年的独立时间，而不是立刻——这真是一个坏说法——‘接管’，那样的话，历史问题就不会仅仅被简化为不切实际的史塔西的问题，而这个问题再一次减轻了德国人的反省工作。当然，这些差异并不是人们当初想要的。一跃而进入市场经济体制也成为经济和思想上的一剂猛药。”

非主流的浪潮

在民主德国，教育和艺术的宗旨都是赞美在德国统一社会党领导下的社会主义，同尤其是从资本主义世界飘来的美国化和颓废化危险做斗争。巨大的监视机制（史塔西）将所有公民都假想为潜在的阶级敌人，在这种监视机制下，文化必须巩固这个由工农组建起来的政权外在的团结性，并用理想来支持“顺民心理”。当然，当时文化的“墙头草”性格也是被接受的：私人的内心活动并未遭到“修理”，这就使得文化尚有可能退回并逃离到单纯的审美领域。

传统市民阶层的精英或被迫缄口不言，或被迫逃亡，在此之后，有着无产阶级和小市民－理想主义传统的文化和审美情趣就得以贯彻，这样的审美情趣，与早些年扭曲变形为国家主义的中产阶级情趣在本质上并未有太多区别。“民主德国的文化和教育政策的目的是，使在文学、戏剧和音乐中一直被模仿接受的德国古典主义和市民现实主义在 1945 年后的再教育和战后一代的社会主义运动也不至于被完全滤 445
除。19 世纪末以来，人们一直在效仿魏玛共和国的民族和国家工具化的做法，魏玛共和国成了样板，现在，魏玛古典主义也被东德国家统一社会党当作社会主义的国家文化形式所采纳，希望能发掘出魏玛古典主义的最终本质。

> 民主德国对“意识形态纠葛”的理解并不关乎魏玛古典主义本身，而是关于对它的接受。对魏玛古典主义的接受应该和一种新的通路对照来看，强调其乌托邦式的内涵，同社会主义民主紧密相连。在这一点上，东德倒是可以部分采用阐释的方法，这些方法是由流亡的马克思主义知识分子提出的。人们采用官方的、排外的方式看待魏玛古典主义及其在剧院、传统场所和诗朗诵会上的表演的管理，认为这样就可以排除其部分看法，这些看法被认为是法西斯主义精神上的根。换句话说，由战前的市民阶层所产生的“魏玛古典主义”被怀疑有法西斯主义倾向。

非主流的浪潮在民主德国的运气不佳。在一本供八年级至十年级学生学习用的文学教科书上写着，歌德之作《普罗米修斯》的主旨是所有人类都应为社会生活的人道主义构造而尽力。这句话实际上是这一种意思的委婉说法：在民主德国，中小学和青少年政策的教育理念首先是为压迫任何形式的反抗而存在的——这也是为什么革命性的艺术形式（那种个性的、自我的表达，如爵士乐、披头士、摇滚乐）一定会受到嘲讽。尽管人们那么愿意顺从，那么不愿意站在政治的对立面（这当然是很危险的），20世纪七八十年代的年轻人与当局的距离还是越来越大，他们不再像官方青少年政策设想的那样“听话”、那样“守规矩”了。他们带着越来越无所谓的态度打量着官方政策的目标和价值观，以及上
446 辈人。“对于大多数人来说，社会稳定是理所当然的。在中小学、教育机构和职业中获得教育从而建构个人生活的可能性，人们对其机会的均等性的评估并不是那么肯定的，然而，与其相连的管束和说教也受到了批评。”人们越来越在准备着挣脱国家机构所定义的标准守则，这导致了青年一代对国家的忠诚度的下降，尽管在开始阶段缓慢而不引人注意，但到了1980年代中期，大批的年轻人想要外逃就是一个说明其后果的很好的例子。两德的统一说明，双重身份从很久以前就开始存在，而这些年轻人最终在某种程度上竟然可以做到同时注意官方的规范和可被重复的知识结构，同时保持自己真实的日常生活阅历，还不得精神分裂症，他们已经可以相对轻松地绕开“头脑中的栅栏”了。

我们可以把东德对国家青年机构和公共生活机构的距离感同西德的做一个比较，当然，反对声音的空间是很小的。不仅如此，东西德的青少年在两个方面被同样死死地管束着：一方面是消费，另一方面则是“阶级使命”。不仅如此，在德国统一社会党统治下的东德国家保障了物质的供

给，而物质生活的充裕却降低了人们在教育、职业以及社会环境等各个领域“奋勇进军现代化”的兴趣和勇气。不随波逐流的心态是进取的机智和富有发明性的前提，但在东德的青少年中，这种心态非常罕见。

尽管如此，到了 1970 年代，还是有一些非主流的，尤其是年轻的艺术家和作家纷纷组成了许多小而相当混杂的圈子，编辑各种出版物，这些出版物既可以在西德的艺术和报刊市场上，又可以在“东德受到主导的文化中唯有特权者才能占有的仓位”中获得成功。爆发“群众运动”时，参与者并不认为这一定会是一场政治运动，如果是，那就是某些非政治的、艺术的东西阻碍了国家规定的文化。审查机构的行为方式是颇具有歧义的：一方面，人们也感觉到那些出版发行量较少的报纸杂志尽管偏离了党的中心路线，但另一方面，其在本质上却与主导文化的那一套没什么不同。因为
这两边——一边是非主流的、自己工作的自学者，另一边是 447
受过专业训练，与国家主流文化紧密相关的艺术家——“所有人上的中小学都是从一个模子里铸出来的，并且从幼儿园到博士毕业都一直被同样的意识形态洗脑。这样不情不愿地走上了当局规定的道路之后的人也只有两种可能：要么有一种模糊的马克思主义基本认识，要么彻头彻底地不问政治。真正的无政府主义者或保守主义者，如果真的有，也和这些非主流的报刊出版毫无干系。”

直至 1989 年，一共有 30 多本文学、10 本政治杂志以及上百本自涂自画的艺术家的小册子问世。其实 1980/

1981年的《学术诗选》的禁令对这些自己出版的报纸杂志以及“艺术家的小册子”的发展是一支推动剂。1980/1981年，弗朗茨·福尔曼——他是报刊《精神与形式》的编辑之一，也是艺术学会的成员——开始把注意力放在一些总是向他求助的年轻作家身上。经过了为诗人乌维·科尔贝[①]和弗朗克－沃尔夫·马提亚斯[②]奔走呼号之后，福尔曼俨然已成为那些在东德不得出版其作品的作家的避难所。当他确定这样的状况不再是偶然发生而已成为惯例之后，随即委托乌维·科尔贝和萨沙·安德森编撰一本诗文的合集。他原本的想法是，这应该是一本供艺术学会作为内部学习资料的诗选。这本合集包括彼得·布拉施、沃尔夫冈·希尔比西、卡佳·朗格、伯特·帕彭福斯－果雷克、洛塔尔·托勒以及其他人的诗文。该书的底稿于1981年秋天被上交给康拉德·沃尔夫，此人是东德艺术学会的主席。（克劳斯·米夏埃尔）

德国统一社会党的中央委员会对诗集的出版不予准批。史塔西也以非正式的方式安插了人手监视这些叛逆的作家们。为了抑制文学上的不服从继续发展，首先被下达的指示是，与民主德国国内每一个市区内的文学中心合作，加强与后辈作家的联系，使其“去政治化”。

① 乌维·科尔贝（Uwe Kolbe），德国诗人，散文家。20世纪80年代其作品被东德政府禁止出版，后获得西德永久签证，前往汉堡。

② 弗朗克－沃尔夫·马提亚斯（Frank－Wolf Matthies），德国作家。因为和东德政府持不同意见遭到逮捕，后迫于国际性示威的压力而获释，他后来逃往资本主义国家。

> 一部关于保护作家职业生涯的法律出台了。尽管如此，
> 对私人朗诵会或展览直接采取干预措施还是相当有保
> 留。1984年年初，来自民主德国各地的30多位年轻作
> 家聚集在东柏林的一家后院摄影棚里，试图组建一个不
> 受任何势力影响的作家协会。他们的愿望是，让民主德 448
> 国出版界出版一些早该被出版的著作（像沃尔夫冈·
> 希尔比西这样的作家在西德已被公认为诗人了，其作品
> 在东德却一直尚未被印刷）。这个协会最终失败，因为
> “受到史塔西通报合作者[①]控制的人员政策巧妙地激化
> 了政治上较为活跃和不那么活跃的作家们之间的冲
> 突”，除此以外，该组织很大一部分参加者都抱有离开
> 民主德国的念头。

尽管文化上的压迫那么大，大到连反对的声音都变得十分微弱，但对于许多年轻的知识分子来说，1970年代还是一个“突破的时代，寻找自己道路的时代”。西德1968年运动的政治热情涌入东德，早在那之前，东德就已经发生了“地下层的震动”了。摇滚乐越来越流行，声音越来越大，越来越有力，人们的装束也起了变化，越来越有挑衅意味（如头发越留越长）。对此，国家也施加了十分大的压力：开始由法律许可追捕长头发的年轻人，不听话的摇滚乐团被无情地驱散，所有的中小学校里都有严格的审查制度。

---

① 1950～1989年，史塔西管辖有17个监狱，约9.1万名正式聘用的探员，17.5万名位于民主德国国内的正式的通报合作者（即著名的“IM”），另有2万名“IM”位于联邦德国境内。

特别富有“非主流”危险性的是鲁道夫·巴罗[①]和沃尔夫·比尔曼[②]，尤其是这二人的社会和国家批评——在阐发上，一个侧重于理论，另一个侧重于艺术——正是以马克思主义的思想结构为基础，给当时的东德形势领起了一首自己的曲调，迫使这些本已僵化的形势起舞。

巴罗出生于1935年，先后在出版机构和工业单位里供职。他是一名坚定的马克思主义者，多年的德国统一社会党党员。其作品《另一种道路：真实存在的社会主义批判》（此书于1977年在西德出版，他为此被判8年有期徒刑，但是在服刑16个月之后被驱逐至西德）认为：社会主义的世界体系和世界共产主义运动被其根本和内在的矛盾扯碎，这些体系和运动主要扎根于不可战胜的苏联历史，人们应该从那里着手研究。今天在东欧当权的共产主义政党属于大国力
449 量均衡的一些棋子。理想的实质早已被蛀空，其后果之一就是意识形态的颠覆，这对权力结构来说是具有毁灭性意义的，这一点的后果到处可见，首先就是苏联，如1968年的捷克斯洛伐克就是一例。另外，1970年12月的波兰事件[③]使人们认识到，导致该体系动荡的危机并不仅仅是一些暂时的原因，还是深刻的社会经济矛盾。巴罗认为，从政治上来

---

① 鲁道夫·巴罗（Rudolf Bahro，1935～1997年），德国哲学家，政治人物。后成为西德政党“绿党”的创始人之一。

② 沃尔夫·比尔曼（Wolf Biermann），1936年出生于汉堡，德国曲作家、词作家，其作品通过西德电视台的转播为许多东德人所知。

③ 1970年12月，波兰决定提高46种食品和日用工业品价格，引起格但斯克等沿海城市数十万工人罢工，后波党改组了政治局，盖莱克代替了哥穆尔卡担任第一书记，并取消了涨价的决定。

看，随着拉科西[①]等人的上台，原来的革命组织者执掌了权力。那些广泛的文化革命的本质，以及所有被马克思和恩格斯所预见的分工、生活方式和精神气质的变革，正可以被"另一种道路"所解释。人类的解放运动越来越紧迫，但解放的条件必须被重新研究，解放的内容也应随着时代的前进而被重新定义。

> 巴罗在草案中提出了一个革新的共产主义政党。如今的社会，资本主义的激励和纪律机制已然欠缺，但在这个新的共产主义政党的领导下，社会将焕发出更高的经济能力，而参与工作的人民也能够真正参与决策过程——关于储蓄与消费的关系，关于战争与和平的产物，关于住房建设和纪念碑修建，关于教育和权力机构自我宣传的投资，关于把妇女从家务劳动的奴役地位解放出来所需的代价和一个有机社会的安全的代价，一切一切的决策。他认为，每个个体的自由发展是所有人自由发展的前提。

1976 年，当沃尔夫·比尔曼踏上观光西德的旅途时，他刚刚因为恶劣地损害了公民义务而被东德的相关当局剥夺了公民权。这位词曲作家，1935 年从汉堡迁往东德——在他的内心，"批判的孤独"一直在纠结——感受到了"背井

① 1948 年匈牙利左派势力组成联合政府，由劳动人民党掌权。1949 年劳动人民党建立一党专政。拉科西（Rakosi）1949 年 8 月 20 日 ~1953 年 6 月任总书记，1953 年 6 月 ~1956 年 7 月 18 日任第一书记，1952 年 8 月 14 日 ~1953 年 7 月 4 日任匈牙利总理。

离乡的命运”（这句话是海因里希·伯尔形容的，他在自己家中收留了比尔曼）。“在这个工人－农民的国家生活了几
450 年之后，”比尔曼在《东德悼词》中写道，“我感觉到，这里的共产主义病了。我写作歌曲和诗歌，想使它健康。但是那些官僚却并不理会我这剂苦药”。

当我们到达了岸边
还久久地坐在小船上
那是因为，我们看着天空
而天空在水中最美
梨树间飞过
几条小鱼儿，飞机游着泳
曲曲折折地穿过湖底，然后粉碎
轻柔地，在柳树干上粉碎
——在柳树干上
什么从我们的梦中显现
在这破碎的大地上
奇迹之门不想闭合
在这污秽的连接处
我们的朋友将会怎样
你会怎样，我又会怎样——
我好想离开
最好就留在此处
——最好在此处

比尔曼的被驱逐出境引发了生活在东德的著名作家的抗

议活动，这些作家中有 8 位是德国统一社会党党员（连著名的雕刻家弗里茨·克雷默以及许许多多的名流人士也加入了他们的行列），他们呼吁东德领导人对比尔曼的驱逐进行重新考虑，也就是收回成命。这样的动作，在这个德国统一社会党统治下的国家是完全没有预料到的，在其文化政治上更是头一回。很多参与抗议的人，如斯特凡·赫尔姆林、君特·库内特、斯特凡·海默、克里斯塔·沃尔夫，本身也因为与党纲相偏离而受到了一定的处分。

“对沃尔夫·比尔曼的打击被看作对全社会上进行创作和批判工作的人的打击。这是一些尚未被收买的人，他们觉得那一丁点的自由空间应该是用来战斗而不是用来附和的，而现在这一点自由也受到了威胁。对比尔曼的打击就是对自己的机会的打击。”（此话出自伯恩德·瓦格纳，作家，1985 年离开东德。）

> 比尔曼被剥夺公民权后的那一个十年再也无法挽回 451
> 东德知识界的消亡。知识分子们不是逃离出国，就是被剥夺了一切保障。知识分子和政府间之前达成的宽容协议终于宣告结束。除了公共机构，任何地方都不能再从事脑力工作，新闻界关闭，出版业只能在极其有限的范围内活动。如果某人不想成为国家的“御用文人”，那他就只有退隐。“说得更精确一点：所有理想的上层建筑坍塌了，艺术家孤独地站在自己的废墟之中。”
>
> 仔细看来，比尔曼的抗议——是“一束由多刺的
> 植物扎起来的花束，红色的康乃馨，纸做的花环，这花 452

沃尔夫·比尔曼

束使得东德政府如此的震怒”——就像是一份丢人的、没有诚意的赠礼，里面放着一段气死人的、相当叛逆的赠言。比尔曼本人在其中唯一摊到的形容就是“不舒服”。人们认为，应该做的是带着沉思泰然自若地忍受这种不舒服。这句话听起来并不那么狂热，而下一句就更加有距离感了：“我们并不以比尔曼的言行为自己行为的准则。”围绕着这句话又展开了一句忠于国家的宣言。“我们的社会主义国家站在无政府主义社会的对立面。”由此，西德的“敌人”形象在东德党派色彩浓郁的环境中得以长青。（曼弗雷德·耶格）

讽刺是德国统一社会党的执政者不太喜欢的一种形式。在缓和期，小型歌舞剧场的演出冒着更大的风险。“社会主义的小歌舞剧院的演出——只要它和我们的资产阶级敌人没有直接干系——是潜在的朋友和盟友的一些不合时宜的演出，它不是生产行为，会阻碍进步，但这终究是和我们一起建设社会主义的人们。”

> 彼得・恩斯卡特，全东德最成功的歌舞剧人之一——他的节目《公民》《保护你们的财产》在 1980 年代中期走进了 15 家大型剧院——同时也是作品被演出最多的剧作家之一，谈起了“小型歌舞剧院之家”应该紧密团结，对抗外来的审查。“事实上，东德没有任何一个艺术家团体像小型歌舞剧人一样，在面对审查时那么紧密团结。”“像往常一样，我们必须把剧本的第一版稿子交给党和政府进行审批。”恩斯卡特回忆说。在此之后，审查者通常情况下会安排一次谒见，在这次谒见中，“某一处或某几处有反共产主义嫌疑的小地方——为了使党高兴——要自觉删除。随后的谈话在剧院内部举行”，恩斯卡特继续说道。没有什么比在这样紧密的小圈子里给一堆行政人员表演剧目更丢脸的事了。民主德国的歌舞剧节目就是这样产生的，这些剧目的票经常卖光，甚至会害得观众为求一票而打架。（西格弗里德・施塔德勒）

东德的文学讽刺小品就像是某种由安慰剂和酸酸甜甜却含着苦核的润喉糖混合而成的一大把药片。这些适应了集权

政府及其审查的讽刺小品是可接受的，但并不总是令人舒
453 服，它们用给怯懦和挫败感提供出气筒的方式来支持这个体制，人们会说，文中刚才提到的问题不过是一些表面的问题，而产生问题的体制基本还是健康的，应该被肯定。作为民主德国作家协会主席的赫尔曼·康德（他的前任是安娜·希格斯[①]）就是以这种方式在其小说《光芒》《印象》中表达讽刺意味的，因为乐观精神仍然在占上风。他的角色就像是中世纪宫廷里的愚人一样：讥讽，却不会引起太大的反感。另一些作家，如君特·德·布鲁因、斯台凡·海默、君特·库内特、伊尔姆特劳特·摩根纳、乌尔里希·普伦茨多夫、汉斯·约阿希姆·夏德利希、卢茨·拉特瑙，写起文章来就麻烦多了，因为他们讽刺的矛头不仅仅满足于时存的东德社会主义制度中的某几处小缺陷和小弱点，“而是批判性地审问时局的创造性，并且以真正的马克思主义意识形态作为标尺来衡量。1971年召开了第八届党代会，埃里希·霍内克在会上提出了文化政策自由化的建议，这些作家以热情洋溢和多产的方式回应了这个建议”。但是，就在他们多少有些认真地对待这件事件的同时，他们就已经站错队了。

反对派的文学

东德的文学——除开那些讽刺的作品不算——是不是反

---

① 安娜·希格斯（Anna Seghers，1900～1983年），德国女作家，以描述二战时期道德体验而知名。著有长篇小说《第七个十字架》《死者青春常在》等。1947年成为德国统一社会党成员，1950年迁居东德，1983年6月1日逝世于柏林。

对和抗议的声音的堡垒，尽管小心，却仍然有着发出反对声音的倾向呢？因为在西德，阅读时需要运用“字里行间”的艺术是妇孺皆知的，这样就使得东德的文学作品获得了多方面的好评。然而两德统一以后，对东德文学作品的反应却朝着相反的方向而去，人们质疑其反抗性并且贬低其价值。

汉斯·约阿希姆·夏德利希参与了1976年比尔曼事件的签名上书（就因为这件事，他不得不离开东德）。他指出，超过16位东德重要作家本应该逃往西德，这清楚地说明了一个事实：东德文学是怎样唯“御用文学”规则马首是瞻的。“自我审查也是审查的一部分。有一些人是这么看的：自我审查是作家们保存自我的一种方式，这也是文学用 454
巧妙的方式赢取胜利的合法来源。说出点儿什么，却又不真的说出来，把某些文字的表达美化到辨认不出，这样，黑暗的美和美的黑暗最终得以在我们面前显现——尼采说过，带着锁链跳舞是最高的艺术。”东德的文学就是随着国家意识形态号角而起舞的舞蹈。

东德文学的问题很大，这是瓦尔特·扬卡的看法。他在1956年个人的公开审判中曾深刻领教过这些文学的缺少逻辑性和机会主义。但是，如果没有这些作家，东德历史末期发生的和平演变是否还会产生呢？对此君特·德·布鲁因[①]的回答与扬卡的看法截然相反：东德的文学多年来一直在精

① 君特·德·布鲁因（Günter de Bruyn），1926年生于柏林，德国作家。作品多为带有自传性质的小说，这些小说常常以东德的艺术家私人生活为背景。另著有部分带有历史色彩的散文，尤其是普鲁士历史。

神领域努力，为这个演变做好了前期准备。即使是18世纪的法国作家们也并没有亲自披挂上阵去攻占巴士底狱，但是，他们的确也在革命浪潮中产生了推波助澜的作用，这一点不可否认。当然，以18世纪的法国作家来对比东德作家，这样的比较未免高抬了后者一些。德·布鲁因在《人到四十岁》——其自传的第二部——中的形象是一个讲究策略的、谨慎的随波逐流者，基本是一个不同政见者。这个“因为渴望和谐所以随时准备妥协，而这妥协有的时候也会触及我所能容忍的范围的边缘”的人非常诚实地描写了东德文学创作者的“精神状态”：“也许，可自由发挥的余地比我们所说的要大一点。但在另一方面，人们又必须自觉地老老实实回到我们本人都经历过的那种状态。不管这听起来多么像是某种借口，其中也还是有真实成分的。每一次，当某一个人‘自由发挥’过度时，他就会被驱逐。”

一个适应的过程开始了。有些人出身时贫贱无奇，后来却慢慢地成长为特权阶层。“然而，占据统治地位的意识形态却并不与之相冲突。它所认同的是，那些为国家和党付出最多的人理应得到最多的回报。很多人从中获益，这一点是公开的。事情的关键不在公平、同情或者怜悯之心。国家所做的事情就是惩罚或者奖励。谁有功劳、有贡献，谁就可获得一套住房、一些优待……而那些占据领导层的人理所当然地相信，他们的贡献最多，所以他们也就理所当然地享有更好的生活。”

乌维·科尔贝1957年出生于东德。他认为，极大的无

助感产生了沉默。他一生中 74% 的时光都被柏林墙抹上了阴影。“而且，没有别的道路可选择。而且，我们也缺乏勇 455
气。站在满目疮痍的土地上，我们并不想忘记这一切。我们鄙视传统仪式化的力量，但我们又不得不在传统面前收起我们鄙视的锋芒。”

当这样一种被自私和恐惧所控制的心态蔓延，作家、艺术家和知识分子联合起来对抗德国统一社会党的压迫就变得格外有意义。克里斯塔·沃尔夫在 1965 年 12 月 15 ~ 18 日召开的德国统一社会党第十一次中央委员会上——她本人也是 1963 ~ 1967 年的德国统一社会党中央委员会委员——警告道，如此这般会出现文化人才上的青黄不接，并且强调，出于良心，她无法投票同意某些对自己同人的打击行为。东德的党和国家领导人瓦尔特·乌尔里希及其继任者埃里希·霍内克首先提出了要整顿艺术家，首先的打击对象就是沃尔夫·比尔曼、斯台凡·海默和海纳·穆勒[①]。

> 沃尔夫的小说《关于克里斯塔·T. 的思考》于 1968 年问世，这是一个关于一名不问政治、只关心私人生活的妇女的故事。这本小说的面世“犹如一道闪电一样照亮了民主德国的艺术与文学界”。人们重新举起埃里希·霍内克在 1971 年 12 月讲出的口号：只要社会主义的立场稳固，

---

① 海纳·穆勒（Heiner Müller，1929 ~ 1995 年）前东德剧作家、诗人、作家、散文家、剧场导演。著作有《任务》《哈姆莱特机器》等。他被称为布莱希特以来德国最伟大的剧作家，其“拼贴剧”的艺术手法对后现代戏剧很有贡献。

在艺术和文学的天空里没有禁忌。1976年1月，鲁尔夫·米夏埃利斯在一次关于作家（福尔科·布劳恩、戈尔迪·泰茨纳、布里奇特·莱曼）新作的研讨会上说，东德的文学作品不能再用那种“字里行间”的方式说话了，文字表述要直爽。同月，弗里茨·J. 拉达兹表示，东德诗歌的新调调——用哀歌来代替赞歌——宣告了东德文学作品倾向的转变。人们果断将艺术放在一个独立且与历史学同等的地位上，这在东德文学的讨论中，可是一个具有爆炸性的创新之举，而它也从此再没有被忽略过。

尤其是海纳·穆勒——其作品有《日耳曼女神在柏林之死》（1956/1977年）、《弗里德里希·冯·普鲁士二世的生平履历》、《莱辛的睡眠梦幻叫喊》（1977年）、《哈姆莱特机器》（1977年）等——他是一名扬弃美学限制的作家。他在文学形式上的实验标志着对德国统一社会党小市民习气的文化理解的摒弃，同时被摒弃的还有这些人的“流于形式框架的历史阐释”。通过他的努力，东德文学得以成功地跟上了“西方的先锋者”的步伐。

在1978年5月30日举行的作家大会上，斯台凡·
456 赫尔姆林发表了讲话。在这次讲话中，他深刻分析了东德某位高层行政人员的观点：作家应该被看成一支队伍。但是，该观点中所指的事情却与作家创作毫无共同之处，这两者根本就不是一路人。一位共产主义作家——赫尔姆林提到了他的朋友君特·库内特、斯台凡·海默、弗朗茨·福尔曼和克里斯塔·沃尔夫——应该是所有前进或者后退着的乌托邦的儿女，他是散布

“异端邪说”的人，也是殉道者。[他们的前辈是光荣的斯巴达克斯和亚西西的方济各（Franz von Assisi）。]

1980年代，文学领域中的分裂到达了顶峰：作家中的青年人和年轻一代推开了通向未来的大门，与此同时，他们也连接着那充满禁忌的过去，并且接过了现代派传统的衣钵（表现主义、超现实主义、达达主义）。

这些年轻的“反抗者”中的一员（克里斯多夫·海恩）竟然敢在1987年民主德国第十届作家大会上公开断言，审查已经过时了，是无用的、反人道的、反人民的行为，不但如此，它也是不合乎法律规范的、违反宪法精神的，因此理当受到惩罚。他认为，东德的文学已经产生了一些作用，但人们还应当努力促成更多的效果产生——做这一切需要力量和勇气，尤其是要有一根挺直的脊梁骨。这样的言辞道出了人们的愿望：关于“另一种民主德国”的愿望，期望着改变，期望着打破各种所谓社会主义的称为束缚的“规范”。

文学在德国统一社会党的教育专政中起到什么样作用呢？要回答这个问题，关注审查在其中的作用是很重要的：审查是东德国家文学政策中的绝妙手段，“这个机制的出色代表就是前东德文化部部长克劳斯·霍普克”。而东德国家人事政策的任务则是，确保在文化机构、大众传媒、出版社、电影界、艺术联合会，到处都会有忠于党和国家路线的公务员来执行监督：所有的出版物都必须先获得许可方可问世，从西方资本主义社会引进报刊和书籍受到很大的抑制。政策上的刑法使插手他人的精神自由成为合法。东德国家安全机构尤其是通过许许多多的“非正式工作人员”向着作家和艺术家的私人领域渗透，以至于后来监管报告不得不接受这样一种说法：在某种程度上，史塔西是自己丢失了对全局的掌控。

457 人们就生活在这真实存在的恐惧中心，这种恐惧甚至常常会使人自我审查。在这种状况下，东德作家还以文学的形式进行反抗——不管是直接的还是间接的——实在令人称赞，尤其是，当人们拿他们和那些流行于西德知识分子之中、如杂草般蔓延的顺从和机会主义相比时，就更加难能可贵了。

审查和自我审查之间的界限是模糊的。一个真正的关于审查的法律在东德并不存在。这就使得瓦尔特·乌尔里希竟然可以言之凿凿地说，在民主德国从来没有过出版审查。埃里希·霍内克也可自吹自擂，在他的权力范围内，审查只在那些当事人头脑里进行。说完这番话，他又袒露心声般地补充了几句：“我们没有审查……在我们这里，审查只是通过自觉的力量才得以实行的……我们是唯一一个让事情自由发展的社会主义国家。”他说，那些“事情”，必须严格按照事先划定的轨道行进，不得有半点偏差。

福尔克·伯劳恩的诗集《缓慢的、吱嘎作响的早晨》饱受争议。这个例子可以很好地说明，审查是如何“通过意识塑造”来进行的：“印刷许可在四十四个月的严格的文学政策秘密操作后，被分摊在出版社社长艾伯哈特·君特尔、分部主任沃尔夫冈·霍普克、文化部部长汉斯－容恩·霍夫曼和中央委员会秘书库特·哈

> 格四个人身上。好在四位审查官最后都一致同意，本书通篇反映出作者伯劳恩一心向着社会主义。”和作者本人打那场“持久战”还是值得的，教育的任务总算完成了。“作者本人认为，自己对我们社会－人道主义建设负有责任，希望通过自己的诗歌为发展做贡献。”艾伯哈特·君特尔满意地说。福尔克·伯劳恩对出版他作品的人表示感谢，让他完成了“阶级任务”，并且还题了词，向对手证明其勇气。“献给我勇敢而成功的出版商，满怀感激的作家敬上。”
>
> 然而，“审查官们”的“重返社会措施”却并不是总那么成功。尤其是在 20 世纪 80 年代，文化政策的高层领导人也常常对一些非主流的出版物网开一面，东德的作家也敢于通过西德的出版社出版自己的作品了。

曼弗雷德·耶格认为，在自我审查和文学导向交互作用 458
的影响下，作家手里的牌是很坏的，因为他们必须忍受不懂文学的人同自己“合作”，如果他们还想在官方的文化机构混迹并且不被赶出国的话。审查机关不是对允许他们插手文学创作提出了要求，并且正式保留了作品的版权么？

在这些小小的争夺战中，为了从官方机构那里抢夺自由空间，同时避免自我审查出现，作家们使用了各种方法——这其中有，为了引开审查机关的注意力，在文学作品中大量使用一些似是而非的语言和内容的技巧——比如，乌维·科尔贝就在其诗选中抄录了“一篇由五段单纯的名词排列组成的文章，题目是《本人小说的核心》。中德出版社和柏林文学办事处当中没有一个人会想到，如果把每个名词的首字母一个接一个地连起来读，就会组成一个非常反革命的口号：

‘你们的能力可悲。/ 你们的要求充满了谄媚。/ 你们早年的血腥旗帜如今懒散地绷紧在你们的肚皮上。/ 你们英雄神话的牺牲者在我看来是牺牲给了高涨的性欲。/ 一个白发老者撕碎了你们口口声声的革命。’

当然，只有当他本人写一则说明告诉大家如何解读这些字谜时，科尔贝的这种处理才有意义。诗人孤独地在他那小房间里庆祝一下这点秘密的胜利是没有用的。但如果这样做，国家权力机构也就会马上察觉那些不为人知的、正在悄悄蔓延中的反对团体。”

针对东德审查机关的抗议在20世纪80年代末变得越来越明显，这也间接说明，东德的意识形态以及权力政治的沦丧已经比许多人察觉到的还要厉害。那些不乐意接受权力机构监管时自相矛盾的自由主义做法的人发现，由东德国家批准的审查只有随着执行这些审查的政权的覆灭才会停止。

459 教会和海怪史塔西

在《时代周刊》举办的关于东德国家统一社会党专政下的反抗的论坛的开场白上，记者罗伯特·莱希特“极其尖锐地”提出了一个问题：民主德国是不是仅仅依靠拥有史塔西和新教教会才得以作为一个国家持续了那么久？对上级的含糊态度本是马丁·路德所发起的新教的典型特征。在其思想中，“一个基督教徒的自由”不及国家那么受到重视。而这个思想在 1945 年后的东德（尤其是在那些盛行新教的主要地区）重新有了显著的印记。

第三帝国覆灭后，德国共产党普遍持有的观点是，宗教和教会是过去几个世纪的遗毒，现在终于即将走向灭亡。然而，教会越来越强势、越来越坚定的反抗使得东德国家统一社会党不得不接受其存在。另外，教会也接受了这个新的“上级”，在这个“非基督教的国家”里，表现得一会儿机会主义，一会儿泾渭分明。后来的公民权维护者鲁尔夫·海因里希在其著作《监护权的国家》中写道：“就像教会在其他地方对人们产生作用一样，生活在东德国家社会主义制度下的人们每天也能感受到真实存在的基督教。这里的基督教在学习如何从社会主义制度下教会的特殊结构性中获得好处，越来越得心应手。”没有任何一个官僚机构比教会本身更适合于把工作者们心中激进的人文主义简化为具体实践时的导向了。正是这一点使得在东德社会主义制度下的教会成为东德统一社会党和国家权力不可替代的同盟军。每个人都退隐到神圣的环境中，这并不符合新教的教宗。但是，新教不拒绝与权力的“上级”相往来，这也表明它本有与权力进行妥协的准备，不管这妥协多么耐人寻味。人们努力建设“社会主义制度下的教会”，而这样的教会既不为社会主义制度摇旗呐喊，也不与社会主义制度唱对台戏——该说法来自阿尔布莱希特·舍恩赫尔牧师，他是“民主德国新教教会联盟”的第一任主席——既然如此，那么对政府做出让步就是不可避免的了。通过对国家表示忠诚来获得公事和人事上的好处或国家的嘉奖，这样机会主义者的努力同拯救危险之人的意愿一样普遍存在。来自教会的超过3000名以上的“非正式工作人员”曾经加入过史塔西。

460 洛塔尔·迈齐埃是民主德国教会联盟的副主席。他认为，如果教会被彻底拒绝，人们本应该把广阔的社会领域全部听任国家处理，并不保有任何国家认为可能对其极权意愿产生抵制的东西。而舍恩赫尔认为，以为一个无神论的极权政府每时每刻都只会做错事的想法是错误的。他进一步指出，需要其“领地”的教会用一种艰难而至今不为人所知的方式，在一个自诩为无神论的社会主义社会里陪伴着基督徒们，同时也希望帮助那些不是基督徒的人保护其权益和尊严。

不错，大量神职人员冒着个人危险对东德国家的压迫进行了抵抗，他们的教堂成了反对党和持异见人士的家——教会当局始终带着不信任的眼光看待这一行为，并忧心忡忡——但由此并不能就认定，德国的新教终于在历史上站到了正确的一边，也就是站在被压迫者而不是压迫者的一边，站在人民而不是当权者的一边。真相更多是这样的：教会的等级自最上层的特权阶层到最底端被压迫的阶层有精细的划分，教会政治体系的稳定依赖于这种精细的划分，但正是这种等级划分使教会仿佛某种江湖帮派，而与此同时，教会又不断地向教众施以“虔诚”的压力。随着民主德国越来越多地被承认是一个独立国家，外部的环境也促使教会当局在1961~1989年越来越少地批判东德内部的矛盾。

教会当局和教会基层小组的关系一向紧张（“用锄头反抗剑！”）。这也体现在，“有些人虽然够格，也申请成为牧师或其他教职人员，却最终并不能得到职位。但你永远不能说这是因为教堂特别团结。……当教会中的某位领导在有基层代表在场的情况下于公共场合发表讲话时，他们总会用某种外交式的花言巧语对问题的锋芒避而不谈，以至于到最后几乎什么也没说。”

无论对民主德国的教会给予肯定还是否定的评价，有一
点无可否认：其文化、宗教和精神的力量被无所不在并拥有
全权的史塔西大大削弱了。“八爪鱼史塔西让我们饱受折 461
磨，我们都不敢在公开场合讨论这个话题。”

> 20 世纪的极权国家创造出了很多迫害人类的恐怖机器，东德的史塔西就是一例。笼罩于史塔西之上的疯狂也可算得上独一无二了：那种超现实和荒谬让人如同置身卡夫卡的小说，却也印证了什么是恶之平庸①。马克思所说的量变积攒而产生质变，在史塔西处也能体现为，其工作人员多为男性，而其中的许多人或者绝大多数人的外形给人感觉无外乎愚蠢、放肆、厚颜、暴力，

---

① “恶之平庸”的概念出自社会学家、哲学家汉娜・阿伦特为《纽约客》撰写的专栏文章《自由记者报道：耶路撒冷的艾希曼》。1963 年，阿伦特旁听了对执行纳粹德国屠杀犹太人的“最终解决方案”的主要负责人阿道夫・艾希曼的审判。阿伦特原以为她会看到一个残暴的形象。但她发现，站在被告席上的艾希曼看起来十分平庸，与常人无异。而艾希曼也为自己辩解说：“一切都是奉命行事。”这就是“恶之平庸”的由来。阿伦特借以指出，许多骇人听闻的恶行并非需要残暴完成，只需要每一个参与其中的人不思考、不辨是非、“奉命行事”即可。

> 由此，史塔西这台机器也用一种极其诡诈的方式完美运行。史塔西最大的心理和政治成就在于，它——就像“模范教堂”一样——牢牢地把大量的人和自己捆绑在一起并使其成为自己的工具。史塔西执着地认为，通过精细入微地观察，借助所获取的数据以及对数据的“阐释”可以改变人。对东德的知识分子来说，这种执念真是充满想象力。一方面，“不忠实的人”要么被消灭、要么被放逐（因为这些人是“人民的祸害”，看起来也不像是能够被“再教育”改变）；另一方面，自20世纪初就有的可被教育的“新人类”模型又得从头到脚好好打造。

“安全的领域”，文学

君特·德·布鲁因报道了他是怎样从政治上的无罪变为有罪的。其中关于史塔西是如何征集人员的内容不足为道，但是，对他和史塔西博弈的每一步棋的描写却很能说明问题：两个未经预约的访问者，自称为史塔西工作人员，相当礼貌地请求一次谈话。这两个人说，西德的人们认为，这位诗人的行为可算得上是反对东德政府，但他本人还是一位相当忠诚的东德公民。德·布鲁因很愿意聆听，并了解了更多
462 关于所谓的西德意向的详情。他以为这件逸事是一次蒙混和试探他的假动作，结果还真的接到了慕尼黑自由德国作家联合会的来函，请求安排一次会晤，并希望他同意印刷一本未出版的小说，这本小说在西德尚且无人知晓。德·布鲁因猜测，史塔西一定知道这封信的内容，出于这种考虑，他从一

开始就自觉向有关当局承认了收到过这样一份来函。“他们再一次来到我的住处，用指尖拈起这封信，拿放大镜仔细地检查了邮戳，然后把信封和信件放入一个透明的袋子里以便带回去做检查。”德·布鲁因被窃听。很快，他就被载入档案，用的是假名“罗曼”，随着时间过去，关于他的案例报告、窃听记录、信件复印件和谈话记录很快累积成厚厚的一沓卷帙。

回忆这一切的时候，德·布鲁因觉得，自己受到了深深的侮辱，他永远也不能满怀信心地谈论尊严和正直，并且对别人做出评判了。他说，被史塔西找去谈话时的他比现在回忆时的他要坚强许多。他震惊地判断，某种程度上自己暂时有一些地方无法适应。“带着一个由于恐惧而颤抖的灵魂，完完全全是出于怯懦，而不是出于任何一种能使事情变得好起来的信念，我必须继续生活。”

史塔西关于弗朗茨·福尔曼的“卷宗”——这些卷宗直到他 1984 年 7 月 8 日去世才告一段落——显示，福尔曼“一直受到协调的差异和强制性措施的影响”。这位诗人 1922 年在埃尔茨山脉出生于一个纳粹主义的药房老板之家。早年的他认为，东德是一个更好的德国社会。通过独断的反法西斯主义，他试图纠正自己青年时期误入的歧途，当然，由此也就看穿了这个在德国统一社会党统治下的政府的谎言。反过来，该党的代表人又一股劲地努力着，希望通过“目标明确的影响”使福尔曼及其妻子放弃“他那顽固不化的立场”。可是，这位诗人投身民主运动，还和一些所谓的边缘群体“同流合污”，使得“调整”其精神特征的努力以失败而告终。于是，时任东德文化部秘书长的库特·略夫勒来了，和福尔曼进行了无数次私人谈话，最后把他交给了史塔西。略夫勒得出的结论是，必须
463 安排他接受心理诊所的治疗，不得有误（当然，这事也常常被敌对势力所滥用）。福尔曼的另一个密友则对史塔西报告说，福尔曼受到了病态的困扰，这病害得他神经错乱，觉得必须同一切想法不一致的人做坚决斗争。他说，这种精神上的变态已经发展到了一种程度，以至于他不再能够做出理智的、使人信服的言论。

当福尔曼的声誉在西德达到顶峰之时，东德却在对他做“病理分析”，其结论是——这分明是一个社会化政治精神错乱症、用某种方法来反对各种艺术上的离经叛道，结果举止时而文雅迟钝、时而开朗野蛮的实例嘛！

> 熟人和亲戚成了间谍，史塔西正是以这种方式强行闯入了私人领域，在那里也安上了监控。后来成为联邦德国议员的积极和平主义者薇拉·沃伦贝格曾被自己的丈夫告发。1977年被开除国籍的莱纳·昆策曾被曼弗雷德·波莫跟踪，后者是史塔西最具奴性也是最危险的线人之一（而曼弗雷德·波莫后来还改名换姓，说自己是伊布拉辛姆·波莫，成了东德境内新建的社会民主党最主要领导人之一）。

被称为“艺术殖民村”的普伦茨劳贝格[①]算是没有被史

① 现位于柏林东部的潘科区内。

塔西干涉的福地。柏林东部简直就是东德的施瓦宾格[①]：多姿多彩的非主流文化集散地。

来自捷克的扬·法克托认为，柏林东部的普伦茨贝格是一个相对自由的生活区域，吸引了许多年轻人从这个国家的“其他地方”迁来——无论他们是否有意于从事艺术创作。“相较于东德的整体状况，普伦茨贝格是一个特别混乱的区，其中艺术家也未必就是主力。因此，普伦茨贝格的所谓街景绝对不会是单调一致的——‘个人主义者的集合’也许是一个恰当的形容。”这些个人主义者加在一起，用亚文化的方式对当时东德的意识形态做出抵抗。后来浮出水面的是，在这些人当中甚至有一些“红色的波西米亚人”，本身虽是史塔西的工作人员，但其中很多人的住房简直就是大逆不道。随便说两个普伦茨贝格有名的作者吧，萨沙·安德森和 464
贝尔特·帕本福斯－戈列克。西德文学界对他俩受恩斯特·扬德尔、约翰·费沙特和阿诺·霍尔茨启发写出的诗赞赏有加，是因为他们总是把自己在西德的出场安排得很有戏剧性。沃尔夫·比尔曼形容他们是“用铅笔和画笔工作的晚达达主义侏儒”，他进而评论道，“普伦茨贝格刻意摆出一种远离政治的姿态，这其实是对现实的逃避。它是史塔西主要部门 HA－XX/9 和 HA－XX/7 这两个暖房里精心培育的品种”。

1991年，沃尔夫·比尔曼在毕希纳文学奖获奖感言上揭露了萨沙·安德森和贝尔特·帕本福斯－戈列克这两个

① 施瓦宾格（Schwabing）是德国巴伐利亚州首府慕尼黑的北部区域，曾经是慕尼黑著名的波希米亚主义区域，至今仍然拥有许多酒吧、夜总会和餐馆，深受游客和当地居民，尤其是年轻人的欢迎。

“一无是处的牛皮大王”（原话）原是史塔西的“非正式员工”——本来只是有传言，但后来传言得到证实——那么问题来了：东德的文学和文化史中的重要一章是不是得改写呢？因为，普伦茨贝格到那时为止一直被认为是东德先锋文化的中心，如果东德还有先锋文化的话。其实，普伦茨贝格只是一场文化作秀，史塔西既导又编且演，因为此处——有别于东德其他地区讲话的文化概念——适合于成为城市精神的某种“外属领地”。

> 他已经倾尽全力反抗了国家，反抗了东德的体制，安德森本人声称。他说，他还和自己的摇滚乐队一起站在舞台上唱了沃尔夫·比尔曼作词的歌。“就是因为这样，我才被禁演。就是因为这样，史塔西派了一个团来，试图用发出噪声的方式来搅黄我的音乐会。”
>
> “我也不是诡辩家。但如果说间谍是指史塔西可以从他那里获得一些信息的人的话，那我就是间谍吧。如果史塔西动用了所有手段，偷听了一切聚会、窃听了一切电话，并且从中做出对其他人的报告，那我就是间谍吧。我本人从来没有为了给史塔西提供什么信息而捏造故事。如果说我有的话，那也许是——不，我可以说肯定是——因为我这个人真的太开放了。我其实知道这个体制的许多内情，我敢肯定，我所提供的信息是挺有利用价值的。”（萨沙·安德森）

465 史塔西这台巨型机器的运作依靠“纸上谈兵”。所有“情报”——据估计，东德国家安全部在1960年代末有1.3

万名编制内正式员工，1989 年，其数量增至 6.9 万，而非正式员工人数已达 50 万——都被仔细地写在了纸上。尽管文献大多数已佚失（被毁坏或者保管不当），剩下的那些依然在两德统一后为东德这段历史提供了“有据可查”的基础。统一后，罗斯托克的民权维护者兼神甫约阿希姆·高克受联邦政府委派，出任史塔西文件管理委员，领导根据 1991 年出台的《前民主德国文件法》而成立的机构，该机构管理的文件长度超过 200 公里。高克说，东德的道德败坏到令人忧心的地步，这与民主的政治道德形成强烈反差，因为在那里，人高于一切。值得“好好研究”的是广阔的土地上无处不充满谎言，那些文学里的“反对”尤其体现出道德的真空。直到两德统一，一直作为作家在东德生活的约阿希姆·瓦尔特用长达几卷的篇幅，不偏不倚、资料详尽地描述了“行动的同志们”做的事——借用赫尔穆特·拜厄尔后来为史塔西所做的主页上的形容：“安全警察、永远在密切注意、专家、审讯者和侦探。”可以说，关于音乐、造型艺术、戏剧、电影（当然也包括技术和自然科学，尤其是法学）这些“安全领域”的文件会得到类似的结果。知识分子，包括作家、艺术家、哲学家、工程师、科学家、医生、法官，如果想在德国统一社会党治下的国家里“自证清白”，统统需要屈尊撒一个又一个的谎。他们一方面受到歧视、排挤、被剥夺了说话的权利，也有所反抗，另一方面也大大地支持着这个体制。他们对名词术语排列比对工人更亲近。

“知识分子和党内官僚间那种古怪的互打掩护甚至渗透到了生活方式上。这是文雅的小市民气。”（闫斯·莱希）

第 15 章
浮冰和暖流之间

466 经历饥渴症

汉斯·马格努斯·恩岑斯贝格在 1970 年第 20 期《时刻表》上发表了《一种传媒理论的基座》，这是一篇事关“解放的文化”的精彩短文，宣扬自由交流。在同一期《时刻表》上，左派作家马丁·瓦尔泽也发表了一篇名为《关于西方的新声音》的文章。尽管这篇文章并未扬弃瓦尔泽一贯“非在野反对党”风格的社会批判路线（主要是鞭挞意识形态操纵），却也捕捉到了新的潮流转向：人们在借助毒品、音乐或类似的东西寻找一个未被任何意见先入为主的经验领域。瓦尔泽引用了雷斯利·A. 费德勒作为理论先锋：“青少年坚持不为任何事物所牵绊，他们视此为现代工业系统的某种必然结果，为福利国家的后果。不管它们叫资本主义、社会主义还是共产主义，这些后果和结果将他们从工作和责任，同时也由任何一种道德牵绊中解脱。”

瓦尔泽并不相信费德勒所预言的这种“逃离社会”的稳定性。1971 年他完成了小说《加利斯特式病症》（该小说于 1972 年出版）。这是一个感伤主义者的故事，主人公因理想与现实、乌托邦与日常生活间的鸿沟而痛苦，他试图分析这些痛苦，并通过参加一个反对党小组来治愈。“加利斯特为了治愈而上下求索。如实记录自己的病症已是一个开端。他跟过往的朋友没法继续下去了，转而找寻新的朋友。这些新的朋友说他是得了资本主义综合征，他们给了他一种 467
新的语言，并给他介绍了另一种良心。跟这些人在一起，他的行为方式也有所改变，那是一种社会化的行为方式。他对积极正面的东西充满了饥渴，但那种旧的竞争心态时时也会借尸还魂。挣扎一直存在：加利斯特的现状是堪忧的，但他也不是一个人，还有另外一些人和他一起努力。”

瓦尔泽有一种模糊的乐观态度，这种乐观态度意在扬弃对盛行于晚期资本主义的竞争精神，建立一种新的团结的生活共同体。这种颇具启蒙意味的想法并未得以实现。这也成为他日后小说的主题。（如1976年的《爱的另一面》，1978年的《奔马》，1979年的《灵魂工作》，1982年的《致利兹特爵爷的信》，1985年的《大火》。）在这些小说中，他描写了一些“平民英雄”的悲惨境遇——他们丧失了社会属性，精神生活也受到极大影响。

所谓的社会必然性此时已被视为明日黄花——从赫尔穆特·海森布特到彼特·汉德克的文学作品都体现了这一点。人们醉心于“新情调”——这包括克里希那穆提[①]、菩萨或者其他圣贤那些反映着美丽与纯净的内心世界的呼声，当然也有赫尔曼·黑塞——为之颤抖，并由此开启通向内心而非通向外部世界的道路。彼特·汉德克像R. D. 布林克曼一样猛烈抨击德国社会主义学生联盟所使用的语词并称其为“胎死腹中的语句”，他们抨击不分青红皂白的“革命化”言辞，主张对生活和世界进行艺术加工。这个主张尤其受到瓦尔泽的批判，他认为，在这些所谓的“新情调”之下很可能暗流涌动，法西斯主义得以借尸还魂。

① 吉杜·克里希那穆提（Jiddu Krishnamurti，1895～1986年），被公认为20世纪最伟大的灵性导师。他一生去过全球70个以上的国家和地区演讲，他的演讲被辑录成超过80本书，并被翻译成超过50个国家和地区的语言。当代的佛教界肯定他为一位“禅”“中观”导师，而印度教界则认为他是位阿罗汉、开悟者。在现今全球包括美国、欧洲、印度和大洋洲都设有克里希那穆提基金会及学校，致力推广克氏慈悲与当世解脱的理念。

学生运动超出了原定的轨道，变成一种对顾影自怜式的自我实现的狂热崇拜，最终演化为后现代式的漠然。福尔克·路德维希和德特列夫·米歇尔的剧作《一个左派的故事》捕捉到了这个沿袭过程。《一个左派的故事》是对过去诙谐而独立的一瞥回眸。本剧由路德维希和米歇尔两人共同完成，路德维希担任导演，在脱离于柏林帝国剧院、于 1960 年代成立 Grips 剧院演出，将“进步的儿童以及青年剧院，不与定性的审美为伍，遵循反专制的教育原则”的精神变为现实，并经历数个十年，仍然不减其本色。在这出政治歌舞剧的最后，从前的激进学生约翰内斯成了一个有着稳 468
定职位的大学讲师，成为一栋带有一个极具情调的酒窖的房屋的产权所有者。这位看破红尘的男子坐在花园里，被新一代的学生们所环绕，评论说“绝对真空”是一种革命者得以积极潜伏的状态。

“人们又可以互相说话了！这可是一件了不起的事。除此之外，我们还有其他所得！就连我在监狱里也有所习得。看看你们周围坐着的都是些谁。MLer，你这个社会民主党的混蛋。我，这个无政府主义的老头。那儿，几个激进分子。这里坐着些女超人。那里一群红男绿女，还有一群对什么事也提不起兴趣的人。我们中既有理性决定论者，也有感性决定论者。”

青年人开始从学生运动的遗留风尚中抽身，高度抽象和索然无味的“逻辑”不再具有吸引力，他们开始转向“新的官能主义”。如果说那些“老去的”左派人士乞灵于那些不容挑战的偶像，譬如马克思、恩格斯、列宁、托洛茨基、毛泽东甚至斯大林，并希冀通过已被奉上神坛的教条来改变社会的话，那么现在自发的反叛则正好是针对之前那种“释义的驯化”。针对议会外反对党的抗议并非意指不再有革命的意愿，而是表明人们反对将政治运动硬按入固定的模式和套路之中。理论被青年人视为社会控制（他们称其为“释义机器”）。

人们用格言式短语——譬如用喷料喷在墙上的涂鸦——表达不快或者反对，他们的发泄对象既有通过大众媒体传递的官方废话，也有左派意识形态里那些啰里啰唆的理论：“合法的，非法的，爱他妈法不法”；“要胡言乱语，不要报告批准”；“情愿活着，不要普通”；“今天，你呕吐了吗?”；“生活是一台复印机，你只是其中的一份拷贝”。无政府主义论调和行为的甚嚣尘上——比如图尼克斯运动[1]或房屋占领运动——对应着某种去政治化潮流。它们不在意于分析社会和政治制度、其桎梏的起因以及怎样长期消除这些桎梏，而是采取了直接介入的方式——在于摆出一个“临时性的”反对姿态。一方面，人们希望能更多地运用感性（在情感和感情热乎乎的暖流中前进，甚至感化那些攻击者）；另一方面，人们也不再满足于被“未来的社会”这张空头支票
469 来打发，而是通过获得当下的成功来感受喜悦：“行动之后就有满足。”对理论和结构思考的扬弃同时包含退化和进步的内容，用以鉴别是否克服“文化中不好的部分”的标准

---

① 1978年1月27～29日在西柏林的柏林工业大学举行的一个激进主义运动，又称图尼克斯会议，有5000～20000人参加。

就是是否成为“圈内人”。这些“圈子”既通过成员的社会影响力来彼此划分，“圈内人”也会紧紧抱团成为小帮派以示与其他“圈子”的不同，这两种方式都有助于增加圈子的凝聚力。

> 关于这种情况，提尔玛·费希特和齐格瓦特·略侬敦克（Sigward Lönnendonker）有过如下描述：在西德的所有大城市以及西柏林，上千名支持议会外反对党的青年居住在自愿加入的封闭街区里：“多数人在生活共同体中长大。他在街角的面包店买面包，在某个经营无公害的艾玛阿姨小店买麦片，在早餐时阅读《石灰路》（*Pflasterstrand*）、*Info - BUG*、《基蒂》（*Zitty*），去某个自行管理的小企业或者什么非主流项目上班——假若他不是‘不工作主义’的信奉者的话。他每五天去照管一下小店，他的小车是在某个汽车修理作坊拼凑起来的，晚上他在露天电影院看《卡萨布兰卡》，这之后他将出现在某个茶社、左派酒吧或者音乐小屋，他的睡前读物是书店里的各种书。这样的街区是麻雀虽小五脏俱全：医生、律师、妇女事务咨询家、各种妇女和男性团体都有，涵盖了生活的各个方面。同那些普通公民的日常谈话相比，这里的交流更加深入。居住在这里的人、学生、激进分子只有在不得不说话的时候才会跟其他人说话，譬如面对警察时。在西柏林和法兰克福甚至有这么一群人，他们对两年半以来从不跟外人说话的状态表示心醉神往。如果自己做到了，他们会很骄傲。”

酒吧是社会交往的重要场所，因为它提供了从压抑中解放、跟其他人调情的机会——在这里你甚至不一定要与人交流，就可以做一个“纯爷们”。酒吧文化是由弗朗茨·约瑟
470 夫·德根哈德、汉内斯·瓦德和迪特·苏维尔克鲁普这样的艺术家们兴起的。在这里出现了各种团体：“洛克十字山”（Lok Kreuzberg）、“声响石头碎片”（Ton Steine Scherben）、“古龙水跳蚤”（Floh de Cologne）等。“大象印刷美术馆”成立了。少年及青年剧院，如“红色智力”（Rote Grütze）或者“握紧”（Grips）大获成功。一些非主流的交流中心，如汉堡的“工厂”、柏林的“节拍器”、纽伦堡的“来吧”以及非主流的城市小报，如柏林的《点子》和《基蒂》、纽伦堡的《号啕》和法兰克福的《石灰路》高歌猛进。人们对社会大变革年代的怀旧情绪通过“锤子、镰刀和吉他”的方式在小众艺术里得以宣泄。沃尔夫·比尔曼是一个非常受欢迎的歌曲写手，在他的歌里，大大小小的声音、富有进攻性的和富有感情的、历史的和当下的都有一席之地。

托马斯·齐尔发现“水仙花”[①] 成为一种新的社会类型人群。这类人的最显著特点就是“我”的功能被弱化。这种弱化，加上与“现实我”脱离的“理想我”使这些人从心理结构上缺乏长期支撑，而这正好造就了这类人的“个性”。“水仙花”性格的人常常多愁善感，表现为顾影自怜，这种特质与整个1970年代盛行的新虔信主义风潮遥相呼应。

① 希腊神话中的美少年纳尔齐斯，爱上自己在湖水中的倒影。每日凝视，终至憔悴而死，死后化为水仙花。故在西方语境里，水仙花常指自恋、顾影自怜者。

内心成为通向人们渴望的圣洁世界——这个年代久远而依然盛行的浪漫幻想——的光荣之路。人们希望从精神负担——什么理性啦、知性啦——中逃脱。这样的社会风气给非主流、毒品、无数心理疗法和教派的出现亮了绿灯。要顶住：概念都已过时，去他妈的压抑。那些帮助人们从满世界疯狂的男性主义和逼得人透不过气来的“上进”压力中解脱的人简直被奉为精神导师：他们不是文化革命的老兵，他们是非理性主义的狂飙突进者，在虔信主义和浪漫主义之间演奏出音阶。自发被认为是内心的闪光。现下流行的关键词是自然、近距离、安全感、感受、幸福、游戏、可靠、想象力、音乐性的、感性的、宁静的、简单的。回归内心并不像想象的那般安全无害，它对政治和社会生活亦有损伤。人们不再是“议会外反对党派”，而是“反政治派”。人们鄙视政治，却又认为政治确保个人得偿所愿是理所当然。“新内心派”的密码简直和满大街商品化审美的婚姻广告词如出一辙：共
同、友爱、友好、欢乐、热爱自然、女性化、自立、有诱惑 471
力、有幸福的能力、感性的、纤细的、娇柔的、感官的、解放的。“我想和你一起生活、恋爱、欢笑。我想和你一起携手走我们未来的路、呵护我们的关系、生孩子、待在家里、拥有家庭。我们用不同的注视着的眼睛看到的世界和其中在我们周围的人们，见彼此所见，讲彼此所讲，共同成长，翻山越岭。”

> 积极的内心主义存在于生活共同体中。在这里，各种各样的人聚集在一起，他们全都接受过致病的物质主

义教育，试图寻找生活的精神支柱。共同居住首先是基于理想主义的原因：人们渴望和与自己同质的人筑成一个小巢穴。比邻而居意味着拥有同样的信念和生活态度。浪漫化的“漂泊”生活像是工业社会过于精明的“效率至上主义”的反面，是渴望安全感的表述。当然，这种社会浪漫主义也常常在另一种真实里碰壁，其后果就是所谓的“生活共同体综合征”：“生活时间”的绝大部分被顾影自怜的精神分析占据，不过多数并未到达两口子拌嘴的高潮程度，因为自省而虔诚的沟通方式原是此类生活共同体的存在前提之一。行话是生活共同体的纽带之一，另一个纽带是懒散的生活作风，这两个纽带使作为“疗养”的生活得以以一种社会化的方式继续。此外，生活共同体的成员也颇具流动性，如果多样的共同生活反而给他造成了负担，他也可以较快抽身。

新的社会文化活动

非主流的生活预示着同“有所成就”迥异的生活模式的到来。“非主流”小姐，一位美丽高大、身材丰满的女性（这是赫尔穆特·海森布吕特在《简单故事》中的描写），尽管作为大而化之的乌托邦不复存在，却也“不知
472 怎么地”更贴近生活了：她在小细节和具体的事情上有所展现。人们意识到了通过经济增长所能获得的界限，新的创造力形式应运而生，它们一再强调自己与“胸有大志”

和永远那么完美的宏大体系大相径庭。现在奉行的口号是“小的就是美的”，这是一种对清晰可见的未来掌控的谦虚态度，它从斗室里而非毫无节制的膨胀中获得快乐——斗室，那被看作平等冲和之地，是友好的象征。当然，非主流文化也有受文化悲观主义影响的自私一面：它只在乎“我”和“自己人”，丝毫没有考虑到正是工业社会才使公正成为可能。因为倘若没有大量生产的话，货品根本就没可能分发到普罗大众手中。东柏林作家拉尔夫·施耐德甚至看见了“简单生活”的另一面，他认为“简单生活”是好色和寄生虫般生活的另一个版本，甚至听见某种法西斯主义在其中滴答作响。从冷水疗法到日光浴到把阿道夫·希特勒塑造成一个光辉形象之间搭建了一条思想史的捷径，“同素食主义者的联合小区居住到在某座盐山上做一个美食家一样”。

非主流，即是对现有世界“四平八稳”的现状和“毫无节制”的野心的叛逆。建造原子能电站，反对；砍伐树木，反对；拆迁房屋，反对；修建铁路，反对；兴建工厂，反对。人们亟待喘息、自在和自由，故而猛烈对抗那些是或者看起来像损害自在的事。“新的世界观正在形成：地球是慷慨而仁慈的，历史却是不连贯、不可知而恐怖的。进步需要牺牲者来献祭，与此相对，地球却那么明确、易懂、令人安心、给人保障。它总是很快捧出收获，这样谁都知道自己拥有什么。它不疾不徐，不会催说我们现在就得做。而谁如果要等历史的回礼，那他就有得等了，假如运气不够好，只能空手而归。”（约格·波普）

> 在1982年的一项问卷调查中，尽管91%的人会从“技术”这个单词联想到进步，但同时也有67%的人从同一个单词联想到“环境破坏”，56%的人联想到“恐惧”。51%的人认为技术和失业有关，只有18%的人对此表示反对。仅22%的人可以想象技术之下的自由，而55%的人认为技术导致人们失去自由。对社会主义意识形态的追捧变为对绿色的崇拜以及对“采菊东篱下”式的退隐生活的梦想。狂热地崇拜进步？“不用
> 473 了，谢谢。”人们追寻着新的纽带关系，追寻着群体的温暖。他们期待从国家或者社会那儿获得某种帮助实现“归去来兮”梦想的发展方式。

没有稳定的工作不再是一种耻辱，放弃社会的晋升和事业亦不表示此人愚不可及。通过工作获得自我实现这一布尔乔亚式的理念失去了吸引力。“有所从事”则代表了更多的满足：旅行、搞音乐、保护友情、与人聊天等。与老一辈人相比，现在人们更准备卸下盔甲，开诚布公地交流。对理解、温暖和安全的需求被更直接且更理直气壮地表达出来。人们认为，应该尝试更加温柔地去和他人打交道，应该对弱者和异类更加包容。人与人之间的关系也不应当建立在竞争而应在充满互相理解的平等基础上。恋爱关系和性快感的方式变得更加多样化，且更加大大方方。青年人们对于自己的肉身有了一种更关切和更愉悦的态度，这态度也适用于他们的表达方式。托马斯·齐尔说这是“文化的释放”。他说，这大大拓展了青年们可期待、可幻想、可希冀的空间，即使

这些期待、幻想、希冀不能一一在现实空间中实现。早些年，直到第二次世界大战期间，大家对生活的期待还在极大程度上受到社会影响，这影响直达他们内心世界的图景。异类的活动范围相当小。传统以及社会风气在多数领域都像一个暴君般统治着个人、群体、社会出身和阶层的发展。正因为过去三十年的发展，青年人的选择面大大拓宽，至少在脑海里，人们可以不受影响——禁忌、规范和传统的影响——将每一种可能“一一玩遍”。

社会运动向着选择性的私人空间及私人的选择性里发展。在这样的社会新风潮中——1983 年，德国联邦议院在政府换届时组成了新的保守班子，为这股社会风潮注入了最大的推动力——形成了三个关键词：环保、女性、和平。

站在环保运动形成时期前线的是各个地方的自发市民，
他们谈论能源、交通、城市规划这些话题。1973 年的石油 474
危机使经济发展触礁，一如罗马俱乐部的宣告，这已是广为人知的事。工业发展所带来的环境恶化后果、自然与社会生存环境的持续破坏、新型重大科技如核能带来的不断增长的危险系数、技术官僚化控制体系的不断收紧，所有这些问题在早先的学生运动中尚且几乎无人意识到并鲜有人问津，现在却激起了广泛而批评性的讨论，并直接导致了绿党的诞生。引人注目的是议会外甚至是反议会的力量，因为传统政党——如基督教民主联盟、基督教社会联盟、社会民主党、自由民主党——长时间以来普遍对新出现的问题采取漠视态度，尽管基督教民主联盟的政治家赫尔伯特·格鲁尔早在 1975 年就在其著作《被洗劫一空的星球——我们政治的骇人图景》中提出明确警告，社会民主党的政治家艾尔哈德·艾普勒亦鞭挞过本党在环境问题上的疏忽。

妇女解放运动在学生运动时，尽管作为理论被提出，却从未付诸实践。这尤其招致了参加运动的女学生——她们都曾为反对资本主义社会中的专制和父权主义而奔走呼告——的不满。妇女们找寻自我的身份认同——“多数女性都是不问政治的，但这是因为政治到目前为止永远都只为男性定义，而对于女性的需要充耳不闻。”——这种找寻在1970年代初期形成一股运动力量，《明星周刊》（1974年6月）上的一篇自我告白《我堕胎了》成为引爆运动的导火索。374位女性，其中有些是知名人物，公开表示她们所受的待遇非法，并敦促无附加条款地终止第218条法规中关于反对堕胎的决定。“我的肚子归我所有！”成了许多示威游行的口号。“那简直是一次爆炸。全德国的女性都团结起来了。”1977年创办女性报刊《艾玛》的爱丽丝·施瓦泽如是说。

随着女性对立文化的兴起——它试图把男性从所有的生活方面剔除——女权运动进入了下一个阶段。“女性项目、女性酒吧、女性之夜、女性合唱团、女性咖啡馆、女性剧院、装给女性的房屋——所有这一切都由一个口号推动：男人，谢谢，不用了——如雨后春笋般涌现。被女权运动冲昏
475 了头的女人们有一种狂热的变革情怀。女权运动的中心阵地之一就是对女性性行为的去禁忌化。在自助和自我尝试的小组里，女人们探索着自己的身体、自己的内心：独立的女性化身体意识由此产生。避孕药使无数妇女享受了性的自由。女同性恋者在女权运动中获得了踏入公共视线诉说自己诉求

施瓦本格明德的联邦国防军在俾斯麦营房前的和平牵手：电影导演福尔·施隆多夫，作家君特·格拉斯及和平研究者阿尔弗雷德·梅西特斯海默，1983 年 9 月

并尝试新的同居方式的勇气。”（玛丽－露易丝·维恩贝格）在社会政策方面，女人们主张在工作、政治权利和家庭生活中的平等。

在第三个阶段，女权运动获得了越来越多公共领域的支持，譬如政党的支持（尤其是绿党的支持）。不过，其片面性和夸张性也招致反对有所反弹。女权组织仇视男性，固执地主张获得绝对自由，使其陷入孤立：那些愿意改变女性社会地位的自发者和推进者更愿意通过传统的女性联谊会或建 476
立政党而非加入女权小团体的方式来达到其目的。女性解放的两面性同样导致，由受人约束的状态中解放至另一种不独立状态的吊诡。20 世纪 70 年代和 80 年代的“关系匣子”

正体现着某种“亲密关系暴政”的特质（理查德·塞内特）。人际交往及社会创造力不再升华至全社会，而自贬身价至虔诚而起劲的二人世界研究。

普遍存在的“婚姻关系的痛苦”（“四处盛行的婚姻关系谎言”）成为20世纪70年代及80年代文学作品的重大主题（如尼古拉斯·伯恩斯的长篇小说《历史另一面》，杰哈德·罗特的长篇小说《冬季旅行》，哈内利斯·塔绍的长篇小说《乡土和平》，卡琳·史图克的中篇小说《分局》，彼特·汉德克的中篇小说《左撇子女人》，盖布里埃拉·沃恩曼和马丁·瓦尔泽的书中也有此内容），统计数据也证实了这一点。1971～1980年，85.4万对夫妻离婚，其中的49.2万对夫妻育有大约80万个幼龄孩童。在这段时间，还有多少对婚姻关系名存实亡不为人所知，因为许多夫妻出于经济原因，更愿意采用分居而非离婚的方式。

随着艾滋病的出现，情况发生了巨大变化。健康社会的“禁区”，尤其是纵欲和滥交在至少是相当一段时间内被彻底禁绝。由沮丧情绪产生的攻击性倾向指数急剧上升。赫尔伯特·马库斯曾经希望出现的性道德——那种抚慰内心却并不排外从而获得升华的能力——并未出现，反而是某种社会性病态的混乱出现了。手握镰刀的桑纳托斯（Thanatos）随着艾滋病毒攫住那一具具为情欲而律动的身体，为死亡开辟出一条通路。“这种仿佛是一夜之间蔓延开来的病充斥着报纸的头条，却不再像过去那样充满广告效应，只为最后推出发明的新药。在关于性行为的讨论中，对于无忧无虑的恋爱生活的向往被人们对获得性免疫缺陷综合征的恐惧所取

代。”（海因茨－君特·维斯特）

> 胡伯特·费希特死后出版的长达八卷的长篇小说《敏感》中的故事将人们的目光引向一个情感破碎的人生。这个“躲躲藏藏、半裸的男人”，“作为同性恋、作为半个犹太人、作为没有父亲长大的野孩子、作为自学者、作为双性人、男同性恋及非洲裔美国人的谈话对象”（福尔克·哈格）“跑遍了半个世界”。费希特的冒险包括了那些欲望和渴望、施虐和受虐的黑暗区域。作者充满危险的好奇心贯穿他的发现之旅——他于 1986 年，在经历了可怕的痛苦之后死于汉堡——他本人亲历了这些人种、社会、病态心理学的现象，对问题的亲身体验使一部全方位的著作问世，这部作品是献给时代的“黑色幽默”。 477

和平运动并不像人们所想的那样，由苏联或者反美机构策划，卡尔·弗里德里希·冯·魏茨泽克如是说。他认为，和平运动产生的动机仅仅是出于生存的恐惧，并且是已经被证实的恐惧。20 世纪 80 年代兴起的和平运动的前哨战是由 50 年代反对联邦德国再度军事化、60 年代反对德国拥有核武器的运动以及议会外反对党打响的。自 1945 年德国无条件投降之后，各种持和平主义态度的组织，其中有一部分是青年工人，就在“再也不要战争”的口号下纷纷集会——这些人对政党深感失望，因为彼时的政党为联邦德国重新军事化及加入西方共同防御体系开了通行证。早在 1960 年就有过反对核武器的复活节示威游行。这次活动正如反对紧急情况法案运动及反越战游行一样，其参与者主要是学生。

国际问题的激化和政治家在处理东西方停止军备竞赛问题上的无能诱发了1980年代的和平运动。而其维度也涵盖许多：政党、工会、教会组织，尤其是新的社会运动。意见之不统一、派系斗争及参与者之间相左的策略计划都在充满想象力的各种活动中被一一化解。

478 米哈伊尔·谢尔盖耶维奇·戈尔巴乔夫最终成为和平主义运动的一匹黑马，是他将和平主义者凝聚起来。他推行的改革及减少军备政策使视反共计划为使命的美国总统罗纳德·里根措手不及，终于为一直在升级的原子能竞赛画上了一个句号。

> 在“Si non vis bellum para pacern”口号的感召下（这是神学家卡尔·巴特的说法：“如果你不想要战争，请建筑和平。”），罗伯特·容克致力于为打造“现世乌托邦”添砖加瓦，他是这么认为的：想象力和“众人拾柴火焰高”式的理性在政治领域可大有作为，这样，全人类将有更好未来。作为未来派的通讯员、记者和出版家，容克自1950年代起就在这样的理念下积极地参与反核及和平运动。作为学者，他研究未来学，这是一门通过世界范围内的调研，试图将被期待的发展道路所需的知识与“未来意志”相连、而并非单纯将现况外推的学科。容克始终反对悲观主义、停滞不前及麻木不仁。图尼克斯运动和“没未来”这类事情，对于1933年流亡他乡、反纳粹运动的积极参与者的他来说，好比

> 有条件的假释，被他带着鲜活的乐观主义精神推到一边。他相信通过“集体想象力”（他称其为“未来工厂”），更好的世界是可以实现的。容克尤其信任新兴的社会运动和广大公民的参与，他的著作《人的地震：对忍无可忍的反抗》（1983 年出版）即是对两者的颂扬。

神学的新时代

1980 年代的心理学热是受到“意识拓展计划”影响和鼓动而兴起的。该计划是多种学科的混杂物，认为地球射线与星界太空、肢体语言与磁性、传心术学与占星术学、因果报应与转世轮回间必有一体世界存在。天主教的秘传祈祷练习扩展为反现代性及后现代性的一种文化形式，在“新纪元到来”的图景中达到顶峰。这种世界观里集宗教、文化批判和生态理念及圣贤学说于一身，
认为一切皆有恰当的位置：无论是感觉的或是超感觉的， 479
神秘主义的或是灵魂主义的，黑暗的或是光明的，邪恶的或是善良的。福里吉约夫·卡普拉认为，今天的人类站在转型的边缘，这将要归功于一场通过找寻遗失的“整体”来使世界发光的运动，这句话的意思是——借用中国的智慧来解释——升阴（代表女性、卫护、感觉、合作精神、本能、追求同质化）而潜阳（代表男性、推动力、进攻性、竞争意识、理性、分析型）。生态行为站在了自私行为的对立面。

1960年代的集体冥想

哲学家兼神学家君特·施维受德日进[①]的强烈影响，认为在追寻遗失的“天人合一”的道路上，新纪元的唯心论及灵性说同新型的基督教并非不可调和的针尖对麦芒。泛神论的异端学说（“一切皆为神”）可通过泛－总－无神论的经典范式（“万物皆存在于神之中”及“神存在于万物之中”）得到化解。新纪元论的
480 信徒大力鼓吹兼实践颇具东方色彩的冥想，受此启发，基督教徒也重新发掘在基督教传统中业已存在的冥想和神秘主义，并将其与东方的经验结合。至少在宏观层面上，世界再一次被赋予魔力。

① 德日进（本名皮埃尔·泰亚尔·德·夏尔丹，法语名 Pierre Teilhard de Chardin SJ，1881～1955年），法国哲学家、神学家、古生物学家、耶稣会教士。德日进在中国工作多年，是中国旧石器时代考古学的开拓者和奠基人之一。

在这个已被过度理性化的技术社会中，早已酝酿着——至少是在业余时间——从灵魂中驱逐作为异象的鬼怪并由此治愈悲哀情绪的要求。在这充满魔幻色彩的基调里，各种教派、崇拜、意识形态和精神导师粉墨登场，纷纷把非理论、生命力、意志、欲动力甚至“魔鬼的”作为其理论的中心。各类活动纷纷指向感性的力量——它是反理性的“逃离”浪潮的原推力。新的“唤醒运动”并非师承于消极主义的生活方式，而是实践着一种令人愉悦的“治愈系”哲学，而后者则深深扎根于不带批判性的折中主义。

在“水瓶纪”①，阿多夫·霍尔说——希望牧师们别觉得受到了侮辱——如果布道者不希望自己被边缘化，他们将必须去学习瑜伽课程，阅读西藏生死书，懂得关于健康而营养全面的食品、冥想、秘传教义、隐微术及生物动力学的知识。当因果报应论占据上风，没人会再去想“去神话化”。入世的神学为“有头脑的人”辩护，与政治化的神学势不两立，它努力建立新的本笃会②，建造“山上的城市”（就

---

① 水瓶纪（The Aquarius Age）大概将会开始于公元27世纪，是十二个星座年代其中之一。根据不同的星座学家计算，人类进入水瓶纪的大致时间为公元2638年（Elsa M. Glover），公元2654年（Max Heindel），或者2680年（Shepherd Simpson），不过从历史长河的角度看他们的计算已经十分接近了。1929年，国际天文联会界定88个星座。根据双鱼座与水瓶座的边界划分，水瓶纪大概开始于公元2600年。

② 本笃会又叫本尼狄克派。天主教隐修院修会之一，于公元6世纪由意大利人本尼狄克创立。因为该院的会服为黑色，所以该院的修士又被称为黑衣隐修院修士。入院修士要发“绝财”“绝色”“绝意”三愿。该会强调“读经与生产”“祈祷与劳动”，重视教会音乐。

像新教中描述的那样）。正是受此影响，身为东德马克思主义者并做过相当长时间绿党党员的鲁道夫·巴罗由官僚骨干转向上帝的信徒。

在保守神学派眼里，“转变”只是回归有效的“坚定信仰”。在等级森严的、神圣的结构里，天真的信徒应该受到保护，使其不为不安全感所困扰。汉斯·坤恩因为对牧师在神学活动中的不可或缺性提出质疑并主张修订与此相关的教义，失去了他在图宾根大学天主教神学教授的教职。坤恩说，尽管旧式的宗教裁判所业已销声匿迹，它却借助一种新的形式死灰复燃。虽然不会再有人上火刑架被烧死，但异类却可以被从心理和职业上遭到毁灭。红衣主教约瑟夫·拉辛格，梵蒂冈教廷红衣主教会议的行政长官，便是大力鼓吹反现代性风潮的极好例证，也是天主教食古不化势力的带头
481 人。“从罗马传来的不新鲜的新消息：在拉辛格的主导下，梵蒂冈教廷的权利诉求重新成为上帝的特权。不允许批评的声音，反抗更不用说。根据最新的梵蒂冈教会法案（1983年通过）天主教教规第751条，对信仰的真理性的‘顽固怀疑’及‘针对宗教和教会权利的统一性的犯罪行为’应予开除教籍的惩罚。”（汉斯·坤恩）

> 天主教的教会活动，尤其是那些1980年代的活动，在“两种文化”——教会机构的宗教观和宗教感情，尤其是年轻人的宗教感情——之间划下了醒目的深深鸿沟。“一边是传统的耶路撒冷神殿、朝圣之旅和正式的告解，另一边则是青年们交替的、多彩的、政治性的文

化。”（此为《南德意志报》1986年对亚琛的天主教徒代表大会的报道。）

新教的教徒代表大会直到1960年代都尚未获得“正式教会”的承认。在现在，人们不再从圣经，而是从社会学中寻求解决办法。这个“多元化转向”是因为人们越来越愿意“面对世界、问题以及本人信仰的根基时，保持开放和批评的心态”，这也是新教教徒代表大会引进的“可能性市场”机制的前提，在这个“市场”里，上百个来自教会或非教会的团体、机构向人们兜售自己组织的活动，大做广告。批评家们指出，这些多姿多彩的行为从数量上反映了活动的丰富性，表明了该教派不再死守新教教义，而采用了一种宗教－共容的开明态度。

幻想

幻想的力量——文学界的新宠，它模糊了想象和冥想、娱乐和痴迷之间的界限。奇幻文学也迎合了人们的宗教需求：这种文学创造了一个世界，那个世界用来比照并不令人满意的现实，特别容易使读者“入戏”。

有人批评奇幻文学热反映了逃避主义情绪。对此，卡
尔·阿梅里引用“逃脱文学派”代表人约翰·罗纳德·鲁 482
埃尔·托尔金（广受喜爱的“《魔戒》三部曲”的作者）的话来回答：“谁会反对逃跑呢？只有监狱管理员本人！”奇幻文学的读者仿佛一个在睡梦中玩耍、置身于另一个无边

无际的自由疆界的人，而在他身边的则是那些身沾泥污和草秆、对此疆界一无所知的同辈。

奇幻文学杂糅了古风和高科技。那些令人迷幻的超脱建立在异教风味且闪烁着科技色彩的烟幕弹上。人们对启蒙的理性感到厌烦，这样的心境里有一个魔窟：在那里，女巫、鬼魂、各种活色生香的鬼怪幻象都有一席之地。电影《星球大战》是一部讲述生存的怪异史诗，它的上映在联邦德国甚至成了文化事件。在米夏埃尔·恩德斯（他被称为“德国托尔金”）的书中，文学的新浪漫主义熠熠生辉。其作品《莫莫》（*Momo*）在1973年被约翰内斯·沙夫、《无尽的历史》在1979年被沃尔夫冈·皮特森拍成电影。

> 米夏埃尔·恩德斯所著《无尽的历史》中的小巴斯蒂安，因不堪学校压力，决定去拯救受到威胁的“范塔西埃”（Phantásien）王国。在“范塔西埃”，人们懂得用另一种眼光去看待世界和周围的人。“就像在我们这里，两个世界相遇只会导致两败俱伤一样，在那里，两个世界相遇会把它们都变得更好。”米夏埃尔·恩德斯在《无尽的历史》中植入了两个救世史式的传统：对孩子具有弥赛亚般力量以及对诗歌具有拯救能力的信任。当充满创造性的想象力重新赋予梦想信任的时候，摧毁性的文明就会失去其力量。具有孩子和艺术家双重角色的巴斯蒂安拥有不羁的原创性和富有创造力的想象，在两个世界里同时生活：一个是一团

剧照：幸运龙福赫尔和印第安小男孩阿特莱尤，电影改编自米夏埃尔·恩德斯的《无尽的历史》，1983 年

> 糟的现实世界，在书中用铜红色打印；另一个是他梦想和愿望的宇宙，在书中用充满希望的绿色打印。“他最终找到了可以拯救范塔西亚的魔咒，他代表着‘通过踏上内心道路’来拯救世界的讯息。”（玛丽露易丝·克里斯塔德勒）

《本时代精神面貌》一文的关键词中有“瞬间”，尤尔根·哈贝马斯用以概括当年的文化生活。“人们对现代声势浩大的运动产生怀疑，告别了功能主义和新客观主义，宏大理论贬值，启蒙的普世性也遭到背离。现在，长篇和中篇小说都转向传统形态和描述主体本身，城市规划和建筑转向历 483

史主义，社会学转而关注日常生活，电影转向晚期表现主义风格，教堂转向新形式的虔诚和虔信主义，历史学转向叙事，哲学转而关注存在这一问题。全方位的即时性、高级形式的紧缩、精神无政府主义、对具体事物的狂热，甚至在科学理论中也出现了相对主义。文化批判里的象征符号也从俄狄浦斯变为了纳尔齐斯。”

第 16 章

多元的魔力

文化为所有人 484

传统文化行为遵循一种古旧的、只唱赞歌的美学。现在的文化政策正是反对这一点，这个想法或是在 1968 年学潮时产生，或是受到学潮思想产生。公社在其中扮演了非常重要的角色。早在 1965 年，有一个工人团体就已在同年于纽伦堡召开的德国城市议会上演说了一种文化政策的概念——他们这样做的目的是，希望受到精神生活贫乏影响的生活质量得到显著提高。人们意识到重建城市实则成为另一种形式的摧毁城市，这个念头越来越强烈。

> 1971年，第十六届德国城市议会全体代表大会在“拯救我们的城市，现在！”的口号中召开。美国社会学家约翰·肯尼斯·葛布瑞斯在会上发言，猛烈抨击大城市里的悲惨状况，他认为，这个问题需要通过“有组织的城市”方可解决。葛布瑞斯提请注意一个事实，人们观察到美国的发展，几年之后，世界其他地方就开始效仿。这样说是不无道理的。城市成了工业发展的竞技场。利益最大化成了一切的准则。“在经济化的城市里，我们可以找到几乎所有问题的源头。而正是这源头成了今天的摩登都市的标志。”（此讲话题为“利益驱动——特大城市最终通向墓地”。）

在这样的形势下，1974年奥拉夫·施温克、克劳斯·雷弗曼和阿尔方斯·施皮尔霍夫联合出版了《新文化政策辩护词》。书中，作者们提出，国家的义务包括让公民“有
485 能力”自由地支配业余时光。他们认为，倘若人民没有足够多的文化创作，尤其是当他们甚至连如何开始文化创作都不知道的时候，和平与兴旺就会受到威胁。在1960年代，文化政策为“大颂赞歌文化”和“节庆活动文化”提供了最好的发展空间，但从1970年代初起，进步的文化政策家就开始克服为环境所致的懒惰，他们收集了大量的理论“粮草”，作为“突围”时“长途行军”的支撑。尤其是一些城市的文化部门负责人，不惜亲自“下水”，做改革这件吃力不讨好的活儿，他们不想等到所谓的全球化带来的社会

变革——反正也没几个人相信——真正发生时才来做。经过长达数年的有关中小学和教育的讨论——尤其在教育改革上吵得不可开交——人们开始提出“文化公民权”。在奥拉夫·施温克的领导下，新教学院 Loccum 自 1970 年起成为讨论的中心。1974 年，在法兰克福的一家林务所里举行了一次秘密会议，在奥拉夫·施温克、希尔马·霍夫曼、罗伯特·容克、皮特·帕利兹、罗塔·洛美因、迪特·索伯茨威格、阿尔方斯·施皮尔霍夫和赫尔曼·格拉泽的倡议下提出了建立文化政策协会的构想。该协会于 1976 年 6 月在汉堡州阿托纳市政厅成立，自此作为文化政策的协调方、信息来源和论坛而发挥作用。

奥多·马夸德称，美学、文化学和人文科学将成为“治愈良方”：它们可使人忘记现代化带来的生活世界的遗失，它们为这个日益苍白的世界添上急需的色彩。现代化，用马克斯·韦伯的话说，即是“去魅化”。但“去魅化”是可以通过审美创造的魔力得到补偿的。真实生活中的去自然化激起了人们伤感的那一面，比如对自然和历史温情脉脉。在一个看不透的、日益冰冷的世界里，自由、高高飘扬的文化艺术会代替那些抽象的、形而上的玄学，使人振奋。

青年文化的零活儿 486

“经历饥渴症”“彩色”“告别原则”是新的青年文化的兴趣所在。1970 年代——米夏埃尔·鲁茨基说——是一个迷雾朦胧的年代，但它并不冰冷，而是颇具暖意，人们试图通过“发生点儿什么”的方式来驱除迷雾。重要的并不是说出真相、避免错误，而是触碰即将在迷雾中隐去的真实。终于，人们需要来制造一些“经历”了，而在这个过程中，关于真理的问题，就如关于道德的问题一样，将被束之高阁。

人们想要把工作压力、疲倦、缺乏、自我局限、拖延症踢出日常生活，用轻松、热爱生活、自发性、无拘无束和享受来替代。“生活的模样不应该被成年人制定，成年人的敏锐早在迪斯科里呆滞”，在“严肃里消散。迪斯科厅真是个好地方，因为人们可以在那里建立联系，可以自娱自乐，可以幻想艳遇，可以自己站在灯光下成为焦点，也可以在安全距离之外静静观察众生相——这是一个充满秘密的地方，这里没有明亮的白天和冰冷的霓虹灯，它们会把一切照得纤毫毕现。当平克·弗洛伊德乐队唱起‘老师请别管孩子。嘿老师们，请别管我们这些孩子’时，青年们会觉得从大人们的‘教育帝国主义’中获得了短暂喘息”。

> 摇滚乐队“平克·弗洛伊德”成立于1965年，同1962年成立的“滚石乐队”一样，属于20世纪70年代最重要的流行乐队之一——当然，更早成立的“甲壳虫乐队”获得了更大的成功。“甲壳虫乐队”（成立于60年代初）演唱四人重奏的流行音乐，从1966年起就不再开音乐会了。1970年，“甲壳虫乐队”成员单飞，乐队解散。吊诡的是，他们解散后的那一段时间的流行音乐却正是由“甲壳虫乐队”来“定调”的：他们那些振奋人心的生命力和对生活的热爱，对青春人生

朋克青年和摇滚青年在汉堡的一次街头庆祝活动中，1970年代

的享乐，那些充满感情的力量和能量的宣泄（他们歌 487
里那些“Yeah，Yeah，Yeah”），一切都正符合一个想要挣脱抽象、严肃、纪律和意识形态的青年的感受。*Let it be* 是他们的告别之作，却毫无准备地规划了新的青年环境：坚持自我。直到90年代，共有50亿张“甲壳虫乐队”的唱片售出，包括专辑 *Pepper's Lonely Hearts*，*Club Band*，*Yellow Submarine*。该组合划时代的文化意义从1980年约翰·列侬遭受枪击身亡后受到的致敬上可见一斑。这位乐团的灵魂人物曾将那富有革命性的、青春的激情转化为他的音乐风格，却在40岁那年于纽约被一个“古怪的人”枪击身亡。

米夏埃尔·鲁茨基于1980年代创作的《等待期》不再

讲述“经济饥渴症”的故事，而是充满感情。“等待期”既可被理解为某一个运动的逐渐消亡，亦可被理解为一个新运动的酝酿期。“这渴望，这无聊，这些空虚的时间，逐渐消融在另一些空虚的时间里。”谁还有撑过等待期的气力呢？还有谁值得信赖，可以追随呢？《启示录》的图景会即刻就
488 显现，还是尚在将来呢？等待期的观望本身就可以结束等待——如果还可以观望的话——前提是被观望的对象可以足够全面地描述等待本身。这个过程并不需要阿亚图拉（Ayatollah）。

而“零活儿”（Bricolage）可填满等待期。列维－施特劳斯[①]重提这个概念［他当时用的是“胡乱涂画”（Bastelei）这个词］，意指从现有体系中抽离某些单个因素以作他用的行为模式。风格被时尚取代，风格甚至等同于时尚。“必须遵守”不再重要，变化才是原则。人们可以“穿上”所有“蔽体之物”。使某人与众不同的不再是“气质”或他的哲思，这些都不够：某人身上最“深刻”的是他的衣着。迪特·巴克如是描绘抗议活动之后的青年文化。

衣着比任何说出来的哲思更有“根本性”。“我在传递信息。信息就是这些穿在我身体上的表达物和为此精选的配饰。”

这类把自己穿成一场秀的模式极易上手：不成熟的自恋、把自己化为“独特人种”的“青年学”、对“性别角

① 克劳德·列维－施特劳斯（Claude Lévi－Strauss，1908～2009年）是著名的法国人类学家，他所建构的结构主义与神话学不但深深影响人类学，对社会学、哲学、语言学等学科也有深远的影响。

色”的抗议、对“不合规矩”的补偿。自我浸淫的青年们——当然也有许多其他样的青年——有一种自我意识，让人无从着手。“零活儿”表达了对世界的容忍及对其“组成结构”的接受、从“理论支持”的选择模式中抽身。“零活儿”消减“复杂”，却并非通过把“复杂”放进“体系”而组织之、结构化之，而是通过把观察到、感受到的排成一列，根据个人需要抽取。在等待期中，再没有对真理孜孜以求的追寻。表面化使人们分心，任何事物被随意地（根据个人喜好）孤立取出并接受。

> “迷茫一代”的外观形色各异，其中最吸引眼球的就是雅痞（年轻，城市，专业）。雅痞是抗议运动那一代青年的“反面”，他们钟情于精致的生活方式、金钱与成功。“雅痞们喜欢那些有故事的装备：荣卡利马戏
> 团[①]、盆栽棕榈树、安德烈·海勒的焰火、吊床、某个 489
> 意大利设计店的绘有野性图案的毛衣。用乌多·林顿贝格的话说是，“我们要的是拉普罗茨的衬衣和施沃茨的表”。玛丽-露易丝·维恩贝格以柏林克罗茨贝格一带为例，描写市民文化的衰落和雅痞文化的兴起。他们是这样的：身着细腻的初剪羊毛织成的粗针毛线衫，女人搭配粉紫色工装裤，男人搭配工人蓝色工装裤，身体健康却步履拖拉、顶着爆炸头。这是他们的居住环境：斑斓的地板、松木的架子、旧式沙发和各种废铜烂铁，他

① 荣卡利马戏团，总部设在科隆。1975年由伯恩哈德·保罗和安德烈·海勒在维也纳成立。

们去的酒吧看上去疏于管理，有时很肮脏，用大件垃圾堆砌而成，由大把大把的社会工作者、城市规划师、自称马克思主义者、议会外反对党派、专业和非专业的租赁咨询家看管。现在的“治愈系”采用一种自上而下“让你快乐”的办法：边缘化的青年应该被拉入日常轨道，异类的生活状况应该得到改善，朋克被视为正常，房屋的改装为多个小隔间。

与此形成鲜明对照的是新派的男人和女人，他们简直就是作为符号而存在，他们的薪酬比普通人略高，偏爱后工业和享乐主义的价值观，他们受到的良好教育使他们能轻松找到服务行业的白领工作。雅痞们可以是工程师、记者、信息科学家、自由职业者、律师、软件或者硬件专家、医生、教师。他们在这个充斥着服务业的工业社会里做一份跟信息有关的工作。他们用新角度来看待事物：酷、高科技、懒散、优雅、有个性、消费、美学。他们并不推崇放弃消费，但如果消费，则必须是在个性基础上的高雅消费。雅痞们接受教育的地点是1980年代的德国高校，他们又回到了“杂家”的状态，什么学科都懂一点（“杂家”就是“零活儿”，与精深相对）。

解放教育学的终点

1970年代初，解放教育学在黑森州的“框架原则”内到达了问题迭现的最高点。这类教育计划的目标是培养学生自我决定和与他人商讨决定的能力。这其中也掺杂了某些议会外党派的行为模式。彼时，拉尔夫·达伦多夫[①]认为，框架原则无论是从技术上还是从思想上都是可悲的产物，堂堂 490
的德国文化部部长竟用其大名来遮掩其出版物内容中的一塌糊涂，这一事实已是德国教育悲惨状况的最好证明。在1974年的州议会竞选大战中，中小学教育改革便是各党派争夺的主要阵地：基督教民主联盟以47.3%的得票率成为最强政党，由社会民主党和德国自由民主党组成的联盟不得不忍受差距微弱的失败。

解放教育系统成了遭受保守势力诋毁的替罪羊。打击恐怖主义则是从根基上铲除批评意见的好学并易上手的工具。即使在左派中，对“入世”的教育学的不信任感也在上升。受强调自发性和批评性思想的影响，严肃追求解放的中小学制度被认为是对个性的束缚，孩子们被按照个性和禀赋分类，彼此疏离，童年也被隔绝在这个追求进步的社会网之外。如上观点在左派之中越来越流行。

> 妮娜居住在柏林，是工人家庭的小孩。她的父母轮流倒班。为了冲破教育机构的限制，她必须经历漫长的“行军”，这个“行军”开始于她八个月大被送进托儿所的时候。早上6点30分，父母把她送来，下午4点30分，父母把她接走。幼儿园之后是小学。她6岁上

① 拉尔夫·达伦多夫（Ralf Gustav Dahrendorf，1929～2009年），达伦多夫男爵（Baron Dahrendorf），德国裔英国社会学家、哲学家、政治学家、自由派政治家，冲突理论的代表人物之一。

> 小学。柏林的小学时间长达六年，然后是中学。中学分四个年级，总共有 300 名学生，他们被分为十个进度。从七年级的第二学期开始按成绩分班。到了九年级，分班机制已经分出了四个等级。每隔 50 分钟，妮娜就必须奔去下一个课程或者学科教室，她经常需要在一天之内出现在五个学习小组当中，和五拨不同的学生一起上课。她并不是例外，尚有 1200 名学生及 100 名教师需要经历同样的奔波。
>
> “十一年级的时候，妮娜离开这间中学，去了一所文理中学的高中部。她和其他 9 个青少年一起，经历了长达半年的班级学习。然后就有了新的课程体系，同学们刚刚熟悉彼此和老师就不得不互说再见。妮娜以较好成绩毕业。她被老师一路要求着，从幼儿园开始直到高中毕业考试。她的学习生涯和学习时间是一个模子里浇
> 491 出来的：研讨课时长一个半小时、内容随机，和现实只是偶有交叉。”

“传教般的教育”致力于推动社会民主化进程，铲除专制的传统和结构，国家社会主义时期的历史是重点研读对象。这种教育体制认为青少年可通过社会化的教育得到培养。但也有若干持怀疑态度的反对者，公然站在“反教育学”的立场上。1975 年，艾克哈德·冯·布劳恩缪尔说孩子们被奴役了。他把教育机构称为“一家巨大的、用所谓的科学精密搭建起来的妓院”，孩子们被迫在其中“卖淫”。

“反教育学”把自己定义为“儿童之友”，取消任何传统的、“上进”的招募制度。它重在支持而非培养。儿童并不被看成尚有缺陷的生物，需通过教育才能成为真正意义上的人，而是从一生下来就承认他们是自由的，也就是有自发性并自主的个体。相较保守派“大胆做教育！”的格言，“反教育学”显而易见要内敛许多：认为人具有可塑性、试图控制人的行为、把教育当成工具，这一切都完完全全忽略了“以人为本”的教育精神。

大声说好

20 世纪 70 年代和 80 年代出现了各种艺术表现形式，即使专拣其中重要的来说，也是不胜枚举。大体来讲，“大声说好”（多数情况下其实是“大声说好也不好”）作为否定之否定出现，消解了抗议运动的“解放”重责，用“叙事的欢乐”替换了这副重担。现在，大家重新作诗吧，跳 492
舞吧，玩耍吧，画画吧，从铺天盖地的理论中解脱，好戏开始上演。内容退居形式之后，舌灿莲花、妙想横生和奇幻神话比逻辑推导、抽丝剥茧和醍醐灌顶更重要。大量铺陈的场面效果装饰了内容的平庸，繁复的色彩运用成为保留节目，“经历饥渴”要用讨喜的、言过其实的内容来填充，所有这一切得到广泛运用——直到人们最终对它们失去兴趣。插科打诨的小说小唱同架子十足的正儿八经互相穿插，人们由对现代性的失望一路逛到后现代的出现，在各种十字路口踌躇、回望、离开。

“让我们唱起赞歌……”女诗人乌拉・汉恩写道。她被“大批评家”马塞尔·莱西－拉尼科所发掘，从1980年代初开始就是20世纪最受尊敬、读者最多的作家。（1981年出版《心在头上》，1983年出版《玩耍的人》，1985年出版《朋友之火》，1988年出版《不能更近》。）这位迷人女作家的诗作成功填补了诗歌在描写新的主观和内心方面的空白，把“好”变为符合时代精神、微带揶揄的叙事性歌唱。

皮娜·鲍施的“舞剧史诗”获得了成功（“来，和我一起跳舞”）——这可不是小打小闹的舞蹈，而是大手笔。她的舞剧并非讨喜的小情小调的作秀，而是真正搅动人心的、灵魂深处的大起大落——这全得益于她能将即兴舞蹈也表演得那么完美的功力，这功力使她作为芭蕾舞女主角获得了史无前例的成功。她用一反芭蕾传统的肢体语言表达自己的个性与纠结，即便自省充满“水仙花情结”，她也能通过舞台上的一些表达技巧，使它显得很虔诚。皮娜·鲍施的舞剧事关精神上的“经历饥渴”，对此莱蒙德·霍厄用艾尔丝·拉斯科－许勒[①]的一首诗来总结。这首诗中，“逃离世界”这一充满文学性和心理学特征的词，正适合诠释皮娜·鲍施舞剧（包括1974年的《弗里茨》，1975年的《春天的牺牲者》，1977年的《来，和我一起跳舞》，1978年的《通信室》，1982年的《瓦尔泽和内尔肯》，1986年的《维克托》）中的人物形象。《逃离世界》这首诗

① 艾尔丝·拉斯科－许勒（Else Lasker－Schüler，1869～1945年），德籍犹太裔女诗人，表现主义文学的重要代表人物。

是这样的：

“我要回到那无疆的/内心深处，/我的灵魂已经绽放，/那永恒的秋光/或许，回归已经太迟，/哦，我在你们中死去！/因为你们啊，把我和你们自己一同扼毙。/我要用纤维把自己缠绕/结束这混乱！动摇/你们会迷茫，/逃走/向我的方向。”

> 约翰·克莱斯尼克和约翰·诺伊迈耶所编导的芭蕾舞有极多的女性演员份额，除了他俩之外，罗莎蒙德·吉尔默、莱茵希德·霍夫曼和薇薇安妮·纽波特也是杰出的代表，这样的芭蕾舞尤其在青年当中引起巨大反响。“这样的芭蕾舞具有进步性和巨大的创新性，它也有社会批判性，挑战那已然腐朽的旧习俗。它为少数人呼喊，展现丑陋、不美，尤其是在那些并无剧院可建的地方表演。它为自己敢于表现肮脏而骄傲，嘲讽那些机械、人工的标准。在我们的政治维度里，它是偏左的——左边，正是心脏的位置。”但与此同时，这些芭蕾舞剧并不失其艺术上的高超，从某种程度上来说，它们把深奥的芭蕾舞之美传递给观众。观众在舞动的韵律中感到自己也被代入了。 493

维姆·文德斯的电影《巴黎，得克萨斯》（1985年）颇有狂想曲之风。这部电影标志着电影业另类文化的高峰。《时代周刊》评论说，《巴黎，得克萨斯》是维姆·文德斯 494
最完整的电影，也是史上最棒的电影之一，该电影是一个现代童话，讲述了一个为了大家放弃自己梦想的人的故事。观

皮娜·鲍施在舞蹈剧《对抗相逢之歌》中的表演。柏林艺术学院，1971 年

众和知识分子狂热地发掘这个隐藏在美式外衣后的“白雪公主”式的故事：这是一个被毁的人，放弃讲话、没有姓名，毫不动摇地从沙漠深处一步步蹒跚走回人生；他和在兄弟家长大的儿子一起踏上寻找妻子的道路，他的妻子不想过普通市民的生活，此时在一个通过小孔观看的色情演出团体中工作；在那里，这对夫妻需通过反射镜和通话装置才能交谈。“这部电影出色地描绘了两个尽管相爱却不能在一起生活的人。”

人们显然是受够了启蒙理性式工作压力，对概念感到疲倦，一些感性的叙事型狗血小故事让他们开心。这些故事不需要观者有多大的理解能力，它们只是被用来消费，从而也“不知怎么地”就能带来安慰——尤其是告诉人们，世界只是它现在的样子，并不会变成各种理论里描述的那副样子，这是多么大的安慰啊。“启蒙派”的“最后的莫西干人”，比如迪特·维勒斯霍夫，对这类倚靠技术制作、讲述庸俗故事的电影表达了忧思，他认为这类电影的主旨无异于低俗小说。（“我是疯了么？还是你们突然都疯了？要么我看的是另一部电影？”）

> 维姆·文德斯，1970 年从电视与电影学院毕业，毕业作品即是他的第一部电影［自此作品源源不断：《怕点球的守门员》（1971 年）、《爱丽丝漫游城市记》（1973 年）、《错误运动》（1975 年）、《随着时间推移》（1976 年）、《美国朋友》（1977 年）、《事物的状态》（1982 年）］。他一直在发掘新神话主义的道路上奔跑。《柏林苍穹下》是其成名作。《新闻周刊》对此给出双重赞美：其电影的诗意和感性使其他德国导演难以望其项背，但他同时又是一位懂得运用间离效果[①]的诗人。在《明镜》周刊的采访中，文德斯声称，电影院应当重新尝试为人服务，“电影院可以像天使一般”。他说，

① 间离效果，又称陌生化效果、疏离，是德国戏剧理论家、剧作家布莱希特所提出的戏剧表演理论，是指将观众疏远于戏剧或电影，这被布莱希特称为叙事剧（史诗剧）。布莱希特认为戏剧应为政治服务；观众对舞台上的戏剧投射情感会妨碍观众的冷静判断。在剧本的创作上，他多以异国的、模糊的时空背景，并运用说书人讲述故事，以达到观众与剧情间的疏离效果。

哈利·迪恩·斯坦顿在维姆·文德斯的电影《巴黎，得克萨斯》中

《柏林苍穹下》中为此设置了天使丹尼尔和卡希尔这两个角色（他们分别由布鲁诺·冈茨和奥托·山德尔扮演），这两位天使飞翔在柏林上空，他们阅读人心，记录下真实感触的瞬间——这一点是受到副编剧彼特·汉
495 德克的影响：“这与观察一个孩子、种植一棵树不一样。这需要热情……由此，不重要的变得重要、醒目、真实。”

年轻的拉尔夫·温克勒来自德累斯顿，四次被美术学院拒收，前去拜访马勒·格奥尔格·科恩——后者赶在柏林墙修建之前由东德迁居西柏林。当他第一次到达西德时，还认为唯利是图者很快将遭到毁灭，他们看似强硬的外壳很快将荒草丛生，“那里只有野马嘶叫、阒无人声”。后来，“滚石乐团”的魅力使他了解到，“新人类”并不在东德，而在西德。“新生活在西德展开。我对这一认识颇感震惊。”从 496
1980年起，温克勒本人也住在西德，有时还会住在伦敦，用他的话说是，“被东德一口吐掉，西德又不愿意吃”。后来，他用A. R. 彭柯的笔名跻身当代最成功的艺术家之列。他对冰河时期的洞穴艺术有特殊偏爱，用A. R. 彭柯的笔名向莱比锡的地理学家阿布莱希特·彭柯致敬，后者因其对冰河世纪的出色研究闻名于世，温克勒在少年时期曾如饥似渴地阅读其著作。

东德体制下的经历塑造了彭柯的个性，他又将此转化为充满感情的、活动的密码（他的艺术作品杂糅了人物形象、象征和信号）。他背离了在东德已变质为专制教育的启蒙思想的教育，转向古老而又迷失了的“我”这一断层，正是“我”组成了谜样的“存在”。他象形化的作品以神秘感的流失为主题，后者正是功能理性主义所带来的诸多后果之一。对“过渡”（《过渡》亦是彭柯最著名的画作之一）的渴望就旨在完全扬弃感情－理智及古代－现代的两分法，否定之否定由此成为肯定之肯定。

“大声说好”艺术是片面追求理性的现代灰色世界的补偿。它由彩色走到多样现实，最终走到后现代的多元化。

出版业全力以赴

20世纪七八十年代电视业的大行其道并没有对纸质文

字造成挤压。所谓的“古腾堡星系”的末日（马沙·麦克卢汉语）并未到来。这个时期的出版业“全力以赴”，产品丰富多彩到耀眼。

以博人眼球为要务的新闻在“性与犯罪”盛行的经济奇迹时期已见雏形。《图片报》就是此类报纸的成功典型。20世纪七八十年代，这种倾向愈发强化（当然，商业化操作的电台、电视台带来的竞争压力也是原因之一）。海因里
497 希·伯尔的中篇小说《丧失名誉的卡特琳娜·布鲁姆，又名：暴力的兴起及其后果》，讲述的正是某家报社肆无忌惮挖掘他人隐私及桃色新闻的故事，可谓全无品位及人性下限。该小说发表于1974年，是对当时日益沦丧的出版业的真实写照。日益下滑的状态在1988年的格拉德贝克人质劫持事件中触底：两个绑架者在整个德国四处流窜，中途甚至杀害了两个人，途中一直被报纸、电台、电视台的记者大军包围。两个罪犯的言论及采访在警方的干涉下，像热门恐怖片一样播放。

尽管经历了这些弯路，由盟军于二战后建立起的出版及媒体业并未失去其共和式的感召力。所有作品，无论从质量还是数量上，依然坚持保证多元性和真实性。1984年，联邦德国内共有386家报社，1267份“特别期刊”，由125个编辑部（Kopfblätter）负责，年销量21083100份。1954年，联邦德国全面引进电视，该年度日报销售量为1340万份，到了1982年，该数目攀升至2100万份。在那些可跨地区订阅的大报纸中，《南德意志报》1984年销量为343600份，《法兰克福汇报》为355500份，《世界报》为205000份，

《法兰克福观察报》为 189000 份。

抗议运动带来了政治的多元化。出版业也在政治的多元化的大背景下重新定位，有许多新的报社成立。一些无政府主义派的出版社成立，一些左派的出版社成立，它们都成为批评资本主义、宣传解放思想的中心阵地。此外，许多报纸也加入了这个阵营：《另一条路》《言论》《南瓜仁》《时刻表》《美学》《交流》。当然，当风头转向时，这些报纸必须保持话题的灵活才能继续生存——由卡尔·马库斯·米歇尔和哈拉德·韦瑟主办（稍后由提尔曼·施潘格勒接手）、汉斯·马格努斯·恩岑斯贝格担纲的《时刻表》即是一例。之前的非主流运动带来的对理论的倦怠对一些有着坚实"上层建筑"的报纸来说，可谓釜底抽薪。1982 年，希尔德格拉德·布莱纳主办的报纸《另一条路》停刊，当期社论 498
写道："抗议运动中被抗议的那些事使我们的作品失去其效用。因此，像《另一条路》这一类的报纸失去的不仅仅是读者，还有影响力。"

> 城市杂志——如《点子》《基蒂》《号啕》《石灰路》——有较高的销售量，是非主流运动喜爱的"广播站"。这些杂志在其读者身边的环境里就地取材，因此可谓评估政治和社会情绪风向的可靠标尺。
>
> 有言论称，1979 年成立的 *Taz* 作为非主流的日报确实可以继续办下去，作为左派重要的言论阵地，它与那些教条化的报纸相比，令人感到耳目一新、脚踏实地、客观、全面——正因此它甚至得到了保守派的肯

> 定。《法兰克福汇报》赞美 *Taz*，说它既有勇气又有能力看穿真实中令人不舒服的那一面，并由此得出结论。尽管存在资金短缺、同某些读者间的矛盾（如 *Taz* 的编辑办公室常遭女性主义者、房屋占领运动者及某些小混混蹂躏）及办公室派系斗争的问题，*Taz* 仍展现了其推动变革的能力。

黄色报纸致力于通过“本地桃色”和“世界韵事”的组合方式驱赶小康社会的无聊——毕竟标准中产阶级的家庭妇女需要娱乐，因此黄色报纸的做法针对她们“有所动作但别过火”的要求应运而生——与此同时，女权主义报刊在1970年代中期终于做到了使妇女问题获得长期关注。1970年，在柏林出版了第一份女性杂志《佩拉基娅》（以布莱希特的一部戏剧命名），出版者是“妇女解放运动组织”。1976年，《勇气》杂志在创刊仅一年后就获得年销量5.5万份的可喜成绩。由爱丽丝·施瓦策于1977年2月创办的《艾玛》年销量20万份，成为世界第二大女性杂志。1983年竟出现了59种妇女杂志，达到顶峰，但其中多数是昙花一现，此后又回到1977年的状况。《勇气》不得不于1984年停刊，《艾玛》1986年则只售出6
499 万份。

不断增长的“经历饥渴症”也体现在针对特定读者群的报纸的增长上。1970年代开始，这类报纸的名称数量翻了三倍，销量翻了四倍（每周约有4000万份）。它们关注不同的兴趣群体：健康、运动、环境、爱好、解放、生态、神秘主义、时尚、生活方式。1975 年以来最具有活力的大出版集团是格鲁纳 & 雅尔（Grunner Jahr），新发行 12 份报刊的鲍尔集团，新发行 5 份报刊的施普林格集团和新发行 4 份报刊的布尔达集团。1974 ~ 1984 年出现的新刊总销售量为 10 万份，这些大集团的新刊销售量占总量的 1/5。

用“铁打的营盘流水的兵”来形容彼时的文学艺术类期刊状况再贴切不过（“一个走了，另一个又来了”）。《月份》于 1978 年重整旗鼓后长时间低迷不振。由汉斯·马格努斯·恩岑斯贝格亲自操刀的《泛大西洋》也经历了和试图把自己打造成“为知识人定制的杂志”的《韦斯特曼月刊》同样的失败命运。与之相比，《水星》杂志则在经历编辑部换血之后得以保持自己的风格，虽销量不算太好（5000 份）但也不至于倒闭。*L'80* 杂志——由海因里希·伯尔、君特·格拉斯和约翰诺·施特拉瑟创刊，当时名为 *L'76*——直至停刊仅售出 6000 份。《法兰克福季刊》1985 年与有社会民主党倾向的《新社会》合并。1987 年欧根·科贡的逝世使德国出版业丧失了一名最具影响力的代表。“科贡及其伙伴瓦尔特·迪克斯是两代出身平民、信仰基督教的知识分子的导师，这两位共和主义者试图通过工人运动的方式把这些知识分子从资产阶级教育成公民。”出于这个原因，科贡从 1946 年起就承担了《法兰克福季刊》的出版工作。

执“反文学精神”的抗议运动过去后，许多文学报纸又重现江湖——其中有一些是非常小规模的，最著

> 名的是《写字簿》《升降机》《墨水瓶》。《重音》《新
> 500 德语册》《技术时代的语言》《今日剧院》《鱿鱼》则长期致力于文学素养的培养。一系列有特定主题的报刊后来被出版社以系列口袋书的形式出版：“皮博尔”出版了《电梯》、“戴奥真尼斯”出版了《墨水瓶》、“罗沃尔特”出版了《文学杂志》、“费舍尔”出版了《新观察》。文化类栏目出现在日报中，这些报刊逐渐找到了适合自己的作为重要卖点的主题，它们通过周末增刊的方式与传统的“大杂烩”式的报纸展开竞争。

亨利·南恩治下的《明星》同鲁道夫·奥格斯坦治下的《明镜》间长达数十年的竞争最终在1983年以《明星》失败、《明镜》占上风而结束。“对于历史学家和纳粹的遗老遗少来说，这意味着数星期、数月甚至数年的争执不休。”这整件事原是《明星》杂志记者戈尔德·海德曼的一个骗局，此人因发表坚信纳粹的骗子康拉德·库姚伪造的所谓希特勒日记，为《明星》编辑部带来9300万马克的收益，当然，编辑部也为它的轻信付出了代价。此案最终走上法庭，成为“20世纪最具轰动性新闻”之一，审判过程被详细记录下来，这直接导致《明星》1984年的销售量锐减了15万份，广告部的损失达到12%～15%。最糟糕的是，《明星》杂志从此失去在出版业居高临下的风头。曾在《明星》工作至1980年的埃里希·库比用“投机取巧的混乱制造家”来形容该杂志创始人亨利·南恩，他甚至认为，南恩缺少节操，很有可能也是另一家黄色杂志的出版人。

《明镜》号称“杂志业的一驾马车”，至 1987 年它诞生
四十周年之时，一直稳保其重要地位，从未间断——它的特
点是爆炸性地揭露事实、记者刨根问底、信息丰富可信。
1986 年，它每周的平均销量为 900 万份，其中大约 13 万份
销往国外。马丁·瓦尔泽认为，《明镜》从未和任何社会势 501
力保持长时间的“盟友”关系，它总是“很快成为反对政
府的那一派，但又同时是反对反对党的那一派。《明镜》从
不持续地和任何一方、任何党派、任何权力派系做朋友”。
他说，《明镜》常使社会免受官员的无良、当局者的洗黑钱
和个人崇拜的毒害。“所以，大家应该感谢这份报纸。”

第 17 章

后现代

502 启蒙批判和玩世不恭的胜利

阿尔弗雷德·多布林说，寒冬压在头顶，我们住在山里，受到危险和贫乏的威胁。欢乐总是短暂，阳光总是苍白，就算它们偶尔临幸住在雪山里的我们。“突然响起了音乐，一个老人摇着手风琴，跳舞的人们旋转着——这震撼了路过的人：周遭的一切是如此野性、如此闭塞、如此苍白、了无希望。突然，有了一个声音，一个欢乐的声音，一个无忧无虑、纯粹的欢乐的声音。”

尼采在《不合时宜的考察》中所描绘的伤感画面仿佛

是后现代时代文化景观的一个缩影（尽管后者从整体上主要是乐观的）。尼采仿佛后现代的祖先，因为他是第一个捕捉到“启蒙的辩证”是新时期的命运，并对理性主义的衰落同时抱有乐观和悲观态度的人。对于尼采来说，“所有因素迅速地、出乎意料地碎成千万片，它们消解在永远流动、永远流散的变化之中。现代的人们不倦地把一切过往编织为历史”。正因为如此，人们才有了对生命的整体性的渴望，这种渴望只可通过情感、本能、审美、神秘感去捕捉和理解，但尽管如此，仍然不无讽刺。

> 后现代是对现代的一种回答。这种回答基于一种观念，即过去若不能被摧毁，再看它的人们就一定会用新的方式来解读：这是不无讽刺的，也并非出于无知。后现代的姿态，在我眼中，就仿佛是一个男人爱一个博学多才的女人，所以他不能对她表白说：“我从心里爱你。”因为他知道她知道（她也知道他知道）这句话 503
> 是，我们意大利人会说是莉亚拉[1]、德国人会说是海特维希·科特斯-马勒[2]写的。不过有一个解决办法。他可以对她说：“正如莉亚拉在我这种情况下也会说的那样：我从心里爱你。”在这个时刻，当他避免了无知的假设、清楚地表达了自己的意思，即人们不能装听不懂了之后，他对这个女人说的是他想说的话，即他爱她，

---

① 莉亚拉（Liala，1897～1995 年），意大利女作家。

② 海特维希·科特斯-马勒（Hedwig Courths-Mahler，1867～1950 年），女性小说家，写了很多受当时女性欢迎的爱情小说。

但他的爱并非出于无知。（翁贝托·艾柯[①]）

悲观的后现代主义不再相信世界自有“理性”和“意义”，尤其是对通过功能主义理性（即技术）所取得的成就以及深信进步的历史观（黑格尔和马克思尤为强调这一点）感到深深怀疑。受过教育、作为理性存在的“人”的主体失败了，继续起作用的权力也应被解构，这样想象力才能有所发挥。“绝对浪漫主义”的敌人是绝对的系统化思考，后者通过各种“宏大叙事”传递各种理念（如自由、平等、博爱）。当时的人们把理性主义的扬弃当成启蒙的挽歌，这个想法使那些赞成“终结启蒙的错觉”、迎接“欢乐的声音——无忧无虑的、纯粹的欢乐的声音”的人欢欣鼓舞。

利奥塔德说——此人是法国最重要的新保守主义思想家之一——19～20世纪，人类已经为追求整体和同一、概念和感觉之间的统一和透明的、可被交流的经验付出了昂贵的代价。若想解决这个问题，就应该：“对整体宣战。我们应正视那些不能被表现的，激活那些充满争议的。”（鉴于抗议运动早就已经提出反对整体性，反制度化，反对现有的、传统的市民文化和资产阶级政治的诉求，我们可以说这些诉求已具有后现代的特征。）尤尔根·哈贝马斯觉得，利奥塔德和其他后结构主义者的思想里蕴含着新保守主义，追求对现代性事业和启蒙的、解放的思想的背离。

① 翁贝托·艾柯（Umberto Eco，1932～2016年），意大利学者（中世纪学家、符号学家）与作家。除了严肃的学术著作外，著有大量的小说和杂文，经常给杂志专栏撰写以睿智、讽刺风格见长的小品文。最驰名的作品为小说《玫瑰的名字》与他的杂文集。

假如现代性是一项“未竟的事业”——“现代性，一
项未竟的事业”正是哈贝马斯 1980 年 9 月在法兰克福被授 504
予阿多诺奖时的演说的标题——如果启蒙重现它开始时的热情，并在兼顾历史发展的前提下审视其主张、概念、方法和目标的话，这项“未竟的事业”便有望完成。假如现代性从自身开始实现现代化（也就是说，不再以经济建设，而以社会的生态重组为目标），它将重新有能力成为混沌中的指路明灯。

沃尔夫冈·韦尔什反对悲观主义者所持的“启蒙失败”的观点。他认为，后现代的中心意义在于其后理性主义，它深刻洞察到那个从人类学角度得到验证的、广泛的理性概念的重要性，20 世纪的现代性本身就是在宣扬这个概念。现代性所缺少的这个东西将在后现代被广泛的真实所消解。韦尔什为此特意选用“横向理性”这一概念，用以为身陷批判的理性辩护和重新定义。

传统的理性主义容易沦为控制和程序化的机器，这一点
需被摒弃。但若对理性抱有笼而统之的怀疑态度，那也是不 505
可取的，因为对理性有意义的责难正是通过理性的方式才得以提出。重要的是，重新整合那已被无数“理性类型”（分析理性、道德理性、审美理性、历史理性、机会理性、参与理性）割裂成千万片的理性。

“并没有一种世界观和生活态度比另一种更加理性——它们最多只是比另一种更有趣罢了。审美的差异取代了理性的分别。就算并没有更好，仅仅是不太一样，人们也有权偏爱这一种而不是另一种。只是，出于理性的偏爱在此刻让渡给了冲

斯图加特的国家美术馆，詹姆斯·斯特林建造，1984年

着‘更有趣’而去的审美利益。”（赫尔穆特·F. 施皮纳）

乌尔里希·贝克①认为，是时候砸掉符号的二元论寻找符号间的共性了，在此之后，就可以明白，其中哪些在今天已经受到考验。“问题是这样的（用传统的话说是这样的）：怎样才能联合真实与美、技术与艺术、经济与政治等呢？当交流的符号互相运用、彼此相融，与此同时，出现了一个‘既不是A，也不是B’的第三者，一个全新的符号，使新事物成为可能并长时间显现的时候，会出现哪些真实、哪些理性呢？”

① 乌尔里希·贝克（Ulrich Beck，1944～2015年），社会学家，德国人，出生于斯武普斯克，是慕尼黑大学和伦敦政治经济学院的教授。贝克被认为是当代西方社会学界最具影响力的思想家之一，从20世纪80年代以来先后提出了风险社会、第二次现代化、全球化社会学等理论，在世界范围内产生了广泛影响。

当人们艰难地尝试着从思想上接受之前被认为是“强有力”的启蒙思想也有弱点的时候，玩世不恭成为一剂良药。彼得·斯洛特戴克的著作《玩世不恭理性的批判》（1983 年）所取得的成功让人们注意到某一阶层的知识分子的心理世界，他们缅怀理性的失败，但同时却既未对丢弃理性做好准备，又没有足够力气去承担启蒙这项未竟事业的工作。人们从他们那里学到了关于启蒙的说教，启蒙却在过去从未得到贯彻，现在也没有发生。“这种意识既自觉占据制高点，又自叹命薄，它认为任何一种意识形态批判均与自己无关。这种想法的错误已经危害到它们自身。”如今，全球的“上层建筑”都有所行动，而非追求“更好的知识”。因为行动没有错觉，且脱离权力。如果没有挖苦和讽刺，当今的启蒙和它的历史之间不可能有健康关系。现在，我们必须在对开头保持“忠诚”的悲观主义——它让 506
人想起颓废——和失礼而愉快地继续最初任务二者之间做出选择。

> 从心理学上来讲，人们可以把现今的玩世不恭者理解为感伤主义的边缘。玩世不恭者控制了其抑郁的症状，他们甚至在一定程度上一直保有对工作的热情。对，虽愤世嫉俗却有工作能力，这一点正是现代玩世不恭者的精髓——尽管有那些事，经历了一切事，他们还是可以做到。这个社会的各种关键部门都被这种玩世不恭者的态度所统治：代表团、议会、监督机构、企业领导集团、教师、医生、院系、律师办

> 公所、编辑部。某种小聪明的辛酸是他们行动的底色，因为玩世不恭者绝不蠢笨，他们看透了一切，看到了虚无，他们知道一切终将走向虚无。他们的精神系统有足够强的灵活性和适应性，足可以把对自己欲望的持续怀疑转化为生存的动力。他们知道他们在做什么，但他们做这些，是因为短期的物质压力和自我动力说的是同一句话，这句话对他们说，必须这样做。其他的做不做无所谓。正因为这样，新的“入世”的玩世不恭者才理所当然地有一种自己仿佛牺牲者，并把更多人变为牺牲者的感觉。

保罗·费耶阿本德①“一切皆可能，一切皆可取”这句格言也大大活跃了德国的科学理论界。理性和科学被一直解构下去，直到达达式的“天与地卑，山与泽平”，在那里，它们和其他传统一样待价而沽：苍白的怀疑主义使它们平凡，审美的颠覆使它们没有生气。

形式比内容重要；欣赏的诉求比道德的约束重要；流行文化和科学毫无高下之分；语言主宰思想；风格和论证一样有内涵。“艺术家们”面对混乱的、支离破碎的现代世界时，常带着嘲讽的“无所谓”的心态。这个世界同以前那

---

① 保罗·卡尔·费耶阿本德（Paul Carl Feyerabend，1924～1994年）是一位在奥地利出生的科学哲学家，以他在加利福尼亚大学伯克利分校做教授的三十余年间（1958～1989年）的著作最广为人知。费耶阿本德因他的科学无政府主义和反对普遍的方法论规则的存在而闻名，他的著作影响了科学哲学和科学知识社会学（sociology of scientific knowledge）的发展。

个由系统理性和科学理论组成的有序宇宙再无一点相似。

费耶阿本德理论的关键词受到狂热追捧，以至于到了1980 年代，人们开始觉得这些理论逼人太甚，由挫败感生出厌倦之心。“超越道德”的无所谓取代了进步。斯洛特戴克认为，用放弃哥白尼震撼做宣传的托勒密裁军使人重回感
官，这么说是从获得满足的主体快乐的角度出发的。费耶阿 507
本德还认为，沃霍尔“一切皆美”的口号保证了万象自有价值的权利并尊重了小人物的严肃性。

亚快乐、过路人、拯救者

现代的亚快乐随着无孔不入的电信技术深入人间，它们就像是用电缆连接的洛可可艺术一样，并不意在启蒙，而是“让人更蒙昧”。那些表现出“蒙昧”样子的人，其实是因为受够了一波接一波以批评为己任的启蒙者的理论。他只不过想酷（cool）一点过活，并不是想真的把自己冻死。“曾经有‘无意识的无知’阶段，后来人们意识到‘完全有意识地知道自己无知’的境界难企及，现在，有人发明了第三种令人毛骨悚然的无知：把‘不能承受的生命之轻’（米兰·昆德拉）模仿成完全可以承受。”（伯恩德·古根贝格）

爱情不再以“真正的”爱情的形式完成，而是“亲密关系的编码”；人们通过“无休止的胡言乱语”把“对恐惧的恐惧”驱除在生活之外，以此来避免存在所带来的难题。“整体而言”，再没什么意义值得发掘。可另一方面，人们又不愿意因为生活“没有意义”而停止从中获得快乐，自

导自演的亚快乐应运而生。“大快乐就是小快乐。如果有人说他感受到了快乐，那没什么值得嚷嚷的。因为，小快乐中的主题不需要任何人告诉他是否应该拒绝快乐的标准。在这里，某种没有标准的自我映照就已经足够。这里没有那些苦苦相逼的二元论：什么是真实的爱，什么是假象的爱。这种二元论建立在对社会交往中他人行为的分析上，非常影响情绪。”（尼古拉斯·鲁曼）

爱情的去本体化发生于亲密关系的心理中。“处在亲密关系中的人做着他们早已预演的事，用已经练习过无数次的语言表达心声，两个人都处在一种早已设定的模式当中。这里，随着早已精心设计过的、看上去仿佛有宗教性的节奏进行着某种世俗的仪式。希望和恐惧、
508 力量和需求、情感和想象都不能自由表达，它们呈现的方式好像有导演安排一样。人们像驯兽一样驯化灵魂，同时也像驯兽一样驯化自己的欲望，自觉自愿地走入同一种模式。”约格·波普认为这种所谓的“关系习俗”包含了一种对性抱有敌意的道德：这类人的代表当然没有站到布道席或者讲台上，他们躺在席梦思上，穿着紧巴巴的牛仔裤、蓄着长发，读卡斯塔尼达[①]，听平克·弗洛伊德，这帮人尤其喜欢谈论心理问题。“梦见自己在环形楼梯上行走的人表示被困在自我和他人的牢笼中上下

① 卡洛斯·卡斯塔尼达（Carlos Castaneda，1925～1998年），秘鲁裔美国作家和人类学家，以唐璜书系列（12本书和许多更短的作品）而著名，书中记载了他拜印第安人萨满巫师唐璜为师的经历，唐璜其人的真实性曾被多名学者质疑。

博托·施特劳斯的戏剧描绘了联邦德国的后现代式社会。此为柏林剧院的海报，1973 年

彷徨不得意。”他们用毫无意义的废话所带来的轻松平衡内心快乐的缺失，他们不再体会感觉，而是游戏感觉。

享乐主义的快乐并不想“识别色彩”，只想“享受彩色”。他们和那些唱着“别害怕感受快乐”的美国写歌人以及指挥罗伯特·麦克菲林一起游戏人生，他的德国好同志乌多·林顿贝格如是评论道：“玩偶跳舞／别再怕所多玛与蛾摩拉[①]／保持快乐，保持享乐／直到在棺材里变为灰烬。”

博托·施特劳斯的作品主题即是描写那些从“意义”上剪裁下来的无数个“今天”的碎片是如何无休无止地扩散的。无语言、无社会、无历史、无意识、无特征、无希

① 所多玛（Sodom）和蛾摩拉是圣经中的两个城市，首次出现在《希伯来圣经》。因为城里的居民不遵守上帝戒律，充斥着罪恶，被上帝毁灭。后来成为罪恶之城的代名词。

望、无理由——他剧作中的人物是仅凭性格辨认的路人，这些人只是顺带做了什么事，别人也仅把他们当路人甲（en
509 passant）而已。媒体社会、消费社会铆足了劲，在它们油光可鉴的产品上照见了自己。“这个社会是从历史中剪下来的断片，它把未来当作一张彩色广告单，无视生态破坏和核危机，无视对人类的屠杀和饥饿的蔓延，每天都在拖延。这个社会长成了今天这种样子：每天都在‘见喜不见忧’地自欺欺人，对自己说这样下去永远没问题。”文化工业的机制和运作隔绝了真实、直接的生活信息。施特劳斯认为，人们野心勃勃地想要掌控真实，却因为分析理性半途而废，启蒙的、辩证的、充满人文社会情怀的思想被丢弃、埋葬。”

“他听见男人和女人们搭话的声音。那是两个几乎彼此不认识的青年。只是听上去是两个而已，谁知道真的有多少个？他们说着话，好像整个市场都在发声。他们不是说话，而是启动持续交流的模式。他们不是说话，而是互换惊慌的废话和快餐般的语气重音。”

在《卡尔德维喜剧》里——这是一部影射消解的现实的戏剧，所以它不追求任何意义——“男人”说：“我想对你说什么来着，不是真的。我现在好满意，嗒嗒啦嗒。我们把一切都藏在意义生产里了，嗒嗒啦嗒。这么做值了。现在我们可以写下新的和谐记录。嗒嗒啦嗒。”

彼特·汉德克转型为新内心主义诗人，此举招致部分文学批评家比对待博托·施特劳斯更为尖锐的讽刺。从1970年代末开始（《缓慢回家》，1979年），汉德克的文章就越来越多地充满“求治愈”的心态，这心态正与时下的反启蒙主义相吻合。汉德克反对辞藻华丽而内容空洞的文章，他的诉求远比这些深刻。他自诩为德语、希腊语和拉丁语古典作家的接班人，这些作家是“他的兄弟”。在 1981 年的一次谈话中，汉德克承认，他过去四五年的作品写的全是三千年前的事儿。1975 年出版的小说《真实感受的时刻》的主人公格雷戈·柯施尼格是一名奥地利驻巴黎记者，汉德克给他安排的经历标志着诗人的转向——他开始把自己视为“上帝的信差”（语见《复习的想象》，1983 年）。510
“那时他的经历，即使还在他试图接受的时候，就已希望自己永不忘记。他的双脚陷在沙子里，他看着自己的脚，同时也看见了另外三种东西：一片栗树树叶，一面可以放进口袋里的小镜子，一根小孩用的头绳。这些东西躺在这儿已经有段时间了，可突然，它们全变成了神奇的事物。‘谁说世界已经被发现了’？”

> 彼特·汉德克的“揭示文学”——从戏剧《走出村庄》到充满自传意味的小说《无人处的一年：新时期的童话》——中有一股“舍我其谁”、颇为自傲的腔调，不想在现实里弄得两手泥污，而是要远远逃至那精美的风景中（约阿希姆·凯泽）。请并不要把这当作多余或者保守或者仅仅是表面功夫。汉德克很难被感动，因为在我们这个内容丰富的世界里，绝大多数肯定的、积极的、赞美的主题已被滥用，失去原有意义、像是谎言。米夏埃尔·克吕格在一次关于汉德克的讨论中，把理性和启蒙称为与健康的人类理智双

生的丑兄弟。这话很清楚地表明反启蒙主义的先锋们的影响已经多么深入人心——尤其是批判启蒙离生活越来越远。“站起来吧。向着天空的方向。看看太阳光，相信你们沸腾的内心。你们的眼皮颤抖，那就是真实的颤抖。让色彩绽放。记住这澎湃的诗歌。逆风而行。走出村庄。”

类审美化和符号的兴起

后现代的相对主义和广受喜爱的随意性不可分割。对美学领域来说，这意味着艺术家作为“信念制造者”的职责已经多余。20世纪八九十年代，“真善美”的三叠系作为艺术的审美道德和社会属性不再受到重视。新的美学自立门派，中心思想是认为艺术就是理想的现形，这一乌托邦式的观念深深打动了有责任心的艺术及其“思想美学”。那些连
511 “现在”都想放弃的人当然更不乐意背上既遥远又难以企及的“未来”的重压。若还要追求艺术作品的“剩余价值”，那简直都能引起躁动了。

艺术史家马克斯·伊姆达尔“揣测”后现代“其实是现代的某种特殊消费方式的表述而已，因为它从过去的不同年代抽取不同的东西，用一种类似于审美的方式把它们塞到一个模子里，混淆视听”，它仿佛“某种纯粹的对名人警句的运用，意思就是说，运用仅仅是为了获得抽象的满足感或不痛不痒地表示自己比较有文化，并不是真的以严肃的态度相信这些警句的内容”。

“审美的时效化”其实只是一种肤浅的美化而已，把事情变得更漂亮，为“经历”搭建空间。连火车站都被改建成“用月台连接的感官世界”。艺术机构的作用是批量生产“经历”。

沃尔夫冈·韦尔什称 1990 年代的“美化热潮”为利用美学的类审美化（商品美学、传媒美学、城市名片等）。“类审美”指的是真正审美所需的决定性条件——敏感——缺席的状态。如果说真正的审美可以强化感受，那么类审美则是以“无感受”为纲——它使人们丢掉敏感，阻碍人们的感受甚至使人们不再感受，而这个效果是全方位的：身体变得迟钝，精神也被蒙蔽。

“人造的经历使人们失望，因为它在真实世界里什么也不是。但这个失望却让人们越来越快地从一个人造经历投身下一个人造经历，如同饮鸩止渴。生活与真实可以通过审美的介入得到改善——这个古老梦想似乎在消解。很明显，那些转瞬即逝的、表象的瞬间被艺术接管，用平板的方式实现。”

但与此同时，韦尔什试图从哲学上把美学塑造成从自我毁灭（消解于虚无）中拯救民主社会的形象。“反抗的后现代美学”成了普世理性的一部分。对他来说，美学思想其实是真实的，因为它多多少少可以让人想起那个主要是依据某个美学理念构建的事实。比如作为政治文化重要因素之一的宽容，如果对异类不够体察，那就是一条无用的原则。审 512
美通过使人们变得敏感的方式介入社会进程。

后现代技艺高超地模糊了理论之间的边界，语义学由此被密码学消解。内容和含义的作用下降。安德里亚斯·

胡伊森[①]认为，我们不再站在“恐惧时代”现代主义的对立面。那是苦行僧般的卡夫卡式或勋伯格式的现代主义，那是被动的现代主义，那是价值坍塌的现代主义、疏离的现代主义、暧昧的现代主义、抽象的现代主义，那种现代主义已经完成。不，不是那种。后结构主义给我们带来的现代主义由无数文本不断编织而成，它以否定来证明自己：否定代表和真实、否定主体和历史。这样的现代主义在判断“当下”以及由此而生的那种对抽离状态的赞美时——在罗兰·巴特[②]看来，这并非恐惧，而是愉悦（jouissance）——未免显得教条，但它可以带来极度的幸福感。

符号携带内容，人们对它们在什么公认的背景下携带的是什么含义已取得一定共识。人们通过符号互相理解。后现代主义喷发出磅礴的自由，与“恐怖的启蒙”相对，这自由喷发的惊心动魄之处正来自人们一再追寻的“当下”那五彩斑斓的形态。它关心的不是“发生了什么”以及“为什么发生”，而是“有事情发生”以及“它是这样发生的”。过去那种强化的深入的思维仿佛被哲学上的“为艺术之艺术”以及“发生”“事件”“动因”三者之间的孤立“解除了武器”。

不确定和问题本身变成了迷人的东西。寻找答案的过程不再揪人心肝，而是像变戏法一样有趣。重要的并不是寻找

① 安德里亚斯·胡伊森（Andreas Huyssen，1942年～），德国裔美国哥伦比亚大学比较文学教授。

② 罗兰·巴特（Roland Barthes，1915～1980年），法国文学批评家、文学家、社会学家、哲学家和符号学家。其许多著作对于后现代主义思想发展有很大影响，其影响范围包括结构主义、符号学、存在主义、马克思主义与后结构主义。

真理，而是享受过程。宏大的“叙事”、人类进步史中的那些“被科学证明的道理”以及被怀疑精神和某一个预定目标推动的“教育”不再具有信服力。一切理念的、意识形态的、系统的、仿佛是普世的“蓝图”变成了虚构。散射与平均摧毁了包括马克思主义在内的普世价值。安德烈·格鲁克斯曼说，“新
人道主义”正是从被人们意识到并欢庆的堕落本身出发，那是 513
被称作“人性”的、使世界伪善或者更加虔诚的幻想的堕落，这样的幻想，我们在过去几百年中经历了很多。这样的“新人道主义”就是“消极人道主义”，使那些追寻肯定的人失望。

多元而多极的后现代在“绝对主义”上画了个大叉，也就等于在有绝对主义倾向的“全球模式”上画了个大叉。它不离“小叙事”，这些小叙事既无优劣之分，更遑论可供构建体系。世界因为系统化的思考被去魅，所带来的后果就是系统化思考本身也被去魅。系统化思考的去魅加上极端的主体批评，这就是后现代的道德。

新的不透明

许多思想家（比如上文的沃尔夫冈·韦尔什）极力想通过各种讨论赋予后现代这个概念以某种严肃的定义——他们对各种术语各持己见，这使得整件事更加扑朔迷离。不过，模糊和迷茫本身也是一个明确的信号：雾原本是后现代主义气候的显著特征。尤尔根·哈贝马斯称其为“新的不透明”，他认为这只能通过“沟通理性”来解决。

> “沟通理性”这个概念无视后现代主义的理性批

> 判，直指以人类主体为中心的传统理性。这个概念的提出是为了还理性以清白，它既不是工具理性，也不是包容理性。前者把一切都当作物品和对象来对待，后者把一切囊括其中，最终自己变成鱼龙混杂的总和。
>
> 哈贝马斯通过“沟通理性”（以及由此衍生的“沟通行为”）反转了局势，受到威胁的世界如能重新重用
> 514 整合和参与的理性，就还有希望。不管是全球性还是地区性问题（战争、军备竞赛、饥饿、贫困、失业、挫败感、侵略、环境破坏、经济危机）都不能通过已经分裂成无数个“亚版块”的社会和政治来得到解决。只有联合一致的思想和行动才可以。

当“语言游戏”借着后现代的精神状态大行其道，拒绝启蒙，故意使用一些让人丈二和尚摸不着头脑，以显得“幽深莫测”的逻辑和论证，不透明感就大大增强。如果用理性的方式来批评理性，不就正好证明了理性的坚不可摧么？与其这样，倒不如用“一种花哨的、天马行空的、自行想象的、狡猾或者甚至诗意的思想方法”，既不具有严肃性，又不具有系统性；既不需要对真实性负责，又不需要对普遍性负责。这样的话，别人用任何一条道理都挑不出错处，更无法与之进行有条理的对话。

欧多·马夸德把这种自诩的哲学家称为“专家的替身”，意思是，这种人永远无法成为科学舞台上的真正主角，只可能是靠插科打诨、虚张声势、装疯卖傻混口饭吃的现世宝罢了。克劳斯·拉尔曼以迪特·坎培尔的“时尚

哲学”为例，说明这些都是“反对启蒙的胡言乱语”。拉尔曼说，当今的社会科学界和人文科学界以夸夸其谈和无知无畏为时尚，某些杂志，比如《骚动》（*Tumult*，交通学杂志）和《理性批判杂志》（*Konkursbuch*）为这种时尚保驾护航。这一切使语言变得不像语言，语言的内容竟不再是把事情说明白，而更多的是“脚踩西瓜皮”，溜到哪儿算哪儿。

后现代有一些“反思想的思想家”，这些人中的活宝仿佛溜进大学教室或者编辑部里的小学生，以“让人听不懂”和“让人无法捉摸”为行事准则，若想继续混下去，唯有祈望没人来跟自己的不清不楚较真。这些不清不楚的人会做的只有给无实际证据做填充内容的绣花枕头包上华丽的外包装，同时把“让人听懂”说成是无理要求。

后现代语言的“不清不楚”也有可能是“有教养的抽 515
象”所带来的另一个后果。抽象原是苏格拉底哲学，过于精致的抽象却使得原本追求精准的苏格拉底哲学走向自己的反面。读者艰难无望地攀登那座远离生活、故意避免直接的“概念”高峰。（特奥多尔·W. 阿多诺也算用这种方式组织语言的开山鼻祖之一。）

这到底是机敏的分析，还是故弄玄虚、用概念堆砌的平庸，尼古拉斯·鲁曼也无法断定。他的理论体系以人的形象作为基底，此人把理论从意义里“分离”并“数字化”，此人顺应时势，并不为任何理念所掌控。在鲁曼“冰冷目光”的注视下，根本就没有什么超乎一切之上、以人类主体为蓝本、人类又依此建立某个自由而平等的生活共同体的理性。

“有的只不过是老鼠，迷宫里的老鼠，互相窥视，由窥视中建立各种系统结构，但并没有什么共识。”这些系统通过比照自身的环境来相互比照。所有的系统，包括人类个体，对其他人来说永远只是环境，以通过自问自答不断精细化自身系统的方式拉开与其他系统的距离。

> 汉斯·布卢门贝格，用欧多·马夸德的话来说是“一个写问题侦探小说的人”，仿佛一个舞技娴熟的舞者，在许多读者眼里，他是尼古拉斯·鲁曼的对立面。当然，两者也有共同的特点：作为后现代主义者，这两个人都有能力和“揪人心肝的真实”保持距离——不管是作为系统理论学家，提出完全“超脱”的“结构主义”；还是作为语言哲学家，热衷于诠释学。
>
> 在“知识的花园”里漫步，鉴于人生的时间和世界的时间之间的巨大差异，只能是一场不能完成的、靠运气而无系统的漫游。很多人倒下了，他们的未解之谜在时间里风化，有一些永远无法解开，世界打他们身边而过，走得踪影杳然。叙事的“小形式”——那些“零零碎碎的小思想”，在历史中逐渐被集成一捆，其观点的姿态代替了观点中的指点意义散发出五彩之光——这些“小形式”反映了一种“当时当地的思想”。超验论主义者纵情享受红尘，提倡告别原则，他们生命的意义并不是为了证明某种“绝对意义”
> 516 （因为我们死得太早，反正也没办法证明）。哲学神父们讲述着某些故事，人们从这些故事中（就像听法国

洛可可时期神父的布道一样）不能准确辨别这是不是宗教。充满使命感的思想家那些神谕般的腔调已经过时了。但是，20世纪七八十年代那些情感充沛的小团体又不想放弃那些集大成于一身者，他们能把世界观讲得那么不偏不倚，他们绝妙地踩着“存在”的钢丝，他们现身说法。

后历史[1]，历史学家的争执和日常史

1960年时阿诺德·盖伦所说的“后历史”这个概念主要是用来描述造型艺术的状况。他认为，造型艺术的发展已接近完成，其后将要到来的是调融混合所有风格和形式，但这之前就已经存在了。人们对“历史终结”之后的时代评价颇为悲观：推动历史前进的理念到此已被使用殆尽（特奥多尔·莱辛[2]在数十年前就已经提过这个问题：“赋予无意义意义”）。

随着弗朗西斯·福山的论文（后来成为一本书）《历史

① 后历史，历史哲学中的一个流派，宣传传统历史哲学的终结和功能转型。“后历史”概念的提出可追溯至尼采的《查拉图斯特拉斯如是说》中的“最后的人”。该流派为国人熟知的代表人物是提出“历史终结”的弗朗西斯·福山，其他代表人物有奥斯瓦德·斯本格勒、阿诺德·盖伦、迪特玛·坎培尔、让·鲍德里亚。

② 特奥多尔·莱辛（Theodor Lessing，1872～1933年）是德国犹太人哲学家。他1872年出生于德国汉诺威的一个犹太家庭，大学先后在弗莱堡、波恩及慕尼黑攻读医学，1907年起在汉诺威大学担任哲学讲师。魏玛共和国时期，特奥多尔·莱辛强力反对兴登堡担任德国总统，1933年时为了躲避纳粹而搬迁到捷克斯洛伐克玛丽亚温泉市，同年8月遭纳粹派人暗杀。

的终结?》的发表，讨论到达高潮。在西方理论系统眼里，社会主义阵营的崩溃仿佛一部庄严的戏剧落下帷幕。有人认为，随着自由民主对左派和极权右派的胜利，人类可望很快获得幸福，对“人性政府”的追求也就此画上一个圆满的句号。无论是政治、经济、文化等任何一个角度，都难以找到一条更加理性的道路了，这意味着，即使连意识形态也不需要向前发展，被西方世界所实践的价值观和衡量标准是普世的。

“历史终结论”和后现代主义的某些情绪一致，因为两者都想躺在“后”状态之上大睡懒觉。至于“后”状态之后要发生什么，它们懒得管，只想享受当下。保持怀疑是一种美德，即使在后现代也是一样，而这样做却并没有保持怀疑——观念和判断都被相对化，已经做到的变成了金口玉言，至于没有做到的就让它去吧。

517 这与社会主义阵营崩溃前的东德的社会图景有某种相似之处：那里的人们认为，共产主义取得胜利就是历史终结，这之后的任何发展客观上无必要、主观上没人愿意，因为由俗世通往天堂的大门已经开启。历史只有在资本主义还没灭亡之前是必要的。如果不是这样，后现代在这个由德国统一社会党统治下的国家完全不会有出头之日。因为所有后现代所主张的事情都是被禁止的：它的反系统主义、它的相对主义、它那游戏人生的美学态度。在西德的人可以把后现代看作抗议运动时期过后的时代特征，东德却没有这个经历——抗议运动时期，那二十年中的文化生活，各种观点风云迭起，抗议，对立，让人心情激荡。而东德却只有比特菲尔德[①]周围的荒漠以及惨淡的阳光。没有音乐，就连无忧无虑的快乐都是不被允许的。

> 尽管如此，两德统一后，来自东德的杜尔斯·格吕拜因作为一名出色的后现代主义诗人脱颖而出，迅速在整个德语地区获得了声望，这使所有人大吃一惊——就连对他写的批评也表示了震惊。他的诗歌题名——《颅底课》《皱纹和坠落》等——让人容易着迷，因为它们讲的是一些可以兑现的话：没有关于东德的被占领或不被占领的历史的沉思、没有自怜的沉重和对资本主义的反抗——整个没有东德式的美学，有的只是出手不凡的掌控：用相当部分的“暗黑”来表现后现代的“国际范儿”。“诗歌向你走来 / 柏林墙已经打开 / 等待的痛苦，圈囿黑格尔那狭小世界里的聊赖 / 全都过去，还有钢铁般的静谧。”
>
> 1962年出生于德累斯顿、33岁获毕希纳奖的格吕拜因一点都没有表现出等待的痛苦。他聪明地把诗歌写成戏谑的、不痛不痒的混合物。人们原以为东德就只有那高高在上的、无聊的黑格尔哲学，现在立刻忘掉这一点。他巧妙地在影射和故弄玄虚之间保持平衡，此外，竟然还在保持文学上的“政治正确”的基础上表示了沉思。

① 比特菲尔德是位于当今德国萨克森－安哈特州的一座小城，是化学工业中心。萨克森－安哈特州在两德统一之前属于东德。1968年11月1号，比特菲尔德的一家电子化工厂发生氯稀爆炸事件，造成42名工人死亡，超过200人受伤。所以作者说“周围的荒漠”。

> 弗里茨·拉达茨开始对格吕拜因的诗歌颇为迷恋，后来他却认为格吕拜因的诗歌并非现代性的描写，而更像是时尚连锁效应。“涂脂抹粉的现实意义。好比是用手机通话，那就好像是手机在讲话一样，而不是面对面
> 518 的交谈。”明星批评家，同时也是《法兰克福汇报》出版人之一的弗朗克·习马赫评论道：“格吕拜因是希望。那种承诺已经兑现的希望。”正因为如此，这位作为诗意的“我”存在的后现代主义诗人很快就凭借世界主义的热情脱离了民主德国的苦海，以惊人的速度在文学的后历史学中取得一席之地。

“历史学家之争”——这是一个1980年代末的文化之争——的一个重要动因是右翼保守主义派别提出的“历史相对论”引起了争执：有人认为，在“损失清算”中，纳粹党的罪犯们应该被从有影响力的公共领域中驱逐，这样才能为建立新的国民身份认同腾出地方。但这种做法，就如同哈贝马斯在1987年7月发表的文章《损失清算的一种：德国历史学界的悔过倾向》中所指出的，与用宪法来爱国的爱国主义相悖。哈贝马斯尤其着重反对历史学家恩斯特·诺特，此人试图提出“犹太人种族屠杀是个人行为”“毒气杀人只是技术”的论调，并试图用某种海德格尔式的语言风格来证明古拉格群岛比奥斯维辛集中营“更本原”。

“历史学家之争”进行到一半，与其有关的出版物所引起的反响程度已经超过联邦德国历史上任何一次争论。汉

斯-乌尔里希·维勒说，在同主张“重评价值体系”的修正主义的争论中，那些持反思态度的人的辩护总体来说是非常有力的。民众的警觉、自由的公共领域所持的批评态度和历史学家共同取得了这次成功。这表明，大家挂在嘴边、经常被认为受到威胁的政治文化得以保全。这使人心稳固，人们可以希望未来如有类似的争论，那些在“历史学家之争”中向修正主义发起猛烈批判的言论也将占上风。这种共和式乐观的最好证明是：1984～1994年的德国总统里夏德·冯·魏茨泽克，他的政治正确和道德正直从未受到质疑的原因是，此人作为联邦德国最高的政治代表形象，公开抵制把第三帝国“历史化”和为纳粹推诿罪责、减轻责任的做法，这一点从不含糊。

1990年代又有一场新的“历史学家之争”，在这场 519
争论中，多数德国人都站在反对美国科学家的前线。引起这场争论的动因是丹尼尔·约纳尔·戈德哈根的一本书：《希特勒的自愿执行者》(1996年)。该书的中心论点是，大规模屠杀犹太人原因在于德意志民族特有的反闪米特主义。该书的出版引起了巨大的反应，有人从精神分析学的角度说明，德国的历史学家普遍对该书提出的问题采取置之不理或者回避的态度已经是对以上论点的最佳证明，因为此论点事关德意志个人和集体的道德罪责以及他们必须为通过灭绝的方式来实现反闪米特主义所负的责任。

马丁·瓦尔泽在1998年获德国书业和平奖的致谢

> 演讲里说，他要同那些所谓的“观念战士”做斗争，这些人“手持道德的手枪”，逼所有作家履行“观念义务”。“观念战士”指的是那些“每天都在媒体里谈论奥斯维辛的人。无休无止地展览我们的耻辱”。身为德国犹太人组织主席的伊格纳茨·布比斯指责马丁·瓦尔泽的言论是“精神纵火”，因为后者明确主张“一种视而不见的文化”。布比斯的指责在联邦德国境内引起了广泛而深入、意见各异的讨论。马丁·瓦尔泽的说法在公众中颇受赞同，在出版界却广受批评，因为他是在用一种不负责任的方式激活原有的一些想法。人们纷纷指责他那些落后的喋喋不休，其中某些模糊语言很可能沦为反闪米特主义和反启蒙的工具。（健谈或者饶舌原是马尔泽1998年出版的一部广受赞誉、带有自传体性质的小说《跳跃的泉》的特点。）

人们对当代史非常敏感，与之形成鲜明对比的是封建史。封建史学家感到自己颇为小众，希望用“背面敷粉法”来找到一些补偿。在西德，大量逼真的展览和新建的博物馆迎合了人们对于“高贵人群”的想象。伦茨·克里斯－雷腾贝克1980年时说，这些大型展览，无论从概念上还是理念上都没有专业指导，它们主要是由一些感兴趣的人，尤其是政治家或者政客举办的。显然，这些展览主要并不是为了
520 增加人们对封建时代的了解，意识形态才是主要目的。“这是政治角斗士在现代的伟大胜利。”

东德的历史学则长时间采用阶级斗争诠释的办法——农

民战争是进步的表现，工人运动则是高潮。后来终于发现了人物和民族的价值，比如强调市民和启蒙的施泰因男爵及其教徒论坛，或者英雄式的布吕希纳及其解放战争。东德试图从“社会主义的生产力和生产关系”中衍生出某种社会主义的民族国家意识，说明它是“社会主义的爱国主义和无产阶级者的国际主义的整合”，但两德人民之间交流越来越多，很多民主德国人士认为这是要取代德意志民族的本原意识，十分荒唐。在德意志民族身份认同和以“社会主义国家公社”为导向的身份认同间存在着张力，钟摆在 1970 年代摆向了另一边。

> 德国统一社会党主张把“德国”这个概念从课本里剔除，几年之后，民主德国便开始利用德国历史为自己的历史正名。他们勾画出一个整体的轮廓，首先是萨克森和普鲁士作为民主德国的“原生地”，之后扩展到整个德国疆域。在这个过程中，人们开始对普鲁士有了新的认识，某些历史人物，譬如马丁·路德、弗里德里希二世甚至俾斯麦都不再是禁忌话题。民主德国史学界致力于通过新的眼光增进人们对本国传统的理解。该转向首先见于备受关注的论文《普鲁士的两种历史》（1978 年），作者英格丽德·米腾茨威在其中写道：“这即是说，普鲁士是我们过去的一部分。”

在民主德国，日常史尽管常被滥用于意识形态，但也颇有科学传统（代表人物是文化学家尤尔根·库辛斯基和迪特里希·缪尔贝格）。西德在 1970 年代经历了一次历史学视

角的转向（“在你站立的地方向下深挖”）。“人们不再那么
521 轻易就想到‘上帝的瞳孔’或者‘世界精神’。现在，我们开始更加关心自己，以及我们的生活、行为方式和意义模式的来源。大家都在要求用具体的、自下而上的写法来‘书写社会史’。”

当然，日常史热潮扎根于以基础为导向的“历史工作室”，常常为了具体而忽视结构，这种历史观本来是“进步”的，但会因为过于专注纯粹的“材料”以及多面叙事带来的快乐而失去了它引人进步的那一面。汉斯－乌尔里希·维勒说，这样一来就很容易美化日常生活，为了对抗冰冷的目的理性和大城市及庞大官僚体系中的匿名者，刻意营造一个看起来幸福的世界。

作为多面编码的建筑

保罗·费耶阿本德有一句格言，说普遍的规则不会导致让“普遍理想”破产的艺术产生，正是因为一切皆被允许，后现代主义文化才成为多重真实的建筑场。审美和方法上的“无政府主义”所具有的潜能也把建筑和城市规划从纯粹功能主义的桎梏中解放出来。

1980年代，在后现代主义的影响下，有人开始研究功能主义。不管是社会还是私人住宅，不管是集体所有的建筑还是私人所有并用于商业的公司：无论是东德还是西德的城市，中心城区都被混凝土所浇筑的堡垒毁得七零八落，在这样的人造城市里，生活质量根本无从谈起。

曾长时间担任法兰克福建筑学博物馆馆长的海因里希·

克罗茨称，现代性在1970年代走入了残酷的死胡同。感官、想象、历史感现在正在要求获得应有的尊重。后现代主义当然不仅仅是给空荡荡的功能主义披上迷人墙纸的布置装潢公司。

后现代是1980年代建筑学界广泛讨论的话题。建 522
筑学的后现代主义起源于美国。在美国，功能主义一度发展到顶峰——这首先得益于受纳粹迫害、流亡到美国的德裔包豪斯建筑学家。冷硬的混凝土建筑所引起的不适感也相对较高（索尔·施泰因贝格常常据此创作漫画）。不过，美国建筑法所规定的自由却不只保证了功能主义的存在，它同样使兼具各种风格的混合建筑成为可能。这种建筑把传统的美学顾虑全然抛在脑后。小罗伯特·文丘里[①]在其著作《建筑中的复杂与矛盾》中建议道，有生活气息的建筑总比到处都是一模一样的建筑好，哪怕这个建筑本身并不那么成功。

法兰克福市的博物馆建筑曾引起轰动，那便是后现代风格，尤其值得一提的有德国建筑博物馆（设计师O. M. 翁格斯）、艺术手工博物馆（设计师里夏德·迈尔）、史前史及古代史博物馆（设计师约瑟夫·保尔·克赖休斯）。法兰克福——用迪特·巴特茨柯的话说——如果房屋没有那些锯齿状的玻璃凸出部位，窗户

① 小罗伯特·查尔斯·文丘里（Robert Charles Venturi, Jr.），1925年生于美国费城，是美国建筑家以及文丘里-斯考特·布朗公司的创办人，1991年普利兹克奖得主。

> 和门框没有刷上显目的颜色，没有露台，没有弯弯扭扭的楼梯和阳台，以及把这些都连接起来的走廊，那它简直会令人绝望。剩下的东西绝大部分粗笨不可言，那些简陋如史前遗物般的建筑，冷冰冰、让人望之生畏的鸽笼般楼房，被误解的功能主义，嗯，后现代主义就是来接它们的班的。

斯图加特市新国立美术馆的修建（建筑师詹姆斯·斯特林）是建筑在文化领域的一次重大表演。后现代主义借助的无边无际的想象在此被发挥到极致。这位英籍建筑家在这里同时倾注了传统和现代的、抽象和具象的、精英主义和流行文化的符号。他杂糅了传统的圆形小屋作为主体模式，却在扶手上采用了冰蓝和粉红这样的时尚颜色。人称“建筑界的詹姆斯·乔伊斯”的斯特林在建筑上奉行精英主义和平民主义、普遍性和辩证性、时而故意冷静时而有意激起感情的“两条腿走路”法。他对其中如何安排电路甚不关心，并用西方建筑文化中的某些名言来说明这一点，这正反映了一种视源头和语境为一物的天真的历史主义。

“斯特林声名大噪。有人认为可笑，有人认为粗鄙，有人认为贴切，有人认为深奥。他的英国口味在许多流行的相
523 似之处上一再体现。一种娱乐的、叙事的、让人有多重惊喜的建筑风格重领风骚，这种风格并不畏惧产生游乐园或者迪士尼乐园式的效果。”

面对建筑里过度的颜色和躁动的“多重编码”，人们开

始本能地追求适度和平衡。终于在 1990 年代末激起了一场“还简单以名声”的运动——简单，那是“永不过时的时尚”。后现代主义从世界普遍性的角度出发，重新发现作品中的地区特质，减少繁复，但也不过分简化，赋精确性以生命来代替冰冷感，克制过于旺盛的热情，用形式来呈现人性和都市的需要——对文化生态高度敏感的后现代主义极其重视简约。这种简约主义有别于那种以抽象为目标的简约主义：它并不是为了野心勃勃地达到某种艺术高度，而是从实用的传统出发；它并不是为了故意展现某种闭门造车的形式，而是用一种浓缩精简的方式回应无数需求和愿望。

“现在的简单是一种生动的、不易办到的、个性鲜明的简单。也许它甚至会让人不安。但是，它对于当下的意义和现代性本身一样不可或缺。我们所有人都必将成为其中的一分子。”

精细的差别

从启蒙美学的角度看，艺术由现代派发展至后现代派是倒退。“一切都是美的”标志着立场和标准丧失，造型艺术可以任意为之。冲着快感而去的艺术观众欣赏的不只是“艺术的吸引力”，还是“市场游戏的吸引力”，艺术在其中只不过相当于股票——根据公司业绩一路高涨或者猛跌。后现代艺术家展示的主要是那些有经济能力的“受教育阶层”的趣味，这些艺术家口中的“精细差别”也只不过是从中产阶级审美品位中提取的。这颇具讽刺意味：人们和大众审美品位的“平庸世界”越来越有距离，可是他们自己也在 524

其中——尤其是他们明明知道，拙劣的作品就是拙劣的作品。皮埃尔·布尔迪厄认为，当下的审美形式正符合艺术生产的现状，它的特点是：形式以绝对的优势高于功能，表现方式比被表现的本身更重要。

在“形式主义”的影响下，再没有任何“前进的梦想”可以打动后现代派艺术家了。他们并不为任何历史或者存在的意义所动。假如人们把“想象”理解为受到理想感召的创作欲望，那么后现代派的艺术是全无想象力的。没人知道，用哪种“语言”才能讲清楚“存在”，“存在”又使用的是哪种“语言”或者人们怎样才能把自己和它扯上关系。“是呀，没有人知道，是只有一种存在还是有很多种存在并行，它只有一种媒介还是许多种。”仅仅只在几年前，在那各种理念和理论喷发的年代，那混乱的、多姿多彩的、充满矛盾的年代，从下接地气的社会批判到纯乌托邦式的“拯救”良方，那时的批评家和美学家还很清楚他们想做什么，他们分属于某一个或者某几个艺术流派，坚信某一种学说，他们努力在各流派间搭建起交流平台，他们还知道什么是真实的、当下的、进步的，知道路要往哪儿走。但在今天，有的只是任意为之和毫无下限。

这倒并不是说从此再没有纯理念性因素被提出或者被推广——但这要看市场需求。有了市场，本已“过时”的东西通过“凹个造型”就能变成“新潮”，就连完全没有任何思想的东西也能通过“凹个造型”摇身变为“具有批判性的努力”。比如曼弗雷德·施内肯伯格，他是一名受过专业教育的、有经验的市场策略专家——这可是一号“时刻准备着”自由出击的人——但他同时也是“documenta 8”这个卡塞尔艺术家圈的领头人和主办人，这个圈子在分秒必争的“排名”中找存在感，却说自己的行为是“艺术在社会领域的回归”。他们宣称自己具有批评精神，那些所谓的批评其实只不过是胡扯。佩特拉·基普霍夫在做客《时代》时称这种现象为“任意随便的堡垒”，在“一切皆有可能”的口号下，乱象纷呈，粉墨登场，如万花筒一般。

艺术理念的衰退促成了多种艺术流派的比肩而立。迄今 525
为止的艺术发展一直遵循着线性规律，现在的结构调整却是要让它走上艺术“百衲衣”的路线——艺术“百衲衣”是沃尔夫冈·马克斯·浮斯特和杰尔德·德·弗里在其 1982 年出版的著作《渴望图形》中的比喻。这个比喻激发了热烈反响，“其中之一是一个 1978 年成立的年轻、具有强烈主观意识的艺术家团队的回应。他们的画作充满激情，时而颇具表现主义大篇铺陈的风采，时而用耀目刺眼的颜色，时而色调低沉、富有进攻意味，以此来反对现今已成为冷血的、追求纯客观的艺术概念。那些画作有着鲜艳欲滴的色彩，以从未有过的迅疾速度占领了市场，成为公共热点话题之一。这个团体也自成立以来，一直同时身受极端的喜爱和尖刻的攻击”。现在德国元素也加入“新野性”和解构意义的潮流了——在国际艺术界，德国人“很有意思”、赫赫有名——他们是混乱、无政府主义、神秘而又荒唐的“老法兰克人”[①]。现在的

① 法兰克人是对历史上居住在莱因河北部法兰西亚（Francia）地区的日耳曼人部落的总称。所建立的王国中比较著名的有墨洛温王朝和加洛林王朝。

“老法兰克人”性情严肃忧郁，性格迟缓谨慎，他们中的前辈是格奥尔格·巴泽利茨和欧尔根·勋内贝克，强调画作的比喻色彩的是马库斯·吕佩茨，强调历史性的是阿塞姆·基弗。

> 能很好地操纵这种看似杂乱无章的人是杰哈德·里希特。此人是“无理论之理论”的代表（“我就喜欢不确定的”）。他的“无理论之理论”有许多变种，在艺术上体现为风格的不断变化，但他均能很好地掌握。他逃避一切章法，强调自己都不知道自己想创作什么，他说自己是善变的、无所谓的、被动的，不遵循任何一种意愿、体系、方向，自己也没有任何规划、风格、愿望。他的绘画和艺术仅仅是为自身存在，不附加任何世界观，有意为之的风格的断裂和主题的混乱——他既画上面大写“奶牛”二字的奶牛（1964年），也画哭泣的杰奎琳·肯尼迪——这使他成为“资本主义的现实主义”派的主角。西格玛·波尔克1965年5月也参加了“资本主义的现实主义”派，由此背离了自己的社会主义初衷。
>
> 很明显，阿塞姆·基弗的成功有违后现代主义的“随意性”原则。他的作品也缺少色彩的堆积、浅薄、
> 526 挑逗性和多重符号①，而具有“狂躁的”德国特征，

① 美国理论家詹明信在其著作《晚期资本主义的文化逻辑》中曾经总结过后现代文化产品的特点，其中包括大量色彩堆积、多重符号使用、肤浅、怀旧情绪等。故此处作者有此一说，认为基弗的作品中的一部分缺少典型的后现代文化产品特征。

> 充斥着暗沉的、神秘主义色彩的气息。基弗在 1970 年代初期曾经是给农民设计农舍和干草棚的专家。他设计的那些室内画虽然看起来蠢笨，但自有一种“血与土地”式的感觉，让人回忆起过去的年代——比如说一把沃坦[①]的剑，仿佛墓碑一样插在某一栋小木屋中间，再用某种类似于孩童的笔迹写一句很典型的“德国话”，刻入画中作为题名。除了木刻画之外，他还用砖和大理石创作，或者画一些适合挂在角落或者走廊里的小画，他偏爱采用勃兰登堡省份的风景（《勃兰登堡的沙》《勃兰登堡的石楠》《路径：勃兰登堡的沙》），这些画上都真真切切地撒了不同的沙子，就连稻草也被拼贴在画上。

时年拥有 700 间画廊的纽约算得艺术商业和一众德国后现代派艺术家的福地（马库斯 · 吕佩茨、约格 · 因门多夫、杰哈德 · 里希特、阿塞姆 · 基弗），他们在那里获得金钱、名誉和自己的艺术特征。他们主张的艺术是不存在什么“艺术先锋”之说的——也就是说，并不冲着某个特定的指向发展——他们按照后现代派的口号来行事：“我站在这里！我也可以做些别的。”这样的艺术，没有风格就是风格，它对补偿那些在艺术上有欠缺的地方颇有帮助，用欧多 · 马夸德的话来说就是“赔偿性的”。通过“色彩”，现代世界的疑难和不自由仿佛迎刃而解，挑逗性把人们的目光

① 沃坦是瓦格纳歌剧《尼伯龙根指环》中的人物，原型是北欧神话中的奥丁。

从内容的先天不足上引开。权宜之计帮助取得了人们的谅解。艺术嘛，那就是用来被演出、被享受、被游戏的，不是用来让人烦恼、给人压力的。

“单色画也好，屏幕上的裂缝也好，小五金也好，胶卷带也好，杂乱的东西，脂肪，一瘸一拐的老人——什么都是艺术，什么都可以被出售，什么都是好的。是啊，什么都是好的：后现代的艺术就像是一个傀儡，只会讨观众的好，不问为什么，也不想做其他事。艺术就像是‘现状’的公共关系：它负责它的粉刷、广告、装饰和化妆。”（彼特·尼鲍姆）

约瑟夫·博伊斯站在后现代的“以任意为原则”的对立面——他虽不是什么启蒙学家，但也是那些用创造力来追求艺术的人的精神导师（彼特·吕慕科夫说他是一个擅于虚张声势的高手，一个擅于吸引观众的天才）。战后还
527 没有哪个艺术家获得博伊斯这么大的关注。这位“卡里斯玛式的物质主义者”有一种魅力，“臣民”的爱戴和敌人的恨意对这种魅力的作用同等重要。这个男人头戴毡帽，他的魅力不是通过“精神交流”这种方式拐弯抹角地散发的，而是有着具体形象：这是一个看得见摸得着的艺术家。他做了什么、怎么做，都不如他怎么表现自己重要。他摆的造型比艺术本身对博伊斯的外形影响更大，这使他成为媒体世界的宠儿。只要他出场，电台和电视台都会如影随形。

博伊斯的造型被市场化，以达到忽悠平民的目的。他戴着毡帽，穿着带飞袖的马甲，仿佛一位艺术的巡回传道

1980 年代，艺术高度繁荣：科隆艺术节上的来客

者一样，信步走过浮华世界。他的诙谐和社会形象常常使人忘记他性格的核心。二战期间，时任俯冲轰炸机驾驶员的博伊斯曾经在克里米亚半岛的高空摔落。游离于火线之间的游牧民族塔塔人把几乎冻僵的博伊斯从废墟里挖出 528
来，他失去知觉好几天，塔塔人给他身上涂抹油脂，用毡裹紧给他取暖，他这才奇迹般地捡回一命。从此以后，他几乎每时每刻都用一顶帽子遮住手术时安装上的一块银质头骨。还有他的出身带来的宗教气息：具有天主教色彩的基督教文化遗产是他创作的“酵素”。弥撒、宗教仪式的行列、神秘主义、圣骨、十字架、圣体显示匣、圣杯、蜡烛、花束、焚香时升起的香烟是博伊斯艺术符号体系的主要特征。1962 ~ 1963 年创作的《钉十字架》有慑人的信

服力，这是因为他有意避免天主教的豪华排场，作品里体现出的是“圣洁的天真”。他使用那些看似贫瘠的材料，如毡、脂肪、蜂蜜、蜡、铁、木头和其他“基本材料”，这本就可以激起人丰富的联想，更别提这些材料在每个参观者心中因为宗教背景的不同所引发的含义。博伊斯运用这些材料，常常有意推到荒谬的极致，这是为了突出那些简单而极端的对立，如冷和暖、发出者和接受者、出生和死亡、女性和男性、有机和无机。“这个时代为机械专家政治所主导，人类傲慢到亵渎神灵，博伊斯却在此时把人们的目光引向大自然的温柔力量，唤起大家对环境和地球的丰富馈赠的意识。光影效果，流动的沙，和平，水果。有时，他仿佛一位先知，在黑板上大书特书生命的极致，就像柏林国家美术馆里的展品一样。他宣传简单和自然法则。这种方式唤起了每个人的责任感，也使他的民主政治运动成形。但这一切只有在真正热爱和平的世界里才能成真。”

死亡的螯针一直扎在博伊斯的艺术中。他那噩梦般的受伤经历在艺术中被具象化。1976年威尼斯双年艺术展上的《停下电车》取材于博伊斯家乡克莱沃的一座战争纪念碑，它警醒着回忆，分析着回忆，同时也完成了回忆。“炮筒和笨重的炮弹，在那上面是一个塑料做的人头，它有一副远古人的模样，骄傲却充满恐惧，在那些战争机器上显得很小。左边是一截断裂的铁轨，象征着对过去的记忆的断裂。”
529《展示你的伤口》是一个多面的艺术设计。两具棺材，那种被医院用过的棺材，放在中间。然后还有一块石板瓦，上面有几个神秘的单词。这几件物事的奇怪组合有一种古怪而压抑的气息，这气息主要来自棺材。人们可以从它们剥落的锡层和断裂的导杆上看出，有多少人在此“走过了他们最后的路”。这是一些物品，正是这些物品清楚地表明，死亡是如何把活生生的人变成“物品”的。《雷电打在公鹿上》在博伊斯死后展出，一具铜状物，一辆平车，那像是羊的东西象征着生物，组成了银色的四大块，围绕着公鹿，在这个“自然的、神秘的空间里，充斥着冷感”，这是一个仿佛“初始阶段的空间，没有记忆”。这些概念用生物的形式表现出来，象征着某个步步紧逼的末日。博伊斯借此向人们发出警告，希望人们深刻反省。

> 博伊斯深受埃瓦德·马特雷的影响，后者的作品意指宇宙和谐。博伊斯在杜塞尔多夫美术学院时就是马特雷的高才生。他的画作是“最能体现风格”的作品，也是最重要的作品，他用这些画作不倦地宣扬自己的理论。他从哲学和人类学的角度坚信，每个人都是艺术家，创造性原是人类生存的理由。因此，在美国，人们更倾向于把博伊斯看作来源于中世纪的某个魔法师，而不是未来的先知，其“更好未来”的信念来自杜塞尔多夫的某个“政治真空人”。

约瑟夫·博伊斯可以成为每一个“他”，每一个人都能在他的作品上找到点什么——基于这一点，他并非后现代主义的对立面，而正好契合了后现代主义的核心内涵：艺术是现实的补偿。神话通过艺术的方式得到表现，人们也相信它（当然，对此持怀疑态度的人会称其为“虚张声势”）。人们觉得自己“不知怎么地”被并入了某个整体，其中再没有可疑之处。博伊斯的信徒们认为，博伊斯的行为艺术就是那股超越精神、直抵灵魂深处的温暖和力量之流的发动机。

“艺术和生活这两个概念在你那里得到了最高的表现。它们和生活及死亡联系在一起。艺术万岁。”

530 重返中庸音乐

20世纪六七十年代，社会中的整体态度由曾经是革命性的科学和严谨转向了后现代主义的无所谓——这也许是因为人们彻底转向了当初理念的反面，也许是因为“科学和严谨”这个概念中本身包含了一定的不准确性，而这个不准确性在后现代主义中得以显现。

1986年，达姆施塔特开办了第三十三届国际音乐假期班，这个假期班对战后现代音乐的发展做出了重要贡献。当时，沃尔夫－埃伯哈德·冯·莱温斯基在报告中指出，本地的多元性已经为新音乐的发展亮起了信号灯。他认为，如今的作曲比以往任何时候都要容易，因为现在人们可以使用所有风格，取材限制也几近于零。可是，年轻作曲人中却鲜有懂得怎样利用这来之不易的自由，以达到令人信服的效果。莱温斯基引用作曲家赫尔穆特·拉亨曼的话说：“我第一次来到达姆施塔特是1957年。那时，在本地的音乐小圈子里，已经出现了一些非常革命性的想法，也开始采用新的作曲技术，这些成果让我很吃惊。他们并不是不知道这样的做法可能会在听众中引起的冲突，他们是有意要承担这些冲突，同时并不避讳触碰某些平民的禁忌，他们甚至不屑于使用什么小伎俩让人家不注意到自己‘犯了忌讳’。”莱温斯基评论道，今天的作曲人太容易当了，他们太早就接了太多盈利的活儿，尽管他们多数是自己单打独斗而并不依靠某个团体或流派。拉亨曼给 1984 年的作品取名《僵化》，说这部作品就是“死去的音乐”的典型——“基本上是它死前最后的抽搐”。这部作品正是展现了内在的僵化。

如果说 20 世纪 60 年代的音乐尚在打破某些规范的偏见，到了 70 年代，不成体系的音乐“消费品”已经让这个努力变得没有必要了。当然，这些“消费品”也不会被“物尽其用”。艺术资助可以帮助它们举行首演，之后就没有第二场演出了。

获得更多成功的是那些致力于“中庸音乐”的人。赫尔曼·达努泽[①]认为，要总结 20 世纪的音乐发展，仅仅说
现代派音乐（他的定义是从 1890 年到第一次世界大战，代 531
表人物是阿诺德·勋伯格和阿尔班·贝格）是不够的，还有另外三种“音乐文化”：传统音乐、作为现代派音乐一部分的先锋音乐和“中庸音乐”。

① 赫尔曼·达努泽（Hermann Danuser），1943 年生于弗劳恩菲尔德，是瑞士裔德国籍音乐学家。他的研究重点是 18 世纪至 19 世纪音乐史、音乐演奏、新音乐理论和新音乐美学史，即音乐分析。他的研究融合了作品分析、音乐美学研讨、作者生平、体裁与机构史。对先锋派、民族主义、诗学、美学和历史编纂学的领域他也有所涉及。他广泛的大众传播工作使他成为当代最重要的德语音乐学家之一。

> “中庸音乐”，顾名思义，既不是阳春白雪的纯艺术性音乐，又不是下里巴人的口水音乐，这样的音乐创作要求填补了以上两者之间的空白。在材料选取上，亦既有别于过于“前卫”的无调音乐，又有别于过于“古董”的、传统的、以和谐为功能的音乐。“中庸音乐”在当时有重要作用，处于“先锋前卫”和纯文化工业式生产之间的地位是它的最大特征，在相对较广但又符合风格和限度要求的范围内包容尽可能多元的想法。基督教的礼拜仪式（尤其是在教会运动的影响下），新的媒体的出现（广播、电影等），还有教育学和政治，都对音乐的创作提出了功能上的要求。由此，“中庸音乐”作为一种音乐理念，指的是有一定艺术内涵（哪怕不是自由创作）加上一定的功能性的音乐，成为20世纪的典型范例。

相较于阿尔班·贝格而言，后现代主义的青年更加喜欢理查德·施特劳斯①。后者的作品里有着戏谑的自由、感情丰富的内心、奔腾的激情，这比什么无调音乐或者音乐结构的革命更来劲。就这个意义而言，老一辈的大师，如罗尔夫·利伯曼的晚期作品《森林》也是成功的，因为《森林》中的音乐，也是多种不同调性风格的结合体，却能很好地彼此融合，互相推向高潮。1987年在日内瓦首演之后，就有

---

① 理查德·格奥尔格·施特劳斯（Richard Georg Strauss，1864～1949年），德国晚期浪漫主义作曲家、指挥家。他与以写圆舞曲著称的小约翰·施特劳斯为代表的维也纳施特劳斯家族完全没有关系，一般都以全名理查德·施特劳斯（R. Strauss）称呼，以与该家族的众多成员相区分。

人认为这个具有喜剧风格的音乐作品将成为市民剧院的保留节目，并将和理查德·施特劳斯的随想曲一样，在有品位、懂行的人那里获得巨大欢迎。

卡尔海因茨·施托克豪森曾在 1955 年力推安东·冯·韦伯恩的音乐成为标准，后来回归到“作曲”当中。在他“那部奔放的、有时又优美的作品”《夏娃的魔力》首演后的一次谈话中，有人说他已经是炙手可热的宠儿，被人们围 532
着献殷勤。尤其是他的《光》[①]（施托克豪森说这是献给 2000 年的作品，其中《夏娃的魔力》只是段落中的段落），用田园牧歌般的情怀表达了新世纪的祈望。据当时的报纸报道，需要七天时间才能完成这场宏大的、包罗万象的演出，其程度只有歌德的《浮士德》和瓦格纳的《尼伯龙根指环》可与之相比。

当“新世纪”的神话徐徐降落，施托克豪森由“先锋”转为“后卫”，可谓走在后现代派角色转换的前列——人们开始看向内心，看向过去。这位“有才华的、聪明的、能够完美控制所有艺术、技术、管理和广告问题的音乐家”溜入“精神导师”这一角色中，用作曲给“整体性”这一要求断了奶。

---

① 《光》（*Licht*）是施托克豪森一生中规模最大、创作时间最长的系列作品（1977～2003 年）。由七套歌剧串联而成。每一套代表一个星期中的一天，所以副题亦称为“Die sieben Tage der Woche”（“The Seven Days of the Week”，一个星期的七天）。整套作品以三个角色为主轴：米迦勒（Michael）、路西法（Lucifer）和夏娃（Eve）。由于《光》在人力、物力、时间和金钱等方面的花费都非常庞大，直到现在，全套作品仍未曾正式公演，当中头五套作品曾独立公演，另外还有从个别歌剧中选取段落演出的。

还有另外一些“先锋派”的人物，比如李格提、基瑟赫·克列伯、米尔科·克列门、伊桑、克劳斯·胡伯、马利修·卡格尔、迪特·施内贝尔、阿里伯特·莱曼、柏恩德·阿洛伊斯·齐默曼，都好像完全未接受教育一样。不过，1986年，齐默曼的作品《给一位年轻诗人的安魂曲》在这位作曲家逝世16年之后由科隆爱乐乐团第三次演出，获得了很大关注。

> 公认的先锋派最后一位代表人物是约翰·凯奇[①]，他受到了其他拒绝贯彻崇尚唯灵论、恣意妄为的后现代主义先锋派音乐家的尊敬。凯奇对传统毫无惧意，开创了全新的音乐形式和音调，这些音乐有一些甚至是借助电脑或者凯奇自己发明的某些乐器来演奏的（比如1952年的《水的音乐》，原是给一位钢琴家创作的，但除了钢琴之外，还有收音机、烟斗、打牌的声音以及敲打木棍的声音掺杂其中）。凯奇“从传统束缚中解放了音乐，也使音乐不仅限于传统乐器”，从而成为先锋派的核心人物，也对联邦德国的音乐产生了重大影响。正因为如此，西德广播电台在1987年他75岁之际，曾24小时不间断地播放他的音乐。

① 约翰·米尔顿·凯奇（John Milton Cage Jr.，1912～1992年），美国先锋派古典音乐作曲家，勋伯格的学生。他最有名的作品是1952年作曲的《4′33″》，全曲三个乐章，却没有任何一个音符。他是机遇音乐［aleatory music，或“机会音乐”（chance music）］、延伸技巧（extended technique，乐器的非标准使用）、电子音乐的先驱。虽然他是一个具有争议的人物，但仍被普遍认为是他所处的年代中最重要的作曲家之一。

尽管不拘泥于和谐的和声是音乐的大势所趋，但真正获 533
得承认，还是要待先锋音乐家们懂得，如何使先锋音乐不再仅仅是一个概念，而能运用它触动人心。1986 年，阿里伯特·莱曼的歌剧《托拉德》首演取得的巨大成功（莱曼凭借 1978 年的《李尔王》已在现代音乐剧中稳坐一席之位），更多并不在于交响乐团所表现的音乐本身质量有多好，而在于演出时那些巨大和声取得的爆炸性效果。“在传统的歌剧院里爆发了有力的、西方式的巨大声响，乍一听是古典，但是为了更好的目标。”

沃尔夫冈·利姆成名是在 1974 年，当年 22 岁的他凭一部弦乐四重奏《墨菲妮》在多瑙河音乐节上第一次为人所知。他在这部作品中，尝试着用一些平和的音调来调和音乐里的不和谐音。摩擦当然可以产生能量，但若要凸显矛盾和刺激性，便不应该扔石头。适当的友善给人以喘息之机，梦想得以在其中变为现实。

汉斯·维尔纳·亨策从未想过什么“新音乐剧”。他当然也是当时音乐的一位主角，虽不是先锋派的代表人物，却是“中庸音乐”的铺路人。亨策的第一部作品颇有斯特拉文斯基之风，随后接近勋伯格的十二音音乐，再之后，在意大利音乐的“灵性”影响下——亨策从 1970 年代末开始定居罗马附近的马力诺——他的作曲与那种“连载式”的音乐渐行渐远。他有许多作品，包括交响乐、钢琴曲、小提琴音乐、室内音乐和芭蕾舞音乐，尤其是歌剧，如《鹿王》《洪堡王子》《给年轻爱人的挽歌》《年轻的爵爷》，还有一部儿童歌剧《波利西诺》。在这些作品中，传统音乐的和声和后现代的无调精湛融合。1968年，他以一部清唱剧《美杜莎之筏》献给切·格瓦拉，从而公开表明政治上的左倾倾向。作为音乐家，他希望能够创作“人类与社会革命的伟大作品”。在接受《明镜》采访时，他曾表示，自己正随
534 着潮流变化，在步步远离七八十年代的“世界革命”的想法，但并不会因此远离一直对他那么忠心的乐迷们。

亨策的音乐在日渐兴盛的中产阶级社会里取得了很大成功，这些中产阶级都受到后现代主义的影响。亨策的成功秘诀在于他的创作原则：不是只有不堪入耳才可以是现代音乐。

虽然曾因为采用了无调音乐的歌剧《我们到了河边》出人头地，亨策终究一步步远离严苛无趣的先锋派音乐，最终完全反对先锋派音乐——就算还不是冤家对头，但也是叛门出教，永不回头。他的音乐中有新浪漫主义和新古典主义的特征，这就是很好的证明。这一切，正如汉斯-克劳斯·容海因里希在亨策的歌剧《英国猫》（1983年）首演时赞扬的那样，绝对不是胡拍乱打，不是只有过气样本的空洞声音，它的表达既不是无病呻吟，也不是只会重复传统的陈词滥调。亨策的音乐充满了历史、回忆和经历，借用好听和流行的调子表达深奥的内涵。亨策把这一切都糅合进音乐，使其充满活力和戏剧张力，有力量、有对比。他的作品丰满、有力、感性，而且好卖。亨策的野性及其“音乐生涯”的不确定性让他能够对抗任何音乐法则定下来的刻板和枯燥以及评价标准的单一性。

第四部分

德国统一

1990年7月访问苏联期间，赫尔穆特·科尔曾与戈尔巴乔夫在后者位于高加索的家中有过一次非正式会面（Archiz，15.7）

第 18 章

狂喜和身份危机

改革和转向 537

在欧洲国家尤其是德国的历史观里，历史的发展是由一个一个的“英雄人物”决定的。我们的纪念碑文化就是“人物创造历史”这一观念的具体表现。

汉斯·马格努斯·恩岑斯贝格认为，已经过去的20世纪给新形式的英雄提供了很好的舞台——这些英雄不再是因为战争的胜利、征服、凯旋而成就，而是那些懂得放手和舍弃的人。“我们有理由认真研究这些懂得否定的专家。因为欧洲大陆的存活仰赖于他们。”因为这样，苏联的赫鲁晓夫、波兰的雅鲁泽尔斯基、匈牙利的亚诺什分别推动自己的国家走上背离斯大林主义的道路，而西班牙则在阿道弗·苏亚雷斯的领导下告别旧日的法西斯极权主义。冷战结束，俄国帝国主义失势，暴力政府倒台以及德国统一，这一切都要感谢那位“懂得退让的英雄”、历史里的特殊人物，他就是米哈伊尔·戈尔巴乔夫。一种新的政治文化加入了“欧洲大家庭”并影响力日增，这绝对是戈尔巴乔夫的功劳。

> 1985年3月11日，戈尔巴乔夫出任苏共中央委员会总书记。作为一个务实的理想主义者，他从经济基础和上层建筑上撼动了当时的世界政治。他意识到，苏联
> 538 “帝国”在经济上同当时的自由主义世界落后得越来越远，为了保住他个人军权所需动用的手段亦将会加快这一进程。放弃争夺世界霸权使苏联和美国共同开始裁减军备，这成为和平共生的前提——到当时为止，世界上的多数人还因为两大阵营的对立被分隔在两端。戈尔巴乔夫相信，把国家建立在武力之上的极权统治必不能长久，营造一个有人类尊严的社会也不能靠强制完成，他因此赋予社会主义理想一个全新面貌。“社会主义有一张新面貌，那就是人性的面貌，这完全符合马克思的理念。因此，未来的社会将会实现人性。”转型通过改革（Perestroika）（政策和社会系统上的改革）和公开政策（Glasnost）（公共生活的公开和透明）开始：社会主义的理想也是自由的理想。而如戈尔巴乔夫般的个人居然

可以改变世界，原因应当是当时的苏共政府腐败丛生，以至于一个小小的推动就产生了巨大的效果。

1989年，民主德国分崩离析。10月17日，几个“懂得退让的德国统一社会党英雄”夺了埃里希·昂纳克的权。维利·斯多夫[1]同埃贡·克伦茨[2]和君特·沙博夫斯基[3]一起起草了解除德国统一社会党总书记权力的协议。“这个被审判的人坐在那里，找不到一句辩护词。这个对民主德国颐指气使了十八年的男人黯然退场。政治局的人各自心怀鬼胎。沙博夫斯基说：‘没有狂喜。每个人都在努力让一切看起来正常。这是件累死人的事。我们感觉自己好像在做什么偷偷摸摸的事一样。而我觉得自己就是个冷血的混蛋，无所顾忌，之前一直在大肆搜刮，现在急着把钱运过约旦河去。’”

时至彼日，民主德国已经在“运过约旦河去”的路上走得很远。从1989年年初开始，要求保障公民自由、反对东德
政府压制的示威游行此起彼伏。（据当时东德国家安全部的秘 539
密文件显示，1989年10月16～22日共有24起未被批准的示

① 维利·斯多夫（Willi Stoph，1914～1999年），东德政治人物。1964～1973年出任东德部长会议主席。1976～1989年再次出任东德总理。

② 埃贡·克伦茨（Egon Krenz，1937年～），生于德国波莫瑞省的科尔堡（现属波兰），是东德德国统一社会党的领导人，最后一任总书记。1989年他在原总书记埃里希·昂纳克辞职后曾担任数周的东德领导人。德国统一之后他被控谋杀而被判处六年半的有期徒刑。刑期到2003年结束。

③ 君特·沙博夫斯基（Günter Schabowski，1929年～）是东德执政党德国统一社会党的官员。1989年11月，他令柏林墙和两德边界开始拆除，开启两德统一的序幕。

威举行，参加人数超过14万人。23~29日，未被批准的示威游行是145起，参加者有54万人。10月30日到11月5日，未被批准的游行是210起，参加人数有135万。）尤其是莱比锡的“星期一游行”，奠定了这场运动成功的基础。人们后来用“英雄城莱比锡”来表达对这次运动的尊敬。至于为什么正好是在莱比锡发生了这么多抗议活动，原因也在于，这座城市是欧洲最脏、最暗的工业区之一，灾难般的老城拆迁，生活基本供应紧缺，贫瘠的健康和社会设施。人们在此可谓遍尝日常生活之苦。与此同时，莱比锡博览会却呈现出一派虚假的欣欣向荣之象，其中的国际联系加强了文化导向。

想要逃往国外的人数猛增，尤其是那时的匈牙利和捷克已先后为民主德国的公民敞开了通向西方的大门。1988年，记录的外逃人数到达了39000人，而前三年平均每年的人数是22000人。1989年，25000个民主德国公民通过匈牙利逃往西方，1989年10月，14000个民主德国公民在波兰和捷克乘坐封闭的火车，途经东德最终到达西德。（而当时的德国统一社会党尤为嘴硬：“我们不会为那些跑掉的人掉一滴眼泪。”）

> 1989年10月7日，民主德国举行了40周年国庆庆典。可是，自由德国青年团合唱队却拒绝在有10万名青年参加的火炬游行队伍里唱战歌。而当时，昂纳克和其他嘉宾就在观礼台上。到那个时候，东德和俄国的官方友谊已经结束了。因为戈尔巴乔夫相信，德国统一社会党的元老不会及时加入已是大势所趋的西化潮流中。

“但如果我们止步不前，就会马上被生活惩罚。”

在野党和其他团体申请成为政治同盟。11 月 7 日和 8 日，东德的政府和政治局在维利·斯多夫的带领下退居幕后。11 月 9 日，前政治局成员沙博夫斯基故意曲解事先写好的关于开放东西两德交通的通告，宣布开放柏林墙。这是历史上第一次以和平方式完成的德国人民革命，当时的亢奋和欣喜——“我们是一个民族”——简直到了没有边界的地步。 540

民主德国的“文化革命”是僵化教条的意识形态和大势所趋的现代化进程间不可调和的矛盾的后果。民主德国的结局，用迪特列夫·波拉克（来自莱比锡的卡尔·马克思大学）的话说，或多或少是被“逼上梁山”的，因为两列相对而驰的列车无法达到统一：一列是越来越严重的集权，一列是则是更多的分权和多元化。就像所有高度工业化社会经历的那样——当然，高度工业化在东德迟迟未来——经济、法治、权利、文化和宗教都会发展出各自的运行轨迹。城市化、现代化、工业化和理性化进程会加重社会矛盾。而德国统一社会党党魁的做法是用更多的集权来回应社会结构的变化——自主化、多元化、分权、个人主义等——这种冠名为社会主义的“平均主义大锅饭”的做法是一定会失败的。生活质量的提高和几乎随处可见的影像传媒推动了分化和个人主义的流行，当这些趋势变得越来越明显之时，他们硬说这样的发展是无效的，并动用体制内的所谓“骨干”和官僚集权，试图把这些发展全部纳入“领导和生产一体化”的系统当中。

沙博夫斯基说：“粉饰太平已经变得如此不堪一击，以至于人们只用了几个星期的时间就把这一切抛诸脑后。如果
541 民主德国自己都在从内部土崩瓦解，那么只能表明当时的体制不足以承担它该承担的任务。”

民主德国内的“文化革命”在人们渐渐褪去恐惧之后才慢慢开始。德国统一社会党的审查和压迫不再被说成是某种传教般的信念，而是不安全和迷茫感的表达。旧的领导精英未老先衰——因为他们没有能力理解这个变革的世界和在本国发生的变化，尤其是那些政治的仆役和雇工，对高层很没骨气地报喜不报忧。哈特穆特·茨瓦尔用“撤销现实”来形容对不符合德国统一社会党领导层美好愿望的消息通通闭目塞听的行为。

对于那些联邦德国正在经历的社会和文化变化，另一个德国采取完全闭目塞听或者仅仅是浮光掠影式报道的态度。东德对西德的认识是如此贫乏，以至于在两德统一的时候，竟无人拿得出一体化协商的具体计划来。只有数十年前的库特·舒马赫设想到了统一的进程。至于统一这件事情，用彼特·本德的话来说就是：“没有计划，没人想到。德国统一就这么来了——那不是一个行为，那是一个结果。”“我们应该从社会和经济上入手，让人们看到西德超过东德之处。西德的经济对东德来说有巨大的吸引力，相较之下，东德的权力机构不再成为可靠的手段。除了使用经济这块磁铁把东德牢牢吸过来之外，没有第二条更方便促成两德统一的道路。”

> 民主德国在两德统一之后没有产生社会动荡，这是因为同联邦德国的合并使它“升值”了。1987 年，联邦德国总统赫尔穆特·科尔用最高礼仪和军队致敬的方式在波恩迎接了埃里希·昂纳克的到访——这意味着西德承认东德是一个独立国家，而巴伐利亚州的州长弗朗茨·约瑟夫·施特劳斯也借给东德以亿计的贷款，为当时已经支离破碎的东德经济注入了一针强心剂。
>
> 西德的公众也持续地让自身被“一个暴力系统中 542
> 的具有控制性的自我认同崇拜”所欺骗；人们甚至发明了一种奇怪的欲望，对这些残余政权的少得可怜的成绩施以尊重，并且突破界限，建设一个早就已经过期了的意识形态。

当然，联邦德国通过现身说法的方式——尤其是它那在任何时候都熠熠生辉的经济奇迹——帮助了民主德国转型。1988 年 11 月，莱比锡学者瓦尔特·弗里德里希向埃贡·克伦茨提交了一份绝密文件，其中详细描述了联邦德国在经济、文化和时尚方面不断增长的影响力。而民主德国国内的问题则层出不穷，有一些到了非常严重的地步（如基础设施的落后和生活基本品的欠缺，信息的不通畅，民主建设也相当落后），这些问题越来越明显，遭受了越来越多的批评。人们开始对民主德国之内所谓的社会主义是否真的具有优越性产生怀疑。“由完全不开放到经济改革，这个过程把一切矛盾都激化了。”其实，民主德国的最终结局是人民共同作用的结果。而西德的人们则在 1989

年11月9日，当柏林墙倒下的时候，才开始狂欢。柏林墙倒塌的第二天，柏林市市长瓦尔特·孟培尔说，就昨天而言，德意志民族是世界上最幸福的民族。他后来成为德国联邦参议院议长。

德国总理赫尔穆特·科尔准确地把握了时代所发出的信息，他理解东德人民感到时间压力的心情——因为他们生命中的数十年时间是在谎言中度过。他在一个需要执行力的时机，准时地运用了自己的权力。他跳上了一列已经开动的列车，在外长汉斯－迪特里希·根舍尔的帮助下，用两德协定的方式把这列列车送抵正确的站台——当然，这也受益于当时较好的外交环境。

柏林墙开放夜的勃兰登堡门，1989年11月9日

1990年9月12日，美国、苏联、英国和法国外长同民主德国第一届民选产生的总理洛塔尔·德梅齐埃和联邦德国

外长共同在莫斯科签署了所谓的《四加二协定》。这份协定赋予后来统一的德国以真正的主权。科尔在这份协定中表达
了对之前的四个二战战胜国的感谢，因为它们通过国际合作 543
的方式正式承认德国是一个国家民族（Staatsnation）。

“之前还有哪个民族有过这样的机会，用和平的方式解决了长达数十年的分离？我们和我们的邻居达成共识，在自由之中重建了德国的统一。”

不过，狂喜过后的那几年似乎印证了莱谢克·科拉科夫斯基[1]的“不安感觉”——这感觉来自他对转型期的哲学思考。事情并没有像维利·勃兰特所希望的那样发展，原本属于一体的东西自动地融为一体。“新的德国”，从转瞬即逝的、自信自觉的凯旋高地摔下，跌入身份危机的文化低谷，至今依然无人能说完全克服了它。

某些著名面孔下的复杂心情 544

尽管经过了统一，依然有部分人如同梦游，继续做着关于东德也能实现民主的美梦。不过，清醒的人已经自觉地把头探出去，认识真实的世界。以上是君特·库内特的断言。这个断言只有一半说对了：统一之后，东西两德人民之间的陌生感越来越强，有些人已经开始缅怀东德。这带给在格雷格·居希领导下的民主社会主义党（德国统一社会党是其前身）很大好处，1990年，该党进驻德国众

---

① 莱谢克·科拉科夫斯基（Leszek Kołakowski，1927～2009年），波兰哲学家、思想史家，以对马克思主义的批判性分析闻名，这一点集中表现在《马克思主义的主流》中。在晚年著作中，他更加关注信仰问题。

议院。

东德人获得了自由，但自我身份感的丧失却使他们饱受其苦。那些“真诚努力的人”的数目比较大，他们对德国统一社会党很有认同感，不过并不想参与腐败。“星期天，我们跟一群办事人员一起乘车回萨尔聪根。包间里还坐着几个年轻人，嘟囔着‘德国统一社会党就是一坨屎’。英格丽德，我的妻子，对我说‘把你的党员证塞到钱包里’，我之前把它放在西装上衣旁了。你知道吗，我当时参加德国统一社会党并不是像其他人那样，因为它对个人前途有帮助，今天我也不会因为个人前途而退党。”汉斯·迪特·弗里彻勒，德国统一社会党萨尔聪根温泉地区的第一书记，如是描绘道。这样的场景是统一后常常发生的。1986年，弗里彻勒曾经写过一篇广受关注的报告，里面记叙了一个官僚的工作与生活。而六年之后，他得等待自己的书得到批准，那是一本描写党内工作浮华表象背后的书。该书的出版简直就是东德的“自由主义政策”。书中的主人公工作勤奋、要求也不高，每天工作18个小时，无休止地同东德日常生活的种种困难做各种斗争，这个人物反映了理想和现实的矛盾。虽然他相信党，但“每日的疯狂”——物质匮乏、经济低落、挫折感、没有娱乐——却常常让他陷入怀疑。

这是一个理想转为现实的时代，许多不尽如人意的地方被揭露，导致了人们产生反感、丧失勇气。听证会有时

会带来审判，一些“德国统一社会党中的腐败、滥用职权和中饱私囊”的事件被暴露在光天化日之下，也让人们对 545
那些没有经过特别审判程序就进入这个圈子的人产生了同情。

> 1990年9月8日，民主德国法院对埃里希·昂纳克提起诉讼，理由是“滥用职权、对国家不忠和腐败的高度犯罪”，因为刚刚动过癌症手术，不能把他关进监狱，人们无法为这位前国家领导人找到一个合适的住处。不过，在位于波茨坦附近的比立茨红军医院短暂停留之后，他还是跟他的夫人马格——曾任人民教育部部长，推行教条化意识形态的政策是她的执政特点——一起被送往莫斯科，把他递交当局的决议因为一项新的刑事处罚条例“法不责众”遭到拒绝。一年之后又被遣返柏林，接受审查，由柏林法院第27号刑事审判庭提起公诉。1993年，诉讼被撤销，昂纳克一家前往已移居智利的女儿处落脚，一年后，这位德国统一社会党前党魁逝世。
>
> 就像昂纳克在柏林地区法庭说的那样，在他生命的最后几年，他意识到民主德国不是随便建立起来的。“它是一个标志，说明社会主义是可行的，并且优于资本主义。民主德国是一个实验，一个失败的实验。”

那些对昂纳克审判持批评态度的人认为，这场审判只是对国际法的挑衅，在刑事处罚上的结果也是荒谬的。人们简直可以从中看到一个英雄的历程。这是“英雄主义的废墟”，德裔美籍作家伊莲娜·迪舍如是说。她是昂纳克辩护律师尼古拉斯·贝克的助手和妻子，因此格外关注这场审判。在一篇发表于《纽约客》的文章中，这位作家带着某种同情写道，这个已经得了绝症的八十岁老人，他对工人阶级的喜爱从未间断，而同时这种狂热又是这么孩子气。“昂纳克有一种光芒。他不算伟人，但是他坐得正，是德意志民族宁折不弯的象征。”

在那些生活在东德，真切地感受了东德的人——政治局的口号、中央委员会的那些蠢猪、部委里的那些“硕鼠”、
546 外事局的那帮吃白食的人——中，德国统一社会党外汇筹措委员亚历山大·沙克－格罗多夫斯基是一个尤其聪明的墙头草。一俟获得了国际资本操控的“准入证”，他马上摇身一变成了东德现代化一代的代表。他曾经接受德国统一社会党重任，在对外经贸部担任秘书之后，1977 年成为德国统一社会党政治局的经济委员会成员，尤其在 1983 年东西德关于百万贷款的谈判中，他作为“商务协调”部的主任发挥了巨大作用。该谈判是在弗朗茨·约瑟夫·施特劳斯介绍下举行的，格罗多夫斯基其后和弗朗茨·约瑟夫·施特劳斯也发展出了一段“真实的友谊”，他学习到如何把成功的生意和成功的政治结合起来。“弗朗茨·约瑟夫·施特劳斯帝国”有强大的私交人脉网络，可以同他一唱一和。

汉斯·莫德罗是德国统一社会党德累斯顿的第一书记，也是 1990 年 2 月初组建的“圆桌会议”代表之一——该

“圆桌会议”是“德国统一社会党给躁动不安的人民最后一次和平的建议”——他同西德建立起紧密联系，为第一次民主选举铺平了道路。东西德统一的协定在他的主持下达成，共九章45条，以民主德国并入联邦德国的形式实现。这个协定得到了人民议院的首肯，该议院那时终于由自由、直接和保密的选举产生（基督教民主联盟得票率为40.8%，社会民主党得票率为21.9%，等等）。

> 洛塔尔·德梅齐埃这个“普鲁士人、基督教徒、保守主义者”是一个过渡期的杰出政治家，在法律范围内非常努力地促成统一，用这种方式，让东德的价值在统一之后也得以保存。后来他却失势——主要是因为一项未被证明的指控，说他曾非正式地为史塔西工作
> 过；他有过三种职业：音乐家、律师和政治家，“节节 547
> 高升”。从政治中抽身之后——他是人民议院144名议员之一，这些人在统一之后都进入了德国议会，曾任特别事务部部长、基督教民主联盟代表——政治向着德梅齐埃所预言过的那样发展：分离只有通过分享才能被战胜，“谁说了算”的问题应该被淡化。

东西德统一进程推动了关于宪法的讨论，当然，这个讨论只是外围式的，也没有什么结果。多数政治家并不想做一场试验，他们没有利用这次机会改进宪法、增进人民参政议政的可能。当时宪法第146条的有效性随着时日推移逐渐失去，取而代之的是由德国人民决定的法规：“这部宪法旨在保护德国的统一和德意志人民的自由。”而法

学家杰尔德·罗伊洛克认为，这样一句话是没有意义的，因为人们不能在一部宪法里说，德国的自由已经完成，尽管这部宪法并不是由人民自由决定产生的。“这个矛盾揭露了看似亲民的宪法政治实际是伪善的。”同样，宪法也忽略了加强对保证民主稳定至关重要的爱国主义。人们在柏林墙倒塌时所感受的狂喜并没有转化成“不竭的动力”。相当一大部分知识分子在统一的过程中选择袖手旁观或裹足不前。

548 关于民族国家的争吵

在第一次全德联邦议会创立会议上（地点是柏林帝国大厦）——选举在1990年12月2日进行，基督教民主联盟及基督教社会联盟和自由民主党占了多数席位（哪怕在东德）——维利·勃兰特发表了一席讲话，主张统一了的德国从一开始就应把自己理解为正在变为现实的一体化欧洲的一部分：他认为，国家主义对于多数德国人来说已经相当陌生并且招致反感。“德国和欧洲是一体，现在是，将来更是。”

这也是对之前的君特·格拉斯的某种间接的回应。自民主德国和平演变以来，君特·格拉斯就一直主张保留德国的“多国家制”（用谢林的话来讲，德意志最好的形式就是多民族的民族）。可以自力更生、有自我意识的民主德国作为一个统一的文化国家，而不是民族国家的一部分，可以预防国家主义的死灰复燃。狂妄自大让德国人失去了在联邦体制下以文化来定义国家的机会，非但如此，他们还使用暴力，把统一的国家往一个帝国的路上逼。“这是奥斯维辛的前模式。这是一种潜在的反闪米特主义，它建立在权力的基础上。国家社会主义的人种意识形态借国家社会主义之力，成为一种不咸不淡的精神基础。”

君特·格拉斯的小说《广阔的地》（有批评家，如马塞尔·莱西－亚尼基认为这是一本无聊透顶的书）是描写转型的，它尤其被东德人当作捍卫东德生活方式的宣言书。君特·格拉斯——东德记者克里斯多夫·迪克曼带着轻嘲如是总结道——把民主德国当作德国历史，联邦德国当作民主德国历史，他用一种历史的包容性来反对纳粹德国驱逐迫害犹太人的意识形态，他的平

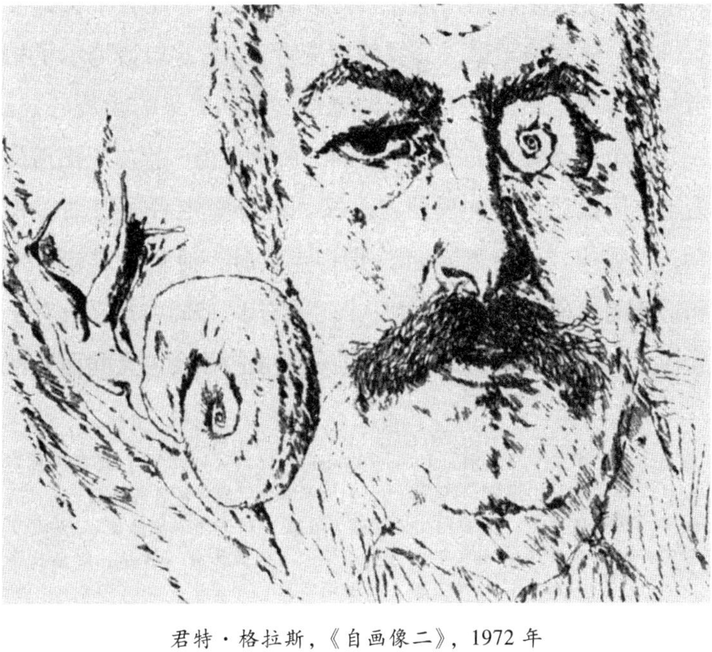

君特·格拉斯，《自画像二》，1972 年

> 和及开明是送给被历史绑架、不引人注意的东德的礼
> 物。格拉斯一一点名那些西德的压榨者。“他们的影子
> 分成4001份，落在公有企业上、落在不动产上、落在
> 容克土地上，它们分成了7000份各自为政的私营企业，
> 549 以及250万个受到威胁的工作岗位。”“这简直就像一
> 个灵堂”，冯迪如是说——他原名为提奥·乌特克，因
> 为对冯塔纳[①]深深着迷所以人称冯迪，是原文化联盟中
> 负责巡回讲座的人，是1986年出版的小说《塔尔霍
> 夫》中特务的原型。该小说的作者是汉斯-约阿希
> 姆·沙德里希，此人于1977年离开东德。

“在我生命的多数时间里，”尤雷克·贝克在1990年6
月举办的一次东西德知识分子的聚会上说，“社会主义都没
有机会。康复的尝试只让我病得更严重。”这句话揭示了相
550 当一部分西德知识分子对于两德统一及其后果的矛盾心态。
因为这个观点既不统一也不明确，被理查德·赫尔辛格指责
为带文明批评色彩的反西方主义。立场坚定者如海纳·穆
勒，当那些“西方胜利者”指指点点时，他坚决建起学术
和道德的堡垒。海纳·穆勒从民主德国的结局中几乎没有学
到什么，对于他来说，一切之前从真正的社会主义和西方世

① 特奥多尔·冯塔纳（Theodor Fontane，1819~1898年）是德国批判现实主义小说家、诗人。他1819年出生于胡格诺教徒家庭，6岁成为药店学徒，20岁写出处女作，在莱比锡进修。他参加了1848年的革命事件，1849年成为全职作家。代表作有《沙赫·封乌特诺夫》（1883年）、《艾菲·布里斯特》（1895年）和《燕妮·特赖贝尔夫人》（1892年）等。他被认为是19世纪最重要的德语作家之一。

界那里感受到的依然有效。实际上忠诚拥护民主德国的社会主义者在抗拒心理上保持一致，他们不愿接受西方的民主文明，把它看成同心同德生活共同体的威胁。保守党派则认为，联邦德国受到过多美国的文化帝国主义影响，仿佛美国的“特工”一样，对民主德国殖民。对此，克里斯多夫·海因还在转型期时就有一个形象描述：“我们一旦失败，麦当劳就会把我们吃掉。”

两德 PEN 中心[①]对统一的态度不一致，也是统一之后知识界不同态度的很好例证。西德：愿意接受民族国家的那些人对东德作家抱有对立情绪，愿意接受文化国家的人对东德作家抱有好感。东德：对西德的文学抱有怀疑的观望态度，要么为自己“集体无意识”地同德国统一社会党共舞做无罪开释，要么使劲抨击以求竭力抱住西德的大腿。

两德统一也给 PEN 带来了一系列戏剧效果，这些效果开始于 1990 年 5 月于基尔举行的 PEN 年度会议上，这次会议的主题是研究德语作家的经验和视角，并终结“德国对德国”这样的闹剧。选择它作为主题的原因是此前汉斯-约阿希姆·沙德里希所写的一篇评论，他在里面抨击了民主德国的 PEN 协会。这次批评是由克劳斯·霍普克加入 PEN 协会引发的，霍普克 1973~1989 年曾任文化代表，主管出版、售书和图书馆业务。雅克·卡尔宗克是 PEN 协

① PEN 中心是德国的一个作家协会。PEN 是英语“诗人、散文家、小说家”（Poets，Essayists，Novelists）的简写。

会的创始人之一，1965～1968年曾任杂志《南瓜仁》的主编，该杂志对东德的社会主义一贯持反对态度，他还是1968年支持民主和裁军的主要喊话人。卡尔宗克认为，民
551 主德国的文学应该至少首先战胜斯大林主义文学的影响。那些由东德逃往西德的“变节者”，曾经在不同的时段为他们的“异端邪说”付出“流亡”的代价，这些人毫无悬念地极力反对两个PEN合并。按照莎拉·基尔希的话说，民主德国的PEN根本就是在邪恶的条件下成立的，应当解散。

时任西德PEN主席的卡尔·阿梅里同来自东德、生活在西德的作家意见一致。他说，人们没必要对着那些已经压力很大的东德作家行使“洗衣机”的职能。他挂印而去，接任他的后两任主席杰尔德·海登赖希和英格丽德·巴赫尔也做了同样的事。

为了挽回已经陷入僵局的谈判，1995年，60个西德PEN成员也加入了东德PEN，这些人当中著名的有：马里翁·格拉芬·敦霍夫、马克斯·冯·德·格林、瓦尔特·闫斯、彼特·吕姆科夫、约翰内斯·马里奥·西美尔、克劳斯·施塔埃克以及——哇噢！——君特·格拉斯。君特·格拉斯说：“我将无法属于西德PEN，如果它坚持把东德PEN拒之门外的话。”他认为，自以为是会带来结局，他也担心拉帮结派。这种情况在1989年之前就已经在PEN里出现过，那时比较喜欢拉帮结派的是德国共产党作家和他们的支持者。荒唐的是，现在又出现了拉帮结派，这次却是那些曾经生活在东德、又不得不去往西德的作家，他们对于1989年之后发

生的事情感到无所适从，因此把自己变得又臭又硬。不过在1998年，东西德PEN终于完成了合并。

来自东德的作家们对东德持怀疑审视的态度，但他们更对西德抱有对立情绪。他们很快写出了一系列充满隐喻的作品，这些作品都事关身份危机。这是他们在两德统一之后从广大人民那里感受到的，他们用这些作品赋予这些感受一种表达。比如，福尔克·布劳恩就用讽刺小品的形式写成《自由的伊菲格尼》（1992年），这是对充满理想主义的社会主义的一曲追思，也是对统一后的德国表示讽刺的一份小传单。这位作家对那些逃往西德的人不带一丝好感，他认为在西德，穷人必须战斗，富人享受和平。他认为，在西德所谓人民就是那些被征服的人。“我还在这里，我的土地去了西方/住草棚的人奋战/住宫殿的人享太平。”

曾任美军宣传部官员的斯特凡·海默在1945年就是布 552
劳恩口中的“征服者”。而现在，作为一名民主德国公民，他必须经历东德的衰亡，但“无论如何”，那也是“他的”国家。“我不能丢掉我的整个生命，那就是疯了。尽管在这里人们受到很坏甚至带有犯罪性质的待遇，我也相信，它的基本理念是好的、正确的。”海默在同弗里茨·J. 拉达兹的一次谈话中如是说。拉达兹就1953年6月17日发生的事件和东德的斯大林主义写过批评性小说，分别是《六月中的五天》（1974年）和《科林》（1979年）。他因为1976年在抗议开除沃尔夫·比尔曼的请愿书上签字而被东德作协拒之门外。

相当一部分东德人觉得自己在西德失去了身份，而他们的做法让拉达兹愤而出走，那简直就是东德的圣灰星期三[①]。一群终日担惊受怕、伏低做小的人，当他们最终掌握了自己命运的时候，却变成一帮愤怒的乌合之众，摩拳擦掌、你推我挤地冲向赫尔提和比尔卡[②]。这位时年八十一岁的作家用自己的方式“去了西德”。1994年10月，在柏林中及普伦次劳尔贝格地区举行了统一后德国的第二次议会选举，他作为德国民主社会主义党的代表进入德国议会，并作为名誉议长发表了开幕演说。

剧作家海纳·穆勒则把西德的经济奇迹成为“奥斯维辛的后果”。“所有的德国大型康采恩都为奥斯维辛和其他集中营工作过。在盟军里，它们则为美国和英国的工业卖命。”可即使这样，也丝毫不能阻止柏林歌舞团的当家作家在资本主义的西德赚个盆满钵满。“用左派思考，用右派进餐”——这是东德文学的绝好材料之一——已经是自1968年运动以来全德国的普遍现象。

克里斯塔·沃尔夫的《美狄亚》（副标题是“声音”，剧中用六段独白对这个希腊神话故事进行另一番阐述。这个杀害自己孩子的女魔法师在剧中被写成一个充满人性的女英雄）虽然算不得时代性的代表作品，但是其核心含义却直

① 大斋首日，又名圣灰礼仪日、圣灰星期三、圣灰日，是基督教教会年历的大斋期（四旬期）之起始日。当天教会会举行涂灰礼，要把去年棕枝主日祝圣过的棕枝烧成灰，在礼仪中涂在教友的额头上，作为悔改的象征。大斋首日是根据复活节的日期前四十天（不计算主日），因此每年的大斋首日的日期都不同。最早可以是2月4日，最迟是3月10日。

② 它们是当时德国的两家较大的百货公司。

指统一后的东德身份危机。美狄亚的故乡科尔基斯被正直的国王与王后统治，那里的子民全都懂得为其他人着想，财产 553
被均匀分配，以至于没有人需要嫉妒另一个人。榆木脑袋的国王阿依特斯毁了这片社会主义乐土，美狄亚去往科林斯，她最初有些激动，却很快陷入了深深的悲伤中，因为科林斯的社会不平等更加严重。“我要去往哪里呢？是否有一个世界、某个时间能容得下我？我问，却没有人回答。这就是回答。”这是一个死心的结局。

失意而非快乐

1993 年 8 月赫尔穆特·科尔发表了一次演讲，说德国总统应由东德产生（因为时任总统里夏德·冯·魏茨泽克的第二个任期也是最后一个任期在 1994 年就将结束了）。科尔推荐的总统人选是萨克森的司法部部长施台凡·哈特曼（基督教民主联盟），此人参与了总统候选人竞选，几个星期之后又放弃了，因为他的保守激怒了公众。闫斯·莱西是由一个乡绅集团推举出来的，但他在那些有实力的政党那里几乎得不到任何支持。这本是一个大好机会，可以通过这次选举选出一个左派的、自由主义的科学家和出版家，从而大大推动两德一体化进程——想想看德国总统将拥有的活动范围，这绝对不可能只是象征意义上的推动力——而这个机会却白白从指缝间溜走，不管后来当选的来自西德联邦州的罗曼·赫尔佐格如何迅速地获得了多大的欢迎。

东西两德本可以共同成长，却被西德的指手画脚阻

> 挡了进程。“距离、失望、仇视和失意而非快乐在再次统一的德国”是1992年第34期《明镜》周刊的大标题。《时代》1995年9月的增刊也以《统一，却不同一》为标题。
>
> 沃尔夫冈·提尔瑟是社会民主党的议会代表（他是那些为数不多的、在波恩取得地位和影响力的东德政治家之一），他警告说可能出现这么一种状况，即两德的统一在西德的主导下完成，可即使这样，就算经济上行得通，其也是人性上的一次失败。

554 1996年，社会学家伯恩哈德·沙弗斯指出了德国一体化进程中不同步的状况同步出现，即整个机构和法律体系已经经历了改天换地的变迁，但细小的行为模式和精神情绪仍然无丝毫变化。不管在东德激烈的政治与社会“重装”中需要许多西德人“帮忙”这件事情有多么重要和正确——这些西德人也多少能重新认识自己的任务范围，并把东德人看作自己的民族——曾任汉诺威市市长的海因里希·列曼-格鲁伯调任莱比锡当市长，或北莱茵-威斯特法伦州的基督教民主联盟政治家库特·比登科普夫成为萨克森的州长，这些都是很好的例子——但东德被西德殖民的印象依旧挥之不去（西德提供给东德直到1995年的1亿马克支援是例外）。沙弗斯认为，东西两德的根本价值观完全不同，比如，西德人对宗教和教会有很强的归属感。他说，在欧洲再没有哪个国家或地区经历过东德那般剧烈彻底的“把教堂拉下神坛”的运动了。但与此同时，被基督教赋予如此崇高意义的父母以及家庭地位对东德的影响又比西德要大得多。

说到政治走向，那些持“共产主义和社会主义在本质上是好的，只是它们在东德被糟糕地实施了”意见的人远远超过50%。在经济方面，西德在过去几十年中从“社会的市场经济”中受益良多，因此，人们强烈抗议取消“社会国家”的形态。反而在东德，所谓的“自由的市场经济”几乎肆无忌惮地横扫人们的心灵，尽管西德在1990年曾对其做出能占整个经济体系77%这一乐观预测，但到了1995年，它在新的国家和社会体系下实际所占的份额只有34%。

埃姆尼德研究所1995年7月所做的一份问卷调查显示，东德民众认为东德在16个领域具有优越性，而在1990年只有3个。这三个领域所获得的肯定在1990~1995年有了显著增长：妇女平等由67%上升到87%，社会安全由65%上升到92%，犯罪预防由62%上升到88%。之后被东德人认为具有优越性的领域是：对职业培训的肯定由33%上升至 555
70%，对中小学教育的肯定由28%上升至64%，对住房供给的肯定由27%上升到53%。“这些和其他数据显示的东西是最简单的人类理智都会告诉我们的。即无论是为了一体化进程，还是为了整个社会所面临的改革，东德的精神史都应该比现在更严肃地被对待。”

两德统一后，幻想中充满着诱人的商品美学的“西德式小康”在许多人眼里破灭了，人们重新想起德国统一社会党之前提出的关于资本主义威胁的警告，这警告如今变得如此具有说服力。在一次问卷调查中，针对“民主是否最好的国家形式”这一问题，1990年5月有79%的东德人说是，而一年之后就降到了70%。当问题被限定得更小，变成“您是否认为，我们现今在德国内享有的民主是最好的国家形态?”时，表示肯定的人1990年只有42%，1991年7月则降到32%。

> 芭芭拉·塔海默是东德颇受欢迎的写歌人，她清楚地记得人们在1989年9月到1990年3月那段时间曾处于怎样的“打鸡血”状态。“‘我简直不能相信现在大家都居住在汉堡了，而且还适应得很好。’不，东德之后并没有人想回到过去。可是大家却带着悲伤的情感，缅怀东德原本可以做得多好。他们想知道，为什么自己明明已经加入了瑞士或者西德这样的‘外国’，却一再地想回去。他们死死地抱住东德，从两年前就开始苦苦哀求，直到人们把他们放到法国去。在法国他们多数人从农场工人开始干起，却发现自己既不能从事强体力劳动，又不能很好地融入有条理的工作程序中。他们看超市免费发放的、有诸多实用信息的报纸，日复一日看着美丽的日落。终于有一天，他们意识到自己渴望的是什么了。他们不是想念希登塞岛[①]，也不是想念朋友，他们就是想念那些破烂、丑陋不堪的小酒馆，想念旅店里三人分睡的大床，想念那些穿套头毛衣的人。我知道这
> 556 听起来有点不正常。‘在东德冉冉升起的是自由，在西方你只能洗洗睡了。’这就是他们现在的状况——哈

① 希登塞岛是德国梅克伦堡－前波莫瑞州的一个市镇。总面积19.03平方公里，总人口1014人。梅克伦堡－前波莫瑞州原属东德。

哈，自由的意思就是：‘人人都能成功，人人都能堕落。’”

东德人情绪这么糟糕，首先是经济洗牌的后果。洗牌不是渐进式的，而是暴风骤雨式的。它受到在西德也渐渐有声势的对社会国家的怀疑的影响，采用破产管理的方式，而这种方式的刹车机制在于工会的权力。同时，西德在“政治调整”上粗暴插手，往往并不在意设身处地地去体会东德人生活的艰难之处。

西德的政党长驱直入，随手掩埋掉一切被他们激起来的东西。他们借着无法无天的狂妄向我们出售他们的民主。有少部分人反抗了。反对者的小股“部队”发出抗议的喊声，艰难地在不利的“地形”上“挥剑奋战”。其实早在所谓的“圆桌”上，我们就已经真切地体会到所谓民主的真面目了。其实在那个时候，我们就已经被贴上“降价”的标签，只是我们自己还不知道而已。

我可以原谅我那些东德的同胞们，他们不够勇敢，并且被西德的民主和小康闪花了眼睛。可那些西德的政治掮客们，他们一向只做对自己而言正确、对我们却错得离谱的事情，我不原谅他们的强盗行为。他们的所作所为不但有辱“成熟”，他们还用令人难以忍受地方式利用信基督的、民主的、自由的和爱国的同志，这些同志是东德和德国统一社会党长时间培养出来的。他们利用史塔西的奴才，利用经济投机商，而这些人躲在易北河对岸，这些人需要为这个国家的疮痍负责。

从权力政治的角度看，这的确是一场绝好的闹剧。但它蹂躏了德国的道德。可以肯定本有其他的可能。那不必是第三条路，只要人们耐心地互相接近，并对那些即使是在东德长大的人也抱有尊敬，民众运动原本就是为他们兴起的。

政治的统一已经画上了句号。统一，从政治形式上来说，已经完成——那些追逐权力的政客似乎很占理。可是，直到两德人民之间的鸿沟弥合，直到心灵和文化的“柏林墙”倒塌，直到精神的差异被消除，还需要整整一代人。（康拉德·魏斯，东德电影制作人）

557 统一前的几天，东西两德的社会民主党人合并为新的社会民主党。东德的社会民主党主席沃尔夫冈·提尔瑟曾经希望，西德人不必摆出战胜者的姿态。“胜利不是他们争取来的，我们却需要忍受失败。”他说，前东德不能够变成德国的殖民地，它必须是新德国的一部分。

“我们将成为德国这个新国家里的新的男女公民。我们会有一大堆新的、旧的问题，会有一大堆压在我们头上的历史，但我们是平等的男女公民，正如我所希望的那样，充满勇气，充满希望，充满进取的力量，充满对知识的渴望。我们会有‘重整河山待后生’的要求，也会有许多新的建议和想法。如果我们都把这一经历当作成长中的果实，就可以创造和利用新的机遇。”

然而，1990 年代发生的事却表明，用理性的方式共同成长、水乳交融并没有发生。“统一是愿望，隔离才是真实：经济的隔离、社会的隔离、心理的隔离。”提尔瑟立足的政治文化（那是一种全面历史观、敏锐的感受力、带批判态度的自我认识的“混合物”，总而言之，完全符合启蒙的原则）只在少数人当中存在，虽然他们就此发出了自己的声音，这些声音也不容置疑，但并没有被两德统一的实际操作者倾听，更遑论被注意到。

> 埃姆尼德研究所 1995 年的一份问卷调查：“您今天是否希望两德没有被统一？”回答“是”的人占 15%，回答“不”的人占 83%。“在您看来，统一后的发展怎样？”回答“比预期中的好”的人东德为 13%，西德为 25%。回答“比料想中的糟”的人东德占 53%，西德占 43%。“如果您在东德，给自己做一个统一后收支总结，结果是怎样的？”25% 的人说“赚了”，17% 的人说“赔了”，58% 的人说“不赚不赔”。“东德公民是不是统一后德国里的二等公民？”东德有 72% 的人说“是”，27% 的人说“不是”，西德有 22% 的人说“是”，77% 的人说“不是”。

还剩什么 558

“希特勒偷走了我的童年，斯大林偷走我的青年，昂纳克偷走我最好的年华——科尔的幕僚们还要偷走剩下的所有年头！”这是一个“1935年度”的人在《西柏林日报》上发表的一篇宣言，如果生在东德，他们几乎是彻底玩完了（假如他们没有进入东德国家机器系统的话）。

但这是一个现象，它表明身份认同的破碎，这个现象存在于整个德国：失业者、“多余的人”、没有希望的人。那些政治和现代化的失败者，从东西两德汇聚成一个同仇敌忾、数量还在不断增加的“生活水准降低”的步兵方阵。自然，人人心中都各自有一个需要对此负责的“罪人”。西德为平衡“德国与德国”之间的差距，向东德播撒巨大的物质帮助，东德的基础设施因此有了显著的提高，但巨额的贷款却加深了西德人认为统一是一笔“只赔不赚的买卖”的印象。而在东德方面，人们却对事情的发展持乐观态度（Status quo ante）。1992年，有人对中小学以“德国统一”为题的作文进行了比较研究，分别选取图林根和莱茵兰－普法尔茨两州作为东西两德代表，研究发现，只有1/3的中小学生对统一持正面看法。“最好是这帮人打哪儿来回哪儿去。”“愚蠢的西佬（Wessis）根本无法理解东德曾经历过什么。现在应该反过来再来一次：西德并入东德。”（从1989年开始，共有1568070人由东德迁往西德，488430人由西德迁往东德，两相抵消，共有1079640人迁往西德。）

公民法学家弗里德里希·朔勒梅不无忧虑地仔细观察着已在政治领域冒头的排除异己和化整为零现象。“我知道，这些问题的出现是换汤不换药，我也知道这可以走到多糟糕的地步，尽管它们看上去是在统一之后才冒出来的。‘强迫人自由’也是一种专制，这种专制让被强迫的人即使身处‘自由’，也依然不得安宁，这让我担心。还有那些要求甩掉陌生包袱的愤怒叫嚣，和那些老掉牙的‘我才是正统’的姿态。旧的伤害已经够多了，现在又来了新的。专制的羞辱后紧接着就是自由的羞辱。”

沃尔夫·来珀尼斯认为两德统一几乎没有带来任何 559
后果。旧联邦州[①]的政治家们几乎毫无例外地利用统一为自己鼓噪作势。“重建德意志国家统一”只是一个宪法概念和一个政治雄辩术里耳熟能详的修辞，但从不是政治具体实施时需要关心的问题。“德国政治家没有自我审查。东德异己政见者被排除在外，这使他们越发缺乏反省意识。‘东德极权政府模式’在东德覆灭之后依然存在，比之前更加厚颜无耻。”

在早前的东德至少流行某种对任何政策都持怀疑态度的“异己思维”，其作用相当于反对党，它深植于德意志传统里新教教会对于公权的理解，这种理解更加执着于“给自己一个交代”，而不是对某种权力或者多数派服从。虽然这种想法常常以个人牺牲为代价赢得公众的注意，但它最终并没有演变成一种权术。“东德社会的过度政治化反使政治这个概念失去了它原有的神圣含义。即便持异己政见者赢得了政治表达的自由，但他们对于政治的轻蔑并未改变。”民众运动气呼呼地拉长着

① 两德统一后，西德11州称旧联邦州，东德5州称新联邦州，一共16个联邦州。因为统一是以东德并入西德的形式完成的。

> 脸，却没有更多动作，其中重要原因之一自然是，选民并不尊重自己不受干涉的道德原则，在政治这个传动机制里，“伪政治道德”的砂子成了推动力。

那件激起新联邦州愤怒的事情很早就引起了旧联邦州的注意：“用宪法来爱国”（而非所谓的“实用物质主义”）的地位基础还相当薄弱。“适意的生活”真的只需在消费上达到小康，而并不同时包含一个国家公民的自在吗？“‘人们指责东德人不知感恩。他们竟然对意见自由、选举自由、旅行自由和可自由兑换的货币毫无感激之心。事实上，自由在东德已经几乎不是一个问题了。也许这是因为，在西德，自由已经是不需要讨论的话题，而这种‘不需要讨论’的感觉比其他所有感觉传递得都要快。’这是历史学家洛塔
560 尔·加尔的猜测。而理查德·施罗德则补充道：‘假如有人对一个失业者说：现在你可以自由旅行啊。或对一个害怕失去住房的人说：你可以对此在公共场合自由展开骂战啊。这显然是非常不合时宜的。’”

在统一刚刚完成的阶段，创新动力的缺失和逃避责任带来了很负面的效果。一而再再而三地有报道说，人们害怕承担风险、懒于创新、缺乏活力、缺乏适应力。但与此同时，公民社会的道德体系仅仅用了很短的时间，就从东德德国统一社会党意识形态和西德密不透风的围攻的双重枷锁里挣脱。它的发展使西方的发展水平相形见绌，因为它带来了新鲜感和好奇心。乌托邦式的终极梦想在新联邦州依然有价值，并未因为后现代主义的懒散而失去其光彩。我们应该做

什么呢？“列宁式”和“晚期资本主义式”逻辑都不能回答这个问题。恰好是那迅疾的身份认同重建教育——在那漫长的德国统一社会党中央集权的压制下的身份——使人们想起了西方共产主义的全盛时期：让百花齐放！多样比单一要好。

海纳·克约普把东德的“自由化道路”分成三种主要类型，但其实这三种类型适用于全德国。

创新自由化：他们多来自受过精英教育的阶层。尽管有各种声音，批评两德统一类似于殖民，他们仍然自视为统一中的获胜者。因为统一为他们打开了未来之门。他们期待着无数种可能，并一一尝试自己的想法。生活方式和价值观的多元对他们来说完全不是威胁。“他们的社会人际网络是多相不均一的，三教九流全都有。他们推崇多种关系所带来的机会，并不用任何一种价值与之绑定。”

规范自由化：他们多来自社会中层中的下层或社会底层中的上层。在适应西方以家庭观念为主导的规范过程中，他们显得相对笨拙。他们觉得这种模式正在式微，而有组织的“仇雠相对”则让他们感觉很掉价。在他们眼里，未来的开放性即是不确定性，多元的生活选择也更像是一种威胁。他 561
们的社会人际网络以家庭为中心，同外界的联系则以高墙隔开。

隶属自由化：这类人的机会更少，情况比较严峻。他们多数来自社会底层，家庭破碎。个人生活之外的世界在他们眼里是有敌意的、危险的。他们常常试图通过各种怪异的行为来保护自己。对于他们来说，暴力常常是唯一显得自己有用的方式。他们的社会人际网络并不能为他们提供任何让自已变得有用的生活构建的范本，关系也很少，就算有，也多半自诩为“被排除在外者的集合”。在这种集合里，通过极端方式获得归属感有极大的吸引力。这种方式带给他们归属感、认同和“自己具有行动力”的感觉。

在克丽丝塔·沃尔夫的自传体小说《还剩什么》的末尾，女主人走过她住所的所有房间，关上所有灯，只有桌上台灯还亮着：“它几乎叫我感动。这一刻，它仿佛有思想一样，精准地把握了一点。这一点，我将在未来某天用我的新语言说出。未来某天，我想着，我将轻松而自由地说出它。现在还太早，然而，难道不会一直‘太早’下去吗？难道我不该现在就去坐在桌边，坐在那盏台灯下，摆好纸张拿起笔开始写作？写还剩下些什么。写我的城市的基础，写它为什么走向衰亡。写这里没有除了不能生活之外的不幸，写最终也没有除了不曾活过之外的绝望。”

这位女作家的生活反映了许许多多生活在极权国家的知识分子的境况。勇敢和妥协始终处于天平的两端，人们苦苦挣扎，以免自己过于同流合污，保持至少一点点气节，但又始终不能完全做到。自我安慰成为一项必备技能。“有一天讲真话将变为可能”这个希望补偿了生活在谎言之下的精神与灵魂上的窒息感。“总有一天我可以说出来。”这种用文艺腔表现出来的悲苦存在只得寄希望于
562 未来，其任务是写下真话。但是，趋利避害的本性却在告诉人们勿做反抗。

上文中克丽丝塔·沃尔夫的小说在两德统一的那一

年，即1989年的11月出版，它在1979年六七月时就已写成。小说激起的文学界争论——其中有不可避免的个人攻击——抓住了许多“本质”问题：艺术形象是否必须代表道德？它是不是必须在“气节问题”上站在对的那一边？抑或其质量可以只求自说自话，即为了艺术的艺术？可恰恰那些认为“气节问题”有待商榷的人（他们说，艺术会由此“沦为工具”——这是令人生厌的，即使本意不错）抨击克丽丝塔·沃尔夫的小说，认为其文学质量欠佳，同时也抨击她的人品，说她缺乏政治反抗的勇气，所作所为是投机主义行径。尤其遭到批评的是带有一段非常德国式的论述的一章，那段论述有关思想和行动，其内容是对一所传授蛊惑思想的中学的案例研究。

“一路走来有什么/这我们已经知道。路前方有什么/我们却一无所知，/直到/我们走过的那天。”（海因茨·策科夫斯基）

第 19 章
文化的疑难杂症

563 戏剧传播

统一的狂喜慢慢被清醒所取代。此时对东德的话剧状况做一个回望有助于消减统一带来的“文化身份伤害”。因为，东德造型艺术所取得的成就同西德的旗鼓相当（尽管东德国家的控制与审查机制让创造条件变得比较艰难），除此之外，东德的一些著名电影导演也曾在西德扬名立万。

某种“渗透”把两德的话剧发展捆绑在一起，尽管有一些不可回避的差异，但合作的紧密程度超过其他领域。在东德统一社会党领导下的国家搞话剧是有难度的——艺术家的个人追求和政令的责成间总会有些矛盾——但正是难度的存在反而促成了柏林墙两侧的结盟，因为在墙的两侧，都有被“强制宽容”了的艺术家。西德的话剧制作人也认为，从东德的话剧中受益匪浅，尤其是柏林歌舞剧团，那是一个重要的艺术风向标。

> 早在苏占区建立话剧系统时，之后成为东德所属的戏剧工作者就已展现出极大的乐于尝试的心态。尤为突出的是沃尔夫冈·朗霍夫，他在第三帝国时期曾流亡瑞士，就职于苏黎世剧院，1945年应邀回杜塞尔多夫担任当地艺术总监。1946年前往东柏林，接任德意志剧院的领导工作。在那段时间，国家社会主义累累罪行的阴影犹然挥之未去，许多艺术家由此十分抵
> 制“两耳不闻窗外事”的艺术至上主义，他们以非常 564
> 严肃的态度对待剧院应承担的社会和政治责任——剧院，应成为道德教育机构。社会主义，对持这种态度的艺术家来说，便是实现“戏剧传播”的一个有力担保。此外，东德的戏剧业结构也给从业者提供了有较好经济收益的工作。“在那里，并没有逼着你去成功的小皮鞭一路挥舞，不成功就必须成仁的非此即彼在那里不存在。创造环境无比舒适，只要艺术家们待在允许范围内，他们的生活保障无可挑剔。”

> 在冷战期间，东柏林是全德国的戏剧之都。此外，有戏剧网络的各省（尤其是图林根和萨克森①）也奉献了很高水准的戏剧。即使是中小剧院的导演也能产出胜于大都会柏林的作品（比如，德累斯顿的沃尔夫冈·恩格，卡尔－马克思城的弗朗克·卡斯多夫，波茨坦的沃尔夫·温克尔格隆德）。在汉斯－安塞姆·佩尔腾的领导下，罗斯托克剧院演出的西德剧目超过其他所有东德城市所演西德剧目的总和。德国导演界1990年代的青年才俊利安德·豪斯曼——他在西德的事业从1991年在法兰克福起步，之后导演多场演出，从1995年开始担任波鸿剧院的院长——的艺术潜质是在位于梅克伦堡②的一座小县城帕西姆得到开发的，在魏玛首次成为导演界的新星。

在东德，几乎没有人为了戏剧而只做戏剧，这是在东德任职多年的剧作家依莱妮·波莫的定论。这也许可以说明，为何在东德拥有社会责任感的艺术家具有那么多勇气，尤其是那些杰出的剧院院长——赫蕾娜·魏格尔、沃尔夫冈·朗霍夫、瓦尔特·费尔森施泰因、沃尔夫冈·海因茨、本诺·贝松——用他们的剧院为那些有着自己独到想法的演出提供

---

① 图林根和萨克森均为东德联邦州。东德被苏联占领之后，长时间处于苏联的制度管理下。1952年7月推出了去邦联制和权力收归中央的政策，因此东德内部不称州而称省。统一后，东德联邦州称新联邦州。

② 东德的5个联邦州为：萨克森、梅克伦堡－前波莫瑞、图林根、勃兰登堡、萨克森－安哈特。

了那么好的活动空间。

“在东德，写剧本的人、导演、演员，不管他们是遵从布莱希特还是弗里德里希·沃尔夫的传统，不管他们的剧目是叙事诗还是唤起观众共鸣的通俗作品，所有这些人都对‘为了艺术而艺术’这个出发点抱不信任态度。他们做戏剧是有意图的——为了改变糟糕的现状，有些时候，戏剧是他 565
们通向更好的社会主义乌托邦的起点。”

正是这一点深得负责检查和批准的文化官员之心，他们多数也都会在剧院的领导机构里担任一官半职。不过，他们多数还是对被海纳·穆勒一语以蔽之的“行军革命”式剧院采取抵触态度。

这样的创作条件给西德人，尤其是左派的戏剧制作人带来了很好的效益，但也暗含了一些阻碍。德国统一社会党赋予戏剧业以崇高地位，却被“带来不幸权威的首席教师们”所利用（“带来不幸权威的首席教师”是两德统一后发表在原属东德报纸《当代戏剧》的一篇回望总结性文章《阻碍的历史回顾》提出的），这些人同某些投机取巧的戏剧批评家沆瀣一气，产生了很坏的影响。

东德戏剧业的高质量并非集体团结创作产生，也非社会审美品位的集中反映，而是“由重要戏剧制作人联袂工作、审视现状和国家的革命道路的令人印象深刻的系列”。这些“审视”是有批判性、辩证眼光和创新性的，但德国统一社会党的领导集团里却不乏思想僵化、目光短浅、市侩气十足的人，有些人则老气横秋，这导致许多厌倦了政治伪装和“走钢丝”的东德导演在工作中颇感受挫，以至于放弃工作。他们有些人作客西德，有些人则离开东德——不管怎样，他们在西德都因为“从不放弃蛊惑挑拨”和受布莱希特及康斯坦丁·斯坦尼斯拉夫斯基①影响的戏剧精神而备受批评，受了一肚子气。

与此同时，西德的戏剧，无论是从剧目安排还是导演理念上来说，都十分受时兴的“西式新情调”及当代政治风向和时尚所左右。戏剧被充满诱惑、仿佛秀场般的电视节目攻城略地。与之相较，东德戏剧的流入成为抵御“什么都无所谓”的坚固城池。西德戏剧制作人和导演——西柏林的舞台，波鸿、法兰克福、汉堡的剧院，慕尼黑的室内剧和法兰克福的歌剧院都是其中的杰出代表——因此非常喜欢跟来自东德的使者发展出一场艺术“亲和力”的关系。

1981年的《今日剧院》载文称，东德导演分三种类型：
566 只在东德工作型、只在西德工作型、东西两德两地工作型（1982年，共有69部东德导演执导的电影在外国获奖）。作为东德公民的托马斯·朗霍夫不无悲哀地承认了这一点，“我们中最优秀的人中有一部分竟不能在自己家里工作”。关于时下东德对来自西方的诱惑采取的盲目跟从态度，他说：“谁要是不在西德拍电影，那他在东德自己家里也没什么价值，这人就是过气了。”

---

① 康斯坦丁·斯坦尼斯拉夫斯基（Konstantin Stanislavski，1863～1938年），原名阿列克塞耶夫，是俄国著名戏剧和表演理论家，获得过列宁勋章和红旗劳动勋章，是苏联剧场导演。他坚持以“体验艺术”为创作核心的现实主义创作思想。其代表作有《演员的自我修养》。

一些知名导演很好地利用了手中的旅游特权，开始是客座导演，后来就长期居住在西德。

在那些作为客座导演作客西德的人当中（弗里茨·马夸德、克劳斯·埃尔福特、沃尔夫冈·恩格），露特·贝格豪斯的“歌剧电影”非常突出。她同作曲家保罗·德绍结婚，1971年接任赫蕾娜·魏格尔出任柏林歌舞剧团团长。一年之后，由她执导的韦伯歌剧《魔弹射手》[①]在柏林国家歌剧院演出，受到诸多批评。批评称，她展现的是一片无烟火气息的乐土，却并无塑造任何可有益于“社会主义人民生活共同体”的榜样形象，亦无对人民的塑造。她的后继者曼弗雷德·韦克维特自1982年起出任东德艺术学院院长，此人是个机会主义者，十分忠于“路线”，在贝格豪斯的《魔弹射手》上演时就警告大家勿受此剧影响世界观。可正是露特·贝格豪斯非比寻常的想象力使她在音乐剧领域做出了令人难忘的新发现。“她和海纳·穆勒一样，是布莱希特思想的继承者，但又不仅限于此。她用令人着迷而又忠于真实的方式见证了20世纪下半叶。她不断地把有时已陷于僵局的舞台艺术重新盘活。她看问题的方式——尽管充满那么多纠结——在哲学与艺术意义上都具有意义，正是这些方式让我们的戏剧一直保持清醒。”（乌多·齐默尔曼，东德歌剧作曲家、莱比锡歌

---

① 《魔弹射手》（*Der Freischütz*）是德国作曲家韦伯的代表作，全剧共三幕，于1821年6月21日在柏林皇家歌剧院首演。在德国民间传说里面，Der Freischütz指的是百发百中的射手，因为他拥有神奇的魔弹。《魔弹射手》是浪漫派歌剧的典范。

剧院院长，代表作有《白玫瑰》[1]。）

离开东德的导演举例如下：

本诺·贝松。代表作《快乐感觉》，由他本人及许多其他人的经历加工而成。曾与一些颇具才华的作家合
567 作，其中有哈特穆特·朗格和彼特·哈克斯。受到批评是因为缺乏“对符合阶级特征的矛盾处理”。

阿多夫·德雷森。他同沃尔夫冈·海因茨合作的《浮士德·一》自1968年在德意志剧院上演就受到攻击，其猛烈程度甚至惊动了国务委员会。时任文化部部长的克劳斯·居希称，该演出忽视了一个意识形态的前提，即东德的发展已然终结了《浮士德》，因此，照瓦尔特·乌布利希的话说，《浮士德》该写第三部分了。亚历山大·阿布施表示，党希望在《浮士德》里看到的是一个强悍的人格，一个文艺复兴式的形象。“作为

---

① 白玫瑰（德语：Die Weiße Rose）是纳粹德国时期一个知名的非暴力反抗组织，其成员包含了慕尼黑大学中的许多学生及教授，主要是由汉斯·朔尔（Hans Scholl）、索菲·朔尔（Sophie Scholl）、克里斯托夫·普罗布斯特（Christoph Probst）、亚历山大·施莫雷尔（Alexander Schmorell）、库尔特·胡贝尔（Kurt Huber）和维利格拉夫（Willi Graf）领导。此团体之所以为人所知乃是其于1942年6月至1943年2月陆续发送了6张未具名的传单，主要内容在于呼吁人们参加反抗希特勒政权的运动。白玫瑰的6名核心成员于1943年被盖世太保逮捕，并于同年被杀害。而他们所散发的第6份传单后来由法学家赫尔穆特·詹姆斯·冯·毛奇（Helmuth James Graf von Moltke）带出德国，并辗转通过北欧流入英国，且于1943年7月被大量印刷后通过同盟国的飞机散发在德国境内，其标题为《慕尼黑学生的声明》。由于他们无惧于死亡而仍坚持对抗第三帝国的统治，白玫瑰的成员们在今日广受德国人尊敬，被视为英雄。

社会主义的人道主义者，我们反对一切隐藏或公开、有意或无意的倾向，用冷漠、忽视或其他的小市民艺术手段掩盖《浮士德》的基本思想。”

海纳·基普哈特。曾任德意志剧院的总顾问。1949年公开表示支持东德，移居东柏林。1959年申请离境，因他在当时的条件下，尤其是文化政策下，看不到任何“作为作家或戏剧专家有所用途”的机会。

亚历山大·朗。他于1980年执导的莎士比亚剧目《仲夏夜之梦》在德意志剧院上演，对1980年代的东德戏剧业产生了深刻影响。

马蒂亚斯·朗霍夫和曼弗雷德·卡格。1971年，二人执导席勒的《强盗》，探索革命运动的本质。

托马斯·朗霍夫。其父沃尔夫冈·朗霍夫受到尊严被践踏的对待是他的噩梦。

彼特·帕里奇（原是从西德过来的）。1959年，他和曼弗雷德·维克维尔特共同导演布莱希特的话剧《教父亚图的发迹史》并在柏林歌舞剧院上演，获得了巨大的国际反响。

B. K. 塔格雷恩。他于1961年在柏林－卡尔斯霍斯特经济学院学生舞台上演的海纳·穆勒剧目《迁居女人或乡村生活》被贬为“反动的粗制滥造”。后来他同爱娜·施列夫合作的于1985年上演的史特林贝格剧目《茱丽小姐》又被贬斥，致使他直到1980年代中期一
直只能在东德之外的地方执导。施列夫也在经历过失败 568
的逃亡和牢狱生活后离开了东德。

在两德戏剧业的鸿沟被消除、自由交流成为可能之后，东德的戏剧业很快便被腐蚀。西德在20世纪80年代已经开始的一些事情在两德统一之后也出现在东德。戏剧业为何存在成了危机问题，这一点，约阿希姆·菲斯特早在70年代就已用“戏剧失去了社会功能”的悲惨来形容。没有作者，没有观众，没有接班人。各个剧院院长及顾问争论不休，每个人都可笑地认为自己是最重要的人，这也许是戏剧业还存在的唯一证明了。

在西德，新的不确定性引起了艺术家的不安全感。而观众，已经没有什么能让他们大吃一惊了。有人指责剧院已经千疮百孔，变成了“一场展览，各种令人难以忍受的幼稚创造被当作成果来展出，是活生生的现世宝”（哈特穆特·朗格）。图片取代了意义，人们也懒得理解什么意义，所有人都因为忙着给作品上纲上线和凹造型而忙到抽搐。罗贝特·威尔森成了深奥派“戏剧批评家”的精神导师。格奥尔格·亨瑟尔在1979年评论威尔森剧目《死亡销毁和底特律》时说：“非文学剧目是这种戏剧的后果，从克劳斯·米夏埃尔·格吕伯到皮娜·鲍施，颇值得玩味。”他进而用奥斯卡·王尔德的一句话来说明自己的观点，此话可用于总结盛行于20世纪80年代戏剧界的“漫无目的”：“没有一件艺术作品代表某种观点。有观点的只是人。”

> 当时的戏剧业缺乏起码的概念和真诚——像汉斯·霍尔曼和汉斯君特·海默这样的导演被称为“揭发运动家”，沦为异类——为了让后现代、“酷感”的观众

> 不至于“无聊致死”，某种“轰动主义”应运而生。它在汉斯·诺伊费尔斯和格奥尔格·塔伯里那里，犹然展现出追求内涵的戏剧风采，而到了彼特·扎德克那里，则变为大号丑角吉尼奥尔[①]。乌尔里希·韦尔德格鲁伯是同彼特·扎德克具有同等非政府主义精神的主角。由 569
> 他主演的《奥赛罗》被彼特·伊登描绘为一个“堕落、令人瞠目结舌、躁动、多数时候半裸、常常大汗淋漓的怪物，不符合任何一种文明秩序，所有反应都是毫无节制的。他只用了几分钟时间就让整个舞台充满了疯子一样的咆哮，搞成一场爆炸”。

具有先锋精神的人日渐老去，真正的文化意识被加以嘲讽和丑化。这一切从那些向来以高质量而闻名的戏剧人身上碾过。而另一些与时俱进的人，则把他们领导下的剧院变成了某种高质量的文化中心，可兼顾尽可能广的品位范围。正因如此，当时的慕尼黑小型戏剧院（院长迪特·多恩）、汉堡的塔利亚话剧院（院长尤尔根·弗利姆）、鲁尔区的缪尔海姆剧院（院长罗贝托·修利）可以开开心心地就抵御住了当时哀鸿遍野的戏剧业危机。而在维也纳，作为城堡剧院[②]院长的克劳斯·佩曼使尽浑身解数，

① 吉尼奥尔（Guignol）是一个法国木偶剧及其主角的名称。虽然最初的形象聪明勇敢且具有讽刺性，但在法语中使用“吉尼奥尔”则约定俗成作为贬义，意为“小丑”。

② 城堡剧院（Burgtheater）是奥地利的国家剧院，世界上最重要的德语剧院之一，位于维也纳。城堡剧院成立于1741年，由哈布斯堡王朝女皇玛丽亚·特蕾西亚建立在皇宫之邻。

让他的剧院尽可能满座。这首先是因为，佩曼在其职业生涯中总能很聪明地运用想象力，无视各种“政治正确”，并不介意“树敌颇多”。而在西德年轻一代的导演中，1948年出生的路克·邦迪也保持了较好的名声，这主要是因为他懂得怎样运用阐释技巧和品味上比较保险的“手工”来表达新奇。

“因为我是一个特别喜欢给自己找乐子的人，所以我总需要时不时把握住一些确定的东西，这较少是出于责任感，更多出于兴趣。”

对于东德的戏剧业来说，一个很重要的理念是“社会主义的国民剧院”，而某些尽管受到意识形态压力，但仍然对现实抱有敏锐怀疑态度的戏剧人并不太愿意严格遵循这个理念——它“是一个美好的人类生活共同体理想，古典主义艺术家的作品用艺术形式把这个理想表现得尤为明显，而这个理想将在社会主义社会变为现实”（语出戏剧业会议，
570 莱比锡，1960年）。为了实现这个理念，将人道主义和民族主义相结合对加强身份认同具有重要作用。受此影响，早在1951年，沃尔夫冈·朗霍夫导演的《埃格蒙特》[1] 在德意志剧院上演，为了——正如歌德本人所说——“用一个伟大的例子”来激发观众，“让他们把所有力量都致力于我们祖国的统一”。朗霍夫的排演版本被比他更冷静的布莱希特

① 《埃格蒙特》是一部由歌德创作的戏剧，完成于1788年。这部作品深受莎士比亚戏剧的影响。贝多芬曾为该剧配乐，主题是历史和艾格蒙特伯爵的英雄主义。在音乐中，贝多芬表达了他个人的政治理念，尤其是对一个因强烈反抗压迫而被处死的英雄的赞美。

称为“不辩证的理想主义”，全剧在充满献身意味、崇高庄严的剧终时达到顶峰：贝多芬的交响乐伴随着牢狱的倒塌而响起，倒塌的墙后是“耀眼的光芒，象征着被解放的人民，中间是身着红衣的克拉拉，手中挥舞着荷兰的旗帜”，克拉拉把胜利的桂冠授予埃格蒙德。

1954年，新成立的东德文化部部长约翰内斯·R. 贝谢解释说，德意志民族文化的表现不应有东德－西德剧院之分，而应是有且只有一个德国国民剧院，这也是席勒、莱辛等先贤们为之努力的。在其后数十年由德国统一社会党主导的文化政策下，与西德的“国际范儿”和美国化形成鲜明对比的是东德为保持本民族鲜明个性和自觉意识所做出的努力，东德一直致力于把剧院建成传承和发扬德意志文化传统的堡垒——魏玛[①]成为常常被提及的术语。在东德，社会主义的国民剧院被认为是应该建立在两个支柱之上：一个是通过保护古典文化来传承传统，另一个是激励当代剧目创作。在1964年的一次采访中，彼特·哈克斯说，人们已经渐渐学会如何在舞台上表现社会变迁，不过现在还可以更进一步：去讲述某些人物的伟大故事，同时也并不忽略其人所处的社会背景局限。人们已经渐渐开始在舞台上表演新的经典之作，大家对此都很满意，这也是符合市民戏剧精神的。而更上一层楼则是像“狂飙突进”那样的人，因为阶级已经有了更多的自觉意识，开始“伤害”传承下来的社会和艺

---

① 位于图林根州的魏玛城市虽小，却因为歌德和席勒在文化史上有举足轻重的地位。

术（在此，哈克斯提起他本人的作品《罗伯齐茨的战役》和海纳·穆勒的《廉价劳动力》）。而现在，古典主义在踌躇，“人们并不因为忽视就放弃过去的伟大作品，而是努力改进它们。我想我们终会到达”。

但最终还是没有到达：东德的文化并未实现这些豪情壮志，反而因为各种借着“改进”的借口而出台的禁忌，道路越走越窄。德国统一社会党认为，一切只有在引导之下才会是最好的，所以对于“人的品性中哪一些应该被强化”这样的问题也要下命令，“不安分守己的戏剧”因为种种
571 “这会不会导致这样那样”的考虑和一厢情愿在“危害国家安全”的名义下被撤销。

尽管如此，剧本作家和导演们也一直敢于在舞台上表现社会主义日常生活的改善、政治教条之外的想法甚至对当下的社会主义观点的一些看法。埃尔温·斯特里马特的喜剧脚本《卡茨格拉本》于1953年由贝托·布莱希特亲自导演——这是布莱希特第一次执导时代戏剧——是希望唤醒人们对“乡村青少年”的希望。乌尔里希·普伦茨多夫的《少年W的新烦恼》1972年在哈勒首演，该剧本依然是以青年男主人公自杀而结尾。福尔克·布劳恩的《过渡社会》（1989年）收效不佳，因为该剧的形象以观众代理人自居，充分表现了日常的悲苦，有些过分“实诚”。

> 一个没有说服力的革命不会触动心灵。它应当牢牢起到火车头的作用，拖着整辆列车进入旅程。贫困的存在是一种普遍的压迫，也是人类历史中完全无必

> 要的败笔。就像赛马时不断地换马一样，其实也只不过有一匹又瞎又残的老马。对于个人来说，这就是一场灾难。年轻人若不能飞，老人就得借出他的拐杖。我就这样，一步一步地离开大门。伟大的头儿、宝贝般的骨干、光荣的候选人。我问自己，为何贡献我的力量，为何为这个新事物贡献我的名声——它并不一定更好。至少不会在我有生之年更好，我不希望它要以我的生命为代价，不希望即使在睡梦中也没有希望。奥尔加，我是一个多么死脑筋的家伙啊，履行自己的责任，为某种更高级生物，为一个蠢货，所谓的新人类。

一些出色的作家如海纳·穆勒、福尔克·布劳恩、彼特·哈克斯、托马斯·布拉什（他在1968年因为“仇视国家教唆罪”被判两年以上徒刑，1977年迁居西柏林）试着让自己适应社会、“攀登文化高峰”，但因为他们有时不知适可而止，常会被“根据制度”困在某个地带动弹不得。海纳·穆勒的“反动的拙劣作品”《女迁居者或乡村生活》想表达集体土地改革尽管取得了客观进步，但这些进步的另 572
一面则是对个人的轻视。《哈姆雷特机器》和《日耳曼女神在柏林之死》则直到20世纪80年代末，既不允许出版，也不允许上演。不过弗里茨·马夸德的《建筑》终究在1980年得以首映，尽管该剧，按导演的话说“有许多乌托邦式的场景影射现实，常常是带着痛感的”。“尖叫疼痛的乌托邦”：当时东德的作家仿佛西西弗斯，当工作的疲惫感太强，便只能逃离到古希腊罗马的例子中——哈克斯写了《安菲特律翁和欧法拉[①]》，穆勒写了《菲罗克勒特[②]》《俄狄浦斯暴政》《赫拉克勒斯5》《普罗米修斯》。

> 海纳·穆勒为东德的观众写作：乐观的马克思主义者、有机会的同志、做事稳妥的技术官僚、让人信赖的人。文本制作是鼹鼠一样的破坏活动。在《日耳曼女神在柏林之死》中，人们看到"颅骨销售员"，上"夜班"给地下的死人"重新铺床"。这人原是历史学家，用马克思主义研究"千年帝国"里的"当代预兆尸毒"，研究失败之后具有了免疫力，对历史乐观主义持警醒态度。同样，关于信仰进步的启蒙家莱辛的神话也在《莱辛的睡梦呐喊尖叫》里被毁：在充满肉体痛苦和可怕战争的黑暗时代，这位推崇"市民悲剧"的启蒙诗人患了无梦的嗜睡症。白日梦一直未被实现所带来的持久失望渐渐让"醒着"成了一种负担。因此，莱辛——就像海纳·穆勒本人一样——"做着一个德国戏剧的梦"，而这梦做得太早：30年了，我一直试着用语言文字来保持自己不要跌入道德的深谷，因为文件的灰和书中的尘患了胸病，对文学的厌倦让我作呕，对寂静的向往让我几乎燃烧。我开始忘记自己的文字。我是一个筛子。一直有越来越多的词语从我当

① 大英雄赫拉克勒斯为了赎罪要完成许多工作。欧法拉买下了他。当欧法拉得知赫拉克勒斯身份之后与之结婚并育有二子。

② 菲罗克勒特，希腊神话中国王珀伊阿斯之子，是伊阿宋夺取金羊毛的同行者之一。

中落下。很快，除了自己的声音，我将不再听见任何声音，而那个声音是追问那些被遗忘词汇的声音。（杰尼娅·舒尔茨）

统一之后，有一件事情变得很明确，即德国的“戏剧传播”不再是一个纯精神探讨的话题，而成为经济政治里投入-回报的斤斤计较。在东德地区，国家领导人错误的经济政策导致经济崩溃，造成普遍的贫困，这也影响了戏剧业。文化的结构和基础设施在来自西德地区过渡期的帮助下得以保存。这之所以还成为可能，是因为艺术界和政策界的人同心同德，为了保存现有的戏剧业，做出一些个人牺牲也在所不惜。如果没有国家官僚机制的介入所产生的磨合，如果观众对反对的声音没有那么抵触——这首先也是因为德国统一社会党的审查机制——那么东德地区的文化意识构成也会很快消散，其后果至少是，在这样的社会变革期，“反映真实生活里的戏剧冲突”的戏剧无法上演。当时“普遍而惶然的无所适从”本也蕴含了一个机会，也许它会促成一个新的开始（托马斯·朗霍夫），而人们并未利用它。 573

曾经的柏林歌舞剧院几乎是一个神话，现在这个神话连同与之紧紧相连的海纳·穆勒，日渐失去光彩。海纳·穆勒于1995年12月30日去世，在他1992年发表的自传里曾经写道，自从布莱希特的去世，柏林歌舞剧院已是一座墓穴。

与之形成对照的是柏林舞台剧院，在其成立的第四十个年头里，终于作为一个文化传播机构开始放出光彩。其

“去神话性”是随着1981年哈勒申·乌弗迁入莱尼埃广场发生的，当时它由埃里希·门德尔松主持，还叫作“宇宙电影院”。四年后，电影院的灵魂人物彼特·施泰因退出。作为“德国戏剧业的豪华游轮”的柏林舞台剧院并未因此垮掉，还在向前发展，并取得了成功。在西德大剧院浩浩荡荡的大军压境下，它当然难以幸免艺术影响力和经济效益上的下坡路。出于无奈，柏林舞台剧院推行精兵简政的政策，但投入和回报之间的差距居然越来越大，这让他们大吃一惊——这一方面是因为在当时的大经济环境下不成比例增长的开销，另一方面也是因为观众人数一直在减少。通过票价无法收回的成本由1957年的60%增长到1974年的82%，
574 到了1991年，达到87%，而为每一个观众所需要花出的开销由1957年的平均每人12.7马克增长到1974年的84.6马克，而在1991年，这个数字是185.8马克。

剧院——作为道德感化机构的剧院——用营造思想空间的方式进行愉快的启蒙，真的有必要夺回失地了。

> 戏剧评论家杰哈德·斯塔德迈尔用听上去泛泛而论，实则颇为精辟的话来总结德国戏剧业1990年代所面临危机的原因：肥胖的机构，瘦骨嶙峋的艺术。越来越多的戏剧人，尤其是剧院院长，搞的都是一些“贫瘠的戏剧”（在这个意义上，它跟杂交猪——“西方养殖精神最棒的想法之一”——有可比之处），这些戏剧站在摇晃不稳的腿上，因此自己也摇摇欲坠，搞不好就要得上神经病或者血管梗死，却有一个无比烦琐的精神

状况。“杂交”还有一重意思：情绪高涨、夸张、失节。经济的失节——在这个问题上，国有剧院比社区剧院的情况严重，歌剧院比话剧院的情况严重，院长和导演们的情况比演员的严重——导致剧院要伤害其他文化设施才能达到自己的目的，这也阻碍了人们对剧院的现状以及未来的艺术状况做出有效的回应。政治的介入使得人们的考虑越发瞻前顾后，剧院面临倒闭的威胁，而柏林席勒剧院的的确确在1993年关门了。音乐娱乐工业反而受到资助，而且经济领域中还有专门的拨款。国家兴建了无数新的设施，由此，娱乐文化在全国推广开来。

阿特拉斯[①]的“受命”艺术

西德的主流艺术形式为商业化操控，造成人人力争上游、一波未平一波又起的局面。与此同时，东德造型艺术的发展则更像一个自成一体的小圈子，圈子的中心是国家——引导、审查、激励、奖赏的权力因素。

受意识形态影响，几乎总是采用社会主义现实主义 575
风格的历史题材绘画尤其合前东德地区领导者的口味。这种“受命艺术”的形式几乎十几年无变化。举几个例子：《为了和平而工作》（海因里希·埃默森，1950

① 阿特拉斯是希腊神早期话期神祇，普罗米修斯的一个兄弟。最高大强壮的神之一。因反抗宙斯失败而被罚顶天。

年）、《建设斯大林大道》（海因茨·略夫勒，1953年）、《狱中的罗莎·卢森堡》（茱塔·达默，1957年）、《年轻的建筑工》（阿克塞尔·舒尔茨，1963年）、《红旗之路》（杰哈德·邦辛，1969年）、《生活之乐》（保尔·米夏埃利斯，1977年）、《苏联历史画卷》（诺伯特·瓦根布莱特，1990年）。

当然，“体制外”也不是不存在，但那样的艺术就几乎全然脱离大众公共视野，因此，那样的艺术家要么就得“内心流亡”，要么就得肉体流亡——逃离东德（从1949年到1989年，这个人数总共是600人）。

最终，杰出的艺术家还是找到了某种平衡的办法，既达到艺术上的高度，又与国家靠近——或者至少不会被否决。“官方认可和非官方认可艺术之间的界线并不像某些西德审视者自作聪明地在杂志封面上写的那样，很难一刀切。自从1976年的比尔曼事件之后，艺术工作者和党派实现社会主义目标之间的步调一致已然受到至少是一点微弱的损毁。发展变得复杂，人们却只能在其中较为清楚地辨认出一种区别：艺术家和仅仅只符合意识形态要求的幻想家。”（卡特琳·托马斯）

1980年代，就连非主流的艺术也不再是自说自话的“地下”小情调，俨然已获得了呈放射状散发的好感。在这些对非主流艺术表达好感的人中，既有对严格规定好坏的政党政治逐渐产生怀疑进而对个别行为采取宽容态度的文化官僚，也有追求团结共生的文化协会成员或大学教授。不变的是，同时讨好两边——自家的文化机构和西方的文化公司——的想法如鲠在喉，使得一向被宠坏了的东德现实主义文化的主角们毫无疑问地成为美学新趋势的阻碍者，因为，要不是这样，他们就得跟其他人分享自己的旅行特权，跟那 576
些不听话的“新来的”分享他们通过买卖文化所获红利的这块肥大蛋糕——那些新来的才不管什么现实主义的条条框框了。

莱比锡的“四人组合”（沃尔夫冈·马特尔赫、维利·席特、伯恩哈德·海西斯和维尔纳·图布克）还算是有一些自己的想法。他们第一次在国际上亮相是在1977年卡塞尔的第六届纪录片节上。与此同时，在西德，也有人又开始对“现实主义的新形式”表现出兴趣。但是，东德艺术家的现实主义同被流行文化所操控、逐渐变得平庸的现实主义还是有本质区别的，后者主要通过铺天盖地广告式以及搞笑的图片来博取眼球。而东德艺术家的现实主义则接近古典现代派，在展现自身与现实的关系时，表现出价值观的保守、富有历史感和对现代文明的批判性。

除了少数例外（这些例外有约瑟夫·黑根巴特、汉斯·特奥·里希特、杰哈德·阿尔滕伯格），东德的艺术在西德基本是不为人知的。而现在，在意识形态上的“敌对国家”里突然出现了一些画家，宣称自己是“明显的德国人、了解传统”，自己的作品“富有内涵、有益道德”。莱比锡“四人组合”以及他们的学生向全体德国观众喊话，对追求利益最大化、各种风尚走马灯似变换的艺术市场表示厌倦。表现主义、超现实主义、新客观主义、真实主义、矫饰主义、复古主义——无论哪种偏好，在东德艺术中都能找到一点。

“这些艺术的主题范围很广，从基督受难、圣母怀抱受难耶稣的悲恸形象、监护病房、堵车、性行为、贫乏的室内装修、步行街、环境污染到下班时间、生产队的庆祝、人满为患的海滩、工作场所的疏离和婚姻危机，等等。”

20世纪的彼此为敌又造成了悲剧的两个极权体制，斯大林主义和法西斯主义在沃尔夫冈·马特尔赫超过真人大小的作品《世纪步伐》（铁版画）中有所体现。“一个魔鬼般的形象仿佛持凶器滥杀无辜者一样，从历史中跑出，头深深缩进躯干，一只眼睛是瞎的，另一只的眼球掉出来老长。它的左手做出向希特勒致敬的笔直手势，右手紧紧握拳。代表‘落后反动’的左腿套在靴子、黑色军装裤和军章流苏里（代表军权主义），代表‘进步’的右腿则被漆成白色。”此
577 作品的用意之一也是隐喻东德的艺术政策：自从国家社会主义倒台以来，苏战区和后来的东德都流行一种言之凿凿的观点，即反法西斯主义取得了对恐怖极权的胜利，社会主义的人性形象应该首先通过艺术得到传播。

生活和工作在哈勒的维利·席特一直致力于在党代会的高度上做一些活动。他喜欢毕加索、莱热[1]和古图索[2]，作为共产主义者，政治倾向无可厚非，但他在1963年发表的

① 约瑟夫·费尔南·亨利·莱热（Joseph Fernand Henri Léger，1881～1955年），法国画家、雕塑家、电影导演。

② 雷纳托·古图索（Renato Guttuso，1912～1987年），意大利画家、文艺批评家、政治家。

西格哈德·基勒：《海因里希劳动生产小组》，1970/1971 年

一篇自我批评中发誓否认了这一点，而这为他登上东德造型艺术家协会主席的座位铺平了道路。他的作品《配电台旁的化学工作者》（1968 年）勾勒出了“计划者和领导者”的新类型，该类型“消解了四肢发达、孔武有力的工人英雄形象，为的是更好地适应‘技术和科学革命’。作品中，配电板被画成透明的，人们可以透过它看到后面的工人以一 578
个‘造物主’般的形象出现，正以高度的注意力用手指操控配电台上的强大能量”。

受国家领导的文化机构则并不太关心敏锐的感官，而是盛行一种清晰的“受命”规则。那些强烈批评法西斯主义和赞美社会主义建设的人受到奖赏，而质疑这个规则的人则

几乎没有机会得到什么任务。在分配任务的委员会里，总有那么些艺术家，因“其艺术观是个人主义且主观的，崇尚颓废的艺术理论”，同苏占区的意识形态和官僚机制对着干。政治局一份关于画家状况的报告（1959年11月）写道，自1953年起，东德的艺术在现实主义的创作方法及采用现当代素材上开了倒车。“在一个又一个紧挨着的工作室里，我们在那些被检查的艺术家的作品中发现了某种‘体温变化’，这是一种对艺术表达手法的不确定的尝试，它向所有方向投石问路，最后直接成为对颓废艺术偶像的粗浅模仿。”这些偶像有：图卢兹－洛特雷克[①]、马蒂斯[②]、毕加索和德国表现主义画家贝克曼、诺尔德和霍弗尔。在这个时期，画作的对象也有了很大的改变：马戏团小丑、酒保、喝酒的人、妓女、残废者、猫、狗，都是画布上的主角。

> 除了大家对应起到教育民众作用的反法西斯主义艺术表示一致赞同外，一些拒绝任何形式或内容上的强制的著名艺术家——德国统一社会党政府也正在努力争取到更多的“艺术创造者”——在开头的几年都觉得日子不错。而冷战的到来则结束了这股开明的风气。

不过，缓和期也不是一直都没有的。1954年，《造

---

① 亨利·德·图卢兹－洛特雷克（Henri de Toulouse－Lautrec，1864～1901年），法国贵族、后印象派画家、近代海报设计与石版画艺术先驱，为人称作“蒙马特尔之魂”。

② 亨利·马蒂斯（Henri Matisse，1869～1954年），法国画家，野兽派的创始人及主要代表人物，也是一位雕塑家及版画家。

型艺术》杂志的总编就是一位彻头彻尾拒绝官方形式的艺术家，和之前进过集中营的赫伯特·桑德贝格一起，连强调艺术意识形态化的德国统一社会党政府也对他俩让步。“他在其后的两年内，通过《造型艺术》，把部分西方的艺术引入了东德。”

这扇“通向世界的窗口”在1956年匈牙利起义被镇压后关上了。桑德贝格被雪藏。1959年的会议则把 579
“艺术在什么范围内作为工作生活的动力”的标准变得更窄。“艺术之不受约束”概念被涂成了一张大花脸，再难见其本来意义。霍斯特·斯特雷培尔——1933年入境，后被遣送出德国——的墙画《弗里德里希大街[①]火车站》因不符合规矩被擦掉。当然，从后世的眼光看，给艺术作品“添脂加粉”的也有，在统一之后，这类“修葺”工作很不受欢迎。杰哈德·里希特是一位精通于融会贯通国际风格的画家，后来流亡西德，试图恢复他在德国卫生博物馆（德累斯顿）大厅的壁画，尽管他称该画作是一个社会主义的“和平－欢乐－蛋

① 弗里德里希大街是德国首都柏林市中心区重要的文化和商业街，构成腓德烈城（Friedrichstadt）的核心。它北起老米特区的北部，南到Kreuzberg区的Hallesches Tor。由于该路为南北走向，它与莱比锡大街和菩提树下大街等东西向主轴线道路交汇。地铁U6线在地下运行。在冷战期间，它被柏林墙上的查理检查站一分为二。在冷战和柏林分治时期，弗里德里希大街地下车站，尽管设在东柏林，但是为两条交叉的西柏林轻轨线和西柏林地铁U6线所利用。这个车站充当这些线路的换乘站，火车在此停靠，但这些线路的其他所有东柏林车站是被封锁的“幽灵车站”（Geisterbahnhof），火车通过，但不能停靠。在弗里德里希大街车站，西柏林乘客可以从一个站台转移到另一个站台，但若没有适当的文件则不能离开车站。

糕－乐园”，此举也并不受待见。

在画作《固执的遗忘》中，伯恩哈德·海西斯用奥托·戴克的三联画中的中间一幅来回忆第一次世界大战，他的父亲那辈人参加了那些战争。海西斯本人1941年自愿加入德国国防军，后成为坦克手和党卫队成员。从苏联的战俘营中被放出来以后，他加入了德国共产党和德国统一社会党。他认为，在东德有重新做人的机会。他的艺术作品是回忆过去的工作，却被一些“分配任务的人”认为是失败主义和历史悲观论，而这些作品隐晦地批评了东德的艺术批判，这可体现在其画作《巴黎公社社员》中。在这幅作品里，工人并非作为英雄般的战斗者形象出现，而是惊惧地等着政府部队到来的普通人。海西斯曾在20世纪60年代丢掉了莱比锡版画及书籍装帧艺术学院院长和教授的位置，70年代时又得以重新上岗。

鉴于他的声望，他被允许行使“关于当代问题的对话”这项社会职能。他那充满悲观情绪的启蒙概念（艺术无法阻止血腥的疯狂，但可以警醒人们保持理性和判断力）是盛行于东德的进步乐观主义中的不和谐音符。作为出了名的叛逆者，他获得了许多奖项和奖章。

维尔纳·图贝克也未践行诺言——东德文化部给他一个任务，在弗兰肯豪森温泉绘制一幅全景图（该画将长达125
580 米，描述1525年雇佣军在某侯爵指挥下残酷镇压托马斯·闵采尔领导的农民起义）——这正是党所喜爱的历史积极主义。他为此“国家使命”工作了十二年，本来的立意应当是，历史上的某次失败也可为将来的成功铺平道路，而在图布克笔下，却着重体现了这次早期农民革命所经历的恐怖。

对两边德国艺术发展略作比较即可发现，东西德在内容要点、主题以及表现手法上都有很大分歧。“德国咖啡馆”被分裂——这是约格·伊门多夫的比喻，他在题名为《德国咖啡馆》的系列画作中，画出了“铁丝网、拇指夹、浮冰、监视塔和狼群等主题，这些主题之前没有人使用”。数十年过去——从19世纪以来就存在的“现代性争论”在此期间依然争吵不休——如今又有了甚嚣尘上的绘画之争，争论的焦点并非在东西两德的紧张关系中，它们分别在东德和西德内部也是针尖对麦芒。

> 东德的社会主义艺术观认为，抽象可用来表达现代式的天马行空及资本主义的颓废懒散，而在这颓废懒散中却隐含了对人的忽视——这一点与一众西方保守派的艺术批评家观点类同，他们是：马克斯·皮卡德、阿诺德·杰伦、汉斯·赛德迈尔。他们都会把“无图形”的艺术解释为缺少作为中心的人。而共产主义则坚信，新人类可以被创造。对关键缺失的挽歌被赞美俗世天堂的颂歌取代，昭示了共产主义世界大同这一“宗教观”的美好显现。

在西格弗里德·歌尔看来，东德艺术的问题在于，艺术堕落至小市民所欣赏的品位——因为人们错把“迁就小市民品位”当成社会主义——而这本是曾经的先锋们在反对沙龙艺术时所极力斗争过的。艺术，变成了只有借助图像诉诸感官，而非唤醒某种精神意识之时，才能被人解读。“东德的艺术家们自己给自己戴上历史主人公的大帽子，被困得
581 动弹不得，因为他们被困在要命的柏林墙之内。”在人们的道德观里流行着一种故步自封的心态：因为没有多少行动自由，所以被给予内心世界的“安慰奖”。

“现实的艺术用专业手法表现充满内在冲突，其基础是远离表现主义艺术那种动不动就拔高的‘人性’的激昂情绪。这样的艺术才应该成为德国的国家艺术。”

歌尔不无挑衅地表明，东德的现实主义艺术——也许出于无奈，也许出于自愿，总之是被西式的光怪陆离的各种风格夹着走——延续着一种德国的艺术传统，这是一种现实主义的风格，却充斥着表现主义及超现实主义元素。如卡尔·霍弗尔、杰哈德·阿滕伯格、奥斯卡·奈尔林格这一类的艺术家一直不能获得成功，是因为他们“成了党政教条互相争权夺利的炮灰”，尤其是如果他们胆敢尝试细致和抽象形象的混合风格的话。

尽管政治上有大包大揽的倾向，在东德，“德国的艺术”（sit venia verbo）还是可以在它们那些并非只有贬义的“乡土气息”中冬眠。两德统一之后，它们仅仅通过自己的“宁静”就创造了一个又一个新闻，大大挑战了西式的文化营销。东德艺术家的超然与不断要求变换口味的西式艺术市场相对，后者永远在追求新鲜感，对价廉物美的“手工品”不屑一顾。

1982年，汉堡艺术家协会举办了一场展览，题为“时

代比较”，旨在介绍东德的绘画，君特·格拉斯在展览目录上写道，东德绘画的主题常常是“德国的”。“德国式绘画”在东德艺术界意味着承袭德国的文化传统。西德的“国际范儿”被他们誉为“文化背叛”。与之相对，社会主义的现实主义——如约翰内斯·R. 贝歇在 1952 年德国统一社会党第二届党代会上指出——是唯一的艺术手法，导致德国民族艺术的节节攀升。尽管很多艺术作品为德国统一社会党宣传造势，人们依然不应忘记，在东德，表达内心的艺术并未受到“时尚”是否“过气”的威胁，而是得以保存。

> 格奥尔格·巴瑟利茨 1975 年骂骂咧咧，说海西斯
> 或马特豪尔根本不是艺术家或者画家，他们是混账王八 582
> 蛋，从没画过一幅画，他们是意识形态的广告宣传专家，专业服务于糟糕的“好事”。（巴瑟利茨本人 1957 年从柏林 - 维森湖艺术学院被迫退学。作为惩罚，人们本想把他送去褐煤露天开采场进行劳教，他却转学至夏洛特堡艺术学院。）

东德艺术家，在那小小的斗室中，自然学会了对艺术家状况的批评表示“隐忍”。柏林墙倒塌之后，沃尔夫冈·马特豪尔十分受伤地说：“统一后的德国，关于艺术的争论十分不堪。今天，仿佛所有观点的不同之处都只同东德有关，要么就是在东德内部，要么就是针对东德，尤其是在 1989 年的那个月内的。在那些受人挑唆的争论中，所有出了名的现实主义和象征风格的画家全都被人辱骂。而他们，在这片土地上生活过、工作过，却无人想要问问他们的原因、态度

以及他们做了些什么。”作为“反击”，这位艺术家“非常疑惑”地问，为什么尽管国家声称保护艺术自由，在西德四十年的历史中，真正好的、原创的作品却如此之少，批量生产、满坑满谷及假大空的绘画却又如此之多且受到乐此不疲的优待。

西方艺术陷入后现代主义话语语境——从“时代精神”走到“没有时代”（“时代精神”和“没有时代”是柏林分别于1982年及1988年举办的两次艺术展的题名）——陷入“全球化事件”和“国际范儿”，作为精英“持股人”，却离“人民”这个大“资产”越来越远，对民众的审美教育漠不关心。1989年两德统一后，东德艺术家一旦不再需要受限于意识形态作画的小领域，就陡然充满骄傲地捧出一系列巩固身份认同的“乡土气息主义”作品，课题本身的“乡土气”通过精细的手法表现，成为高品质艺术。当用“无知者无畏”（feuilletonistischer Chuzpe）、以放肆和粗鲁搏出位（Kaschierte Substanzlosigkeit）的文艺副刊来掩饰其无病呻吟本质的西德艺术，碰上另一个德国那坚守老派作风的天真质朴，自然难以相互理解。对于东德来说，西德“艺术建筑工”的浅薄审美观也十分不可理喻，他们认为这些“建筑工”除了“认真在黑板报上画个图”之外什么都不会（那为数众多却广泛遭到艺术商务孤立的“外省艺术家”除外）。两德统一后，时髦潇洒的画廊和艺术品店很快
583 在新联邦州遍地开花，依然有一些原东德的“国家艺术家”宁愿“躲进小楼成一统”。尽管有那么多画廊、精品店，这些人却无人问津。

应该做什么呢？东西两德都面临窘境，东西两德艺术的横向比较在这窘境下显得越发分明。不安、新奇、无计可施，这一切都使双方在对方那里有了一些新发现。接近变为同质，变为城市化（从当地的实际情况出发，用全球化去思考和感受）。迄今为止，自成一体的德式艺术并未敢对开放带来的其他文化表现出多少接纳。在身份认同亦已趋近多元的时代，找到新定位的关键词是跨文化——并不是失去自身形状的那种跨文化，而是多种深植于意识及潜意识中、差异甚大的生活经验及世界观之间的紧张却和平的交流。

> 埃杜瓦德·贝奥坎普认为，东德艺术家的自我意识在渐渐增强。尤其是年轻一代和非官方人士在两德统一后颇为受挫，因为西德的艺术商业挟带咄咄逼人的优越感和“进步”宣言席卷而至，几乎是十分残酷地踩在他们脸上。渐渐地，东德艺术家也意识到，盛行于西德的文化自身也需同相当多的困难及相当大的无所适从做斗争，并没有比自己这边好。战后的艺术进步曾饱受称赞，但并没有提供任何“必修课程”，可供人们反复咀嚼，最终走进了死胡同。与此相对的是东德的艺术，虽然一直处于守势，但正是那“躲进小楼成一统”的架势反而促生了鲜明、不可替换的个性。东德最好的艺术家从来不怕比较艺术品质上的高下，而现在，他们却得畏惧艺术商业操作里的条条框框和拉帮结派。东德的画作，尤其是莱比锡的画作呈现出的多元，正是反极权，同时也反故作标新立异的经典表象——“那是批判而

富有社会责任感的艺术，很久以来一直在从教条、党政中抽身而退，我们在那里面看到了未来和乌托邦。它们虽然已属于历史，却也有惊人的时代性。”（而1997年的卡塞尔文献展[1]却几乎把全部的东德艺术“抵制”在外了。）

584 魔法通道

通过电信时代的“魔法通道”涌入信息消费者眼中的东西就像一种魔药，让每个人错以为自己是主角，而他的意识却是关闭的。这么多人对媒体消费趋之若鹜，离现实却越来越远，这是他们对媒体口中的“繁重工作”感到厌倦的缘故，而媒体之所以这么讲，绝不是因为他们持有后现代主义哲学观，而是目的性很强的行为。那目的就是在交流市场中获取利益最大化。大家一边消费着，一边高高兴兴地做着无头苍蝇。

西德的电视业发展从20世纪60年代起步，由启蒙思想决定的多媒体未来的状况并不乐观。政治的首要诉求是受欢迎，盟国的“恩赐”给了它发展机会，因此电台和电视台首先应履行“文化职责”，机会就此被白白浪费——而这是征得了大家同意的，因为“大家”中的多数人无法或不想领受通过媒体传达的解放。一篇对1992年的美因茨电视批

① 卡塞尔文献展（Kassel Documenta）是世界最著名的艺术展览之一，在德国卡塞尔每五年举办一次，与巴西圣保罗双年展及威尼斯双年展并称为世界三大艺术展，在三大展览中资历排行第三。

评会——这是为数不多的电视批评论坛，在当时已有二十五年的历史——的报道称，电视业的霸头、批判者和朋友为了欢聚而欢聚一堂，所有人都对“启蒙思想的神奇治愈性深信不疑”，他们毫无实际用途的言行已然成为一根难以忍受的刺，而这样的聚会每年都把这根刺向肉里面推进一厘米。得出这样的结论，本身已可以反映电视业的惨状了。

“他们向‘电视机’、向社会勇敢而毫无效果地呼吁，希望大众媒体从使人迷惑和变笨的道路转向道德教化的道路，通过潜移默化达到‘另一种电视，另一条道路’，在这条道路上，应该被看重的不是商品，而是真实。”

电视批评很长时间以来一直是报纸副刊和文化编辑部的“后娘养的孩子”（同那些“亲生孩子”的生活状况形成了巨大反差），它早就不再是什么“坚固的哭墙”了，因为媒体在此并未履行教育功能。当然——正如《经历社会》一书的作者杰哈德·舒尔茨所说——一切在幼儿园、小学和大 585
学里都已注定。

美国媒体学者奈尔·波斯特曼在更带有消极保守倾向的德国媒体批评那里被尊为权威。在美国，人们的想法受电子信息的影响变得越来越一致的倾向已经到了某种危险的地步：所有人完完全全地认同无所不在的电子信息所传达的内容，而这则使得电缆伸得更远。每家每户平均每天有7个小时开着电视，美国孩子平均在上学之前，就已经看了5000个小时电视节目，到中学毕业为止已看16000个小时。40岁时，美国人平均观看超过100万条电视广告，直到他们领取第一笔退休金，这中间还会再看100万条。

看电视并不是为了追求真相（真相，就是客观的信息），而是娱乐，是一场秀——一个人造的世界，精心策划，为了取得某些系列效果，人们或哭或笑，或不耐烦继续看。电视演绎世界的方式反而成为世界“本该如此”的榜样。这些新媒体的存在便是让人娱乐至死。

> 自 1960 年代以来，理论界及哲学界对媒体的乐观态度一路下滑。麦克卢汉认为，假如人们不是在镜像中认识世界，不是倒退着走入未来的话，那么即使是纸质图书时代的末期也有积极进步的一面。“电子化”是我们感知世界方式的巨大转变，它结成了一张有来有往、宽广紧实的网。电子视觉时代的意义是无法借助旧式媒介理解的（电视机可不是加了画面的收音机）。整个世界变成了一个“地球村”，由电视机呈现给观众的是一
> 586 个“全新的世界”。电视机是一个信息——不管内容怎样，传播形式的变化已导致了许多的变化。
>
> 这番一反传统、高度概括的言论并未给麦克卢汉这位加拿大教授带来许多非议。人们并没有由此指责他是卫道士。媒体世界，说到底，本也不在意发生了什么，而在于对发生的事情加以鞭挞。

德国的电台电视台系统把私人化和商业化排除在外。就连德意志第二电视台（ZDF）也根据最高法院的一条判决，与“ARD 电视台直接的竞争关系不得导致节目质量的下降”。电台电视台播放什么节目，需履行一定的文化及道德教育功能，这一点在各个联邦州的法律中均有体现。人民的

精神生活也许得到基本保障——这个意向被有些批评家说成无聊。不过，事实证明电视节目还是很具有吸引力的：1955年全德国有1350万台收音机，有30万台电视机；1975年，收音机数量为2110万台，电视机为1920万台。1984年，西德公民平均每人每天坐在电视机前1小时10分钟，1990年则增长到2小时15分钟。

这还不够。随着双轨制的出现（公共电视台履行教育功能，商业电视台则以市场为导向），出现了大规模的文化转向，影响深远。路德维希斯哈芬推行了电缆先锋政策，1984年RTL电视台大受欢迎。一年以后，SAT1作为第一家私营电视台成立。许多大型出版社都为此做出了努力（贝塔斯曼、布尔达、鲍尔、施普林格、霍茨布林克）。私人获得运营电视台的许可是在基民盟执政的州首先获得通过并积极推进的，社会民主党领导的州较为缓慢但也在跟进。但是，该党1971年党代会上通过的政策仍然使人疑心（“社 587
会意见的多元化和文化标志不应为只追求经济利益的商家让路。”）——这一政策主要受到通信科学家和参议员彼特·格罗茨的影响，此人不仅在党内颇具影响力，也是参议院里屈指可数的杰出知识分子，对于其他问题，他的态度也是人尽皆知的：电视台节目质量的竞赛应该由比哪家电视台节目价钱更低来取代。他进而提出疑问，自由化是否导致简单化、麻木化、粗暴化，并自问自答：“某种程度上会吧。但一个强大富饶的德国不可能作为资本主义现代化汪洋大海中的一座‘绿色媒体’的小岛继续存在。如果德国对于媒体依然采取闭关自守的政策，那么那些把今天的巴伐利亚州和北莱茵－威斯特法伦州变成富有影响力的媒体中心的康采恩就会搬到卢森堡去，从那里发送德语节目，把德国的市场逐渐吸干。”

> 多数私营电视台都渐渐走上轨道。1989年，西德公共节目中有25%由私营电视台发送。统一之后，“争抢观众”的竞争越发激烈。这场竞争在短短三年时间之内给德国电视业带来的改变比过去三十年加起来还多。私营电视台意识到，节目门槛的降低可以导致收视率的提高，也就导致了广告费的提高。由此，公共电视台则需要通过提高质量来与之相抗衡——因为公共电视台主要靠收取费用。不过，一再有人批评此举为短视的、迎合大众的政策。

588 **电视娱乐**

自德国电视业兴起以来，家庭剧就一直是最受欢迎的电视节目之一。如《薛勒曼一家》（1954年9月首播）及随后的《黑瑟巴赫一家》一样，这些家庭剧都是按照美国剧集的方式设计编排的，讲述的却是德国故事。

随着美国大热的《达拉斯》（又译《家族风云》）及其后的家庭奇幻剧《丹弗家族》和《鹘鬃》的引入，肥皂剧成为大众的最爱。德国制作人敏感地从社会生活中截取积极片段，获得意料中的成功：1985年拍摄的《黑森林诊所》斩获60%的收视率。由汉斯·W. 盖森朵夫执导的《橡树街》（1985年12月首播）几乎成为“没有剧终的剧集”——“我所有的素材够制作1000个结果，这剧还可以再演二十五年。”该剧有固定收视及评论甚至“制作”——情节上的制作——人群，可谓西德生活的一个缩影。由艺术手法模拟出的真实显得特别清楚，因艺术最终也会变为真实。德国“编年史”《家乡》是一部由十一个部分组成的电影，由埃德加·莱茨和彼特·施泰因巴赫执导，西德广播电台和自由柏林电台协助拍摄，在“家庭剧”的形式后隐藏着很强的表现力、道德思考及叙述技术。

“收视率至上”使暴力变为备受欢迎的主题。它主要表现在以下三个方面。

在侦探类电视剧中，它们模仿某些文学榜样，在充满紧张的背景下展开，诱惑人们机敏思考，比如埃里克·欧德的《特派员》、ARD电视台的《塔托德系列》、由汉斯约格·费米和葛茨·格奥尔格这种电视业大家执导及马里奥·阿多夫和施台凡·库特主演的《影子人》。

暴力作为侦探游戏手法出现在电视节目中，越来越不能满足那些本已因受挫感而产生攻击性倾向和唯恐天下不乱
（这种情绪和全社会寻找刺激的大背景有关）的观众。有人 589
不再满足于幻象，而希望来一场真人秀：他们的暴力行为的诱因是“秀”，但那些血腥同艺术感并无关联。

暴力取材于真实生活、制作成“秀”，这使得发生在真实世界里的暴力不再对人们的感知造成冲击力，或冲击力减小。这是电视节目以及与之相关的视觉恐怖带来的危险，尤其对青少年更是如此。（自1980年代以来，视频市场就充斥着这些令人憎恶的东西。超过半数以上在市场内流通的视

频、电影，不仅对青少年有危害，甚至危害人类。）不仅在商业电视台，就连在公共电视台，“谋杀”——包括许多版本：闷死、刺死、打死、砍头、烧死——的价值都极高。在每天的德国电视节目中，大约有70～100人被杀。半数节目带来了攻击性后果。人们对于这种非人性主题的流传采取无所谓的态度——“射击、做爱、咆哮”——甚至导致某些色情片以尸交作为主题，这已经不仅仅是伤风败俗的问题了，这样的行为简直毫无被教化的可能，“它是在摧毁刚刚起步的共同生活的根基”（瓦尔特·闫斯）。

另一种“建构主义”视觉则完全回避任何形式的暴力，它也可能导致道德上的漠不关心。哥尔夫克里格的《没有画面的战争》在1991年就遭遇了美国审查机制。报道以“干净的战斗”之名出售这部电影，仿佛它只是一场游戏一样——这是一场“谎言的混战”才对，它居然把战争打扮得冠冕堂皇。

对国内外政治的报道及其评论、政治和文化专题节目、纪录片等则体现了高水准的“介入客观”和“启蒙共和”精神。但是，它们也同样受到商业压力的威胁。因为这样的压力，海因里希·布雷洛厄取材施雷耶被杀事件[①]，将其制
590 作成上下两部纪录片，冠名为《死亡游戏》以博人眼球。

小品依然在电视屏幕上出现，依然具有迫切的现实意义。或许正因为编导室的引入，迪特·希尔德布兰特、维尔

① 汉斯·马廷·施雷耶是一名德国经济官员，纳粹时期曾任党卫队中尉。自1977年起任德国工业协会主席。1977年被“红军派”在法国北部暗杀，使“德意志之秋”达到高潮。

纳·施内德、杰哈德·波尔特等人依然是德国电视的宠儿。弗里德里希·诺沃特尼也是一样。早在他成为西德广播电台的台长、主持《来自波恩的报道》前，就已经懂得用轻嘲来体现他作为新闻从业人员的独立性，懂得怎样让政治在那些只打算在电视节目中找乐子的人那里也显得有趣。

脱口秀是娱乐档当中对收视率有极大促进作用的节目，它以滚雪球的方式流行全国。它的内容范围一方面满足电视观众并未泯灭的对信息以及思想启蒙的需求（埃里希·博默的《塔上说》、罗格·威廉姆森的《威廉一周》），另一方面——阿尔弗雷德·比欧雷克的《生物林荫道》属于两者之间——也能满足性欲旺盛的观众们观看“精神脱衣舞”的期待（马格蕾莎·施莱纳马克的机关算尽充满市侩气，她还洋洋得意。又或维萝纳·菲尔德布施主持的色情表演接近色情片，但她还不以为耻）。

废话连篇成为一种流行事物。就连由马塞尔·莱西－拉尼基、西格莉德·略夫勒和海穆特·卡拉塞克主持，于1988年3月在ZDF台开播的《文学四重奏》也渐渐向这个标准堕落。大众是多么容易被内容空洞的废话所吸引且乐此不疲，这真令人吃惊。电视观众越来越孤单，有时甚至全家都陷入相对无言、各管各的境地，可他们却又很享受脱口秀节目，那被他们认作一个精彩舞台，其实这只是对在真实生活中缺失对话的模拟。有些脱口秀还可说是安全无害，譬如由托马斯·戈特沙克主持并在多种版本中日臻完美的节目。有些脱口秀节目则简直算无耻，说的尽是登不得大雅之堂的匪夷所思之事，且还要加上各种歪曲编造。有这样的态度，哪愁没素材呢。

“这些人只管围着光怪陆离的‘社会大展销台’兜圈子，看看谁有利用价值。这儿一个被生活压垮的人，那儿一个怒气冲冲的人，这儿一个怪胎，那儿一个牺牲者——哈哈，镜头前的生活是如此多姿多彩！”

脱口秀和娱乐节目打造了一批明星：托马斯·戈特沙克、哈拉德·施密特、尤尔根·冯·德·李普、鲁迪·卡雷
591 尔、琳达·德·莫尔（而君特·约赫、约阿希姆·弗斯贝格、弗兰克·艾斯特纳、迪特·托马斯·黑克等人则逐渐过气）。这些明星的共同特征就是对当局的政治不会造成丝毫危险。他们是一群成功的偷猎者，节目结束之后，立即就会参与观众花生、盐棒等零食所获利润的分红，而这些零食，正来自观众刚刚在收看他们的节目期间所嚼食的那些品牌（这个内幕是由“疯傻歌匠”卡尔·达尔披露的）。这些偷猎者明白，再没有比同时政有关且言之有物的讨论更损害推崇“愚民政策”的节目成功了。

> 显然，听见一个笑话却不明白笑点在哪，算是日常生活中碰见的最窘情况之一了。电视台播放的喜剧则非常有慈悲心地让我们免受其苦。人们不必因为听不懂笑话而坐立不安，或在实则窘迫至极的情况下爆发一阵大笑来解放自己。人们可以说，喜剧就是为了让人呵呵傻笑或幸灾乐祸的。喜剧的媒介不就是有许多笑点的笑话嘛，说得好听点：傻话不也就是没有笑点的笑话嘛，人们没必要非得理解什么。

“对全面地传播信息负有责任”——“我们对所生活的社会，甚至整个世界的了解，都是通过大众传媒获得的”（尼古拉斯·鲁曼）——这个责任，同“文化”与“教育职责”一样，同属ARD和ZDF电视台的领导原则。如卡尔·霍扎默，ZDF的创始人，认为“其所创办的电视台的宗旨是用愉快的方式、有远见的严肃性和阿奎那般的清醒对真善美负责”。此语无他意，只在指出——用吕迪格·金斯基的话说——媒体，正如其他所有“存在”一样，只有在拥有以上品质的时候才算拥有“存在”。这话说得似乎很玄，却道出了公共政策建构的意义。在这样的意义引导下，德国的电视制作人尽管数十年以来一直处于党派政治的压力下，却依然有源源不断的杰出记者、编辑、部门主管和电视台台长涌现。“电视制作人”中十分出色的有——当然，领导阶层依然鲜有女性出现这一事实也相当令这一工种丢脸——弗朗茨·阿尔特、克劳斯·贝德纳茨、克劳斯·冯·俾斯麦、克劳斯·海因里希·卡斯多夫、汉斯－约阿希姆·弗里德里 592
希、君特·高斯、克劳斯·哈普莱西特、英格·赫尔曼、维尔纳·霍夫、路克·约希姆森、卡尔－海因茨·科普克、达戈贝特·林德劳、尤尔根·罗德曼、埃贡·蒙克、弗里德里希·诺沃特尼、弗里德海姆·欧斯特、汉斯尤尔根·罗森保尔、杰尔德·鲁格、阿洛依丝·沙特、彼特·施瓦岑瑙、格奥尔格·施台凡·托勒。

双轨制的引入对公共电台来说也是一次突破，尽管这突破在此之前就已犹抱琵琶半遮面。电台的许多听众投向电视的怀抱，现在电台人试图通过某种程度的媚俗（“没话找话”、狂轰滥炸的音乐、主持人唠叨不休）来夺回部分失地。由于节目细分为文化类、谈话类、音乐类等，尽管有收听率压力，小部分听众的喜好仍可以兼顾：文化环保类节目可对某些在现实生活中颇受挫折、故步自封，或者过着苦行僧一般生活、游离于大众教育之外的听众给出一些具有创新性的灵感。

对于公民来说，收音机会播放五花八门、荤素搭配的节目：信息、娱乐、教育、咨询。电台被视作文化资产。双轨制给电台带来了又一重形象：音乐冲浪、休闲去处、带来利润的人。“收音机履行了前所未有的洗脑职责”，因此哪怕它播送的是流行夜幕，也是媒体中的备胎。以商业盈利为目的的电台仿佛一个模子里铸出来的、充斥着广告——有批评家以“平地”来形容其寡淡浅薄——这些电台也引起了一部分人的反感，他们认为，电台应该让人主动想去听，而不应只是背景声音。因此，自1990年代中期开始，有些电台也就放弃了刻意迎合低水平节目的政策，转而与“毫无思想搪塞大众的”电视台打擂台，致力于高雅艺术的文艺复兴。

若电台不再走“走遍世界”－“怪才”－“杂烩”路线，而打造启蒙教化又不乏趣味的“节目几何”，原可赢回其文化形象和精神影响力。1990年代，电台业处于转捩点：
593 反而是年轻一代更多地收听电台节目，但人们无法确定，这场“文艺复兴”是“商业化电台遍地开花”还是公共机构以更严肃的态度对待“电台文化”的结果。

对于战后一代来说，收听广播曾经带给他们最主要的教育经历，电台的娱乐功能也悄悄地用一种升华的形式得以发挥。尤列克·贝克说："电台的成立在开始阶段几乎是一种任务。那时，它承担了向广大公民传播的责任：告诉他们当今世上正在发生的最重要的事，娱乐他们——却并不一定以廉价的方式，而是通过娱乐增强或唤醒他们对民主和公正的认识。如果我没有猜错的话，现在的电台人则越来越逃避其责任，无论是出于无能还是懒惰。"此话有理。贝托尔特·布莱希特在1927年评价电台是"未来的当下性（futurischer Aktualität）"："电台的结果是不受谴责的。它的可能性不受限制。电台是一个好东西。"

> 乌尔斯·魏德玛认为电台是"一个温暖的媒体"，
> 而电视则是"寒冷的、冰一样的"。（尽管在克劳德·
> 列维-施特劳斯看来，"冷文化"亘如磐石，"热文化"
> 则水性杨花。）他认为，不管是仅听还是边听边做，人
> 们总可以爱上电台，而爱上电视就要难得多了。"试试
> 爱上一幅两秒钟之后就闪没了的画面——切！——该画
> 面让位给另一画面，同上一幅一样很快被人遗忘。"
> "那些充满怀旧情绪的听收音机的日子，当然它们也有
> 黑暗面（想想纳粹时期收音机作为极权宣传的工具！）。
> 想想电台那些过去的好日子，它为了公民们的社会化、
> 为社会踏入民主做了那么多事情，这一切不是凭空而来
> 的。但即使那时，也并没有人神化。我们人类总无法做 594
> 到完美。应该期待一个稍微好点的电台，不必期待一个
> 理想得不得了的。我们不应成为原教旨主义者。电台现

在的问题只能通过政治来解决。只有政治意志的变化才能带来内容的变化。一个愿意让我们自由思考、对我们提出要求，而不是拿我们当孩子一样硬塞给我们东西吃的政治。一个愿意重新掂量手中所有资金、重新掂量在哪里花钱的政治。”

东部的苍穹之战，电影和印刷业

西部的媒体战胜了社会主义——这是卡尔－埃杜瓦德·冯·施尼茨勒在其自导自演的东德电视节目《黑色管道》即将告终时所做评论中的一句。施尼茨勒来自一个富有家庭，青年共产党员，在二战期间曾身陷囹圄，二战结束后前往英国，在BBC德语部任职，后又分别在汉堡和科隆的NWDR电视台任职（他也是科隆NWDR电台1946年成立时的创始人之一），1947年前往东德，渐渐变成一个“搅局者”。

尽管有铁幕和柏林墙的存在，仍不能阻挡ARD和ZDF的节目扩散光芒。联邦邮局沿着东西德分割线在山岭或河谷里建造的播放站也给了极大的技术支持。ARD和ZDF的节目深入东德人心，只有包括德累斯顿和易北河谷（人称“没有感觉的河谷”）的一小部分地区无法接收西德节目。德国统一社会党同“电台犯罪”做斗争终告失败，尽管他们自己的触角也远伸至西德，因为如果那样的话，他们几乎需要和全体人民过不去。1966年，依据德国统一社会党第四次代表大会决议成立的意见研究中心举行了一次问卷调查，结果表明超过80%的青年人收听西德电台。很多受访者表示，他们认为西德的电影更刺激、娱乐节目更有趣、音乐更摩登。

西德的媒体拥有这么大的影响力，不仅因为它们展示了 595
西德生活的多样性，也因为西德人有意识地运用媒体作为宣传工具影响东德人，比如柏林里亚斯电台，德国统一社会党就视其为敌人电台。和冷战同时进行的还有一场意识形态的“苍穹”之争，在苏占区及其后的东德，“德国电台人”（1948年重新开张）也带着支持西德的节目投入了这场混战。

除此之外，还有德国自由电台904，此台宗旨是做在西德被视为非法的德国共产党（德国共产党于1956年8月17日被最高法院定为非法）的扬声器及做反对联邦国防军的德国士兵的代言人。1970年代初，因为埃里希·昂纳克要推行东西两德缓和政策，“德国电台人”和德国自由电台904均被勒令停播。

> 东德也有专门针对西德的节目，直到1952年都有地方电视节目同它们一唱一和。在这些特别节目中，“主要的话题是死灰复燃的帝国主义对工农的剥削、使德国重新拥有自己的武装、两德的分隔、共产党员所遭受的迫害和在背后捣鬼的团体、之前的国家社会主义者是否应在现行政府里获得高职聘用。人们对来自西方的攻击颇多回应，通过建设新社会的方式维护了自己进步的尊严。这些话题范围本身涵盖了某种自相矛盾，这样

的自相矛盾是东德媒体政治家直到1960年代初都无法自拔的。首先，他们在自己同西方之间画一条明确界线，强调自己的合法性。其次，他们时刻不忘拔高任何一个微小成就，以给民众造成生活质量会在短期内有大幅度提升、离开故土十分划不来的印象。最后，他们强调，对来自西方的所有声音必须有所回应。”（沃尔夫冈·缪尔－贝宁豪斯）

西德媒体在东德取得的最大成就是非直接的：东德的电台和电视台为了保持自己的听观众，不得不越来越多地放弃教条的狭窄条框、放弃呆板无趣的说教，节目本身必须越来越自由。

战后第一代电台人——同占领西德的盟军截然相反，苏联军队很快就把电台的领导权交还德国人——遵循德国统一
596 社会党秘书处的指示，视德国统一社会党－东德中央电台为教化工具，认为电台的任务是教会人们“用阶级意识来判断事情”，“如何同敌人做斗争”，“教育群众”，“同苏联建立积极关系”。违背此想法的节目在之后也未获准播放。德国统一社会党决定了电台节目的题目以及统一单调、为社会主义的现实主义服务的美学。

电台和电视台服从政治导向，这是通过由德国统一社会党中央委员会内部的宣传部来实现的。该部门旨在实现政治局的意愿，即“通过长及全球的路线、短至意见向导的全面系统为所有媒体提供导向”。所选取的信息及新闻仅仅和稳固政权有关，至于是否有新闻时效性，则不那么重要。娱

乐节目虽多种多样，但多数并不会使人们无目的性、带着玩心去体验。它们应服务于“更高的东西”，应服务于教化民众，因民众被归为自我意识较弱、较不成熟的那一类。但是，具体怎样做却并没有人们想象的那么笨拙，东德的电台电视台求助于 ARD 和 ZDF，之后甚至是西德那些纯为商业盈利而运营的电台电视台。尽管在东德式国家资本主义的环境下，电台电视台无须害怕竞争，唯一向外的通道是严肃合作，但终究只有在至少向西德榜样依葫芦画瓢的时候——比如，在《彩色沙发》这档节目中采用了西式的“秀”元素——才不致被民众所抛弃。同资本主义时代残渣余孽做斗争的斗志应像鞭子一样，成为所有人的诉求。这样的想法可以说曾在很好的实践里一度成为现实，但那恰恰只有在专业而有能力的记者、编辑、主持人、制片人设法绕过审查之时才会发生。

那股牵着电台电视台的力量缺少毅力，这导致在较好的教育条件下，大把人才只得到很少的发展机会。有才华者被雪藏或遭驱逐不是偶尔发生，假如想功成名就，则常常必须 597
担负一些可疑的责任（譬如为史塔西工作）。

两德统一之后，西德的“矫枉过正”者怀着傲慢自负的心态。东德的电台电视人在艰难环境下获得了很高的素质，这些素质却因为西德那些要“掰正路子”的人横加干涉，无法通过与之相匹配的方式得以发挥，尤其是当事情和“谁是新领导”有关的时候。东德的人民议院 1990 年 2 月 5 日通过有关意见、信息和媒体自由的法案，从而为媒体的精神及文化自主提供了法律保障——从 1989 年 12 月到 1990

年，汉斯·本辛任东德德国电视台（DFF）台长（此人1961～1966年曾任东德文化部部长，后在东德电视业活动）——当然，人们很快发现这一法规只是暂时性的，因为两德统一条约中的第36条实际是要解散东德的电视业以及德国电视台。以1991年12月31日为期，东德的设施“应根据电台业的联邦结构这一标准，通过东西两德共同的国家合约，凡第1条所陈述各州设施皆当解体，或由某一个或多个其他州中符合公共法的机构接管”。电台业由鲁道夫·米尔芬茨尔受命接手——“所有事情居然令人吃惊的平静和如期完成”——他之前是巴伐利亚州电台领导人之一，一个不折不扣要“掰正路子”的人。

短时期以内——指的是东德政权四十年之后的开头几个月——对原东德那些思想解放、希望努力利用刚刚到来的自由大展身手的媒体人来说，自由仅仅是昙花一现的机会。

“这几个月，是我在德国被占领、被分裂、现在又被统一的全部历史里所听过的最好的几个月。前前后后所有时间，只有这几个月有最好的电台及电视台新闻业。其实，西德竟会愿意屈尊接受东德的影响，这只是一个幻想，我并没有保持它多长时间，那只是我自己一厢情愿罢了。”（君特·高斯）

一个吊诡的情况是：双轨制的引入导致整体质量下降，西德媒体备受其害。而在东德，电台电视业仗着体制大行腐
598 败，双轨制反而显得大有作为。一向在小市民中流行的教育专制反衬得西德的多样化更加光彩（其实只是虚张声势）。在媒体业里，条条空虚无聊的大道通向天空。

电影业的情况是：东德的国有电影制片企业集团（DEFA）的作品即使在西德也备受推崇，统一后却几乎解体，其作品也不怎么被放映——尽管德国电影批评调查显示，在电影制作人和电影学家公认的百部德国最佳电影中，有14部由DEFA制作。DEFA消失在由某个信托公司保管的故纸堆中（750部故事片，2300部纪录片，750部动画片，还有3000部由DEFA配音的东欧电影）。

弗朗克·贝耶的《石头的踪迹》于1966年在东德首映，其后虽因为一些有组织的抗议被迫下线，却也获得了应有的承认。该影片主演是曼弗雷德·克鲁格，东德最受欢迎的娱乐艺人，1977年离开东德，在西德很快于电视业中获得成功（尤其是作为犯罪现场报道专员和在电视剧《宝贝克罗茨贝格》中的表现）。

> 和贝耶及康拉德·沃尔夫一样，埃贡·君特也属于东德最重要的导演行列。（1965年的《当你长大，亲爱的亚当》未通过审查，1968年的《告别》也是如此。1972年的《第三者》被禁止出口，而其主演阿明·缪勒-施塔尔于1980年离开了东德。1978年的《乌苏拉》被禁止再演。）君特目睹两德的分裂，于1978年移居西德。在他最好的电影名单里，有弗朗克·贝耶的《五枚弹壳》《停留》《说谎者雅各布》《狼群中的裸体》，西格弗里德·昆恩的《弗列德里希·威廉·格奥尔格·普拉托的第二生命》《亲和力及女演员》，罗兰德·格拉夫的《勃兰登堡省研究》《法拉达》《琥珀房

间》，海纳·卡罗的《俄国人来了和伊卡鲁斯》、康拉德·沃尔夫的《戈雅》《群星》《丽茜》《马默洛克教授》《运动场上的裸男》，君特·吕克的《订婚的人》。他认为特别出色的是《保尔和宝拉的传奇》（原著：乌尔里希·普伦茨多夫；导演：海纳·卡罗；主演：安格丽卡·多姆罗瑟），这部电影也广受观众喜爱。

599 “东德电影史悄无声息地消失”，这比1990年代的西德电影只有寥寥数部能达到顶级水平还要让人郁闷（这几部是罗穆瓦德·卡马卡的《致死者》和卡洛琳·林克斯的《寂静的另一边》）。获得过联邦电影奖金奖和银奖中值得一提的是克劳斯·马利亚·勃兰道尔的《格奥尔格·埃尔瑟——一个德国来的人》、伯恩哈德·维基的《织网》、维尔纳·施罗厄特的《马琳娜》、彼特·瑟尔的《卡斯帕·豪瑟》和赫尔穆特·迪特尔的《施通克》。当时有一股电影热，许多地方纷纷兴建多功能电影中心，尽管如此，几乎没有一部西德电影获得国际声誉。“市场运动”首先是从喜剧兴起的——“笑有用”——克丽丝缇安娜·派茨用“乱搞关系”来概括这些喜剧特征，“毫无感染力的晚熟青春期口味，没有传递出一丝对生活的热爱或情感”。（这些喜剧当中，票房较好的有《男人公寓》《城市谈话》《没人爱我》《被打动的男人》。）

至于东德的“老媒体报纸”，在统一后有一部分被西德出版社收购。东德大厦坍塌之时，报业已是管理技术老化，编辑部的信息也尽是过时的。报业被德国统一社会党和国家所控制，对以上两者言听计从，彻底沦为它们的工具。

> 所有报纸隶属于内阁下属的新闻处。德国统一社会党领导层对编辑部所应采取的路线甚至选材做出指示。地方报纸属德国统一社会党地方办公室管。就连如何培训记者也要按照国家的规定来。2/3 的记者就读于人称“红色修道院”的位于莱比锡卡尔－马克思大学的新闻专业。而只有那些依照德国统一社会党的标准社会活动表现好的人才能取得入学资格。一个重要的“管信息的”是东德国家所属的消息处 AND，该处垄断管理了所有外国消息报道机构。只有《新德国》有一些自己
> 的记者。东德的报纸倒是不少，39 家日报，970 万份报 600
> 纸。平均每 1000 居民就有 583 份报纸。1988 年，总共有 1812 家报纸。其中，39 家日报，667 家直属德国统一社会党的企业报，508 家报刊，176 家消息日报，4 家大地区报，354 家地区信息报，34 家周报。

东德的记者本来也许可以凭借自身努力做到“净化”和思想解放——如果再多给他们点时间的话。但老练的西德人很快蜂拥而至，占据了报业的所有领导位置。

前直属德国统一社会党的地区报有绝对优势。即使在自由竞争的情况下，也占据了 67% 的发行量及 90% 的地区报社，但这并不会推进人们所期望的报刊多样化。60% 的新联邦州地区仍然是一份报纸当家（日报的发行量比旧联邦州地区少 2/3）。“西德的大出版社可通过收购东德报纸来扩大其市场影响力。与此同时，当这些大出版社进驻之前全属国

有的东德报刊业市场之后，西德的报纸系统也暗潮涌动。一场关于报刊集中性的辩论在所难免。”（玛努艾拉·格拉布）

全德的中小学和大学

1990年代刚开始，统一后不久，“中央圆桌”工作小组“修养、教育和青年”成立了。回首东德专制的教育制度，该小组在一份倡议书中提倡全民教育的去斯大林化和人性化并给出了建议。回首历史，可以发现人们对何为理想中小学
601 的设想有颇多共同之处，这些设想是在战后西德立志告别国家社会主义以教育作为工具的做法时形成的。

> 在东德的中小学课程里，社会被描绘成无差别的和谐体。“没有矛盾的社会”是指导画面。至于真实的生活究竟怎样，则被从教材里尽数剔除。教材中对德国统一社会党的感恩及对工人作为抽象的唯一有益于社会的阶层的塑造有损孩子们对真实生活的研究。生态被认为可以通过经济和技术发展做到，历史被认为是通向社会主义的必然发展，被压迫的阶级争取社会公正的斗争是历史课主线，仅仅选择和这条主线有关的数据和事件。东德仿佛是德意志民族历史中唯一可能的发展结果和终结点。

两德统一后，按规定曾经数十年影响教师、学生和家长的教育体制应迅速改变，以民主导向重新编造。“中央圆桌”倡议书的主要内容如下：教育制度应在各人先天条件下，促进发展的机会均等；应为保证人权，促进终身教育；

应尊重所有青少年人格的不可侵犯性；教育机构不应只是传授知识或为了找工作所需的手段的地方，而应符合全面教育的内容要求；每个人的人权无论其年龄、性别、性取向、国籍、社会或家庭背景、文化政治和宗教认同，均应获得尊重；教育的所有领域都应实行民主协商；应促进业余活动的多样化；保障职业培训、再教育和大学教育的权利。

但是，统一后德国的中小学教育并未满足这个希望。20世纪90年代给东德带来了彻底的结构转变，也就是说，以西德的中小学及教育制度为标准转变。东德中小学教育中典 602
型的“和谐责任”曾经导致学生毕业后走入社会的无能，认为冲突是可以调解的利益差别，这造成了很坏的影响。赞成新联邦州内部改革的人面对坚定的实用主义者，无法贯彻自己的想法。教育与科学部部长在由洛塔尔·德梅齐埃、汉斯·约阿希姆·迈尔等人组成的内阁中发表高论说“教师大面积感到不安”，这让事情变得更糟。这些人尽管愿意创造一些机会，他们的情况却和当时的社会一模一样：首先必须经历真正的威胁，而威胁本身即可以带来机会。这超出了他们的能力范围，因为他们不知道怎样才能在自己承担责任的情况下利用机会。加上全体教师因为之前的“意识形态错误”必须“矫正”，其使教师失去了教书育人的渴望，而这份渴望本可以加速内心的改革。因此，从心理上看来，全西德的教师情绪全都一模一样：改革的干劲被例行公事浇灭——好吧，也不能说是完全浇灭，因为90年代依然有一股革新的愿望，这些愿望来自“过冬”后的中小学实践和教育项目。

哈特穆特·冯·亨提希的著作《重新思考中小学教育》激起了对数十年以来的教育理论和实践上的讨论。他评论说，“实践理性的练习”在全德国流行，“急匆匆却未必有效，极端却并不理想”。那些曾在二十年前感动过他的经历和想法比这一切意味的要多得多。

> 亨提希认为，德国的中小学并不是生活和获得经验的场所，不是“一个孩子们可以长大的地方”，年轻人不能在那里学习到关于理想、责任和问题的内容，“而是某个看护所、温室、暖房，或者一瓢凉水浇醒他们的
> 603 地方，或者分类机构，或者发动机，或者‘后来人’制造仪，或者社会活动站，或者以上的总和，而且是一种条件恶劣、收效甚低的总和”。
>
> 人们面对着坏消息：青少年暴力、孤立少数人、市议会的无能、新联邦州的滞后、教育者的自我怀疑、关于生活的谎言、城市管理失控。不良兆头蠢蠢欲动：沉溺于电视和电脑、远离思考和知识、非理性、原教旨主义、事业、社会老龄化。野蛮似乎又将回到德国，这可不仅仅指某一方面。有人把挫败感和由之而生的攻击倾向归罪于反极权运动（他们说“这都怪1968年的学生运动！”），理由是这些运动致使规则被损、无政府主义和悲观情绪抬头。这种指责当然是不合理的。至少，东德就是很好的一个例子：等级制度森严、极权主义的制度更容易使人诉诸暴力。

哈特穆特·冯·亨提希对于“明日中小学”的设想实

际是重复了数十年以来，西德的中小学教育改革时而乐观、时而悲观的提议：多样性的中小学应教会孩子们如何生活，孩子们在其中理解何为和平、公正、有序、有责任的共同生活，放眼全人类。中小学应该是文明的——文明的意思是，让人们学会信赖、责任和理解。

20世纪80年代关于教育改革的讨论，就算还没有完全失去其锋芒的话，也已经同教学实践渐行渐远了。各州的文化部从来也就没能起到正确的思想导向作用，现在更是听任其法律及规划部门萎缩。KMK，也就是文化部长常会，因其对理论的敌意和轻视出名。90年代中期终于出现了较完整的教育概念，其中心不再是投机取巧而是参与理性，不再纯实用主义地解决当下之急，而是着眼真正理想的整体教育理念。北莱茵－威斯特法伦州的文化委员会有一份备忘录，名为《教育的未来，未来的中小学》（1995年），其中提 604
到，两德统一、就业市场和业余活动领域的变迁所带来的挑战应被纳入考虑范围。常常用到的概念“作为学习之家的中小学”自是一种理想状态（理想和理念终于又回归讨论，这真是一件可喜之事），但对于雄心勃勃写就的“未来教育理想”来说，它也有结构和管理上的可借鉴之处，可使理想接上地气：尤其是，每个中小学依此可被给予最大限度的自主权和自理权。

而对于我们的大学来说，问题不仅仅在于科研水平下降，更在于大学丢失了对社会的敏感度、丢失了它的好奇心、丢失了它作为大学的自我意识。引人入胜的问题不再常常被大学提出。它也不再那么能够为青年一代起到领航作用——这个领航作用不是指传授某个或某些分门别类的、一旦离开科研领域就不再有用的世界观，而是指潜移默化依据事实提问的能力。如若没有这种能力，不管是医生、律师、教师还是国民经济学家，都无法理性地（或者说符合理性精神地）工作。以上想法是彼特·格罗茨于1988年提出的。

> 自1960年代中期以来，新建大学数量激增。除了专科、音乐以及艺术学院之外，自1964年始，17所大学、6所综合学院及8所其他学院开堂授课（波鸿）。1960年至今，学生人数翻了6倍。当然，这些学校的建立同某种理念或设想无关，而是某种程度上同改善当地社会经济结构有关。“因为并没有共识，所以这些大学也可追逐不同的目标，由此埋下日后深深失望的伏笔。”（托马斯·埃尔维恩）

1990年代，德国大学似乎失去了希望，创历史新低：学科子系统崩溃，导致这些系统之间看上去没什么差别，并
605 且为着日渐缺乏的资金打得头破血流；对过长的学制怨声载道，科学责任越来越少（教授之于学生，学生之于学校机构）；政治的优惠杳如黄鹤，且对高校的问题不再做内容上的探讨，而执着于争论是否国有。

柏恩德·海宁森是柏林洪堡大学斯堪的纳维亚学及文化学教授。他认为，所有这些令人恶心的情况都是因为科学家们越来越各管各事、无法控制其“自由”造成的。德国关于教育的讨论，尤其是关于大学的讨论，没有一个公认的平台。它们很少能离开私人谈话那种影响甚少的领域，如果离开，

那也只有在国家预算出现危机的时候。1968年的叛逆学生除了激发一场胎死腹中的教育改革之外，还对此很快做出一些任何时候都令人无语的反应，而不是在长久的公共领域树立大学及国家的科学、研究和教育所具有的社会和政治意义。公众的无语正对应大学的无语，而大学的无语从历史角度上看，则症结在于受教育的市民阶层对政治的无所作为。教和学的自由——尽管教授为此从国家那里支取工资，但真正的“委托人”是真理——被越来越多地滥用。德国科学界太少太少的人做到了这一点，尽管从经典科学认识来说，做到这一点乃属常识。

“既然科学是一项公共事务，就要求学者在公共领域对言行负责——并不是一群随便任意的私人或者赫拉克利特[①]所说的蠢材集合起来达到一定数量就可称公共领域。洪堡[②]所说的追求孤独和自由是科学成就的前提，但这只有在科学家自明对文明亦有责任，从而超越个人之时追求才有意义。”

两德统一之后，“红色大学”的腐败在方方面面（尤其是人文和社会学科）昭然若揭。这本应敦促东德做一场 606
“自我清洁”。结果，西德的高校却借所谓的同事间互帮互

① 赫拉克利特（Heraklit）是公元前5世纪古希腊唯物主义哲学家。其基本主张是存在非永久，一切都在变。

② 威廉·冯·洪堡（Friedrich Wilhelm Christian Carl Ferdinand von Humboldt，1767～1835年），学者、政治家和柏林洪堡大学的创始者。威廉·冯·洪堡被看作德国文化史上影响最深刻和最伟大的人物之一。他和他的弟弟亚历山大都有广博的学识并进行了重要的研究工作。亚历山大的主要研究对象是自然科学，而威廉的主要研究对象是文化科学，如教育学、国家理论，对语言、文学和文化的分析。他是普鲁士教育改革的推动者，同时也是普鲁士外交官。

助的名义来对东德高校体系进行“清扫”（也就是教育领域的“掰正路子”），借新官上任之机大肆招纳自己的人马。1989～1994 年，东德高校约有 20000 名科学家被扫地出门，这个人数几乎是东德时期教授以及研究人员总数 38900 人的一半。超过 60% 的研究人员失去工位，没被赶走的教授中有一半被安置到西德工作。

> 东德学生人数仅为 13.3 万人——说仅为，是对比西德 150 万学生大军。同东德总人口相比，这个数目实在是很少。1987 年，只有 12.6% 的东德适龄青年被大学录取，而西德的这一数字为 27%。教授和讲师的人数相对学生而言则很高。柏林洪堡大学哲学系职工人数为 50 人，学生人数是 150 个。比较一下西德：慕尼黑的路德维希－玛克西米利安大学哲学系职工人数差不多也是 50 个，而仅第一专业学生就有 3700 个。

承认东德的杰出文化和科学成就并不意味着美化东西德之间的人口迁徙和表象之下的反抗（沃尔夫·勒培尼斯）。这不过是不把所有事情都和道德高下联系起来而已。西德并不是更好的那一个，只不过是更幸运的那一个。地理上的优势并不能够给任何一个住在易北河西岸的人以把自己打扮成道德楷模的权利。“人们没有明白，既然东德的政党可以进入全德正规的党政体系且能占据高位，为什么艺术家和科学家就非得受迁居那份尴尬罪。此刻，德国的政治错综复杂，文化则随波逐流。不过，在文化和科学政策讨论中，不把所
607 有事情都和道德高下联系起来也可以有很糟糕的后果：那些

现已存在的特权人群将会从中受益。因此——并不是跟西德相比，而是同中欧及东欧那些正在改革的新国家相比——东德过去四十年以及在统一过程中所发挥的文化和科学智慧，必须被批判地重视。”

> 东德约有1万份博士论文因各种原因秘而不发。不仅是大学、工业大学或者专业学院有决定博士毕业的权力，形色各异的学院、下属数个机构的科学院，甚至6所军队大学和警校也有这些权力。最终，德国统一社会党还管辖5所高校，并且决定研究方向。托赖庇佑，12.3万人获得博士学位，2万人获得大学执教资格。

对东德科学发展的研究当然不能全丢给东德历史学家去做。这是汉斯－乌尔里希·维勒从他的专业角度（历史学）所给的意见。他说，这是不无道理的，人只有在——用时髦话讲——事情同自身相关时，才能做出合理判断。可有一个信奉国家社会主义的历史学家对那些黑色岁月做出令人信服的研究么？难道不是那无数个持批判态度的时代史学家，对国家社会主义深恶痛绝，所做的研究方足信么？“不，有能力的东西德史学家应被糅合到一起。西德人在一定距离之外，可以带来冷静和同其他极权体制以及西方式国家的比较。东德人则了解更多内幕和斯情斯景，这又是局外人无法重建的。”东德高校1990年代中面临的巨变，那是一幅两极分化的图景。

新联邦州的教学与科研终于获得了思慕已久的自由。某

些意识或艺术形态获得了更多的宠爱，发展一日千里。同样
608 一日千里的还有学校与学校之间的硬件设施差距。在27个地方各自占山为王的16所大学、22所专业高校和12所艺术学院间的地区与地区、学科与学科、院系与院系的差距正在逐步扩大。而数年以来一直处于过渡阶段，有各种特别项目、学者交流项目、特别资助研究项目以及方兴未艾的远程教育的私立大学使得差距更加被拉大。尽管如此，80%的工业研究，约50%的校外研究和超过1/3的高校职位被取消。与先前设想的融合不一样，东德的高校，几乎是在从人员、结构等方面完全适应西德。

西德科研领域中的学霸们当然促进了东德高校体制的现代化和去意识形态化，但与此同时也唤醒了东德人心中深刻且影响长远的敌视西方的情绪。这还没完。所谓的“西方学科”同东德占优势的学科针锋相对。“战线”被搅得错综复杂：那不仅仅是“东佬”和“西佬”之间的对立，而且是“那些致力于当地大学和那些一直就有的少部分对高校自治、存在和地方建设漠不关心的‘忠于家乡’的西德教授间的对立”。

克劳斯－尤尔根·舍尔是社会民主党科学论坛的执行主席，该论坛设于柏林。他认为，高校的拆迁和建设不仅对东德高校是一个新的机会，早已被一己私欲和官腔沾染僵化的西德高校也可从中受益良多。学生可从实用性很强的课程中做更多职业准备，研究对经世致用的强调也有很高价值，学制可受更强的管理、更有结构性，大学同社区以及经济的合作在增强，人们在此过程中也可尝试如何使管理更有效率、如何获得更大的灵活性，以及如何有新意地获取资源。

第 20 章

政治疆域的模糊

民主和丑闻 609

如果给德国的丑闻写一部编年史，那定可谓包罗万象、源远流长。托马斯·曼在战后所企望的——“世上曾经有过德意志精神，以后还会再有，那就是驱除对权力的迷信。这将通过人们的努力和自由的精神做到”——没有到来。

当然，在政治教育和政治文化中重要的是，在所有社会领域里都依然有相当多的人，面对日复一日的道德需求和现实生活中滥用权力之间的巨大反差并不会变得麻木不仁。也许人们可以这样自我安慰：丑闻只有在民主体制里才会存在，反倒使它成为衡量法治国家是否有所作为的指数（只有在揭露了什么事情的时候才是）。“媒体揭发，法庭送它的终。”（克里斯蒂安·许策）他认为，丑闻的爆出是为了体制的清洁，它是民众面对代表他们的人时，手里的最后一张王牌，它可以证明民主体制还算健康。

> 小说《河旁女人》是海因里希·伯尔去世前不久完成的。它的最后一句话说的是“沉重的存在”。该小说从妻子、对手、情人的角度，通过对话和自白的形式展现了波恩政治名流的生活剪影。这部作品在构思和文辞上并不成功，但对政治哲学来说却有极大意义。作者带领读者观看分散在不同角色上的关于“上月成交多少”的自白。“我们从哪里来？我们走了多远？努力记
> 610 忆是为了避免遗忘，伯尔把这种本属私人的记忆功能移植到了小说的角色上：你们不可以忘记自己曾经是谁、干过什么！”《宁静的漫步者》是歌德的《东西诗篇》中的一首——同这部小说中充满绝望而又懒散的讽刺不谋而合——小说在扉页上就写着这首诗：“面对卑鄙下流/无人控诉/因为那是权谋/人们也这样对你说/即使坏绝/也能青云直上/但只有正确/才能接通真相。”

某些出版物，比如《明镜》或《明星》（在它还没因为希特勒日记伪造事件把自己变成丑闻主角之前），为“民主的自我净化”起了很大作用。然而，对德国的丑闻编年史

一瞥可知，揭露腐败常常极其难做到，对幕后主使的追讨更是常常半途而废或者根本无果而终。

> 比如，在 1959 年拜仁赌场①一案中，拜仁州许多政要被判监禁。主要证人，基督教民主联盟的弗里德里希·齐默尔曼竟在誓言之下公然说谎。1960 年，他因为“由于疏忽做了伪证”被判四个月监禁，在复审中又被开释，理由是，他在对拜仁州执政党做不利证词之时，因患甲亢“而低血糖，故思考能力受到影响”。
>
> 弗朗茨·约瑟夫·施特劳斯逝世于 1988 年 10 月，当时他已是德高望重的拜仁州政府总理。弗朗茨·约瑟夫·施特劳斯这一路——阿登纳第四任内阁中的国防部部长，在同库尔特·基辛格结盟组成的联合政府中任经济部部长——充斥着各种事件和丑闻。但这一切并未中断这位“好斗、骂骂咧咧、自吹自擂、不穿外套、据说是病态迷恋权力的上拜仁人”的受欢迎乃至成功。
>
> 施特劳斯是《明镜》事件②的始作俑者。这是在德

① 有控告指出，1955 ~ 1962 年，拜仁州内政部部长盖瑟霍林格和州政府总理鲍姆加特纳及其他政府要员曾经收受贿赂，将赌场的营业许可证颁发给私人。1959 年拜仁州州立法院开庭审理此案，但仅判了鲍姆加特纳 2 年、盖瑟霍林格 15 个月有期徒刑。对此《南德意志报》于 1959 年 8 月的一份报纸登出文章，标题为《赌场审判，好严酷的惩罚》。

② 1962 年的《明镜》事件是西德的一次政治事件。《明镜》周刊的记者因为一篇批判性的文章被以叛国罪的名义面临法律惩罚。这是西德成立以来第一次公众自发站出来强烈抗议，因为他们认为此举是滥用权力，让一份杂志沉默不语。根据 2012 年的维基解密，该事件的起因原是德国联邦情报局试图操纵杂志所致。而到 2012 年为止，《明镜》周刊的工作人员在事件后五十年，依然不得调阅当时的有关文件。

国影响最大的政治丑闻之一。事件因对维尔茨堡教授弗里德里希·奥古斯特·冯·德·海特的控诉而起，联邦检察院依据一项对《明镜》周刊展开的军事-政治调查提起诉讼，并向国防部提交了一份鉴定报告。由此，
611 法院发出监禁及搜房命令，理由是叛国、内乱和集体贿赂嫌疑。《明镜》位于汉堡和波恩的编辑部被警察占据，出版商鲁道夫·奥格施泰因、社长汉斯·迪特列夫·贝克和许多高层编辑被捕。尚在西班牙度假的总编，同时也是军事问题专家的康拉德·阿勒斯因外交部部长弗朗茨·约瑟夫·施特劳斯的介入也遭逮捕。在众议院发表讲话的康拉德·阿登纳称此次事件为“骇人听闻的叛国”。阿登纳说，这是《明镜》为了赚钱，有计划地犯罪。针对奥格施泰因和阿勒斯二人的审判因为证据不足没有在最高法院开庭。五位来自自由民主党的联邦部长下台。在埃里希·门德作为党魁领导下的自由民主党，将联合政府继续维持下去的希望寄托于早已不堪重负的施特劳斯从部长职位引咎辞职。结果此人不但没有辞职，反而绕开部长会议，使由基督教民主联盟-基督教社会联盟党和自由民主党重组的联盟成功入主阿登纳的第五届内阁。该内阁于 1962 年 12 月开始运作。《明镜》的发行量由 50 万份激增到 60 万份。尽管如此，德国依然花去约 200 万马克来对出版商进行审判。特奥多尔·埃申伯格写道：“我们不应该以为这只是一时之计，事情过后便可各自拍手走开（ad acta）。我们应该在记忆里重重写上两个字：重审。”

> 在媒体界激起轩然大波的是巴舍尔事件[①]（又称瓦特康特事件）。它对社会舆论造成的影响却并不大——除了能满足某些人的性偷窥癖之外——直到 1988 年 5 月 8 日的新大选，社会民主党在石勒苏益格－荷尔施泰因州议院都保有绝对优势。1987 年，据《明镜》揭露，来自基督教民主联盟的州政府总理乌维·巴舍尔指使他人攻击对手比庸·恩霍姆，尤其是其私人生活。巴舍尔当时的同事莱纳·普费弗作为证人指证。
>
> 巴舍尔发誓他没做过这些事，但其政治信誉已受损，因此辞职。1987 年 10 月 11 日，他被发现死于日内瓦一家旅馆的浴缸里，疑为自杀。但 1994 年，死于谋杀的怀疑又占了上风，可就连一向办事利落的国会调查委员会也没能查出什么令人信服的内幕来。

公众对丑闻的接受能力已越来越强。西格哈德·内克指 612
出了以下四个方面的原因。

随着国家权力的延伸，人们对政界更好地平衡各方利益的压力也越来越大，把本就复杂的事情搞得更加复杂。腐败不再为高官专利，而可轻易做到，该可能性的增强（变富具有很大的诱惑）让官僚体制中人的道德观起了波澜。

---

① 1987 年在石勒苏益格－荷尔施泰因州发生的一起丑闻。时任该州政府总理、来自基督教民主联盟的乌维·巴舍尔利用手中权力压迫对手——社会民主党和绿党的联盟。基督教民主联盟对对手进行私人攻击。在竞选小册子里，攻击社会民主党候选人恩霍姆为“乡下来的机会主义者”，尤其是捏造事实说“社会民主党和绿党的人将使性侵儿童成为合法的”。因此，作者讽刺说“能满足某些人的性偷窥癖”。

公众对于政治权力运作的内容及形式的敏感度也大幅度增强。丑闻被发现的概率也同时增加，有些甚至早前都不被认为是丑闻。

政治在社会中争权夺利、占山为王变得越来越多样化。同时，越来越多的人对定义何为丑闻的意见也不一样。政治新秀，比如绿党，一身轻松，在面临危机或争执之时，较少考虑“国家利益”的负担。

官方的政治术语则倾向于把道德标杆上调，因为如此可获取更高的支持率。但这样一来，期待和真实之间的距离也拉大了。“公众满怀期待，当‘道德楷模’秀再一次失败出丑，大家打心底里开心。”

自觉的民族

前文提到过的“新的不透明”时期流行着一种有新保守主义色彩的“神话化”政治。说“神话化”，是因为这种政治仅允许一种解释世界的方式，并从这种方式中引申出一种行为导向。人们早先曾对文明抱有货真价实的敌视态度，而今，反而视技术为信念。左派运动被人们当作“反进步的瓦解工作”，批判理性被认为会降低生活质量。尽管如此，还是有一些保守的“思想工厂”展现了较高的思想水平。

新保守主义对进步抱着乐观态度，相较之前，则对更多的事情抱有好感。因为，正如约翰内斯·格罗斯所说，新保
613 守主义同“悲惨世界”的公共感受保持距离，不愿让物质富裕所带来的享受因为某些悲观丧气而变味。流行于左派阵营的悲天悯人可能颇能引发某些人类似于被鞭打时产生的性

快感，大多数人无法正确应对，所以这种快感常常可能落地生根、变为使人狂躁的无望。而新保守主义则学会熟练规避自己的窘态和“不成体统”的地方，为流行的政治课题寻找策略，从而抵消意识形态上的不足。这样的聪明做法与左派阵营形成鲜明对比。

> 保守主义者的想法并不是孤独地漫步在乡野小路，仅为倾听树叶飒飒或流水潺潺而来的。他们的“产品”是根据时下需要，在“思想工厂”里完成。他们对自己的认识不是“真理”的守护者，而是权力的管理者。他们的言辞不求永恒，只为下一次竞选。他们像企业家计算一项新产品的销路一样计算他们言辞的影响力。这些言辞无关真理，只为影响；无关文明，只为讨巧；无关价值，只为利益和权力的衡量。保守主义者不知不觉由鼓吹现代性的优越性的专家转为擅于后现代式无所谓的专家。“告别原则”对他们来说不是难事。（赫尔穆特·柯尼希）

两德统一后，新保守主义以非理性的“窃窃私语”替代思想的可推敲性，其地位明显高于其他。民族怀旧主义的鬼魂游荡于新老联邦州。而处于领导地位的民主政治家们，自以为双脚牢牢站立在宪法之上，却并未意识到这只鬼魂的危险性。民众着重强调这次和平的革命使德国又成了一个民族，有鉴于这种情绪，“民族”又成为政治讨论中的一个重要概念。启蒙公民对民族的定义——一群生活在共同法律约束下，由一个共同的立法体代表的人——显得不够劲，就连

一向对民族主义这个“神经衰弱症”保持警钟长鸣、致力于在更广阔空间里建立秩序的历史科学如今也认为民族国家
614 身份是必要的。哈根·舒尔茨认为，从无数次欧洲统一努力均遭失败中应该吸取一个深刻的教训：欧洲的统一不可能逆民族及各民族的合法体完成。

有些人乐观地认为，务实的德国人也会追求一个务实的，也就是说中庸的民族感——这个想法被部分知识分子，比如君特·格拉斯，抨击为无理的自我安慰。与这种乐观想法相对，也有人认为应对“德国神话”的新抬头保持警觉，这种想法也不无道理。在东德，德国统一社会党在统治末期也颇多地诉诸民族神话（路德、腓特烈大帝、俾斯麦），但首先引发的是国内的暴力事件。霍耶斯韦达①已成为一个概念：1991年，该市发生了长达数天的青年袭击外国人事件，而该城的老人则在一旁鼓掌欢呼。

1992年8月，统一后新联邦州爆发的种族主义烽火在罗斯托克被点燃。青年纵火，除了光头党之外还有许多迄今并不引人注意的少年儿童冲击政治避难申请中心。当地居民欢欣鼓舞地支持这些行动，警方忙得顾头不顾尾，十分无助。

“促使这些凶手作案的原因是怨恨。他们‘仇恨外国人’的宣告已经引发了内在的紧张。‘仇恨外国人’表达的是由吃亏和麻木带来的不确定的、带有强烈客观歧视的

① 霍耶斯韦达（德语：Hoyerswerda；索布语：Wojerecy）是德国萨克森州的直辖市，位于该州北部的索布人居住区，科特布斯以南约35千米，德累斯顿东北约54千米。

感受。”

> 南斯拉夫的内战彻底动摇了人们对“历史中，理
> 性终将到来”的希望，也把欧洲政治的弱点暴露在光
> 天化日之下。它清楚地说明，回到过去那种非理性－暴
> 力的行为方式完全是有可能的。与之相较，两德的统一
> 确实也坚持了建立在宪法原则之上、西德数十年成功实
> 践且深植于民众内心的联邦制结构。在新联邦州，尤其
> 是萨克森、勃兰登堡和图林根，人们对建立于当地历史
> 及文化之上的身份认同迅速地发生了感情。由地缘而产
> 生的傲慢在国家的几个大党派那里完全找不到一点回
> 应。“统一总理”赫尔穆特·科尔也是欧洲路线的强烈
> 促进者，该路线建立在德法友谊关系之上，他可不愿意
> 这条路线受到德国国内传来的不和谐噪音的影响。西德 615
> 的文化概念总体由现代性——这也意味着身份的多重
> 性——的观念决定，它让“关于德国民族的叫嚣”有
> 所收敛。与“保卫莱茵河”相对的“保卫说不”更重
> 要（欧多·马夸德）。古代史学家克里斯蒂安·迈尔是
> 其专业中为数不多、作品不仅被专业圈内之人阅读的代
> 表，这些作品带给人思考，即反省的民族感情可使民主
> 重新焕发活力且更加坚固。

对外国人的仇视情绪很长时间以来都潜伏于东德。执政党与其说阻止、毋宁说为新法西斯团体的抬头大行方便。根据弗兰克·舒曼——《青年世界》报前任记者——的一项分析，对外国人的仇视情绪为东德的落后乡土气和狭隘的精神

所促进。为了国家利益而鼓吹的反法西斯主义流于形式，而并未对国家社会主义进行认真研究。青少年因不满国家名目繁多的管制，也故意做出法西斯的举动来以示抵制。第一位外事专员阿尔穆特·贝尔格指出，在东德亲民及平等的表象之下，互相理解的愿望几乎没有。数以千计来自拉丁美洲、亚洲和非洲，如今在东德学习和生活的学生和工人，像纳粹时期的犹太人居住区一样被排除在社会民众之外。而随着两德统一到来的贫困，更对青年人采取极端行动起了推波助澜的作用。

接下来事态的发展表明，右翼极端势力的暴力行为不仅是东德的问题，现在西德的一些地名也能载入新右翼恐怖主义的地图册了。1992 年 11 月 23 日，有两人在对位于默恩的土耳其家庭房屋的纵火中丧生。1993 年 5 月 29 日，有四个居住于索林根的土耳其家庭成员在对其房屋的纵火中丧生。不过，与此同时，民主社会对右翼极端势力威胁的敏感
616 度也在增强。1992 年 11 月至 1993 年 1 月，在德国有超过 300 万人举行反对仇视外国人、反闪米特主义与暴力袭击的示威游行。

某几个民意调查的结果或可使人稍微安心：右翼势力获得法律认可的潜在性在几次骚乱之后大幅度下跌。这个结果也对应了行事微妙的新保守主义阵营的人员增长。新保守主义在“私校教师、大学教授（哲学、历史和政治专业）、记者、出版人、作家、公务员、法学家和教育学家”这个颇具影响力的圈子中获得支持。他们的目标是重新教育德国人成为“自觉的民族”。海默·施维克和乌尔里希·沙赫特于 1994 年出版的书《1989 年以来的德国经验总览》就为德国

人的民族自信和民族感而摇旗呐喊。

国家的新造福者仿佛黑纱罩面。他们纠结于神话和神秘主义，而这两者的多重含义和多重解释方法则一直都是逃避既成事实的好途径。“真善美总会用某种方式获得意义，但那应该是英雄－精英式的。普罗大众应从他们的狭隘井底被解放——与此同时，有人面对消费社会的暴力在某个深处无助哭泣——并被带到光明的高处。”

献给 1944 年 7 月 20 日和 1953 年 6 月 17 日的爱国人士的书围绕博托·施特劳斯的散文《膨胀的公羊颂歌》。该文以作者的想象力对精神倒退提起诉讼，所用语言旨在加强人民必要的听、愿、想、忆。“施特劳斯的想法一直不合群，无法翻译成社会－道德通用的语言。但他既可以这么说话，并——尽管有那些常识的存在或重重累积的‘理解的废话’——期待被听懂，因为这些话隐含了对这个国家所发生过的事件的具体回忆。”其实他并没有说什么，但又用“本质”的行话有所表述。反启蒙的思想，背后衬着灯光、衣服上满是华丽褶皱，大模大样地登场。

> 散文《膨胀的公羊颂歌》首次问世于文集《桩：无人问津的艺术与科学之地年鉴》。修改后的版本发表在 1993 年 2 月 8 日的《明镜》上，引起轰动。施特劳
> 斯是一位擅长用分析和精妙讽刺对社会事件做研究的作 617
> 家，游离于知识分子群的边缘。在此文中，他把自己打扮成某种新的但自己也没给出明确定义的法规的主角，显然是想描绘出英雄般崇高的景象。“我说的是摒弃，它

几乎是别无他路地来源于各种难以理解的咕噜咕噜声，来源于地球内部，来源于我们已经如此成功地追逐到的那些东西。我们有眼无珠：它并不想看见它带来了多少毁灭。被瞄准的东西本身带来了所有力量的源泉。”

光头党和其他新纳粹对受到警察保护的示威朋克大声咒骂（汉诺威，1984年8月，“混乱日”）

博托·施特劳斯这个大走神秘路线的文明批判者不乏模仿者——其中有在保守思想下勤奋努力的维利·勃兰特的遗孀布莉琪特·塞巴赫－勃兰特、老牌左派人士克劳
618 斯·莱纳－罗尔、电影制作人汉斯·尤尔根－西伯贝格、犹太裔保守派史学家米夏埃尔·沃尔夫松、之前做过总编的莱纳·齐特尔曼——所有这些新“保守革命”的代表人士当然不会走诗意的天马行空的那一路。他们动不动就放

声大哭或者咄咄逼人的架势是为了表达“变软弱的联邦共和国”的烦恼，文化的宽容、自由的政治和社会公正对他们而言是一块块投石。除此之外，历史上纳粹对犹太人的大屠杀也被淡化——这是恩斯特·诺特的常用话题。这个话题说穿了其实就是抵制外国人、保证德意志民族道德和文化上的同质性，甚至为德国去抱奥匈帝国这个地地道道的前现代国家的大腿赢得好感。所谓的阳春白雪美学观、为德意志的深刻和悲惨大唱的赞歌，其实都只是政治掮客的幌子而已，他们以为两德统一为他们阻止人们批判地思考提供了机会。只是，他们这么做，还欠一个法螺吹得够响的传令官，他们所提倡的“自觉的民族”，在失业率日益增长、大量民众面临非社会主义体制的今天，并不多么光彩。德国的政治和文化史却告诉我们，用“有一搭没一搭的咩咩叫”来谱写“膨胀的公羊颂歌”，后果绝对可以相当悲惨。

议会制的危机

德国的政治文化数十年来坚信，民主社会的基石在于许多政党的存在。但是，这一点几乎丝毫不能改变丑闻持续不断或不信任代议制民主及议会体制的示威游行一波又一波发生。乡镇、联邦州和国家之间互相踢皮球的游戏带给政治家许多从中获利的机会。与此同时，年轻人或女性在等级森严的政党体制内，长时间不能前进一步。

> 多党制国家的稳固性主要在于，与魏玛共和国不 619
> 同，它可以避免政治阵营的分裂。自 1961 年起的后二

十年时间，德国联邦议院几乎只由三个政党组成：基督教民主联盟及基督教社会联盟党、社会民主党、自由民主党。极端右翼或极端左翼党派不可能长时间存在。比如全德意志同盟，这是一个自1950年开始运作（解散于1961年）、由被驱逐的人组成的党派。或者右翼保守的德国党，也只被支持到1967年。极端右翼的德国国家民主党尽管在1966～1968年进入多数州的议会，但也无翻牌可能。弗朗茨·勋胡贝（Franz Schönhuber）1983年建立的共和党也许取得了一定的成效，但仅仅过了一个十年，该党的政治生涯就被画上句号。绿党1979年在不来梅，1980年在巴登－符腾堡，1982年在汉堡、下萨克森和黑森，1986年在拜仁，1987年在莱茵兰－普法尔茨分别第一次取得了它在州议会的席位。在1983年第十届西德联邦议院选举中，以5.6%的得票率进驻国家议院。加上1990年12月起的民主社会主义党，联邦议院有五个党了。

自1980年代以来，民众对政治的理解经历了较为深刻的转变，两德统一后，新联邦州普遍的情绪又加深了这种理解。许多公民尽管参加政党，却与之保持距离。懒得参加选举或者在选举时举棋不定的人数不断增加。固定投票者由1980年的60%降到1986年的48%，再降到1992年的21%。对有些评论家来说，这意味着多党制国家的末日即将到来。根据哲学家约瑟夫·胡贝尔1988年的一项分析，对政党的不信任以及不参与选举的人数翻了两番：这可以作为衡量反对新专制主义示威、对“面包和游戏”的许诺失望的呼声的指数。当然，这也可以反映出民众在面对政党机器时自主性在增强。

> 有明显证据表明，在从政人员中，官僚主义和专家主义甚嚣尘上。1986 年，500 个众议员中有 200 人来自公共职位，也就是说本身就是公务员或事业机关人员。他们的职业分配是这样的：70 个教授或教师，80 个管理人员，55 个政党、工会或其他政治组织的专职人员，30 个从业律师，25 个工程师（占全体有高等学历众议 620
> 员的 2/3）。相关研究任务由当时的总统菲利普·耶宁阁下令进行，他对此评论道，德国的联邦议院不仅是一个公务或功能议院，也是一个学术议院。

有人说，意识形态时代已经终结，人们由此也失去了对乌托邦的纲领性构建，与此相反，人们赞美“做事的人”的现实观。但这是对未来政治意义的错误估计。不仅为了当下的执政，更为了后人，都应该保留对乌托邦的设想。不过假如政党在拉选票时，对别人提出的关于未来的问题只能大而化之或老调重弹地回答，却并不能给出实际解决的方案或建议，总之就是缺乏实际想法、只会说空话的话，这种政党在选举中败北也就不足为奇。

“优秀的年轻人，假如是左派，就会宁愿去国际人权组织也不去社会民主党。假如是右派，就会宁愿去宝马公司也不去基督教民主联盟。”

1987 年，康拉德·阿达默在《法兰克福汇报》上指出，基督教民主联盟三十年以来一直对两句说辞颇为自得：外交政策立足于西方联盟；经济政策立足于市场经济。他们也取得了可观的成就：重建被战争摧毁的国家，在联邦以及州选举中获得好成绩。但是这一切不能表明，如若他们坚持这种狭隘的纲领，也会永远立于不败之地。那两句说辞是他们在20世纪中叶提出的，但对如今而言，他们并没有提出什么说辞。

赫尔穆特·科尔理解的党派是权力直通车。其人的政治攀升同社会民主党当时所处的低谷期和时代精神向厌恶理论的转变不无关系。他那聪明的“安全无害感”在其成功的光环下更具信服力。追随科尔的人既没有因为库特·比登科夫[①]的离开（而比登科夫后来当上了萨克森州政府总理，成功地扳回一局）也没有因为“驱逐”海纳·盖斯勒而走开。海纳·盖斯勒本想通过新理念和未来可行的构想给党内“换换空气”。有人曾预言，基督教民主联盟和基督教社会联盟党向赫尔穆特·科尔这个全知全能般的德国总理角色看
621 齐，却并没有纲领和任何清楚的未来目标，其早晚会在政坛上蒙羞。预言在1998年成真：“老牌”的基督教民主联盟/基督教社会联盟/自由民主党所组成的联盟失掉多数选票，败给了杰哈德·施罗德的红绿联盟[②]。

---

① 库特·比登科夫（Kurt Biedenkopf，1930年～），法学家、政治家。和赫尔穆特·科尔同属基督教民主联盟。1973～1977年任基督教民主联盟总秘书长。争夺党魁时败给科尔。

② 德国政党各自具有其代表颜色，这有其历史原因也有其党派倾向原因。基民盟/基社盟的代表色是黑色，德国社会民主党是红色，绿党是绿色，自由民主党是黄色，德国统一社会党是粉红。德国的政党分化组合，联合组成政府的时候往往根据他们的代表色的组合称谓他们，比如红绿联盟（如施罗德政府）、红黑联盟（因红黑两党为德国最大的两党，红黑联盟也被称作“大联盟”）。

瓦恩弗里德·德特林是海纳·盖斯勒在阿登纳政府、丽塔·许斯姆穆特在家政部的“军师”。他眼中的赫尔穆特·科尔是一个走中间路线的人，在内政上致力于民众的融合，在外交上是一个成功的介绍人。但他也认为，科尔对基督教民主联盟因为缺乏社会政策的考量而导致的失败负有责任。他说，科尔消化了这个他自己也参与缔造的现代政党的营养，却在退场的时候把这个“德国总统选举协会”的政党也拉下了舞台。

自由民主党人在 1990 年代逐渐失其“自由主义式的谨慎魅力”（哈特穆特·冯·亨提希）。因为奉行“臂肘政策”（Ellbogen - Energie）[①]，自由民主党逐渐变成挣钱多的人的党，背离了它在战后的道路——当时的德国总理特奥多尔·赫依斯对该党起到了引导作用，使它获得了很大的文化影响力：启蒙的人本主义、负责社会的自由主义。无党派的沃尔夫冈·杰哈特做了党主席之后——其后是克劳斯·金克尔——自由民主党同社会和政治原则渐行渐远。（他们说：“没人那么怀旧，还会思念弗莱堡左派自由主义。”）自由主义的年轻法律部部长萨宾娜·罗特豪依瑟 - 施那恩贝格效仿老牌自由主义者布克哈特·赫尔施退党了。新的秘书长古依多·韦斯特维勒，年轻、强健、敏捷，很聪明地运用煽情的口号、大胆的比喻、鼓惑的言辞，让自由民主党人继续显得赫赫扬扬，但雅痞式的自由主义终究只是银样镴枪头。他们

① “臂肘政策”，形象比喻为了成功不计损害他人利益，仿佛人不断以臂肘拱开其他人。

做了一场后现代主义政治之秀，但这场秀并未能团结党内人心涣散的技术派花花公子们（即使为了作秀，有些时候他们也显得比由议会外反对党进化而来的绿党更加激进）。格罗茨曾说，基督教民主联盟和社会民主党在使年轻公民消除政治门户之见上的做法颇为无能。用此话来形容自由民主党，亦然。

622 拉尔夫·达伦多夫1987年时曾说：“社会民主主义江河日下。”这位早先的自由民主党政治家带着精英感的傲慢否认了社会民主主义的存在意义。他认为，世俗的政治权力已经是强弩之末，设想中最重要的部分已经实现，曾经为之努力的政治团体现在各自有了新的利益划分。“对他们来说，所要做的只是指出由他们一手创造的世界尚有不尽如人意之处，剩下的则是竭力维护自己所取得的成就。这两种做法都不能激发渴望，因此，于终究为政府服务的选举中获得多数殊为不足。这就是社会民主主义的江河日下。”

社会民主党的两难之处在于，它满腔热情地坚守着一种世界观的原则，而在该种世界观主宰下的世界却正是被它自己成功推翻的。在极端思想从各个角落冒出来的今天，社会民主党不再够格做新的指路人。勃兰特和施密特时代过后，一切都清楚表明，1970年代追求政治突破的风尚已然消逝，推动社会变革的动力被卡住，新社会远未到来。风向变了。

> “选民中的多数已经根本不想听什么改革了。尽管

> 有国家的宏观调控，很多打着为了民众利益的幌子、实则追求其技术专家治国目标的事情在迅猛的思想解放及政治参与的潮流中逐渐现出原形。另一些则变为泡影，因为政治家和官僚一再触犯人类行为规则的底线。彻底的失望和彻底的清醒迅速蔓延。经济来源也在枯竭。联邦德国有史以来规模最大的一次经济危机的爆发给开销庞大的改革政策画上了句号——不管人们是不是真的还想改革。”（沃尔夫冈·耶格）越来越束手无策的社会民主党无法为德国政治的核心问题提出令人信服的解决方案，比如说如何鼓励德国的国民经济进行投资和创新，如何把公共财政预算重新拉上正轨，如何解放受到束缚的社会市场经济，如何兼顾经济发展和生态保护。
>
> 1987 年接任维利·勃兰特成为党魁的汉斯－约
> 亨·福格尔在 1983～1991 年担任社会民主党在众议院 623
> 的代表团主席，像一个大汗淋漓的马车夫一样把遭受选举失败打击、郁郁寡欢的政党团结在一起，使这辆马车不致散架。但对于重新夺回尤其是大城市的社会民主党的选票，终究无能为力。

即便是修订过的《哥德斯堡计划：德国社会民主党新纲要草案》，那也是看似千言，实无一策。

1990 年代，联邦共和国缔造者的孙子辈登上政治舞台，为社会民主党制定“未来的扮相”：首先是不那么具有卡里斯玛式魅力、更注重实干的鲁道夫·沙尔平，接下来是

1995年上位成功的奥斯卡·拉方丹[1]——一个懂得动脑筋的党内拿破仑，懂得用左派式的启蒙作为背景启发人民，这比孤陋寡闻的基督教民主联盟满怀敌意的虎视眈眈要高明得多了。他的做法得到立场鲜明、以非教条主义而闻名的杰哈德·施罗德的襄助。思维灵活、热爱生活的共同点把施罗德和拉方丹联系在一起，与苦行僧般的“党的战士”沙尔平形成鲜明对比。施罗德和拉方丹的作为得到喜爱所有人也被所有人喜爱的“爷爷”约翰内斯·劳的关照，终于在政府换届的时候让社会民主党的施罗德成为新的德国总理。

大众新闻以超乎寻常的巨大热情关注着绿党的崛起，这是不是意味着，这个党派可以从一开头就避免“旧党派”的错误和过失——尤其是因为，绿党并不关注利用眼下的机会可以取得多少实权，而是对未来可能出现的问题保持敏感，从而为指明方向提供一种可能呢？或者它的成功只是一种宣泄，宣泄人们对碌碌无为的旧党派的失望呢？——与此同时它自身的“环保主义”也逐渐消失呢？如果是这样的话，随着“政治先锋”的棱角逐渐被磨平，比如，在日复一日使人厌倦的琐碎小事中，或是只有获得多数选票才意味

① 奥斯卡·拉方丹（Oskar Lafontaine，1943年～）德国左翼政治家。1995～1999年任德国社会民主党主席。1999年3月他因不同意施罗德走第三条道路的右倾倾向，辞去了党主席和财长职务，由施罗德接任。2005年5月正式退出社民党，6月他带领追随者成立劳动社会公平党组织，2007年与原东德地区左翼组织联合，成立了德国左派党。2005～2009年10月9日任德国联邦议会左派党团主席。2009年10月9日辞去议会左派党团主席职务。

着成功的经验日益坚固，那么绿党触礁也只是时间问题。624
绿党如果成功，可以对其他党派在“改革”的考虑上以身作则，从而促使议会体制的复兴；倘若失败，那么所有党派和民众之间的鸿沟就会更深。

彼特·格鲁霍维斯基认为，绿党的成功首先是不断扩大的价值观转变的结果。那些左派－环保主义或左派－自由主义的后物质主义者极有可能投他们的票。但按克劳斯·欧弗的解释，绿党的出现和崛起属于新出现的政治“洪水现象”的一部分，该现象——同“房屋占领运动”和“保护树木运动”一样，对女性与和平问题忧心忡忡，反对核电站，提倡环保项目，推崇民众自主和生态耕作——有实无名。常常被提起的“自然”在此的意义是生活和政治的统一体(政治的私人化，私人的政治化)。绿党对道德观念和思想态度的主张十分刚性，但恰好是这一点与政治的责任感形成抵触，因为政治的责任感意味着妥协和结盟，仅仅这一点就会把绿党的自我认知逼到面临破碎的边缘。这个情况在科索沃冲突问题上体现得尤为明显。

约施卡·费舍尔①可谓压舱石。这位政治家在第一届红绿州政府联盟（黑森，1985 年）中，作为环境部部长负起了责任，进入众议院之后，也一直保持一颗有自己主张、擅

① 约施卡·马丁·费舍尔（Joschka Martin Fischer，1948 年～），生于巴登－符腾堡的格拉布隆，1998～2005 年任联邦德国外交部部长、联邦德国副总理一职，1999 年 1 月 1 日至 1999 年 6 月 30 日任欧盟议会主席。他曾经是德国绿党（B’90/Grüne）内的一名重要人物，2005 年德国联邦议院选举之后退出政治舞台。

于分析、极富雄辩才华的政治头脑，1998年出任德国外交部部长。作为叛逆者、实干者和绿党党魁——他脱下绿党喜欢的运动鞋，也不拒绝佩戴领带，因为领带帮他理性思考——费舍尔以身作则，告诉人们什么是绿色感觉，什么是绿色智慧，如何在无政府主义和工联主义的弯路、错路之后，“通过权衡，找到中庸正路”。

社群主义

1990年代的西方，人们越来越厌烦政治文化，这是其在民主的保护伞下，长期的腐蚀过程的结果。党派的群雄逐鹿——那头鹿就是国家，与此同时，公民则越来越失权——是这个过程开始的重大原因。民主遭遇了危机，因为实际上它已没有多少民主（汉斯·赫伯特·冯·阿尼姆）。

625 在东德，国家机器在其统治期曾显得那么神秘莫测的腐败和谎言被一一揭露。同时，对之前被神化了的西式民主的失望也在蔓延。

两德统一之后，全德国的政治气候也被统一。结构性失业下的麻木不仁更增强了对这统一的政治气候本就十分适宜的“民主终结”说辞的接受度。无论是个人还是社会，不安全感都在上升，这导致一方面对强势国家及严刑峻法，另一方面对扩大公民参与的呼声都越来越高。然而，膨胀的国家暴力与西德数十年以来的自由主义传统背道而驰。尽管没有遭到1962年通过《紧急状态法》时那
626 般强烈的反对（尤其是自由民主党都因为这事转右了），

德国总统里夏德·冯·魏茨泽克看望柏林普勒茨湖监狱里的少年服刑犯（1986 年 5 月）

但国家暴力膨胀包含危险，这已是德国政治文化不可争辩的组成部分。

“政治正确”——这是一个无孔不入然而并非因为信念而确定下来的道德体系——并不能赋予公民社会所有政治文化复苏所需的材料。政治团体的丑闻并非根本问题——对比一下当时日本和意大利的惊天丑闻，德国的只能算是小菜一碟——最根本的危险在于，整个德国社会浸透在一种寡廉鲜耻的“自我服务”精神中（特奥·索莫）。人们受够了在这个只讲攫取的社会中生活。在这里，腐败早已不是例外，因为一切都围绕着“挣钱”两个字转。“个人生活和国家生活都有比挣钱更重要的东西”，这是 1992 年夏天一次示威的口号。示威获得了极大关注，玛丽安·杜霍夫女伯爵[1]、赫尔穆特·施密特和沃尔夫冈·提尔瑟都在这次示威书上签了字。公民们失望透顶，无论政府或反对党都既无热情也无韬略，多数事情都交给“偶然”来决定。东德的终结并没有带来期望中的觉醒，相反是死水般的惫懒。

“历史仿佛一条巨大神秘、奔腾咆哮的河流在我们身边呼啸而过。而站在岸上的我们，心惊胆战地问自己它将奔向何处。”

尤尔根·哈贝马斯在汉斯·马格努斯·恩岑斯贝格的一番论断的基础上写道，联邦共和国在统一后被“第二条生活谎言”附体——“第一条生活谎言”在广为人知的阿登纳时代诞生：“我们所有人都是民主的。”——他的意思是，德国又回到了它的老路。和旧式国家的决裂唤醒了一种感觉：人们不必硬逼着自己做“道德模范学生”，而可以在毫无顾虑地保留健康的民族感情的同时引导欧洲。政治风云变幻，焕然一新并非好事。哈贝马斯认为，这并不是因为曾经用有效的警觉成功构建了联邦共和国精
627 神气质的左派也在蜕变瓦解，而是因为自由保守主义者分崩离析。

在经济领域，全球化俨然成为新的偶像，被用以代言一种无底线，亦不受社会国家道德束缚的实用主义。“全球

---

[1] 玛丽安·杜霍夫女伯爵（Marion Gräfin Dönhoff），1909年出生于位于东普鲁士的弗里德里希施坦因城堡。《时代》报的主编和出版人之一，是德国战后时期颇负盛名的媒体人。曾获德国图书和平奖。2003年，德国以其名成立了玛丽安·杜霍夫奖，用以表彰促进国际理解的人。

化”成了为裁剪本国工作岗位而将其挪至劳工价格低廉的国家脱罪的借口。与此同时，一种个人主义也在私人生活中大行其道，它其实是利己主义，“原则”和“责任”对它都不过是儿戏。社会在分裂，因为嘴脸伪善的多数在面对不辍为社会努力的少数时，公然否决启蒙的政治生活方式。个人和社会的相互制约（以及与此相关的，上下一心对自私自利的控制）让位于现代特有的、对乌托邦理想横加指责的享乐主义。外在的表象，譬如就业结构的转变（生活的电脑化造成了沟通不畅）或家庭生活的倒退（在大城市里，超过半数的人独自生活），凡此种种都加速了对社会具有约束力的价值秩序的崩塌，而这些价值正是迄今为止构成社会民主的关键因素。老派自由主义者玛丽安·杜霍夫女伯爵在一次演说中说，每一个社会都需要什么东西把它联结在一起：如果没有了传统，没有了游戏规则，没有了制约自私自利及其残酷后果的公认的行为准则，那么，国家或集体都会失去稳定，和谐共生也会沦为不可能。如果听任现在的状况继续发展，那么这种像野马一样“不羁”的人将无可避免地堕入享乐主义和虚无主义。

20 世纪 90 年代，为自由社会松弛的内聚力上弦，价值保守的道德观同各种新老团体不谋而合。这些团体多数是超越党派甚至反对结党的（因为他们认为，各种党派都已失去其道德因素）。“公民社会”或“社群主义”这样的概念被高高举起，人们尝试把个人主义从绝对客观主义的束缚中抽离，以及重提放弃、禁欲、牺牲、服务、团结这些同 70 628
年代解放的生活方式格格不入的行为模式。

> 根据蒂莫西·加顿·阿什的分析，社群主义的关键词是“区域的”“当地的”“同工作有关的”“自愿的”“民主的”“礼貌的”“宽容的”“非暴力的”，等等。社群主义从东欧的和平演变中壮大力量，又回到了曾在七八十年代风起云涌过许多新社会运动（和平运动、女权运动、环保运动等）、而今尽皆偃旗息鼓的西方。当西德的政治学家和社会学家躲在大学的象牙塔里，不痛不痒地批评着“公民社会”这个概念之时，东德在即将和终结之后则孕育出多种社会行为模式，实践表明，这些模式——并未受批评它们“缺乏理论”的人所左右——大大增强了人们对政治道德复苏、对集体生活至关重要的责任感重建的希望。“国家的落空”——因为政治阶级看来首先是为自己服务的，然而就连民众也开始效仿这种自私自利的态度了——如今碰到了重建政治目标的制约力。社群主义认为，在“危机社会”里随波逐流是自甘堕落、无视后果、掩耳盗铃，提倡人们做事不受他人影响，独立自主。

有些理论有极高的道德诉求，这些道德诉求常常有潜在的呼吁对象，以特定的词语表达。这些理论诉诸这种逻辑——相较于某个意图良好的上层建筑而言，社会成为某种生活共同体更是作为下层建筑的社会经济关系作用的结果。社群主义所提倡的只有在德国政治坚定不移地继续走社会国家的道路（以及社会市场经济），并阻止社会达尔文主义蔓延的情况下，才能成真。要给这个“原始社会”划定规矩，必须少数人敏感地“大惊小怪”，他们的警觉也会顺便激活如今陷入僵局的党派机器。

总统里夏德·冯·魏茨泽克（1984～1994 年）及其继任者罗曼公爵的成功促使这种意义上的“社群”起了作用。629
他们的“官腔”只有在其由拥有说服力的人嘴里说出来的时候，才能带活僵化的关系。至于怎么说则有许多种讲法，总之要使理论和联邦共和国的民主与文化发展挂钩。

由此，尽管不能消除民众和党派之间的陌生感，但至少可以重新赢得人们对政治的信任。回到托马斯·曼 1945 年 5 月 10 日的讲话，“通过人类的贡献，自由的精神”，找出权力中值得被尊敬和投入的一面。

芯片革命

不仅是手工，就连脑力劳动都能由机器代劳。20 世纪的这次科技革命也许是科技史上迄今为止最重大的一次。

“人类发明的每一种机器都可以用小小的一台电脑来配备。”（A. 金）

> 电脑可以通过人工感官，比如光电二极管、麦克风、温度计，从外界接收印象。它可以“记忆”，也可以“学习”，即如果对其处理结果不满意或者处理过程太长的话，输入的程序可以自我做出调整。它也可以“行动”，即，自动化机器和环境的关系可以通过介入环境来改变，这需要它的“四肢”，也就是伺服单元来完成，后者通过电子神经做出的“决定”操控机械动

作。如果把感知和记忆、学习和处理联系起来，那么电脑的“行为”就有点像人的行为了。

20世纪50年代，具有半导特性的锗和硅被用来生产晶体管。这种晶体管取代了当时采用的、体积较大的电子
630 管。研究表明，在一个主要由硅构成的“芯片”上通过物理化学反应制造多个晶体管是有可能的。这一结果进而使可把两个输入信号转换为一个逻辑输入信号的连接电路的集成化成为可能。“由此，在减小用于组建芯片和计算机的零部件的体积上前进了一大步。因为路程缩短，传输信号的速度也加快，故障率也降低。60年代，不断细化的工艺和新效应的开发促使集成密度呈指数增长，因为人们可以以越来越紧密的结构制造逻辑单元。”（克里斯蒂安·莫棱豪尔）

从宏观电子到微电子没花多长时间：1946年，美国人建造的晶体管计算机ENIAC由18000个晶体管组成，重达30吨，造价约150万马克，额定功率150千瓦。1958年，美国人基尔比第一次在一块硅上安装了许多个小电子管，程序由此更加精细。今天，在一块硅晶体上面已可以安装150万个电子开关。

至于数字传输技术，一根光纤的传输速度比铜线的可要快多了。二十年之前，一根电话线每秒可传输几千个字节，今天，一根光纤每秒可传输十亿个。一张CD光盘可以存储的数据相当于超过20万台打字机打出来的文件量。

根据诺伯特·维尔纳“控制论”命名的新技术致力于

电脑在管理和控制工业生产中的研发。里尔克①笔下的“在寂静的工厂里，自动装置自己给自己加油”的场景似乎变为现实，全自动化的工厂已成为可能。

“大厅空无一人。几个工程师、技术人员和装配工 631
人在仪表盘的巨大屏幕前来回走动。他们观察成套仪器，通过操控某根摇杆或扭动某个旋钮来修改错误。除此之外，其他的全都是自动。一条传输带传来原材料，这些原材料通过一个监视器得到检测，然后被送往加工机器——所有这一切都由中央配电板调控——直到自动

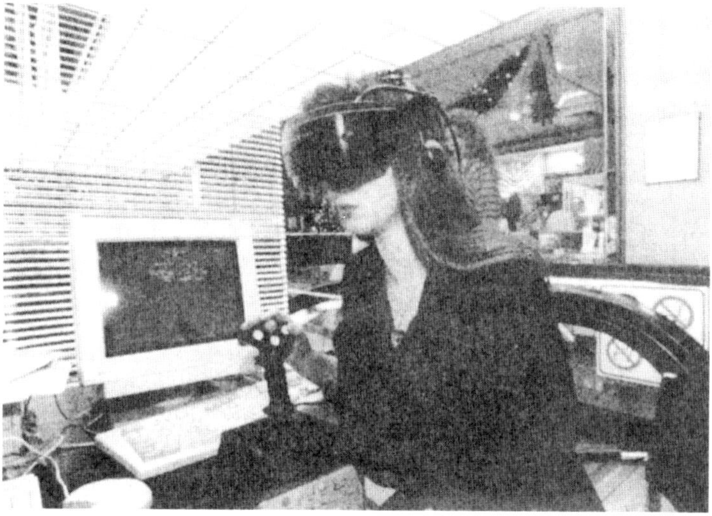

虚拟现实头盔：通向网络世界的大门

① 莱纳·玛利亚·里尔克（Rainer Maria Rilke，1875～1926 年）是一位重要的德语诗人，除了创作德语诗歌外还撰写小说、剧本以及一些杂文和法语诗歌，其书信集也是里尔克文学作品的一个重要组成部分。他对 19 世纪末的诗歌体裁和风格以及欧洲颓废派文学都有深远的影响。

> 装箱。收音机、冰箱、拖拉机、自来水笔、汽化机、螺丝钉、飞机，所有这一切都是这样被做出来的。”随着电脑技术的发展，埃里克·利威尔和布劳恩1947年描绘的“新工厂”已不再是幻想。

对现代生产至关重要的仪表板总成控制系统十分繁复，这要求研发团队有极高的“灵活智慧”。“我们试着把技术降到最低”曾经是理智的泰勒制科学管理模式专业人士的
632 座右铭，如今倒过来了：“我们要有质量地任用高质量的人——精神资本应该得到充分利用。”

早先工业社会的秩序曾经让工人捣毁机器。具有创造力的个人及个人色彩强烈的创造力不受喜爱，这是在大规模生产中工作的人们的必然命运。而在人性－计算机化社会，大家不再需要直奔目的而去的血肉“机器人”，而是聪明、有预见性、行为自主，同时又极度认同企业的专业人士。

彼特·布罗德纳说，今天我们面临的问题是应该加速以技术为中心的发展（前方是僵化的科学管理模式，借助人工智能否认“活人的工作”的意义），还是应该走以人为本的发展道路，如此可以重新找回“人”的认同。“以人为本的生产理念不测量技术的可能或人工的极限，而旨在更大程度地发挥人的创造潜能，即把机器当作生产资料来使用，用和以技术为中心的发展思路完全不同的方式来设计人的行为。这不是模仿人类能力，也不是把机器当死机器来使用或把机器排除于生产之外。人类生产和机器生产具有相反特点，由此可以得到统一。”

芯片革命给我们提出了一个问题：人类智慧会不会越来越多地被人工智能所取代？如果把人当作有自我组织能力的材料的产品，那便不能否认电脑智能。如果把人理解为有精神、有灵魂的生物，那么，他所具有的兼容感知、理解、学习、思考和补充，构成日常认知基础的复杂智慧，从原则上来说无法被电脑复制。然而，人工智能研究的出发点却是：人和机器有本质的共同点，即拥有可以处理信息的系统。633
“机器是能把某些输入加工为某些产出的任意一种工具、一种物质系统、一种装置。”这个定义用来形容大脑也说得过去，因为大脑可以“再现”。

> 特奥多尔·罗斯扎克在《思考的丧失：论电脑时代的神话》一书中写道，对信息的狂热崇拜意味着某种纯理性哲学观，即通过信息处理模式可以全面、准确无误地复制人类思想的方方面面，人类智慧和人工智能都属于信息加工系统这一“物种”。他认为，这是一种还原论[①]的想法，但影响很大。光速传播的信息无外乎由一个一个很小的事实组成的一捆（有些有用，有些无用），却绝不能取代思想的本质。买卖数据以及几近于迷信的数据崇拜者视而不见一个基本事实是：精神在理念中——而不是信息中——思考。信息尽管可以传达或装饰理念，但自己并不能产生理念。人类文明并不靠

① 还原论或还原主义（Reductionism，又译化约论），是一种哲学思想，认为复杂的系统、事务、现象可以通过将其化解为各部分之组合的方法，加以理解和描述。

收集和处理信息才发展至今，而是因为那些丰硕、动人、有力的理念。伟大的理念，比如公正、平等，完全不是靠信息产生的。这么多信息中——现今的信息量每12个月就会翻一番——没有一条提出哪怕一个十分寒酸贫乏的理念。电脑的“思考”只是程序上的，那已到它能力的极限；电脑“思考”之后，还需要人来设计这样的电脑程序：单线程、效率至上、渴求信息、没有思想。

如果人们看到，每一次通过硬件节省时间都必须扩充软件（处理速度和路径的复杂程度成反比），那么信息处理也达到了其物理极限。一台地球那么大的电脑在同地球年龄一
634 样长的时间里也无法处理比 10^{93} 比特更多的信息。而一盘国际象棋的走法可能就可达到 10^{120} 种排列组合。所有一切使经验成为经验、文化成为文化、社会成为社会、意义成为意义的东西，都无法通过机器来存储。“一台电脑并不比一台蒸汽机更有文化。”危险之处并不是机器成为人，而是人成为机器。

“对于我们来说，出现超智能机器倒还不是那么危险，真正危险的是人变成为机器控制的智能。”（胡贝特·L. 德雷福斯）

这还没完。信息和数据巨幅增长，专业人士局限在越来越小的范围，知道的越来越多。专业人士的眼界越来越窄——想想医疗领域的专业划分到了什么程度。说“一叶障目”或“专业傻瓜”一点也不为过。这个问题

> 可以通过增强辨认方向能力，也就是提倡总结能力得到一定平衡。专业人士应该从自己那点狭窄的子领域中脱出身来，看见“整体”这座山。当然他可以有所专攻，但他不应该迷失于细节。有了总结能力就可辨明方向。我们也可以称对这种能力的培养为综合教育、“哲学”教育或公理教育。出于这种考虑，1987 年的巴登－符腾堡州研究报告认为：“在机械化的工业社会于断片、化约、分析及专业精分中寻找救亡良方时，我们要建立的信息社会应该建立在新的信息和交流技术上，在行为方式上注重整体、全面。专家应该给‘通才’让出更多空间。”

芯片革命最重大的结果之一就是需要越来越少的人力。霍斯特·科恩和米夏埃尔·舒曼在研究自动化工业后指出，该领域已有及正在如火如荼进行中的巨额投资项目意味着“巨大的失业潜力”。该论断适用于所有领域。无人能预料由微电子技术引起的合理化潮流将到达何种程度。人们曾经希望，发展会带来更多的工作岗位，现在这被证明是错的。经济增长，在更加自由而不是更加社会化的市场经济里，意味着取得的增长值首先会被用来合理化分工——这不仅是出 635
于世界市场经济的原因。由于德国的工资不能降低到工业社会或发展中国家的水准——至于把工作岗位迁到工价低廉的国家，那则是理所当然的——在强度的合理化分工压力下，人们被迫在已有的竞争程度上加码。微信息处理器可不受人类规定的约束，它每日每夜都在生产。

世风日下的社会国家

在德国这个社会国家接近新千年甚至在新千年后继续危害其根基的是缺乏设想的政治，人们称其为“结构性丑闻”。它受到生产关系的转变以及世界和本国经济的转变（比如全球化）的影响，转而导致必然的失业。1997年年初，失业人数已超过460万，占德国总人口的12%（旧联邦州失业率为10.6%，新联邦州失业率为18.7%）。

克劳斯·海夫纳认为，在现代工业社会，“可被替换的人”人数多到可以组建军团，这些人无望获得稳定工作。真想阻止2/3社会——2/3的人工作，1/3的人失业——的出现以及民主社会国家随之而来的深刻动荡的话，就得采取一些极端措施。

> “资本主义夺走了工作。就业人数剧减。我们正向着一个没有工作的资本主义大步奔去——不仅德国，全世界的后工业国家全都如此。”（乌尔里希·贝克）杰里米·里弗金是华盛顿经济趋势资金会主席，著有《工作的终结及工作的未来》一书。他说，信息社会让
> 636 工作来源日益干涸。想要寻找新的有意义的工作，必须去那些超出传统工作范围之外的领域探索。早先，工业技术取代了人工劳动，机器的力量取代了肌肉的力量。新的电脑技术则使电脑取代人类的脑力劳动成为可能。在经济生活的所有领域，人类都在被会思考的机器逼得一退再退。里弗金指出，在美国，尽管工业生产一直在

> 增加，但工厂工人在全体员工中所占的份额却在过去三十年内，由 33% 下滑至 17%。再过十年，全美工作的人口中仅有 12% 在工厂工作。而到了 2020 年，全世界的工作人口中则只有 2% 还在工厂。在新千年的头二十五年内，我们就会看见流水线作业工人完全被取代。即使在传统的、人们寄予希望的服务行业，自动化和越来越少的人工过程也早就开始了。里弗金认为，非营利及公益是国家和市场之间的第三根擎天柱。它们可以提供“人性市场”，那会对人类劳动有较高需求。当然，如果单纯从企业经营的角度出发，人们会很自然地认为非营利领域的新型工作只赔不赚。但是，它对整体国民经济却大有裨益。里弗金建议，对新产生的虚拟空间经济应该提高税率，在其中所产生的经济效益应被投用于公益。这应该被提上我们的议事日程，并成为 21 世纪社会的重头戏。

解决失业问题并无王道。不过，赫尔曼·萨林格指出，失业并非仅仅是经济领域必须解决的问题，它首先是社会与道德的责任。此言甚是。因此，失业的重担不应只由那些正身处其中的部分人群负担，而是全社会都应公正承担。在此提公正这个概念，是因为它是维护那些深受其害的人团结的保障，并且，这个概念本身也包括承认因承受力不同、贡献不同，社会中不同人群在承担多少及承担方式上亦有不同。

也有人提出，大规模失业可通过社会改革来解决。阿克 637
谢尔·布斯特-巴特斯在一篇全面研究报告中，对革新现行就业政策提出了设想——当然，也得不无悲观地看到，他所提出的各种解决方案多数都没有考虑到，更遑论彻底分析，解决失业首先需从经济政策入手，而如何解决则有多种道路。关于如何解决，意见大致可分为两派：一派相信自由市场有自动调节功能，试图通过各种促进经济增长的措施——尤其为那些高盈利，因此也有更多投资的企业减负——来达到全体就业。另一派则强调，失业问题首先应通过重调就业机制、缩短工作时间来解决。针对就业机制，争论的焦点是经费问题。“一派认为，经费应通过提高国家债务及收入最高人群的税收来获得。另一派则恰好认为这样的做法是不可取的。”巴特斯认为，应达成如下共识：应该为工作提供资金支持，而这需要经济政策制定者从社会全盘考虑，并了解社会心理。

> 失业的经济负担几乎一半由低收入人群承担。用这个数目比照增加就业措施（简称ABM）所需资金，差别并不大。就算只计算这些措施最直接产生的经济效益，那么也有65%的投入立刻就能收到回报。如果加上间接产生的国家经济效益，则有91%～95%的投入收到回报。

“工作”问题在有报酬的就业意义上，与“人口发展”问题向“业余时间”问题靠拢，业余时间会“超过”工作时间。这个现象也引起了广泛的社会忧虑。

霍斯特·O. 欧帕肖维斯基认为，单纯的“工作社会”
638 向“工作－业余社会”的转变最迟2010年就会出现。星期四晚上，一周的工作基本已经完成[①]。与此同时，数量不断增加的自由职业者的工作压力也在增长。全年 365 天中，200 天放假，165 天工作。可尽管如此，“业余社会”并未成型。因为，尽管实际工作时间缩短，400 年以来的工作伦理对人和社会机构的影响依然不可能悄无声息地流走。工作作为有意义的人类活动的象征，即使在不断增加的业余时间里，依然有其意义。这对志愿工作和在业余时间里各人自己所做的工作意义尤其重大。欧帕肖维斯基认为，传统的工作概念应向作为有意义的活动理解的工作转变，后者可以涵盖就业工作和社会工作以及私人和公共生活。在业余时间里从事的自主活动，包括自己的事、公益活动、邻里互助、家庭工作以及协作工作，同就业工作具有同等重要的意义。在一次谈话中，安德烈·格尔茨指出，工作时间缩短是否有益，取决于工会、社区、政治团体、教会等是否能有意识地懂得为人们在业余时间里提供构建生活、环境、满足私人及集体需要的条件。

1990 年代，关于社会国家的讨论越来越激烈：社会国家已无力支付其几十年以来所固有的形式。失业人口的增加让失业帮助和社会救助有更大的施展空间。人口的发展，也就是社会的老龄化，向社会国家抛出了一个尖锐的问题：工作人群所取得的经济效益可在多大程度上承担养老的支出？卫生事业和疾病防治的庞大开支已然超过原有底线。除此之

① 流行于德国的俗语“周五一时，各干各事”说的是基本从周五中午开始已无人工作。似可印证这一点。

外，“应得权利”越来越多，人们越来越多地认为国家应对
639 一些在过去被认为是个人责任的事情负责，这个想法多多少少得到了印证。反过头来，全球化所带来的世界范围内的竞争越来越激烈，在工薪较高的德国，显然无法期待这会带来经济状况的改善以及新就业岗位的增加。有人认为，这一切都要求政体的改变：削弱社会国家，改善德国的经济环境。

小康国家——根据康拉德·阿达姆的观点——在无路可走的时候会自我调整。华栋广厦之中，依然有人犹嫌不足。为了平息这些不足，国家必须损害一些诉求，而正是这些诉求使国家在公正的基础上成为小康之国。这些诉求包括所有在纯个人和纯物质定义的富裕之上追求的目标。恩斯特·福斯特霍夫在这个趋势开始时就已道出其两难困境：“越是涉及公共利益就越会不可避免地同各种其他利益产生矛盾，最终再也‘找不到任何社会组织做其保护伞’。这是一条很令人惋惜，却一再被证实的定律。”

麦因哈德·米格尔认为，社会国家扭曲了人。历史错误被各种禁忌和幻想掩盖。人民无法获得足够的社会所产生的价值回馈，因此他们在社会国家前裹足不前。社会如想保持其社会含义，首先就必须面向社会睁开眼睛。他认为，对社会国家的幻想破灭以及对许多过去的禁区的踏足是克服发展陷入僵化的转捩点。“如果一个启蒙的社会想要保留它今天的一切，从民主的精神上来讲是应该被尊重的。但这基本不可能。民意调查在此可给出许多宝贵信息，尽管那些看透今日社会国家运行机制的人并未对民主提出根本质疑。因为社
640 会国家也许正好是对一个个人主义社会的修正。这些看透了

的人也愿意重新认识社会国家，扩大可有所作为的领域。他们认识到，社会国家今天的形态已成为继续发展的阻碍。如不从根本上去除这些阻碍，早晚它们会以革命的方式毁掉社会国家。没人想看到这一切发生。”

前社会民主党领导人弗朗茨·明特费林的意见则正好相反。他认定，国家有义务创造和保障为所有人提供均等机会的社会结构和框架条件。“‘社会的’是社会的核心而不是边缘，更不是最不重要的一条。”社会国家——也就是国家的社会行为——不会夺取个人的努力，也不能取代社会的团结及人类的互爱。

“社会国家的反对者通过将其塑造为‘个人对自己负责’和个性的对立面来败坏其形象。他们想把社会国家这个词搞成滥用和无能的同义词。但这不是‘会这样还是那样’的问题。这涉及个人责任、社会凝聚力和国家及社会行为之间的平衡。”

全球化的资本主义在发达国家消解了工作社会的价值核心——这个幽灵在 20 世纪 90 年代的德国出现[①]——资本主义、社会国家和民主之间的历史联结因此破裂。欧洲和美国的民主以“工作民主”的形式诞生——其意义在于，民主的基础是民众参与工作。工作，一直以来，不仅是私人，也是政治存在的意义。“这完全不‘只不过’是上百万人失业的问题。

① 因为此处谈及资本主义，所以作者借用“共产主义的幽灵在欧洲出现”来类比。

> 这也不只是社会国家的问题。这也不仅仅只是避免贫困或保证公正的问题。这是一切问题。这关乎欧洲的政治自由和民主。资本主义和基本政治、社会、经济权利的根本联系并不是什么只要捉襟见肘便可随时省略的‘社会善行’。作为社会的‘减震装置’的资本主义更像是在历经法西斯主义后的一个答案。这是启蒙的应用。它基于这样一种认识：人们只有在有住
> 641 所、有稳定工作及物质未来的时候，或许才能成为懂得和运用民主之道的公民。这是最最简单的真理：没有物质保障就没有政治自由，也就没有民主。人们由此面临各种新老极权思想和极权政府的威胁。”（乌尔里希·贝克）

展望21世纪

20世纪末的“危机社会”（乌尔里希·贝克）是盲目、不计后果的现代化进程发展的必然结果。它的出现，是因为一直以来，人和国家机构的思想和行为都以工业社会为理所应当（工业社会隐含的精神是追求经济进步，无视环境问题，认为“人定胜天”），而这个信心已经破裂。一直都有新的动力推动现代化进程，发展速度越来越令人目不暇接，它破坏了对人类发展至关重要的惯性，也破坏了人类的继续进化。如果人们不费时间停下来想想到底想要什么，又有哪些可能做到，那么他们也就失去了变得“更好”的机会。

“那么，也就没有时间用来摸索和总结。有可能会犯一

些可怕的错误。人们会越来越急迫地需要改正错误，却正因为急迫犯更多错误。而这些错误的后果扩散速度会越来越快。全球都处在‘急迫’的危机之中。”（彼特·卡夫卡）

乌尔里希·贝克说，人们不但没有主动决定应该发生的事，反而听任自己沉湎于“反身现代化”。这话的意思是：因无视或漠视导致的“世界危机社会”的速度在加快，外来干预无法改变，而只有当这个社会自己到达辩证转折的那一点时才能修正（也就是说，不是通过“革命”，而是内在意识的发展带来的结果）。随着危机社会的发展以及 642
在危机社会之中，理性的单线性上升到达其极限——理性的单线性，作技术化、官僚化、经济化、垄断化等解——它将打破僵局。贝克谈到阻塞，那可不仅仅指我们日常所说的堵车，而指的是社会各领域、形形色色的阻塞。到处都有阻塞或泛滥，比如已有数千个频道的大众媒体，一边已经踩到公共法律体制的边界，另一边则为无原则大开方便之门。

20 世纪末，问题像雪球一样越滚越大，最后变成雪崩。究其原因，竟是现代人类不断增长的创新能力（譬如基因科技或者人工智能）。只有当工业社会自己“有能力”进行创造的、参与的思考时，这场雪崩才能被制止。约瑟夫·胡贝尔提到了“现代性的自我现代化”。他认为，这事关发展“由经济建设向社会－生态建设转变”。

人们必须搞清楚什么是进步，什么是保守。除了“保守主义事件”还有“模仿浪漫主义事件”，后者指的是借“生活”“共同”“自然”这些被过度神话的大旗，轻率地在民主和社会国家机构建设中牺牲好不容易取得的技术发展。

柏林新城市中心的计算机模型，前为波茨坦广场，右后方是亚历山大广场

事实上，体制建设走到今天已经无法阻挡。世界人口的爆炸、核能量的获得，以及认识到用传统工业社会的发展方法已经走到尽头并已带来难以控制的威胁，这一切都把生态发展的话题提上议事日程。“传统现代化时代所面对的问题在自我现代化重建时代的今天是生态问题。”

展望21世纪，现代工业社会以及德国的命运将会如何，在于人们是否能在这个巨变的时代，找到那关乎每个人以及全社会的许许多多问题的答案。

越来越快的发展速度能否稍稍减缓，达到一种平衡的、适应不同文化和不同人群需要的新的生活节奏？

不断的“专业细化”能否稍稍放下，好让人们重新认 643
识到哲学中那么重要的许多 W[①] 问题的意义？回答这些问题，教育才能综合专业知识、素质培养和责任原则。

社会分裂为“工作”和“业余”的两分法怎样才能被 644
工作和业余的综合体（活动）所替代？这种“综合社会”又具体该怎么运行，从哪里获得经济来源呢？

工作的未来在哪里？结构性失业会成为常态吗？会不会变成 2/3 社会或者 4/5 社会呢？

德国这个社会国家能不能在变革中保留其本质完好无损呢？

在这个被越来越不规则地组织、受制于诸多权力结构规则（市场、协会、议会制民主）、已被分成无数细小碎片的社会里，是否还有可能在不断的讨论中取得理解？这尤其取决于知识是否能有效传播，后者取决于个人或集体是否能保持“好奇心”和“求知欲”，是否能被激发终身学习的动力，以及终身学习又可从社会获得什么回馈。

是否有可能从许许多多获取知识的方式中总结出某个关

① W 问题是指谁、什么、何时、从哪里来、到哪里去、为谁、为什么。在德语中这些词都以 W 开头。

乎一切的重点，类似于“找到未来方向的知识”？媒体和文化又能在其中扮演什么角色呢？

启蒙的“单子”① 有没有可能，一方面保留每个最小单元（此处的单元也包括空间的经济意义的单元）的独一性，另一方面又在不同质化的前提下，把全球联为某种必要的整体呢？

“封闭的”单数身份能否被复数的身份取代？而与此同时，是否能保证所有身份最后不会重新变成只有一种含义，而那些迄今没有被归类的身份以及那些纯粹由人类感情引导、互相靠近的努力在建立新身份的过程中起到主要作用呢？

人们共同面临的伦理和道德原则的崩溃是否能被富有责任感的媒体和真正自由的市场（社会的市场迄今为止都没有受到重视）——用有道德的实利主义（追求最多人的最大幸福）和可以唤起人们集体责任意识和团结意识的社群
645 主义——制止呢？启蒙的意识是否能进而发展为“出自本能的”道德，也就是人人都从心里愿意做“真、善、美”的事情呢？

在所有思想、生活、活动领域，尤其是在生态方面（在人－科技－自然的关系里）出现的失衡是否能通过某种“平衡的哲学”得到解决呢？

---

① 此处的单子概念出自德国哲学家戈特弗里德·莱布尼茨的著作《单子论》。“单子”起源于古希腊语。莱布尼茨定义单子（Monad）是一切事物最根本的元素，所谓不可再分，因而单子不具备一般物理粒子在时间、空间上的延展性，是一种抽象存在。

美的民主化是否能植根于深刻的“人类审美教育”呢？文明最后会不会在审美的麻木里终结呢？

东德失败了，因为它并没有践行它所宣传的社会主义。西德也有可能失败，如果资本主义无所顾忌地疯狂发展的话。也许以“有道德的实用功利主义”为导向的“第三条道路”才能带领我们走出迷雾。“荆棘之路通向星空”（Per aspera ad astra）[①]：通向星空的道路总是坎坷不平的。在过去五十年的西德慢慢形成的辩证的政治文化或可在困难的前进中给我们以力量。而东德克服了四十年的困苦——以和平的形式演变是了不起的举措——这个经历或许也可增强人们的认识：文明的韧性和顽强是多么必要。如果没有了它们，德国的存在无法得到保证。

忙忙碌碌，永不倒下，
我们前进得缓慢，但步步结实。
为了永恒的华厦，
一砖一瓦地建筑，
但时间的伟大，
每分、每日、每年给予我们力量。

（弗里德里希·席勒）

① 原文为拉丁语。语出古罗马斯多葛派哲学家塞内卡。

参考文献

第一部分　废墟时代

1 Daniel Jonah Goldhagen: Hitlers bereitwillige Vollstrecker. Ganz gewöhnliche Deutsche und der Holocaust. Berlin 1996.

2 Richard Matthias Müller: Über Deutschland. Olten und Freiburg i. Br. 1965, S. 10.

3 Robert Musil: Der Mann ohne Eigenschaften. Hamburg 1992, S. 16 f.

4 Hermann Glaser (Hg.): Was bleibt - was wird. Der kulturelle Umbruch in den neuen Bundesländern. Bonn 1994.

5 Ders.: 1945. Frankfurt am Main 1995. Ders.: Kulturgeschichte der Bundesrepublik Deutschland. 3 Bde. München, Wien 1985-1989.

6 Nürnberger Nachrichten, 8. 5. 1946.

7 Die Wehrmachtsberichte 1939-1945. Bd. 3: 1. Januar 1944 bis 9. Mai 1945. München 1985, S. 569.

8 Max Domarus (Hg.): Hitler. Reden und Proklamationen 1932-1945. Bd. II: Untergang (1939-1945). Würzburg 1963, S. 2188.

9 Erich Kästner: Notabene 45. Ein Tagebuch. Gesammelte Schriften für Erwachsene. Bd. 6. München, Zürich o. J., S. 83.

10 Sir Arthur T. Harris: Despatch on War Operations. 23rd February, 1942 to 8th May, 1945. London 1995.

11 Rolf-Dieter Müller/Gerd R. Ueberschär: Kriegsende 1945. Die Zerstörung des Deutschen Reiches. Frankfurt am Main 1994, S. 41.

12 Ursula von Kardorff: Berliner Aufzeichnungen 1942 bis 1945. München 1994, S. 293 f.

13 Martin Broszat/Hans-Adolf Jacobsen/Helmut Krausnick: Anatomie des SS-Staates. Bd. II: Konzentrationslager, Kommissarbefehl, Judenverfolgung. Olten und Freiburg i. Br. 1965, S. 159 f.

14 Walther Hofer (Hg.): Der Nationalsozialismus. Dokumente 1933-1945. Frankfurt am Main 1982, S. 254. F. Wüllner: Die NS-Militärjustiz. Baden-Baden 1991.

15 Hartmut von Hentig: Aufgeräumte Erfahrung. Texte zur eigenen Person. München, Wien 1983, S. 250.

16 Rolf-Dieter Müller/Gerd R. Ueberschär: Kriegsende 1945; a. a. O., S. 112.

17 Thomas Schuler: Wenn Menschen zum Vieh werden. Süddeutsche Zeitung, 29. 1. 1994.
18 Rolf-Dieter Müller/Gerd R. Ueberschär: Kriegsende 1945; a. a. O., S. 116 f.
19 Ebd., S. 44 f.
20 Hans-Ulrich Thamer: Verführung und Gewalt. Deutschland 1933–1945. Berlin 1986, S. 756.
21 Manfred Zeidler: Kriegsende im Osten. Die Rote Armee und die Besetzung Deutschlands östlich von Oder und Neiße 1944/45. München 1996.
22 Margaret Bourke-White: Deutschland. April 1945. München 1979, S. 51.
23 Ernst Niekisch: Das Reich der niederen Dämonen. Hamburg 1953.
24 Joachim C. Fest: Hitler. Eine Biographie. Frankfurt am Main, Berlin, Wien 1973, S. 1016.
25 Rolf-Dieter Müller/Gerd R. Ueberschär: Kriegsende 1945; a. a. O., S. 105.
26 Elefanten Press (Hg.): Trümmer. Träume. Truman. Die Welt 1945–49. Berlin 1985, S. 21.
27 Bundeszentrale für politische Bildung (Hg.): Die Entstehung der Bundesrepublik Deutschland. Informationen zur politischen Bildung, Nr. 224/1989, S. 2.
28 Erich Kästner: Notabene 45; a. a. O., S. 83.
29 Die Neue Zeitung, 10. 12. 1945.
30 Arnulf Baring: 8. Mai 1945 In: Merkur, Heft 5/1975, S. 449.
31 Thomas Mann: Deutsche Hörer! Fünfundfünfzig Radiosendungen nach Deutschland. Werke. Das essayistische Werk. Taschenbuchausgabe in 8 Bdn. Hg. von Hans Bürgin. Bd. 3: Politische Schriften und Reden, Frankfurt am Main, Hamburg 1968, S. 290.
32 Günter Eich: Inventur. Gesammelte Werke. Bd. 1. Frankfurt am Main 1973, S. 35.
33 Joachim Kaiser: Wieviel gelogen wird. Auch eine Erinnerung an die Stunde Null. Süddeutsche Zeitung, 28./29. 4. 1979.
34 Friedrich Meinecke: Die deutsche Katastrophe. Betrachtungen und Erinnerungen. Wiesbaden 1946, S. 7 f., 174 ff.
35 Wolfgang Langhoff: Ein Deutschland-Brief. Die Neue Zeitung, 18. 2. 1946.
36 Friedrich Wolf: Auch wir können nicht schweigen. Aufbau, Heft 3/1945, S. 204.
37 Johannes Hohlfeld (Hg.): Dokumente der Deutschen Politik und Geschichte von 1848 bis zur Gegenwart. Bd. VI: Deutschland nach dem Zusammenbruch 1945. Berlin, München o. J., S. 2 ff.
38 Friedrich Dieckmann: Deutschland in der Stunde Null. Merkur, Heft 5/1995, S. 456 ff.
39 Johannes Hohlfeld (Hg.): Dokumente der Deutschen Politik und Geschichte von 1848 bis zur Gegenwart. Bd. VI.; a. a. O., S. 29.
40 Wolfgang Benz/Hermann Graml (Hg.): Europa nach dem Zweiten Weltkrieg 1945–1982. Das Zwanzigste Jahrhundert II. Frankfurt am Main 1983, S. 13
41 Hans Magnus Enzensberger: Europa in Trümmern. Augenzeugenberichte aus den Jahren 1944–1948. Frankfurt am Main 1995.
42 Helga Grebing: Demokratie ohne Demokraten? Politisches Denken, Einstellungen und Mentalitäten in der Nachkriegszeit. Erlanger Forschungen. Bd. 50: Wie neu war der Neubeginn? Hg. von Everhard Holtmann. Erlangen 1989, S. 15.

43 Eugen Kogon: Der SS-Staat. Das System der deutschen Konzentrationslager. Frankfurt am Main 1946, S. 404 f.
44 Jörg Wollenberg: »Stunde Null« oder Kontinuität? Eine szenische Dokumentation zum 40. Jahrestag des 8. Mai 1945. Unveröffentlichtes Manuskript. Mai 1985.
45 Jürgen Kocka: Zerstörung und Befreiung. Das Jahr 1945 als Wendepunkt deutscher Geschichte. Politik und Kultur, Heft 5/1986, S. 47.
46 Heinrich Böll: Brief an meine Söhne oder: Vier Fahrräder. Die Zeit, 15. 3. 1985.
47 Martin Broszat/Klaus-Dietmar Henke/Hans Woller (Hg.): Von Stalingrad zur Währungsreform. Zur Sozialgeschichte des Umbruchs in Deutschland. München 1989. Ferner Hans-Erich Volkmann (Hg.): Ende des Dritten Reiches - Ende des Zweiten Weltkrieges. Eine perspektivische Rückschau. München 1995.
48 Norbert Seitz: Die kalte Revision. Zur Aktualität der 8.-Mai-Rede Weizsäckers. Die Neue Gesellschaft/Frankfurter Hefte, Nr. 5/1995, S. 389 ff. Ferner Peter Bender: Ganz und gar am Ende. Über die Notwendigkeit der deutschen Niederlage 1945. Merkur, Heft 5/1995, S. 451 f.
49 Richard von Weizsäcker: Zum 40. Jahrestag der Beendigung des Krieges in Europa und der nationalsozialistischen Gewaltherrschaft. Bonn 1985, S. 1 ff.
50 Wolfgang Benz: Potsdam 1945. Besatzungsherrschaft und Neuaufbau im Vier-Zonen-Deutschland. München 1986.
51 Ludolf Herbst (Hg.): Westdeutschland 1945-1955. Unterwerfung, Kontrolle, Integration. (Schriftenreihe der Vierteljahreshefte für Zeitgeschichte, Sondernummer) München 1984.
52 Christoph Frei: Hans J. Morgenthau. Eine intellektuelle Biographie. Stuttgart, Wien 1994. Bernd Greiner: Die Morgenthau-Legende. Zur Geschichte eines umstrittenen Plans. Hamburg 1995.
53 Matthias Etzel: Die Aufhebung von nationalsozialistischen Gesetzen durch den Alliierten Kontrollrat (1945-1948). Tübingen 1992.
54 Peter Intelmann: Zur Biographie von Franz L. Neumann. 1999 - Zeitschrift für Sozialgeschichte des 20. und 21. Jahrhunderts, Heft 1/1990.
55 Alfons Söllner (Hg.): Zur Archäologie der Demokratie in Deutschland. Bd. 1: Analysen von politischen Emigranten im amerikanischen Geheimdienst 1943-1945. Frankfurt am Main 1986, S. 7 f.
56 Wolfgang Malanowski: 1945: Absturz ins Bodenlose. Der Spiegel, Nr. 16/1985, S. 195.
57 Bayerischer Tag, 11. 8. 1945.
58 Heute, Nr. 31/1. 3. 1947.
59 Karl Dietrich Bracher u. a. (Hg.): Geschichte der Bundesrepublik Deutschland in fünf Bänden. Bd. 1. Theodor Eschenburg: Jahre der Besatzung 1945-1949. Stuttgart, Wiesbaden 1983, S. 337.
60 Stefan Heym: Nachruf. München 1988, S. 373.
61 Der Ruf, 15. 2. 1947.
62 Der Ruf, 15. 8./1. 9./1. 10. 1946.
63 Ursula von Kardorff: Berliner Aufzeichnungen 1942 bis 1945. München 1994, S. 317.

64 Stadt Köln (Hg.): »... vergessen kann man die Zeit nicht, das ist nicht möglich ...« Kölner erinnern sich an die Jahre 1929-1945. Köln 1985, S. 303
65 Klaus-Dietmar Henke: Die amerikanische Besetzung Deutschlands. München 1995, S. 32.
66 Die Neue Zeitung, 18. 11. 1946.
67 Antje Dertinger: Die süße Waffe des US-Imperialismus. Im November 1945 wurde in New York »Care« gegründet. Frankfurter Rundschau, 16. 12. 1995.
68 Oliver Hassencamp: Der Sieg nach dem Krieg. Die gute schlechte Zeit. München, Berlin o. J.
69 Anselm Doering-Manteuffel: Westernization. Forschungen zur politisch-ideellen Entwicklung der westdeutschen Gesellschaft in den 50er und 60er Jahren. (Konzeptpapier, ungedruckt, Tübingen 1991)
70 John H. Backer: Die deutschen Jahre des Generals Clay. Der Weg zur Bundesrepublik 1945-1949. München 1983. Wolfgang Krieger: General Lucius D. Clay und die amerikanische Deutschlandpolitik 1945-1949. (Forschungen und Quellen zur Zeitgeschichte, Bd. 10) Stuttgart 1987.
71 Karl Dietrich Bracher u. a. (Hg.): Geschichte der Bundesrepublik Deutschland in fünf Bänden; a. a. O., S. 446.
72 Norman M. Naimark: Die Russen in Deutschland. Berlin 1997. Volker Koop: Zwischen Recht und Willkür. Die Rote Armee in Deutschland. Bonn 1996.
73 Hans Rauschning (Hg.): Das Jahr '45. Dichtung, Bericht, Protokoll deutscher Autoren. München 1985, S. 113.
74 Thomas Mann: Tagebücher 1944-1. 4. 1946. Hg. von Inge Jens. Frankfurt am Main 1986, S. 210.
75 Sibylle Meyer/Eva Schulze: Von Liebe sprach damals keiner. Familienalltag in der Nachkriegszeit. München 1985, S. 26 f.
76 Wolfgang Leonhard: Die Revolution entläßt ihre Kinder. Frankfurt am Main, Berlin 1961, S. 285 f.
77 Erich Kuby: Die Russen in Berlin 1945. München, Bern, Wien 1965, S. 314 f., 297 f., 299.
78 Helke Sander/Barbara Johr (Hg.): BeFreier und Befreite. Krieg, Vergewaltigungen, Kinder. Frankfurt am Main 1995, S. 54 ff.
79 Hartwig Bögeholz: Die Deutschen nach dem Krieg. Eine Chronik. Reinbek bei Hamburg 1995, S. 15. Ferner Peter Erler/Horst Laude/Manfred Wilke (Hg.): »Nach Hitler kommen wir.« Dokumente zur Programmatik der Moskauer KPD-Führung 1944/45 für Nachkriegsdeutschland. Berlin 1994.
80 Johannes Hohlfeld (Hg.): Dokument der Deutschen. Politik und Geschichte von 1848 bis zur Gegenwart. Bd. VI: Deutschland nach dem Zusammenbruch 1945. Berlin, München o. J., S. 13.
81 Karl Dietrich Bracher u. a. (Hg.): Geschichte der Bundesrepublik Deutschland in fünf Bänden; a. a. O., S. 207.
82 Johannes Hohlfeld (Hg.): Dokumente der Deutschen; a. a. O., S. 24 ff.
83 Jürgen Danyel (Hg.): Die geteilte Vergangenheit. Zum Umgang mit Nationalsozialismus und Widerstand in beiden deutschen Staaten. Berlin 1995. Hans

Fenske: Kein radikaler Elitenwechsel. Die französische Entnazifizierungspolitik. Frankfurter Allgemeine Zeitung, 1. 6. 1993. Rainer Möhler: Entnazifizierung in Rheinland-Pfalz und im Saarland unter französischer Besatzung von 1945 bis 1952. Veröffentlichungen des Landtages für die Geschichte von Rheinland-Pfalz, Bd. 17. Mainz 1992.

84 Adalbert Rückerl: Die Strafverfolgung von NS-Verbrechen 1945–1978. Heidelberg, Karlsruhe 1979, S. 25 ff.

85 Bayerischer Tag, 29. 9. 1945.

86 Volker Dotterweich: Die Entnazifizierung. Josef Becker/Theo Stammen/Peter Waldmann (Hg.): Vorgeschichte der Bundesrepublik Deutschland. Zwischen Kapitulation und Grundgesetz. München 1979, S. 144.

87 Ernst von Salomon: Der Fragebogen. Reinbek bei Hamburg 1988, S. 6 f.

88 Ursula von Kardorff: Berliner Aufzeichnungen 1942 bis 1945; a. a. O., S. 339.

89 Karl Dietrich Bracher u. a. (Hg.): Geschichte der Bundesrepublik Deutschland in fünf Bänden; a. a. O., S. 114.

90 Lutz Niethammer: Die Mitläuferfabrik. Die Entnazifizierung am Beispiel Bayern. Berlin, Bonn 1982.

91 Peter Kritzer: Wilhelm Hoegner. Politische Biographie eines bayerischen Sozialdemokraten. München 1979, S. 245.

92 Telford Taylor: Die Nürnberger Prozesse. Zürich 1950. Martin Hirsch/Norman Paech/Gerhard Stuby (Hg.): Politik als Verbrechen. 40 Jahre Nürnberger Prozesse. Hamburg 1986. Jörg Friedrich/Jörg Wollenberg (Hg.): Licht in den Schatten der Vergangenheit. Zur Enttabuisierung der Nürnberger Kriegsverbrecherprozesse. Frankfurt am Main 1987.

93 Ansgar Diller: Abrechnung und Sühne. Nürnberg und die Entnazifizierung. Jürgen Weber: Auf dem Wege zur Republik 1945–1947. München 1985, S. 47, 63 f.

94 Die Neue Zeitung, 23. 11. 1945.

95 Erik Reger: Kleine Schriften. Bd. 2. Hg. von Erhard Schütz. Berlin 1993, S. 117.

96 Adalbert Rückerl: Die Strafverfolgung von NS-Verbrechen 1945–1978. Heidelberg, Karlsruhe 1979, S. 25 ff.

97 Uwe Wesel: Den Mächtigen den Krieg vergällen. ZEIT-Dokument, Nr. 1/1995, S. 42. Gerd Hankel/Gerhard Stuby (Hg.): Strafgerichte gegen Menschheitsverbrechen – Zum Völkerstrafrecht 50 Jahre nach den Nürnberger Prozessen. Hamburg 1995.

98 Tausend Jahre Schuld. Der Spiegel, Nr. 50/1995, S. 63.

99 Willy Brandt: Erinnerungen. Frankfurt am Main 1989, S. 145.

100 Christopher Simpson: Die internationalen Wirtschaftseliten und das Wiedererstarken des deutschen Kapitalismus 1945–1948. 1999 – Zeitschrift für Sozialgeschichte des 20. und 21. Jahrhunderts, Heft 2/1990, S. 17, 24 f.

101 Robert Wistrich: Wer war wer im Dritten Reich. Ein biographisches Lexikon. Frankfurt am Main 1987, S. 11 f.

102 Tom Bower: Verschwörung Paperclip. NS-Wissenschaftler im Dienst der Siegermächte. München 1988.

103 Rena Giefer/Thomas Giefer: Die Rattenlinie. Fluchtwege der Nazis. Weinheim 1995.
104 Max Frisch: Frühe Stücke. Santa Cruz. Nun singen sie wieder. Frankfurt am Main 1966, S. 135 f.
105 Sigrid Undset: Die Umerziehung der Deutschen. Die Neue Zeitung, 25. 10. 1945.
106 Karl Jaspers: Antwort an Sigrid Undset. Die Neue Zeitung, 4. 11. 1945.
107 Die Neue Zeitung, 25. 3. 1948.
108 J. F. G. Grosser: Die große Kontroverse. Ein Briefwechsel um Deutschland. Hamburg, Genf, Paris 1963, S. 19.
109 Ebd., S. 24 f.
110 Thomas Mann: Warum ich nicht nach Deutschland zurückgehe. Werke. Das essayistische Werk; a. a. O., S. 180.
111 Hermann Hesse: Brief nach Deutschland. Die Neue Zeitung, 2. 8. 1946.
112 Joachim Vahland: Warum Richard Hönigswald in der deutschen Nachkriegsphilosophie nicht vorkommt. Merkur, Heft 12/1995, S. 1147 ff.
113 Hannah Arendt: Besuch in Deutschland. Berlin 1993, S. 27.
114 Eugen Kogon: Das Recht auf den politischen Irrtum. Frankfurter Hefte, Heft 7/1947, S. 655. Der Monat, Nr. 8/9/1949, S. 58 ff.
115 Michael Zimmermann: Der antifaschistische Mythos der DDR. Kulturamt Prenzlauer Berg/Aktives Museum Faschismus und Widerstand in Berlin e. V. (Hg.): Mythos Antifaschismus. Ein Traditionskabinett wird kommentiert. Berlin 1992, S. 137.
116 Ruth-Kristin Rößler (Hg.): Entnazifizierungspolitik der KPD/SED 1945–1948. Dokumente und Materialien. Goldbach 1994.
117 Ilse Spittmann/Gisela Helwig (Hg.): DDR-Lesebuch. Von der SBZ zur DDR 1945–1949. Köln 1989, S. 144 f.
118 Ernst Lemmer: Demokratischer Block. Aufbau, Heft 2/1946, S. 121.
119 Wolfgang Leonhard: Die Revolution entläßt ihre Kinder; a. a. O., S. 314.
120 Brigitte Kaff (Hg.): Gefährliche politische Gegner. Widerstand und Verfolgung in der sowjetischen Zone/DDR. Düsseldorf 1995.
121 Manfred Henningsen: Der Buchenwald-Komplex. Merkur, Heft 1/1996, S. 83.
122 Lutz Niethammer (Hg.): Der »gesäuberte« Antifaschismus. Die SED und die roten Kapos von Buchenwald. Berlin 1994. Siegfried Stadler: Legende der Selbstbefreiung. Frankfurter Allgemeine Zeitung, 5. 4. 1995. Manfred Overesch: Buchenwald und die DDR oder Die Suche nach der Selbstlegitimation. Göttingen 1995.
123 Friedrich-Christian Schroeder: Zur weiteren Festigung unserer Macht. Dokumente zur Entnazifizierung in der sowjetischen Besatzungszone. Frankfurter Allgemeine Zeitung, 12. 4. 1995.
124 Freunde der kleinen Nazis. Der Spiegel, Nr. 12/1992, S. 101.
125 Klaus Wiegrefe: Sicherheit für Verbrecher. Die DDR als angeblicher Hort des »Antifaschismus«. Frankfurter Allgemeine Zeitung, 22. 6. 1995.
126 Marie Luise Kaschnitz: Große Wanderschaft (Auszug). Überallnie. Düsseldorf 1965.

127 Hans Werner Richter: Unterhaltungen am Schienenstrang. Der Ruf, 1. 10. 1946, S. 6 ff. Ferner Klaus R. Scherpe: Erzwungener Alltag. Wahrgenommene und gedachte Wirklichkeit in der Reportageliteratur der Nachkriegszeit. Jost Hermand/Helmut Peitsch/Klaus R. Scherpe (Hg.): Nachkriegsliteratur in Westdeutschland 1945-49. Schreibweisen, Gattungen, Institutionen. Literatur im historischen Prozeß. Neue Folge 3. Argument-Sonderband. Berlin 1982.

128 Jürgen Weber: Auf dem Wege zur Republik 1945-1947. München 1985, S. 189.

129 Angelika Königseder/Juliane Wetzel: Lebensmut im Wartesaal. Die jüdischen DPs im Nachkriegsdeutschland. Frankfurt am Main 1994.

130 Juliane Wetzel: »Mir szeinen doh«. München und Umgebung als Zuflucht von Überlebenden des Holocaust 1945-1948. Martin Broszat/Klaus-Dietmar Henke/Hans Woller (Hg.): Von Stalingrad zur Währungsreform. Zur Sozialgeschichte des Umbruchs in Deutschland. München 1989, S. 329.

131 Claus Larass: Der Zug der Kinder. KLV - Die Evakuierung von 5 Millionen deutscher Kinder im 2. Weltkrieg. München 1983.

132 Richard Thilenius: Die Teilung Deutschlands. Eine zeitgeschichtliche Analyse. Reinbek bei Hamburg 1957, S. 72.

133 Johannes Hohlfeld (Hg.): Dokumente der Deutschen Politik und Geschichte von 1848 bis zur Gegenwart. Bd. VI: Deutschland nach dem Zusammenbruch 1945. Berlin, München o. J., S. 58 f.

134 Rolf Grix/Wilhelm Knöll (Hg.): Die Rede zum 8. Mai 1945. Oldenburg 1987, S. 138. Heinz Nawralit: Die deutschen Nachkriegsverluste unter Vertriebenen, Gefangenen und Verschleppten. München, Berlin 1986. Ferner Wolfgang Benz (Hg.): Die Vertreibung der Deutschen aus dem Osten. Ursachen, Ereignisse, Folgen. Frankfurt am Main 1985. Louis Ferdinand Helbig: Der ungeheure Verlust. Flucht und Vertreibung in der deutschsprachigen Belletristik der Nachkriegszeit. Wiesbaden 1988. Ekkehard Kuhn: Nicht Rache, nicht Vergeltung. Die deutschen Vertriebenen. München, Wien o. J. Albrecht Lehmann: Im Fremden ungewollt zuhaus. Flüchtlinge und Vertriebene in Westdeutschland 1945-1990. München 1991. Rainer Schulze/Doris von der Brelie-Lewien/Helga Grebing: Flüchtlinge und Vertriebene in der westdeutschen Nachkriegsgeschichte. Hildesheim 1987.

135 Dieter Franck: Jahre unseres Lebens 1945-1949. München, Zürich 1980, S. 50.

136 Johann Georg Reißmüller: Das Massaker von Aussig. Frankfurter Allgemeine Zeitung, 17. 7. 1993. Heinz Nawralit: Vertreibungsverbrechen an Deutschen. München 1982.

137 Dieter Franck: Jahre unseres Lebens 1945-1949; a. a. O., S. 52.

138 Susan Boenke/Konrad von Zwehl (Hg.): »Angesichts des Trümmerfeldes«. München 1983, S. 165 f.

139 Peter Bender: Über die Notwendigkeit der Niederlage. Merkur, Heft 5/1995, S. 453 f.

140 Brief Jürgen Kuczynskis an Anna Seghers, Ende August 1945 (unveröffentlicht).

141 Heute, Heft 2/1945, S. 39 ff.

142 Stadtarchiv Dortmund (Hg.): Dortmund im Wiederaufbau 1945-1960. Eine Dokumentation. Dortmund 1985, S. 53.

143 Rainer Gries: Die Rationen-Gesellschaft. Versorgungskampf und Vergleichsmentalität: Leipzig, München und Köln nach dem Kriege. Münster 1991.
144 Walter Kempowski: Uns geht's ja noch gold. Roman einer Familie. Hamburg 1978, S. 108.
145 Hans Erich Nossack: Dieser andere. (Brief an Hermann Kasack, 30. 11. 1945) Frankfurt am Main 1976.
146 Karl Dietrich Bracher u. a. (Hg.): Geschichte der Bundesrepublik Deutschland in fünf Bänden. Bd. 1. Theodor Eschenburg; a. a. O., S. 267.
147 Ebd., S. 64.
148 Georg Hensel: Glück gehabt. Szenen aus einem Leben. Frankfurt am Main, Leipzig 1994, S. 116.
149 Die Neue Zeitung, 7. 5. 1946.
150 Christoph Kleßmann: Die doppelte Staatsgründung. Deutsche Geschichte 1945–1955. Bonn 1982, S. 46 f.
151 Willy Brandt: Erinnerungen; a. a. O., S. 142.
152 Gerhard Rabeler: Wiederaufbau und Expansion westdeutscher Städte 1945–1960 im Spannungssfeld von Reformideen und Wirklichkeit. Schriftenreihe des Deutschen Nationalkomitees für Denkmalschutz, Bd. 39. Bonn o. J., S. 10.
153 Dieter Franck: Jahre unseres Lebens 1945–1949; a. a. O., S. 27 f.
154 Berliner Tagesspiegel, 27. 9. 1945.
155 Karl Dietrich Bracher u. a. (Hg.): Geschichte der Bundesrepublik Deutschland in fünf Bänden; a. a. O., S. 73.
156 Jürgen John. Die Ära Paul in Thüringen (1945–1947). Köln 1996.
157 Stefan Schnell: Der deutsche Städtetag. Bonn 1970, S. 17. Ferner Otto Ziebill: Geschichte des Deutschen Städtetages. Stuttgart 1955.
158 Die Neue Zeitung, 28. 10. 1945.
159 Haus der Geschichte der Bundesrepublik Deutschland (Hg.): Nach-Denken. Über Kurt Schumacher und seine Politik. Berlin 1996.
160 Christoph Kleßmann: Die doppelte Staatsgründung; a. a. O., S. 143.
161 Franz Josef Strauß: Die Erinnerungen. Berlin 1989, S. 70. Ferner A. R. L. Gurland: Die CDU/CSU. Ursprünge und Entwicklung bis 1953. Frankfurt am Main 1980.
162 Walter Roller: Geduldet oder gefördert? Die Entwicklung der politischen Parteien. Jürgen Weber: Auf dem Wege zur Republik 1945–1947. München 1985, S. 162.
163 Helga Grebing: Die Parteien. Wolfgang Benz (Hg.): Die Geschichte der Bundesrepublik Deutschland. Bd. 1: Politik. Frankfurt am Main 1989, S. 81.
164 Karl Dietrich Bracher u. a. (Hg.): Geschichte der Bundesrepublik Deutschland in fünf Bänden; a. a. O., S. 207.
165 Walter Roller: Geduldet oder gefördert? a. a. O., S. 153 f.
166 Beatrix Bouvier: Ausgeschaltet! Sozialdemokraten in der Sowjetischen Besatzungszone und in der DDR 1945–1953. Bonn 1996. Harold Hurwitz u. a.: Die Stalinisierung der SED. Wiesbaden 1997. Andreas Malycha: Partei von Stalins Gnaden? Die Entwicklung der SED zur Partei neuen Typus in den Jahren 1946 bis 1950. Berlin 1996. Ders.: Auf dem Weg zur SED. Die Sozialdemokratie und

die Bildung einer Einheitspartei in den Ländern der SBZ. Beihefte zum Archiv für Sozialgeschichte, Bd. 17. Bonn 1995. Norbert Podewin/Manfred Teresiak: »Brüder, in eins nun die Hände ...« Das Für und Wider um die Einheitspartei in Berlin. Berlin 1996.

167 Rolf Badstübner/Wilfried Loth (Hg.): Wilhelm Pieck. Aufzeichnungen zur Deutschland-Politik 1945–1953. Berlin 1994.

168 Gloria Müller: Mitbestimmung in der Nachkriegszeit. Britische Besatzungsmacht – Unternehmer – Gewerkschaften. (Düsseldorfer Schriften zur Neueren Landesgeschichte und zur Geschichte Nordrhein-Westfalens, Bd. 21) Düsseldorf 1987.

169 Jörg Wollenberg: 8. Mai 1945. Fachbereich Erwachsenenbildung der Universität Bremen. Bremen 1985, S. 101.

170 Christoph Kleßmann: Die doppelte Staatsgründung; a. a. O., S. 128.

171 Dieter Grosser/Thomas Lange/Andreas Müller-Armack/Beate Neuß: Soziale Marktwirtschaft. Geschichte – Konzept – Leistung. Stuttgart 1990. A. J. Nicholls: Freedom with responsibility. The Social Market Economy in Germany. Oxford 1994.

172 Wolfgang Preß: Geniale Leerformel. Von den Ideen des Erfinders der Sozialen Marktwirtschaft. Die Zeit, 28. 6. 1991.

173 Werner Plumpe: Vom Plan zum Markt. Wirtschaftsverwaltung und Unternehmerverbände in der britischen Zone. Düsseldorf 1987.

174 Jörg Fisch: Reparationen nach dem Zweiten Weltkrieg. München 1992.

175 Othmar Nikola Haberl/Lutz Niethammer: Der Marshall-Plan und die europäische Linke. Frankfurt am Main 1986. Hans-Jürgen Schröder: Marshallplan, amerikanische Deutschlandpolitik und europäische Integration 1947–1950. Aus Politik und Zeitgeschichte. Beilage zur Wochenzeitung »Das Parlament«, 2. 5. 1987. Gerd Hardach: Der Marshallplan. Auslandshilfe und Wiederaufbau in Westdeutschland 1948–1952. München 1994.

176 Ulrich Herbert: Ungerechte Lastenverteilung. Die Zeit, 8. 1. 1993.

177 John Gimbel: Die Bedeutung der Besatzungszeit 1945–1949. Aus Politik und Zeitgeschichte. Beilage zur Wochenzeitung »Das Parlament«, 5. 5. 1965, S. 48.

178 Kurt Koszyk: »Umerziehung« der Deutschen aus britischer Sicht. Aus Politik und Zeitgeschichte. Beilage zur Wochenzeitung »Das Parlament«, 22. 7. 1978, S. 5.

179 Wolfgang R. Langenbucher/Ralf Rytlewski/Bernd Weyergraf (Hg.): Kulturpolitisches Wörterbuch Bundesrepublik Deutschland/Deutsche Demokratische Republik im Vergleich. Stuttgart 1983, S. 163.

180 Manfred Heinemann (Hg.): Umerziehung und Wiederaufbau. Die Bildungspolitik der Besatzungsmächte in Deutschland und Österreich. Stuttgart 1981. Karl-Heinz Füssl: Die Umerziehung der Deutschen. Jugend und Schule unter den Siegermächten des Zweiten Weltkriegs 1945–1955. Paderborn 1995.

181 Herman Nohl: Die geistige Lage im gegenwärtigen Deutschland. Die Sammlung, November 1947

182 Siegfried Unseld: Begegnungen mit Hermann Hesse. Frankfurt am Main 1975, S. 37.

183 Ludwig Kerstiens: Die höhere Schule in den Reformplänen der Nachkriegszeit. Zeitschrift für Pädagogik, Heft 6/1965, S. 538 ff.
184 Ulrich Chaussy: Jugend. Wolfgang Benz (Hg.): Die Bundesrepublik Deutschland. Bd. 3: Gesellschaft. Frankfurt am Main 1983, S. 40. Karl Dietrich Erdmann: Überblick über die Entwicklung der Schule in Deutschland 1945–1949. Neue Sammlung, Heft 3/1976, S. 215 ff.
185 Die Sammlung, Heft 4/1946, S. 197 ff.
186 Dietrich Goldschmidt: Hochschulpolitik. Wolfgang Benz (Hg.): Die Geschichte der Bundesrepublik Deutschland Bd. 1: Politik. Frankfurt am Main 1989, S. 362.
187 Ludwig von Friedeburg: Die Universität nach 1945. Eberhard Holtmann (Hg.): Wie neu war der Neubeginn? Zum deutschen Kontinuitätsproblem nach 1945. Erlangen 1989, S. 71.
188 Wilfried Barner/Christoph König (Hg.): Zeitenwechsel. Germanistische Literaturwissenschaft vor und nach 1945. Frankfurt am Main 1996.
189 Christoph Kleßmann: Die doppelte Staatsgründung; a. a. O., S. 97 f.
190 Die Neue Zeitung, 4. 11. 1945.
191 Nürnberger Nachrichten. Trümmerzeit 1945–1950. Sonderausgabe 1985.
192 Alfred Wendehorst: Geschichte der Friedrich-Alexander-Universität Erlangen-Nürnberg. 1743–1993. München 1993, S. 224.
193 Josef Foschepoth: Im Schatten der Vergangenheit. Die Anfänge der Gesellschaften für christlich-jüdische Zusammenarbeit. Göttingen 1993.
194 Hochland, Heft 8/1947, 8. 576 ff. Ferner Hermann Boventer (Hg.): Evangelische und Katholische Akademien. Gründerzeit und Auftrag heute. Paderborn 1983.
195 Jörg Wollenberg: Schule der Demokraten. Hermann Glaser/Lutz von Pufendorf/Michael Schöneich (Hg.): So viel Anfang war nie. Deutsche Städte 1945–1949. Berlin 1989, S. 303 f.
196 Alexander Abusch: Die deutsche Katastrophe. Aufbau, Heft 1/1947, S. 8.
197 Siegfried Baske/Martha Engelbert (Hg.): Zwei Jahrzehnte Bildungspolitik in der Sowjetzone Deutschlands. Dokumente. 1. Teil: 1945–1958. Berlin 1966, S. 25.
198 Ebd., S. 91.
199 Thomas Ammer: Die Arbeiter- und Bauern-Fakultäten. Ilse Spittmann/Gisela Helwig (Hg.): DDR-Lesebuch; a. a. O., S. 200.
200 Ingeborg Bachmann: An die Sonne. Merkur, Heft 6/1956, S. 534.
201 Josef Müller-Marein: Es war eine Kleiderfrage. Die Zeit, 9. 5. 1975.
202 Joachim Fest: Erziehung zur Skepsis. Gedanken aus Anlaß einer Selbstvorstellung. Neue Sammlung, Heft 4/1983, S. 335.
203 Helmut Schelsky: Die skeptische Generation. Eine Soziologie der deutschen Jugend (1958). Düsseldorf, Köln 1963, S. 74 ff.
204 Martin Greiffenhagen: Die Flakhelfer werden sechzig. Anmerkungen zum Jahrgang 1928. Stuttgarter Zeitung, 22. 10. 1988.
205 Wolfgang Borchert: Draußen vor der Tür und ausgewählte Erzählungen. Hamburg 1956, S. 8, 23.

206 Erich Kästner: Gesammelte Schriften für Erwachsene. Bd. 7: Vermischte Beiträge II. Zürich 1969, S. 101.

207 Martin Broszat/Klaus-Dietmar Henke/Hans Woller (Hg.): Von Stalingrad zur Währungsreform. Zur Sozialgeschichte des Umbruchs in Deutschland. München 1989, S. 683 ff.

208 Helmut Gollwitzer: »... und führen, wohin du nicht willst.« Bericht einer Gefangenschaft. Frankfurt am Main, Hamburg 1954.

209 Rüdiger Overmans: Ein untergeordneter Eintrag im Leidensbuch der jüngeren Geschichte? Die Rheinwiesenlager 1945. Hans-Erich Volkmann: Ende des Dritten Reiches - Ende des Zweiten Weltkriegs. Eine perspektivische Rückschau. München, Zürich 1995. Haus der Geschichte der Bundesrepublik Deutschland (Hg.): Kriegsgefangene. Sowjetische Kriegsgefangene in Deutschland. Deutsche Kriegsgefangene in der Sowjetunion. Düsseldorf 1995. James Bacque: Der geplante Tod. Deutsche Kriegsgefangene in amerikanischen und französischen Lagern 1945 bis 1946. Berlin 1989. Arthur L. Smith: Heimkehr aus dem Zweiten Weltkrieg. Die Entlassung der deutschen Kriegsgefangenen. (Schriftenreihe der Vierteljahreshefte für Zeitgeschichte 51) Stuttgart 1985.

210 Der Ruf. Zeitung der deutschen Kriegsgefangenen in den USA. Faksimile-Ausgabe. München o. J.

211 Christian Ferber: H. W. Richter war gegen Kollektivschuld. Die Welt, 28. 3. 1987.

212 Hartmut Mehringer: Waldemar von Knoeringen. Eine politische Biographie. München, London, New York, Paris 1989, S. 249, 251.

213 Hannes Heer (Hg.): Als ich 9 Jahre alt war, kam der Krieg. Ein Lesebuch gegen den Krieg. Reinbek bei Hamburg 1983. Rosemarie Winter: [Schüleraufsätze in Nordrhein-Westfalen 1948] Die Sammlung, Heft 10/1949, S. 639.

214 Archiv Hermann Glaser, Roßtal.

215 Ulrich Chaussy: Jugend. Wolfgang Benz (Hg.): Die Bundesrepublik Deutschland. Bd. 3: Gesellschaft; a. a. O., Frankfurt am Main 1983, S. 37.

216 Jugend zwischen gestern und morgen. Verwahrlosung und Kriminalität der Jugendlichen - Gefahr oder Zeiterscheinung. Die Neue Zeitung, 8. 2. 1948.

217 Junge Menschen über ihre Not. Briefe an »Die Neue Zeitung« erörtern ein Generationsproblem. (Brief von Heinz Piontek) Die Neue Zeitung, 1. 4. 1946.

218 Walter Rosenwald/Bernd Theis: Enttäuschung und Zuversicht. Zur Geschichte der Jugendarbeit in Hessen 1945-1950. München 1984.

219 Ulrich Mählert: Die Freie Deutsche Jugend 1945-1949. Von den antifaschistischen Jugendausschüssen zur SED. Paderborn, München, Wien, Zürich 1995.

220 Dieter Franck: Jahre unseres Lebens 1945-1949; a. a. O., S. 38.

221 Ina Merkel: Leitbilder und Lebensweisen von Frauen in der DDR. Hartmut Kaelble/Jürgen Kocka/Hartmut Zwahr (Hg.): Sozialgeschichte der DDR. Stuttgart 1994, S. 362.

222 Marianne Feuersenger: Die garantierte Gleichberechtigung - ein umstrittener Sieg für Frauen. Freiburg 1980. Ute Gerhard: Die staatlich institutionalisierte »Lösung« der Frauenfrage. Hartmut Kaelble/Jürgen Kocka/Hartmut Zwahr: So-

zialgeschichte der DDR; a. a. O., S. 383 ff. Marieluise Janssen-Jurreit: Sexismus. Über die Abtreibung der Frauenfrage. München 1976.
223 Wolfgang R. Langenbucher/Ralf Rytlewski/Bernd Weyergraf (Hg.): Kulturpolitisches Wörterbuch; a. a. O., S. 211.
224 Barbara Willenbacher: Zerrüttung und Bewährung der Nachkriegsfamilie. Martin Broszat/Klaus-Dietmar Henke/Hans Woller (Hg.): Von Stalingrad zur Währungsreform; a. a. O., S. 599.
225 Angela Vogel: Familie. Wolfgang Benz (Hg.): Die Bundesrepublik Deutschland. Geschichte in 3 Bde. Bd. 2: Gesellschaft. Frankfurt am Main 1983, S. 103 ff.
226 Jost Hermand: Kultur im Wiederaufbau. Die Bundesrepublik Deutschland 1945–1969. München 1986, S. 79.
227 Cordelia Edvardson: Gebranntes Kind sucht das Feuer. München 1986.
228 Thomas Mann: Doktor Faustus. Das Leben des deutschen Tonsetzers Adrian Leverkühn, erzählt von einem Freunde. Frankfurt am Main 1981.
229 Georg Denzler/Volker Fabricius: Christen und Nationalsozialisten. Darstellung und Dokumente. Frankfurt am Main 1993, S. 228. Ferner Martin Greschat: Im Zeichen der Schuld. 40 Jahre Stuttgarter Schuldbekenntnis. Eine Dokumentation. Neukirchen-Vluyn 1985.
230 Ebd., S. 348.
231 Georg Denzler/Volker Fabricius: Christen und Nationalsozialisten; a. a. O., S. 347.
232 Karl Barth: Offene Briefe 1945–1968. Zürich 1984.
233 Julius Ebbinghaus: Was ist Existentialphilosophie? Die Neue Zeitung, 28. 7. 1947.
234 Hans Daiber: Deutsches Theater seit 1945. Bundesrepublik Deutschland, Deutsche Demokratische Republik, Österreich, Schweiz. Stuttgart 1976, S. 33.
235 Jean-Paul Sartre: Die Fliegen. Die schmutzigen Hände. Zwei Dramen. Reinbek bei Hamburg 1961, S. 59, 70 f.
236 Kurt Rossmann: Martin Heideggers Holzwege. Der Monat, Heft 21/1950, S. 236 ff.
237 Albert Camus: Der Mythos von Sisyphos. Ein Versuch über das Absurde. Hamburg 1959, S. 101.
238 Jost Hermand: Kultur im Wiederaufbau; a. a. O., S. 103.
239 Alfred Döblin: Schicksalsreise. Bericht und Bekenntnis. Ausgewählte Werke in Einzelbänden. In Verbindung mit den Söhnen des Dichters hg. von Riley, Anthony W. Solothurn, Düsseldorf 1993.
240 F. C. Weiskopf: Denk ich an Deutschland in der Nacht … Die Themenkreise der deutschen Literatur im Exil. Die Neue Zeitung, 7. 2. 1947.
241 Hans-Albert Walter: Deutsche Exilliteratur 1933–1950. Darmstadt und Neuwied 1972 ff.
242 Hans Daiber: Deutsches Theater seit 1945; a. a. O., S. 8.
243 Ebd., S. 54 ff.
244 Jost Hermand: Kultur im Wiederaufbau; a. a. O., S. 94.
245 Das vernachlässigte Exil. Hans-Albert Walter im Gespräch mit Lerke von Saalfeld. Rundfunkmanuskript/Deutschlandfunk, 24. 9. 1989, S. 3.

246 Horst Möller: Exodus der Kultur. München 1984, S. 51 ff.
247. Wolfgang R. Langenbucher/Ralt Rytlewski/Bernd Weyergraf (Hg.): Kulturpolitisches Wörterbuch.; a. a. O, S. 173.
248 Maritta Hein-Kremer: Die amerikanische Kulturoffensive. Gründung und Entwicklung der »Information Centers« in Westdeutschland und West-Berlin (1945-1955). Beiträge zur Kulturpolitik, Bd. 5. Köln 1966.
249 Erich Kästner: Notabene 45; a. a. O., S. 83.
250 Die »Weiße Liste« deutscher Kultur. Die Neue Zeitung, 25. 10. 1945. Henric L. Wuermeling: Die weiße Liste. Umbruch der politischen Kultur in Deutschland. Berlin 1981.
251 Hans Daiber: Deutsches Theater seit 1945; a. a. O., S. 42.
252 Jost Hermand: Kultur im Wiederaufbau; a. a. O., S. 89 f. Ferner Franz Knipping/Jacques Le Rider/Karl Mayer (Hg.): Frankreichs Kulturpolitik in Deutschland 1945-1950. Ein Tübinger Symposium am 19./20. 9. 1985. Tübingen 1987.
253 Ilse Spittmann/Gisela Helwig (Hg.): DDR-Lesebuch; a. a. O., S. 208.
254 »Zeit des Neubeginns«. Gespräch mit Sergej Tulpanow. Neue Deutsche Literatur, Nr. 9/1979, S. 42 f.
255 Kulturbund zur demokratischen Erneuerung Deutschlands. Ilse Spittmann/Gisela Helwig (Hg.): DDR-Lesebuch; a. a. O., S. 212.
256 Manfred Jäger: Kultur und Politik in der DDR 1945-1990 Köln. 1994, S. 7.
257 Magdalena Heider: Politik - Kultur - Kulturbund. Zur Gründungs- und Frühgeschichte des Kulturbundes zur demokratischen Erneuerung Deutschlands 1945-1954 in der SBZ/DDR. Köln 1993, S. 33 ff.
258 Hans Mayer: Die umerzogene Literatur. Deutsche Schriftsteller und Bücher 1945-1967. Berlin 1988, S. 45.
259 Bernhard Zeller (Hg.): »Als der Krieg zu Ende war.« Literarisch-politische Publizistik 1945-1950. Eine Ausstellung des Deutschen Literaturarchivs im Schiller-Nationalmuseum, Marbach a. N., Katalog Nr. 23. Stuttgart 1973, S. 50.
260 Hans Mayer: Die umerzogene Literatur; a. a. O., S. 45.
261 Frank Trommler: Sozialistische Literatur in Deutschland. Ein historischer Überblick. Stuttgart 1976, S. 681 f.
262 David Pike: The Kulturbundbau: Causes, Context and Consequences. Bernard Genton/Cyril Buffet: Die vier Besatzungsmächte und die Kultur in Berlin 1945-1949. Berlin 1997.
263 Gerd Dietrich: Programm zur Erneuerung der deutschen Kultur: Zur Ersten Zentralen Kulturtagung der KPD 1946. Zeitschrift für Geschichtswissenschaft, Jg. 34/1986, S. 483 ff.
264 Joachim Streisand: Kulturgeschichte der DDR. Studien zu ihren historischen Grundlagen und ihren Entwicklungsetappen. Köln 1981, S. 79 f.
265 Joachim-Rüdiger Groth/Karin Groth: Materialien zu Literatur im Widerspruch. Gedichte und Prosa aus 40 Jahren DDR. Kulturpolitischer Überblick und Interpretationen. Köln 1993, S. 5 f.
266 Matthias Herrmann: »Nicht, daß wir die Tradition gerettet hätten.« Musik, Oper und Theater im Jahre 1945 in Dresden. Dresdner Hefte, Heft 1/1995, S. 99 ff.

267 Albrecht Goes: Goethegedichte in dieser Zeit. Die Neue Zeitung, 28. 2. 1947
268 Thomas Mann: Ansprache im Goethejahr. Gehalten am 25. Juli 1949 in der Paulskirche zu Frankfurt am Main. Bernhard Zeller (Hg.): »Als der Krieg zu Ende war«; a. a. O., S. 492 f.
269 Friedrich Sieburg: Frieden mit Thomas Mann. Die Gegenwart, Heft 14/1949, S. 16.
270 Frankfurter Rundschau, 28. 7. 1949.
271 Frankfurter Neue Presse, 30. 7. 1949.
272 Wolfgang Harich: Das demokratische Deutschland grüßt Thomas Mann. Tägliche Rundschau, 31. 7. 1949.
273 Karl Jaspers: Unsere Zukunft und Goethe. Die Wandlung, Heft 7/8/1949, S. 584 ff.
274 Die Zeit, 28. 4. 1949.
275 Jochen G. Leithäuser: Das Goethejahr ist überstanden. Rückblick und Bilanz. Der Monat, Nr. 15/1949, S. 286 ff.
276 Erich Kuby: Die Russen in Berlin 1945. München, Bern, Wien 1965, S. 70.
277 Jürgen Reiche: Zukunft nach dem Ende. Hermann Glaser/Lutz von Pufendorf/Michael Schöneich (Hg.): So viel Anfang war nie. Deutsche Städte 1945-1949. Berlin 1989, S. 40 f.
278 Wolfgang Schivelbusch: Vor dem Vorhang. Das geistige Berlin 1945-1948. München 1995, S. 39 ff. Ferner Melanie Kanzler: Die Einflußnahme der amerikanischen Besatzungsmacht auf die Berliner Kulturpolitik in den Nachkriegsjahren 1945-1947, Berlin 1990.
279 Hans Borgelt: Das war der Frühling von Berlin. München 1980.
280 Bertolt Brecht: Arbeitsjournal. Frankfurt am Main 1973, S. 850.
281 Michael Semirjaga: Sowjetische Okkupation und das kulturelle Leben in Berlin. Bernard Genton/Cyril Buffet: Die vier Besatzungsmächte und die Kultur in Berlin 1945-1949. Berlin 1997.
282 Wolfgang Schivelbusch: Vor dem Vorhang; a. a. O., S. 55 f.
283 Budapester Kulturforum. Diskussionsbeiträge von Mitgliedern der DDR-Delegation. Berlin 1986, S. 21.
284 Franz Fühmann: Vor Feuerschlünden. Erfahrung mit Georg Trakls Gedicht. Rostock 1984, S. 84 f.
285 Manfred Riedel: Die Sage vom guten Anfang. Sinn und Form, Nr. 4/1992. Hans Mayer: Der Turm von Babel. Erinnerung an eine Deutsche Demokratische Republik. Frankfurt am Main 1991.
286 Otto Flake: Die geistige Hauptstadt. Badener Tagblatt, 20. 4. 1946.
287 Ludwig Eberlein: Kultur ohne Metropole. Der Tagesspiegel, 25. 11. 1948.
288 Peter Roos: Genius loci. Gespräche über Literatur und Tübingen. Pfullingen 1978, S. 33 f., 55, 81 f.
289 Günther Rühle: Die Wiederherstellung des Theaters. Hilmar Hoffmann/Heinrich Klotz (Hg.): Die Kultur unseres Jahrhunderts 1945-1960. Düsseldorf, Wien, New York 1991, S. 73.
290 Wolfgang Pöschl: Aida ohne Dekorationen. Ein gelungenes Experiment in Kassel. Die Neue Zeitung, 15. 11. 1946.

291 Gertrud Becker: Frankfurter Brief. Die Neue Zeitung, 1. 11. 1945.
292 Hans Daiber: Deutsches Theater seit 1945; a. a. O., S. 27.
293 Günther Rühle: Die Wiederherstellung des Theaters; a. a. O., S. 73 f.
294 Hans Daiber: Deutsches Theater seit 1945; a. a. O., S. 77 ff.
295 Jürgen Reiche: Zukunft nach dem Ende. Hermann Glaser/Lutz von Pufendorf/Michael Schöneich (Hg.): So viel Anfang war nie; a. a. O., S. 36.
296 Hans Daiber: Deutsches Theater seit 1945; a. a. O., S. 11 ff.
297 Bruno E. Werner: Kritik der Theaterkritik. Die Neue Zeitung, 30. 5. 1948.
298 Walther Schmieding: Kunst gab ich für Kohl. Die Entstehung der Ruhrfestspiele. Legende und Wirklichkeit. Frankfurter Allgemeine Zeitung, 26. 5. 1977.
299 Hans Daiber: Deutsches Theater seit 1945; a. a. O., S. 33.
300 Bruno E. Werner: Drei Aufführungen »Mord im Dom«. Die Neue Zeitung, 27. 10. 1947.
301 Hans Daiber: Deutsches Theater seit 1945; a. a. O., S. 67.
302 Heinz Pauck. »Draußen vor der Tür«. Uraufführung in den Hamburger Kammerspielen. Die Neue Zeitung, 24. 11. 1947.
303 Rhein-Neckar-Zeitung, 13. 12. 1947.
304 Fritz Erpenbeck: Lebendiges Theater. Berlin 1949, S. 287 f.
305 Hans Weigel: Die Komödie [Wien], Nr. 6/1947/48, S. 194 f.
306 Heinz Pauck: »Des Teufels General«. Deutsche Erstaufführung in Hamburg. Die Neue Zeitung, 21. 11. 1947.
307 Werner Schulze-Reimpell: Man spielte, was gefiel. Die Theater im Rheinland. Klaus Honnef/Hans M. Schmidt (Hg.): Aus den Trümmern. Kunst und Kultur im Rheinland und Westfalen 1945–1952. Köln 1985, S. 451 f.
308 Heimkehrer? Texte von Berthold Viertel, Fritz Kortner, Erwin Piscator. Theater heute, Heft 10/1970, S. 26.
309 Der letzte der Löwen. Peter Zadek 1959 über Fritz Kortner. Theater heute, Heft 11/1979, S. 18.
310 Henning Rischbieter: Berlin, Hebbel-Theater 1950. Im Gefängnis der Diktatur. Fritz Kortner inszeniert Schillers »Don Carlos«. Theater heute, Heft 2/1984, S. 43 ff.
311 Michael Walter: Hitler in der Oper. Deutsches Musikleben 1919–1945. Stuttgart, Weimar 1995.
312 Hans Daiber: Deutsches Theater seit 1945; a. a. O., S. 113.
313 Ottofritz Gaillard: Der Fall Hindemith. Aufbau, Heft 1/1947, S. 38.
314 Klaus Mann: Der Wendepunkt. Ein Lebensbericht. Frankfurt am Main und Hamburg 1963, S. 439 f.
315 Ulrich Dibelius: Musik. Wolfgang Benz (Hg.): Die Bundesrepublik Deutschland. Geschichte in 3 Bde. Bd. 3: Kultur. Frankfurt am Main 1983, S. 110 f.
316 Ernst Bloch: Das Prinzip Hoffnung. Dritter Band. Frankfurt am Main 1973, S. 1249 ff.
317 Ulrich Dibelius: Musik. Wolfgang Benz (Hg.): Die Geschichte der Bundesrepublik Deutschland. Bd. 4: Kultur. Frankfurt am Main 1989, S. 131 f.
318 Edmund Nick: Carl Orffs »Bernauerin«. Die Neue Zeitung, 11. 7. 1947.

319 Hans Heinz Stuckenschmidt: Luft vom anderen Planeten. Notizen über Arnold Schönberg. Frankfurter Allgemeine Zeitung, 12. 12. 1964.
320 Ulrich Dibelius: Musik. Wolfgang Benz (Hg.): Die Bundesrepublik Deutschland; a. a. O., S. 114.
321 Hans Heinz Stuckenschmidt: Kranichstein, das Schloß der Neutöner. Die Neue Zeitung, 8. 8. 1947.
322 Friedrich Herzfeld: Deutsches Musikleben auf neuen Bahnen. Aufbau, Heft 2/1946, S. 177 ff.
323 Hans Heinz Stuckenschmidt: Arnold Schönberg. Aufbau, Heft 12/1946, S. 1240 f.
324 Fritz Brust: »Abraxas« von Egk. Die Neue Zeitung, 12. 12. 1947.
325 Werner Suhr: Werner Egks »Abraxas«. Die Neue Zeitung, 10. 6. 1948.
326 Werner Egk: Die Zeit wartet nicht. Künstlerisches, Zeitgeschichtliches, Privates aus meinem Leben. München 1981, S. 398 ff.
327 Günter Neumann: Schwarzer Jahrmarkt. Eine Revue der Stunde Null. Berlin 1975, S. 5.
328 Erich Kästner: Der tägliche Kram. Gesammelte Schriften für Erwachsene. Bd. 7: Vermischte Beiträge II. München, Zürich 1969, S. 14
329 Ursula Herking: Danke für die Blumen - damals, gestern, heute. München 1973.
330 Robert Lucas: Die Briefe des Gefreiten Hirnschal. BBC-Radio-Satiren 1940-1945. Wien 1994, S. 263.
331 Klaus Budzinski: Wer lacht denn da? Kabarett von 1945 bis heute. Braunschweig 1989, S. 25 f.
332 Ebd., S. 25.
333 Friedrich Luft: Die gepolsterte Bank der Spötter. Zur Situation des politischen Cabarets in Deutschland. Der Monat, Heft 105/1957, S. 33.
334 Werner Finck: Silvesterrede 1945. Die Neue Zeitung, 31. 12. 1945.
335 Klaus Budzinski: Wer lacht denn da? a. a. O., S. 16.
336 Jürgen Pelzer: Kritik durch Spott. Satirische Praxis und Wirkungsprobleme im westdeutschen Kabarett. Frankfurt am Main, 1985, S. 63-84.
337 Klaus Budzinski: Satire mit Musik: Das Düsseldorfer »Kom(m)ödchen«. Das Schönste, Heft 10/1961, S. 360.
338 Wigand Lange: Antiamerikanismus und Zensur im Kabarett der Besatzungszeit 1945-1949. Frankfurter Hefte, Heft 2/1984, S. 56.
339 Volker Bohn: Deutsche Literatur seit 1945. Texte und Bilder. Frankfurt am Main 1993, S. 25.
340 Hans Mayer: Die umerzogene Literatur; a. a. O., S. 17.
341 Volker Bohn: Deutsche Literatur seit 1945; a. a. O., S. 29.
342 Wolfgang Borchert: Generation ohne Abschied. Da gibt es nur eins! Draußen vor der Tür und ausgewählte Erzählungen. Hamburg 1956, S. 125, 126.
343 Hans Mayer: Die umerzogene Literatur; a. a. O., S. 33.
344 Wolfgang Emmerich: Kleine Literaturgeschichte der DDR. Leipzig 1966, S. 91 f.
345 Ebd., S. 106.
346 Stephan Hermlin: Abendlicht. Berlin 1979. Karl Corino: Außen Marmor, innen Gips. Die Legenden des Stephan Hermlin. Düsseldorf 1996.

347 Joachim-Rüdiger Groth/Karin Groth: Materialien zu Literatur im Widerspruch. Gedichte und Prosa aus 40 Jahren DDR. Kulturpolitischer Überblick und Interpretationen. Köln 1993, S. 62 f.
348 Wolfgang Emmerich: Kleine Literaturgeschichte der DDR; a. a. O., S. 43.
349 Volker Bohn: Deutsche Literatur seit 1945; a. a. O., S. 14.
350 Klaus Völker: Bertolt Brecht. Eine Biographie. München, 1978, S. 363, 373.
351 Hans Mayer: Die umerzogene Literatur; a. a. O., S. 39.
352 Peter de Mendelssohn: Die verhinderten Hochverräter. Der Fall Becher. Der Monat, Heft 29/1951, S. 487.
353 Christoph Meckel: Suchbild. Über meinen Vater. Düsseldorf 1980, S. 167 ff.
354 Hans Egon Holthusen/Friedhelm Kemp: Ergriffenes Dasein. Deutsche Lyrik 1900–1950. Ebenhausen bei München 1953, S. 64.
355 Hans Mayer: Ein Deutscher auf Widerruf. Erinnerungen (I). Frankfurt am Main 1982, S. 320 f.
356 Heinrich Vormweg: Literatur. Wolfgang Benz (Hg.): Die Bundesrepublik Deutschland. Geschichte in 3 Bde. Bd. 3: Kultur. Frankfurt am Main 1983, S. 50 f.
357 Peter Rühmkorf: Die Jahre, die Ihr kennt. Anfälle und Erinnerungen. Reinbek bei Hamburg 1972, S. 88 f.
358 Nikolaus Born/Jürgen Manthey (Hg.): Literaturmagazin 7: Nachkriegsliteratur. Reinbek bei Hamburg 1977, S. 195. Ferner Christiane Deußen: Erinnerung als Rechtfertigung. Autobiographien nach 1945: Gottfried Benn – Hans Carossa – Arnolt Bronnen. Tübingen 1987.
359 Wolfgang Emmerich: Zwischen »Nullpunkt« und Nonkonformismus. Hilmar Hoffmann/Heinrich Klotz (Hg.): Die Kultur unseres Jahrhunderts 1945–1960. Düsseldorf, Wien, New York 1991, S. 64.
360 Günter Eich: Latrine. Gesammelte Werke. Bd. 1. Frankfurt am Main 1973, S. 36.
361 Hans Dieter Schäfer: Das gespaltene Bewußtsein. Über deutsche Kultur und Lebenswirklichkeit. 1944–1945. München 1981, S. 9 ff. Ferner Axel Vieregg: »Der eigenen Fehlbarkeit begegnet«. Günter Eichs Realitäten 1933–1945. Eggingen 1993.
362 Gottfried Benn: Ithaka. Gesammelte Werke in 8 Bdn. Hg. von Dieter Wellershoff. Bd. 6: Stücke aus dem Nachlaß. Szenen. Wiesbaden 1968, S. 1475 f.
363 Ders.: Reisen. Ebd., Bd. 1: Gedichte, S. 327.
364 Ders.: Probleme der Lyrik. Ebd., Bd. 4: Reden und Vorträge, S. 1087 f.
365 Hellmuth von Cube: Wir kennen die Melodie … Die Neue Zeitung, 1. 2. 1948.
366 Hugo Steger: Sprache im Wandel. Wolfgang Benz (Hg.): Die Bundesrepublik Deutschland. Geschichte in 3 Bde. Bd. 3: Kultur. Frankfurt am Main 1983, S. 15 ff.
367 Dolf Sternberger/Gerhard Storz/W. E. Süskind: Aus dem Wörterbuch des Unmenschen. Hamburg 1957, S. 9.
368 Hans Habe: Im Jahre Null. Ein Beitrag zur Geschichte der deutschen Presse. München 1966, S. 123.
369 Gruppe 47. Zusammenschluß junger Autoren. Die Neue Zeitung, 7. 11. 1947.
370 Rainer Schauer: Von Hechten und Literaten. Vor fünfzig Jahren wurde in einem einsamen Haus die Gruppe 47 gegründet. Die Zeit, 16. 5. 1997.

371 Hans Werner Richter: Wie entstand und was war die Gruppe 47. Hans A. Neunzig (Hg.): Hans Werner Richter und die Gruppe 47. Frankfurt am Main, Berlin, Wien 1981, S. 52 ff.
372 Friedhelm Kröll: Literaturpreise nach 1945. Wegweiser in die Restauration. Jost Hermand/Helmut Peitsch/Klaus R. Scherpe (Hg.): Nachkriegsliteratur in Westdeutschland 1945-1949. Berlin 1982, S. 143 ff.
373 Günter Eich: Gesammelte Werke. Bd. I: Die Gedichte. Die Maulwürfe. Frankfurt am Main 1973, S. 247 f.
374 Hugo Steger: Sprache im Wandel; a. a. O., S. 23.
375 Manuel Gasser: Fragwürdigkeiten der deutschen Buchproduktion. Die Neue Zeitung, 4. 8. 1947.
376 Volker Bohn: Deutsche Literatur seit 1945; a. a. O., S. 62.
377 Gottfried Bermann Fischer: Bedroht - bewahrt. Der Weg eines Verlegers. Frankfurt am Main 1967, S. 225.
378 Bernhard Zeller (Hg.): »Als der Krieg zu Ende war«; a. a. O., S. 51.
379 Ebd., S. 51 f.
380 Wolfgang Emmerich: Kleine Literaturgeschichte der DDR; a. a. O., S. 48.
381 Ursula Heukenkamp: Haben wir uns richtig verstanden? Die Literatur der Bundesrepublik Erinnerungen aus der DDR. Aus Politik und Zeitgeschichte. Beilage zur Wochenzeitung »Das Parlament«, 22. 3. 1996, S. 6 ff.
382 Erich Kästner: Notabene 45; a. a. O., S. 134.
383 Rüdiger Bolz: Von Radio München zum Bayerischen Rundfunk. Friedrich Prinz (Hg.): Trümmerzeit in München. Kultur und Gesellschaft einer deutschen Großstadt im Aufbruch 1945-1949. München 1984, S. 241.
384 Hanna Brunhöber: Unterhaltungsmusik. Wolfgang Benz (Hg.): Die Geschichte der Bundesrepublik Deutschland. Bd. 4: Kultur. Frankfurt am Main 1989, S. 173 f.
385 Paul Höffer: Schlager oder Volkslied. Aufbau, Heft 2/1947, S. 150 f.
386 kleeblatt radio, Ausgabe 14/Juli 1995 und 15/Okt. 1995.
387 Werner Burkhardt: Musik der Stunde Null. ZEIT-Magazin, Nr. 46/47/1983, S. 37 f.
388 Oliver Hassencamp: Der Sieg nach dem Krieg. Die gute schlechte Zeit. München, Berlin o. J., S. 109 ff., 31 f.
389 Werner Burckhardt: Musik der Stunde Null; a. a. O., S. 44.
390 Paul Höffer: Jazz-Musik. Aufbau, Heft 5/1946, S. 541 f.
391 W. Hagen: Jazz. Wolfgang R. Langenbucher/Ralf Rytlewski/Bernd Weyergraf (Hg.): Kulturpolitisches Wörterbuch; a. a. O., S. 288 f.
392 Karl Dietrich Bracher u. a. (Hg.): Geschichte der Bundesrepublik Deutschland in fünf Bänden. Bd. 1. Theodor Eschenburg: Jahre der Besatzung 1945-1949. Stuttgart, Wiesbaden 1983, S. 137.
393 Peter von Zahn: Der zweite Anfang des deutschen Rundfunks. Vortrag. Rundfunkmanuskript des Bayerischen Rundfunks, 27. 6. 1987, S. 3, 1 f. Ferner ders.: Stimme der ersten Stunde. Erinnerungen 1913-1951. Stuttgart 1991.
394 Axel Eggebrecht: Der halbe Weg. Zwischenbilanz einer Epoche. Reinbek bei Hamburg 1975, S. 339 f.

395 Sabine Friedrich: Rundfunk und Besatzungsmacht. Organisation, Programm und Hörer des Südwestfunks 1945 bis 1949. Baden-Baden 1991.

396 Hans Bausch: Rundfunkpolitik nach 1945. Erster Teil: 1945–1962. München 1980, S. 149.

397 Susan Boenke/Konrad von Zwehl (Hg.): »Angesichts des Trümmerfeldes ...«; a. a. O., S. 78 f.

398 Edgar Lersch: Auf neuer Welle. Der Rundfunk in den Westzonen. Hermann Glaser/Lutz von Pufendorf/Michael Schöneich (Hg.): So viel Anfang war nie. Deutsche Städte 1945–1949. Berlin 1989, S. 282.

399 Karl Dietrich Bracher u. a. (Hg.): Geschichte der Bundesrepublik Deutschland in fünf Bänden; a. a. O., S. 138. Ferner Michael Tracey: Sir Hugh Greene. Eine Biographie. Berlin 1984.

400 Wolfgang Mühl-Benninghaus: Medienpolitische Probleme in Deutschland zwischen 1945 und 1989. Heide Riedel (Hg.): »Mit uns zieht die neue Zeit ...« Eine Ausstellung des Deutschen Rundfunk-Museums. Berlin 1994, S. 10.

401 Norbert Frei: Die Presse. Wolfgang Benz (Hg.): Die Geschichte der Bundesrepublik Deutschland. Bd. 4: Kultur. Frankfurt am Main 1989, S. 370 ff. Ferner Kurt Koszyk: Pressepolitik für Deutsche 1945–1949. Geschichte der deutschen Presse. Teil IV. Berlin 1986. Wolf-Dietrich Nahr: Die befohlene Pressefreiheit. Deutsche und amerikanische Medienpolitik 1946–1953. Berlin 1991. Dietrich Oppenberg (Hg.): Handbuch Deutsche Presse 1947. Reprint des Zeitungsteils. Düsseldorf 1996.

402 Stefan Heym: Nachruf. München 1988. Michael Söllner: Presse – Verordnete Vielfalt. Hermann Glaser/Lutz von Pufendorf/Michael Schöneich (Hg.): So viel Anfang war nie; a. a. O., S. 271.

403 Heinz-Dietrich Fischer: Reeducations- und Pressepolitik unter britischem Besatzungsstatus. Die Zonenzeitung »Die Welt« 1946–1950. Konzeption, Artikulation und Rezeption. Düsseldorf 1978.

404 Rudolf Reinhardt: Zeitungen und Zeiten. Köln 1988, S. 32 ff.

405 Hans-Jörg Heims: Erinnerung an ein Zentralorgan. Seit 50 Jahren gibt es die Tageszeitung »Neues Deutschland«. Süddeutsche Zeitung, 23. 4. 1996.

406 Karl-Heinz Janßen: Die Zeit in der ZEIT. 50 Jahre einer Wochenzeitung. Berlin 1995.

407 Gerd Bucerius: Vom Wesen der Demokratie. Die Qualen des Neuanfangs 1945, gespiegelt in den Artikeln eines großen Journalisten: Ernst Friedlaender. Die Zeit, 25. 3. 1983. Norbert Frei/Franziska Friedlaender (Hg.): Ernst Friedlaender zur Zeit. Leitartikel aus den Jahren 1946–1949. München 1982.

408 Marion Gräfin Dönhoff: Namen, die keiner mehr nennt. Ostpreußen – Menschen und Geschichte. München 1964.

409 Hans Dieter Jaene: Der Spiegel. Ein deutsches Nachrichten-Magazin. Frankfurt am Main, Hamburg 1968.

410 Deutsches Allgemeines Sonntagsblatt, 1. 10. 1967.

411 Ursula von Kardorff: Berliner Aufzeichnungen 1942 bis 1945; a. a. O., S. 342.

412 Karl Dietrich Bracher u. a. (Hg.): Geschichte der Bundesrepublik Deutschland in fünf Bänden; a. a. O., S. 157.

413 Die Neue Zeitung, 13. 1. 1947.
414 Rudolf Pechel: Mutter aller Kultur. Aufbau, Heft 3/1945, S. 298.
415 »Sinn und Form«. Reprintausgabe der ersten zehn Jahrgänge (1949-1958). Nördlingen 1988.
416 Heinrich Vormweg: Literatur im Asyl. Nicolas Born/Jürgen Manthey (Hg.): Nachkriegsliteratur. Literaturmagazin 7. Reinbek bei Hamburg 1977, S. 203.
417 Ingrid Laurien: Politisch-kulturelle Zeitschriften in den Westzonen von 1945-1949. Helga Grebing (Hg.): Zur Politischen Kultur im Nachkriegsdeutschland. Politische und kulturelle Zeitschriften in Deutschland 1945-1949. Projektantrag Göttingen 1980 (unveröffentlicht).
418 Heinrich Vormweg: Literatur im Asyl; a. a. O., S. 203.
419 Der Monat, Heft 1/1948, S. 3.
420 Friedrich P. Kahlenberg: Film. Wolfgang Benz (Hg.): Die Bundesrepublik Deutschland. Geschichte in 3 Bdn. Bd. 3: Kultur. Frankfurt am Main 1983, S. 359 f.
421 Hermann Kadow: Kino von innen und außen. Frankfurter Hefte, Heft 5/1946, S. 7.
422 Hilmar Hoffmann/Heinrich Klotz (Hg.): Die Kultur unseres Jahrhunderts 1945-1960. Düsseldorf, Wien, New York 1991, S. 137 f.
423 Friedrich Luft: »Und über uns der Himmel«. Filmuraufführung mit Hans Albers. Die Neue Zeitung, 12. 12. 1947.
424 Harald Braun: Die Bedeutung der »Filmpause«. Zwang und Ziel einer Fastenzeit. Die Neue Zeitung, 12. 11. 1945.
425 Dieter Krusche: Reclams Filmführer. Stuttgart 1973, S. 157 f.
426 Erich Kästner: Treffpunkt Zürich. Die Neue Zeitung, 21. 11. 1947.
427 Bruno E. Werner: Kunst in der Katakombe. Nordwestdeutsche Hefte, Heft 3/1946. Charles Schüddekopf: Vor den Toren der Wirklichkeit. Deutschland 1946-1947 im Spiegel der Nordwestdeutschen Hefte. Berlin, Bonn 1980, S. 343.
428 Georg Meistermann: Die Legende von der Stunde Null. Über die Umwege bei der Vergangenheitsbewältigung. Süddeutsche Zeitung, 14./15. 2. 1981.
429 Doris Schmidt: Bildende Kunst. Wolfgang Benz (Hg.): Die Bundesrepublik Deutschland. Geschichte in 3 Bdn; a. a. O., S. 183.
430 Markus Krause: Galerie Gerd Rosen. Die Avantgarde in Berlin 1945-1950. Berlin 1995.
431 Doris Schmidt: Briefe an Günther Franke. Portrait eines deutschen Kunsthändlers. Köln 1970, S. 179.
432 Akademie der Künste Berlin: Als der Krieg zu Ende war. Kunst in Deutschland 1945-1950. Katalog. Berlin 1975, S. 9.
433 Ernst Wiechert: Über Kunst und Künstler. Das Gedicht. Blätter für Dichtung, Hamburg 1946. Berndt Schmidt/Hannes Schwenger: Die Stunde Eins. Erzählungen, Reportagen, Essays aus der Nachkriegszeit. München 1982, S. 47 ff.
434 Hans Sedlmayr: Verlust der Mitte. Die bildende Kunst des 19. und 20. Jahrhunderts als Symptom und Symbol der Zeit. Frankfurt am Main 1955, S. 88, 133.

435 H. G. Evers (Hg.): Darmstädter Gespräch. Das Menschenbild unserer Zeit. Darmstadt 1950, S. 150 f.
436 Gerhard Finckh: Die Suche nach dem »richtigen« Stil - Kunstdiskussion in München 1945-1949. Friedrich Prinz (Hg.): Trümmerzeit in München; a. a. O., S. 113.
437 Friedrich Adama von Scheltema: Ist der Expressionismus noch junge Kunst? Prisma, Heft 2/1946, S. 17 f. H. Lüdecke: Die Tragödie des Expressionismus. Notizen zu seiner Soziologie. Bildende Kunst, Heft 3/1949, S. 109 ff.
438 Heinz Trökes: Der Surrealismus. Das Kunstwerk, Heft 8/1947, S. 30 ff.
439 Barbara Klie: Übergangszeit. Drei Phasen der Kunst nach dem Krieg. Der Monat, Heft 200/1965, S. 100.
440 Bernhard Schulz (Hg.): Grauzonen Farbwelten. Kunst und Zeitbilder 1945-1955. Katalog zur Ausstellung der Neuen Gesellschaft für Bildende Kunst. Berlin, Wien 1983, S. 189, 220.
441 Wilhelm Uhde: Abstrakte Malerei. Die Umschau, Heft 2/1946, S. 187 f.
442 Wieland Schmied: Zeitgenössische Kunst: Entwicklungen der deutschen Malerei von 1945 bis zu den siebziger Jahren. Universitas, Heft 12/1979, S. 1253 f.
443 Gerhard Finckh: ZEN 49. Friedrich Prinz (Hg.): Trümmerzeit in München; a. a. O., S. 120.
444 Eberhard Hempel: Ruinenschönheit. Zeitschrift für Kunst, 2. Jg./1948, S. 76 f.
445 Karin Thomas: Zweimal deutsche Kunst nach 1945. 40 Jahre Nähe und Ferne. Köln 1985, S. 10 f.
446 Eckhart Gillen: Kunst in der Sowjetischen Besatzungszone und in der DDR 1945-1990. Text zur Dia-Serie. Inter Nationes Bonn.
447 Hermann Henselmann: Zielbewußte Kunstausstellung. Aufbau, Heft 4/1946, S. 428.
448 Gabriele Muschter/Klaus Honnef (Hg.): Westchor Ostportal. 12 Positionen zeitgenössischer Kunst in Deutschland. Berlin 1995, S. 19.
449 Rainer Zimmermann: Expressiver Realismus. Malerei der verschollenen Generation. München 1994, S. 201, 191 ff. Ferner Karin Thomas: Zweimal deutsche Kunst nach 1945; a. a. O., S. 26 ff.
450 Klaus Honnef/Hans M. Schmidt (Hg.): Aus den Trümmern. Kunst und Kultur im Rheinland und Westfalen 1945-1952. Köln 1985, S. 325.
451 Weser-Kurier, 5. 12. 1945.
452 Walter Gropius reist im Auftrag der amerikanischen Militärregierung durch Deutschland. Der Spiegel, Jan. 1948.
453 Otto Bartning: Ketzerische Gedanken am Rande der Trümmerhaufen. Frankfurter Hefte, Heft 1/1946, S. 64.
454 Hans Schwippert: Theorie und Praxis (1944; mit einem Nachwort versehen Ende 1946). Baukunst und Werkform, Nr. 2/1947.
455 50 Jahre Deutscher Werkbund. Im Auftrage des Deutschen Werkbundes hg. von der Landesgruppe Hessen, bearb. von Hans Eckstein. Frankfurt am Main, Berlin 1958, S. 36.
456 Philipp Rappaport: Der Wiederaufbau der deutschen Städte. Essen 1945. J. C. Rossaint: Vom Neuaufbau unserer Heimat, Düsseldorf 1945, S. 4.

457 Magistrat der Stadt Kiel (Hg.): Bürger bauen eine neue Stadt. Kiel 1956, S. 33 f.
458 Martin Wagner: Baumeister von Deutschland. Aufbau, Heft 9/1946, S. 881.
459 Alfons Leitl: Erwägungen und Tatsachen zum deutschen Städte-Aufbau. Frankfurter Hefte, Heft 4/1946, S. 64.
460 Großstadt der Zukunft. Pläne zum Wiederaufbau Berlins. Die Neue Zeitung, 23. 8. 1946. Hans Scharoun: Zur Ausstellung »Berlin plant«. Neue Bauwelt, Heft 10/1946, S. 3.
461 Vittorio M. Lampugnani: Wiederaufbau? Unmöglich. Deutsche Stadtplanung nach 1945. Keine »Stunde Null«. Frankfurter Allgemeine Zeitung, 24. 8. 1983. Wieder-Aufbau oder Neubeginn? Die Legende von der »Stunde Null«. Bauwelt, Nr. 48/1981, Nr. 48/1984.
462 Werner Durth/Niels Gutschow: Träume in Trümmern. Stadtplanung 1940–1950. München 1993, S. 156 ff.
463 Lothar Bolz: Von deutschem Bauen. (Ost-)Berlin 1951, S. 32 ff.
464 Bruno E. Werner: Romantik oder Wirklichkeit? Gedanken über den Wiederaufbau. Die Neue Zeitung, 25. 7. 1947.
465 Werner Durth u. a. (Hg.): 1945. Krieg – Zerstörung – Aufbau. Architektur und Stadtplanung 1940–1960. Schriftenreihe der Akademie der Künste, Bd. 23. Berlin 1995, S. 278 f.
466 Ebd., S. 272 ff.
467 Ebd., S. 275.

第二部分　分裂的德国

1 Hans-Christian Huf (Hg.): Das Land der großen Mitte. Gespräche über die Kultur der Bundesrepublik. Düsseldorf, Wien, New York 1989.
2 Hans Riehl: Die Mark. Die aufregende Geschichte einer Weltwährung. Hannover 1978.
3 Karl Schnog: Wann wird das sein? Ulenspiegel Nr. 5/1948, S. 2.
4 Dieter Bänsch (Hg.): Die fünfziger Jahre. Beiträge zu Politik und Kultur. Tübingen 1985, S. 225 f. Ferner F. Ehmke: Schlechte Noten. Werk und Zeit, Nr. 6/1952.
5 Lambert Schneider: Neubeginn 1945–1950. Rechenschaft über vierzig Jahre Verlagsarbeit 1925–1965. Ein Almanach. Heidelberg 1965, S. 90 f.
6 Deutscher Bundestag/Bundesarchiv (Hg.): Der Parlamentarische Rat 1948–1949. Akten und Protokolle. Bd. 8: Die Beziehungen des Parlamentarischen Rates zu den Militärregierungen. Boppard am Rhein 1995.
7 Grundgesetz für die Bundesrepublik Deutschland von 23. 5. 1949. Textausgabe mit Erläuterungen von Prof. Dr. Friedrich Giese. Frankfurt am Main 1949. Karlheinz Niclauß: »Restauration« oder Renaissance der Demokratie? Die Entstehung der Bundesrepublik Deutschland 1945–1949. Beiträge zur Zeitgeschichte. Hg. von Peter Haungs und Eckhard Jesse. Bd. 10. Berlin 1982.

8 Wolfgang Benz (Hg.): »Bewegt von der Hoffnung aller Deutschen«. Zur Geschichte des Grundgesetzes. Entwürfe und Diskussionen 1941-1949. München 1979.

9 Gerhard Hirscher: Carlo Schmid und die Gründung der Bundesrepublik. Eine politische Biographie. Bochum 1986. Dieter Gosewinkel: Adolf Arndt. Die Wiederbegründung des Rechtsstaats aus dem Geist der Sozialdemokratie (1945-1961). Bonn 1991.

10 Wolfgang Benz (Hg.): »Bewegt von der Hoffnung aller Deutschen«. Zur Geschichte des Grundgesetzes. Entwürfe und Diskussionen 1941-1949; a. a. O., S. 492 ff.

11 Karl Dietrich Bracher u. a. (Hg.): Geschichte der Bundesrepublik Deutschland in 5 Bdn. Bd. 2. Hans-Peter Schwarz: Die Ära Adenauer. Gründerjahre der Republik. 1949-1957. Stuttgart, Wiesbaden 1981, S. 27.

12 Klaus Hohlfeld: Dokumente der Deutschen. Politik und Geschichte von 1848 bis zur Gegenwart. VI. Band: Deutschland nach dem Zusammenbruch 1945. Berlin - München, o. J., S. 390 ff.

13 Rudolf Mittendorfer: Robert Schuman - Architekt des neuen Europa. Hildesheim 1983.

14 Peter Koch: Konrad Adenauer. Eine politische Biographie. Reinbek bei Hamburg 1985, S. 432 ff.

15 Konrad Adenauer: Erinnerungen 1945-1953. Stuttgart 1965, S. 45.

16 Walter Müller-Bringmann: Das Buch von Friedland. Göttingen 1956.

17 Thomas Allan Schwartz: America's Germany. John J. McCloy and the Federal Republic of Germany. Cambridge, London 1991. Kai Bird: The Chairman. John J. McCloy: The Making of the American Establishment. New York 1992.

18 Die Kabinettsprotokolle der Bundesregierung. Hg. von Hans Booms. Bearb. von Ulrich Enders und Konrad Reiser. Boppard 1982 ff.

19 Hans Maier: Die Deutschen und die Freiheit. Perspektiven der Nachkriegszeit. Stuttgart 1985, S. 29. Ferner Konrad Adenauer: Teegespräche 1950-1954. Rhöndorfer Ausgabe. Hg. von Rudolf Morsey und Hans Peter Schwarz im Auftrag der Stiftung Bundeskanzler-Adenauer-Haus, bearb. von Hanns Jürgen Küsters. Berlin 1984.

20 Golo Mann: Konrad Adenauer, Staatsmann aus Sorge. Frankfurter Allgemeine Zeitung, 14. 2. 1976.

21 Norbert Frei: Vergangenheitspolitik. Die Anfänge der Bundesrepublik und die NS-Vergangenheit. München 1996. Manfred Kittel: Die Legende von der »Zweiten Schuld«. Vergangenheitsbewältigung in der Ära Adenauer. Berlin, Frankfurt am Main 1993.

22 Stephan Reinhardt: Der Fall Globke. Die Neue Gesellschaft/Frankfurter Hefte, Heft 5/1995, S. 437.

23 Hans Schwab-Felisch: Die Affäre Harlan. Der Monat, Heft 28/1951, S. 414 ff.

24 Norbert Frei: Amnestiepolitik der Bonner Anfangsjahre. Die Westdeutschen und die NS-Vergangenheit. Universitas, Heft 12/1996, S. 1155 f.

25 Theodor W. Adorno: Auferstehung der Kultur in Deutschland? Frankfurter Hefte, Heft 5/1950, S. 169 ff. Ferner Eugen Kogon: Die restaurative Republik. Zur Geschichte der Bundesrepublik Deutschland. Weinheim 1996.

26 Konrad Adenauer: Erinnerungen; a. a. O., S. 173. Ferner Reiner Pommerin: Von Berlin nach Bonn. Die Alliierten, die Deutschen und die Hauptstadtfrage nach 1945. Köln, Wien 1989.
27 Hermann Proebst: Adenauer. Vierzehn Jahre mit Adenauer. Sonderbeilage der Süddeutschen Zeitung, 15. 10. 1963.
28 Wolfgang Koeppen: Das Treibhaus (1953). Berlin-Grunewald, o. J., S. 29.
29 Konrad Adenauer - Theodor Heuss. Unter vier Augen. Gespräche aus den Gründerjahren 1949-1959. Bearb. von Hans Peter Mensing. Berlin 1997.
30 Hermann Rudolph: Papa wider Willen. Zeit-Magazin, Jg. 1984. Ferner Hildegard Hamm-Brücher/Hermann Rudolph: Theodor Heuss. Eine Bildbiographie. Stuttgart 1983. Ingelore M. Winter: Theodor Heuss. Ein Porträt. Tübingen 1983.
31 Erich Mende: Theodor Heuss in Bayern. Zum 100. Geburtstag des ersten Bundespräsidenten. Bayerischer Rundfunk. Sendemanuskript, 29. 1. 1984, S. 2.
32 Friedrich Henning (Hg.): Theodor Heuss; Lieber Dehler! Mit einem Geleitwort Hildegard Hamm-Brüchers. München 1983.
33 Erich Mende: Das verdammte Gewissen. Zeuge der Zeit 1921-1945. München-Berlin 1982.
34 Ders.: Theodor Heuss in Bayern; a. a. O., S. 9. Ferner Theodor Eschenburg: Heuss als Schriftsteller. Merkur, Nr. 151/1960, S. 868 ff.
35 Theodor Heuss zum 10. Jahrestag der Erklärung der Menschenrechte. Aus Politik und Zeitgeschichte. Beilage zur Wochenzeitung »Das Parlament«, 24. 12. 1958, S. 679.
36 Theodor Heuss: Dank und Bekenntnis. Gedenkrede zum 20. Juli 1944. Tübingen 1954.
37 Konrad Adenauer - Theodor Heuss. Ein Briefwechsel. Das Parlament, April 1977.
38 Symbole für das neue Deutschland. Welcher Name? Welche Hymne? Welcher Feiertag? Die Zeit, 15. 6. 1990.
39 Friedrich Thomas: Aspekte der Verfassungsentwicklung und der individuellen (Grund)Rechtsposition in der DDR. Hartmut Kaelble/Jürgen Kocka/Hartmut Zwahr (Hg.): Sozialgeschichte der DDR. Stuttgart 1994, S. 487
40 Hans Georg Lehmann: Deutschland-Chronik. 1945 bis 1995. Bonn 1995, S. 75.
41 Arnulf Baring: Auskunft über Ulbricht. Merkur, Heft 10/11/1964, S. 1090. Carola Stern: Walter Ulbricht. Köln 1964.
42 Joachim-Rüdiger Groth: Literatur im Widerspruch. Gedichte und Prosa aus 40 Jahren DDR. Köln 1993, S. 22.
43 Friedrich Dieckmann: Konspiration mit der Vormacht. ZEIT-Punkte: Vom Reich zur Republik, Nr. 2/1992, S. 92.
44 Richard Crossman: The God that failed. Paris 1950.
45 Hermann Weber: Mit Zwang und Betrug. ZEIT-Punkte: Vom Reich zur Republik, Nr. 2/1992, S. 70.
46 Klaus Schröder: Wilhelm Pieck, sei unser Gast. Eine Untersuchung über Arbeiterinteressen und Sozialpolitik in der DDR. Frankfurter Allgemeine Zeitung, 29. 11. 1995. Ferner Peter Hübner: Konsens, Konflikt und Kompromiß. Soziale Arbeiterinteressen und Sozialpolitik in der SBZ/DDR 1945 bis 1970. Berlin 1995.

47 Wilfried Loth: Stalins ungeliebtes Kind. Warum Moskau die DDR nicht wollte. Berlin 1994. Heinrich Potthoff: Bonn und Ost-Berlin 1969-1982. Dialog auf höchster Ebene und vertrauliche Kanäle. Darstellung und Dokumente. Bonn 1997.
48 Friedrich Dieckmann: Konspiration mit der Vormacht; a. a. O., S. 92.
49 Peter Bender: Im Gegensatz verbunden. Westdeutsche und ostdeutsche Staatschefs. Merkur, Heft 7/1996, S. 596.
50 Monika Maron: Stille Zeile Sechs. Roman. Frankfurt am Main 1991, S. 200, 30, 156.
51 Gabriele Baumgartner/Dieter Hebig (Hg.): Biographisches Handbuch der SBZ/DDR 1945-1990. München 1996 ff. Bernd-Rainer Barth/Christoph Links u. a.: Wer war Wer in der DDR? Ein biographisches Handbuch. Frankfurt am Main 1995.
52 Peter Bender: Im Gegensatz verbunden; a. a. O., S. 592 ff. Ders.: Episode oder Epoche? Zur Geschichte des geteilten Deutschland. München 1996.
53 Wilhelm Hennis: Der deutsche Bundestag 1949-1965. Der Monat, 215/1966, S. 27 ff.
54 Theodor Eschenburg: Herrschaft der Verbände. Stuttgart 1955, u. a. S. 28 ff., 87.
55 Heinrich G. Ritzel: Kurt Schumacher in Selbstzeugnissen und Bilddokumenten. Reinbek bei Hamburg 1972. Willi Albrecht: Kurt Schumacher - Reden, Schriften, Korrespondenzen 1945-1952. Bonn 1985. Arno Scholz/Walter G. Oschilewski: Turmwächter der Demokratie. Ein Lebensbild von Kurt Schumacher. Bd. I: Sein Weg durch die Zeit. Bd. II: Reden und Schriften. Bd. III: Als er von uns ging. Berlin 1953.
56 Hans-Jochen Vogel: Schumachers Werk ist nicht davor gefeit, mißbraucht zu werden. Sein Erbe wirkt in der SPD weiter. Vorwärts, 12. 10. 1985.
57 Brigitte Seebacher-Brandt: Ollenhauer. Biedermann und Patriot. Berlin 1984. Ferner Volker Ulrich: Der Typus eines SPD-Funktionärs alter Schule. Frankfurter Rundschau, 17. 11. 1984. Arnulf Baring: Ausersehen, vergessen zu werden. Ollenhauers Weg in die Nachkriegspolitik. Frankfurter Allgemeine Zeitung, 6. 12. 1984.
58 Petra Weber: Carlo Schmid 1896-1979. Eine Biographie. München 1996.
59 Wilhelm Mommsen: Deutsche Parteiprogramme. Berlin-München 1961, S. 114 ff. Klaus Lompe: Zwanzig Jahre Godesberger Programm der SPD. Aus Politik und Zeitgeschichte. Beilage zur Wochenzeitung »Das Parlament«, 17. 11. 1979, S. 3 ff. Kurt Kotzbach: Der Weg zur Staatspartei. Programmatik, praktische Politik und Organisation der deutschen Sozialdemokratie 1945 und 1965. Berlin-Bonn 1982.
60 F. R. Allemann: Bonn ist nicht Weimar. Köln 1956.
61 Wolf-Dieter Narr: CDU-SPD. Programm und Praxis seit 1945. Berlin, Köln, Mainz 1966, S. 209 ff.
62 Daniel Koerfer: Kampf ums Kanzleramt. Erhard und Adenauer. Stuttgart 1987.
63 Hans Maier: Die Deutschen und die Freiheit; a. a. O., S. 19.
64 Hans-Christian Huf (Hg.): Das Land der großen Mitte; a. a. O., S. 67. Ferner

Volker Hentschel: Ludwig Erhard. Ein Politikerleben. München/Landsberg 1996. Christoph Heusgen: Ludwig Erhards Lehre von der Sozialen Marktwirtschaft. Ursprünge, Kerngehalt, Wandlungen. Stuttgart 1981. Volkhard Laitenberger: Ludwig Erhard. Der Nationalökonom als Politiker. Göttingen 1986.

65 A. J. Nicholls: Freedom with Responsibility. The Social Market Economy in Germany 1918-1963. Oxford 1994.

66 Nikolaus Piper: Was würde Erhard heute tun? Die Zeit, 24. 5. 1996.

67 Ludwig Erhard: Wohlstand für alle. Düsseldorf 1990, S. 23.

68 Hans Georg Lehmann: Chronik der Bundesrepublik Deutschland. 1945/49 bis heute. München 1989, S. 51.

69 Hermann Schreiber: Der gute Mensch vom Tegernsee. Der Spiegel, 37/1965, S. 27 ff.

70 Der Spiegel, 21. 7. 1965, S. 18.

71 Johannes Gross: Erhards Regentschaft. Die zweite Kanzlerdemokratie. Der Monat, 192/1964, S. 8. Ferner Rüdiger Altmann: Das Erbe Adenauers. Stuttgart 1960. Karl Hermann Flach: Erhards schwerer Weg. Stuttgart 1963.

72 Sigrid Mayer: Friedrich Dürrenmatt. Der Besuch der alten Dame. Grundlagen und Gedanken zum Verständnis des Dramas. Frankfurt am Main, Berlin, München 1983. Friedrich Dürrenmatt: Der Besuch der alten Dame. Komödien I. Zürich 1957, S. 355 f.

73 Alexander und Margarete Mitscherlich: Die Unfähigkeit zu trauern. Grundlagen kollektiven Verhaltens. München 1967, S. 24 ff., 19.

74 Gerd Gaiser: Schlußball. Aus den schönen Tagen der Stadt Neu-Spuhl. München 1958, S. 133.

75 Werner Helwig: Humor aus Verzweiflung. Martin Walsers »Ehen in Philippsburg«. Süddeutsche Zeitung, Jg. 1957.

76 Bernhard Schäfers: Sozialstruktur und Wandel der Bundesrepublik Deutschland. Ein Studienbuch zu ihrer Soziologie und Sozialgeschichte. Stuttgart 1981, S. 153.

77 Anton Kehl: Die Arbeitswelt. Wolfgang Benz (Hg.): Die Bundesrepublik Deutschland; a. a. O., S. 162.

78 Heinrich Popitz/Hans Paul Bahrdt u. a.: Das Gesellschaftsbild des Arbeiters. Tübingen 1957.

79 Sibylle Meyer und Eva Schulze: Von Liebe sprach damals keiner. Familienalltag in der Nachkriegszeit. München 1985, S. 172. Ferner Gerhard Wurzbacher: Leitbilder gegenwärtigen deutschen Familienlebens (1951). Stuttgart 1969. Angela Vogel: Familie. Wolfgang Benz (Hg.): Die Bundesrepublik Deutschland. Geschichte in 3 Bdn; a. a. O., S. 107 ff.

80 Joachim Bodamer: Der Mann von heute. Seine Gestalt und Psychologie (1956). Freiburg, Basel, Wien 1964.

81 Heinrich Böll: Haus ohne Hüter (1954). München 1981.

82 Siegfried Lenz: Heinrich Bölls Personal. Die Zeit, 15. 12. 1967. Ferner Günther Schloz: Der gute Mensch von Köln. Heinrich Böll: Poeta laureatus wider Willen. Deutsche Zeitung/Christ und Welt, 27. 10. 1972.

83 Paul Moor (Hg.): Das Selbstporträt von Jürgen Bartsch. Frankfurt am Main 1972.

84 Jürgen Neven-duMont und Karl Schütz: Kleinstadtmörder. Spur 1081. Hintergründe zum Fall Lebach. Hamburg 1971.
85 Bundeszentrale für Politische Bildung (Hg.): Ausländer. Informationen zur Politischen Bildung, Heft 201/1984, S. 3 ff.
86 Valentin Siebrecht: Die ausländischen Arbeiter in der Bundesrepublik. Frankfurter Hefte, Heft 8/1964, S. 557 f.
87 Elefanten Press (Hg.): Che, Schah, Shit. Die Sechziger Jahre zwischen Cocktail und Molotow. Berlin 1984, S. 25.
88 Hans Paul Bahrdt: Marxistisches Denken in der deutschen Arbeiterschaft? Die Neue Gesellschaft, Nr. 6/1955. Heinz Kluth, Ulrich Lohmar, Rudolf Tartler: Arbeiterjugend gestern und heute. Heidelberg 1955.
89 Gerd Hardach: Die Wirtschaftsentwicklung der fünfziger Jahre. Restauration und Wirtschaftswunder. Dieter Bänsch (Hg.): Die fünfziger Jahre. Beiträge zu Politik und Kultur. Tübingen 1985, S. 57 f.
90 Michael Ben: Die Gewerkschaften der 50er Jahre. Elefanten Press (Hg.): Bikini. Die Fünfziger Jahre. Kalter Krieg und Capri-Sonne. Berlin 1981, S. 130.
91 Hans Willi Weinzen (Hg.): Viktor Agartz. Partei, Gewerkschaft und Genossenschaft - Wirtschaftspolitische und andere Schriften von Viktor Agartz. Frankfurt am Main 1985.
92 Theo Pirker: Die blinde Macht. Die Gewerkschaftsbewegung in Westdeutschland. Teil 1: 1945-1952. Vom »Ende des Kapitalismus« zur »Zähmung der Gewerkschaften«. München 1960.
93 Walter Dirks: Der lange Streik. Frankfurter Hefte, 4/1957, S. 234 f.
94 Gerd Hardach: Die Wirtschaftsentwicklung der fünfziger Jahre; a. a. O. Werner Abelshauser: Die langen fünfziger Jahre. Wirtschaft und Gesellschaft der Bundesrepublik Deutschland 1949-1966. Düsseldorf 1987. Michael Wildt: Vom kleinen Wohlstand. Eine Konsumgeschichte der fünfziger Jahre. Frankfurt am Main 1994.
95 Günter Grass: Hundejahre. Neuwied-Berlin 1963, S. 513.
96 Max Kruk: Die hundert größten Unternehmen. Frankfurter Allgemeine Zeitung, 7. 11. 1959.
97 William Manchester: Krupp. Zwölf Generationen. München 1968.
98 Karl Unger: Neue Aufgaben für Flick, Krupp & Co. Ober die Kontinuität kapitalistischer Industriepolitik. Vorwärts, 17. 8. 1985.
99 Roger Gloor: Nachkriegswagen. Personenautos 1945-1960. Bern, Stuttgart 1985, S. 86 ff.
100 Dieter Franck: Die fünfziger Jahre. Als das Leben wieder anfing. München, Zürich 1981, S. 36.
101 Sabine Weißler: Fahnen des Neubeginns. Perlonstrümpfe. Elefanten Press (Hg): Perlon-Zeit. Berlin 1985, S. 150.
102 Heinz Blüthmann: Der letzte Auftritt eines Alleinunterhalters. Die Zeit, 16. 11. 1982.
103 Peter Amstutz/Roland Bunzenthal: Der Aufstieg begann mit dem »Linzer Stüberl«. Frankfurter Rundschau, 31. 8. 1982.

104 Kurt Pitzkoleit: Gott erhält die Mächtigen. Rückblick und Rundblick auf den deutschen Wohlstand. Düsseldorf 1963. Ders.: Wem gehört Deutschland? Eine Chronik von Besitz und Macht. München, Wien, Basel 1957. Ders.: Das gebändigte Chaos. Die deutschen Wirtschaftslandschaften. München, Wien, Basel 1965.
105 James Burnham: Das Regime der Manager. Stuttgart 1949.
106 Otto Graf: Die Krankheit der Verantwortlichen und der Gesundheitsschutz des geistigen Arbeiters. Universitas, 10/1953, S. 1009 ff.
107 Ernest Zahn: Soziologie der Prosperität. Köln 1960.
108 Jürgen Eick: Jahrhundert des kleinen Mannes. Frankfurter Allgemeine Zeitung, 14. 11. 1959.
109 Kurt Blauhorn: Alles soll jetzt besser werden. Dieter Franck (Hg.): Die fünfziger Jahre; a. a. O., S. 56 f.
110 Hans Magnus Enzensberger: Das Plebiszit der Verbraucher (1960). Einzelheiten I. Bewußtseins-Industrie. Frankfurt am Main 1964, S. 168 ff.
111 Sibylle Zehle: Josef Neckermann. Ein dressierter Mann. Die Zeit, 4. 6. 1982.
112 Ernest Dichter: Strategie im Reich der Wünsche. Düsseldorf 1961.
113 Werbung. Ein bißchen irre. Der Spiegel, Nr. 4/1966, S. 41.
114 Ingeborg Bachmann: Reklame. Karl Otto Conrady (Hg.): Das große deutsche Gedichtbuch. Kronberg/Ts. 1977, S. 1002.
115 Hans Egon Holthusen: Die Schönheitskönigin. Süddeutsche Zeitung, Jg. 1955.
116 Sabine Weißler: Sexy Sixties. Elefanten Press (Hg.): Che, Schah, Shit; a. a. O., S. 96 ff.
117 Angela Delille/Andrea Grohn: Blick zurück aufs Glück. Frauenleben und Familienpolitik in den 50er Jahren. Berlin 1985, S. 67 f. Franz-Josef Wuermeling: Familie – Gabe und Aufgabe. Baden-Baden 1959.
118 Heimweh nach den falschen Fünfzigern. Der Spiegel, Nr. 14/1978, S. 99 f.
119 Hildegard Knef: Der geschenkte Gaul. Frankfurt am Main, Berlin 1981, S. 232.
120 Die gefallene Natur. Der Spiegel, Nr. 19/1966, S. 50 f. Ferner R. Dörner: Das Bild der Frau in der Illustrierten. Das Argument, Nr. 3/1962. E. Becker: Das Bild der Frau in der Illustrierten. Zeugnisse – Th. W. Adorno zum 60. Geburtstag. Frankfurt am Main 1963.
121 Helmut Schelsky: Soziologie der Sexualität. Hamburg 1955. Ferner Hans Bürger-Prinz/Hans Giese (Hg.): Schriftenreihe zur Sexualforschung. Stuttgart 1952 ff. Hans Giese (Hg.): Die Sexualität des Menschen. Handbuch der modernen Sexualforschung. Stuttgart 1955. Ludwig Marcuse: Obszön. Geschichte einer Entrüstung. München 1962. Karl Saller: Sexualität heute. München 1967.
122 Hans-Joachim Schoeps: Soll Homosexualität strafbar bleiben? Der Monat, 171/1962, S. 19 ff. Peter Bratt: Ober einen zweifelhaften Strafrechtsparagraphen. Ein Streitgespräch. Merkur, Nr. 188/1963, S. 943 ff. Dieter Giese: Die Strafwürdigkeit der Erwachsenen-Homosexualität. Frankfurter Hefte, Heft 9/1967, S. 631.
123 Fritz Bauer: Sexualität, Sitte und ein neues Recht. Die Zeit, 11. 2. 1966.
124 Peter Demetz: B. B. Geschichte einer Legende. Frankfurter Allgemeine Zeitung, 13. 4. 1985.
125 Vladimir Nabokov: Lolita. Hamburg 1959.

126 Friedrich Sieburg: Nichts da, Leute. Frankfurter Allgemeine Zeitung, 3. 10. 1959. Ferner ders.: Zur Literatur. Hg. von Fritz J. Raddatz. 1957-1963. Stuttgart 1981.
127 Oswalt Kolle: Dein Mann, das unbekannte Wesen. München 1967. Ders.: Deine Frau, das unbekannte Wesen. München 1967.
128 Helmut Thielicke: Sex. Ethik der Geschlechtlichkeit. Tübingen 1966. Der Sexus ist kein Sündenpfuhl. Spiegel-Gespräch mit Professor Dr. Dr. Helmut Thielicke über Moral und Kirche. Der Spiegel, Nr. 49/1985, S. 68 ff., 75.
129 Mädchen überholen die Jungen. Der Spiegel, Nr. 10/1985, S. 89.
130 Otto Brüggemann: Sexuelle Konflikte in Gymnasien. Heidelberg 1967. Ferner Thilo und Hartmut Castner: Sexualrevolution und Schule. Neuwied-Berlin 1970.
131 Sexualkunde-Atlas. Biologische Informationen zur Sexualität des Menschen. Opladen 1969.
132 Helene Rahms: Wer mag da noch lieben? Sexualkunde in der Klempner-Sprache. Frankfurter Allgemeine Zeitung, Jg. 1969. Sexualkunde - heute neu? Informationen der Fachgruppe Gymnasien der Gewerkschaft Erziehung und Wissenschaft im DGB, Nr. 1/1970.
133 Dieter Krusche: Reclams Filmführer. Stuttgart 1977, S. 309.
134 René König: Menschheit auf dem Laufsteg. Die Mode im Zivilisationsprozeß. München 1985. Marietta Riederer: Rückblick auf die Fünfziger Jahre. Süddeutsche Zeitung, 19./20. Mai 1984. Mit Pepita voll im Trend. Der neue Kult um die 50er Jahre. Der Spiegel, Nr.14/1984, S. 230 ff.
135 »Stern« vom 6. 8. 1954. Elefanten Press (Hg.): Perlon-Zeit. Berlin 1985, S. 108.
136 Angela Delille/Andrea Grohn: Blick zurück aufs Glück; a. a. O., S. 112 ff.
137 Karlheinz Graudenz/Erica Pappritz: Etikette neu (1956). 11. völlig neu bearb. Auflage 1969. Ferner Horst-Volker Krumrey: Entwicklungsstrukturen von Verhaltensstandarden. Eine soziologische Prozeßanalyse auf der Grundlage deutscher Anstands- und Manierbücher von 1870 bis 1970. Frankfurt am Main 1984.
138 Angelika Mechtel: Wir sind arm, wir sind reich. Stuttgart 1977, S. 35 f.
139 Alice Schwarzer: Das andere Geschlecht. Die Zeit, 13. 5. 1983. Simone de Beauvoir: Das andere Geschlecht (1949). Reinbek bei Hamburg 1968.
140 Jean-Paul Sartre: Die Fliegen. Reinbek bei Hamburg 1961, S. 70 f. Ferner Michael Th. Greven: Der Einzelne als historisches Subjekt? Kritische Theorie und Sartrescher Existentialismus. Dieter Bänsch (Hg.): Die fünfziger Jahre. Beiträge zu Politik und Kultur. Tübingen 1985, S. 184 ff.
141 Albert Camus: Ziele der Kunst. Das Schönste, Heft 11/1960, S. 20. Zum Tod des Dichters Albert Camus: Eine Hoffnung ging verloren. Das Schönste, Heft 1/1960, S. 37 f.
142 Wystan Hugh Auden: Das Zeitalter der Angst. Ein dramatisches Gedicht. München 1958, S. 5.
143 Helmuth de Haas: Der Einzelne und die Nachtbar. Das geteilte Atelier. Essays. Düsseldorf 1955, S. 197 f.
144 Françoise Sagan: Bonjour tristesse (1954). Berlin 1957, S. 9, 15, 152.
145 Elefanten Press (Hg.): Perlon-Zeit; a. a. O., S. 41.

146 Werner Bökenkamp: Ein Zwangsarbeiter der Elendmalerei. Das Leben des Bernard Buffet. Frankfurter Allgemeine Zeitung, 15. 3. 1958.
147 Ingrid Schmidt-Harzbach: Rock 'n' Roll in Hanau. Elefanten Press (Hg.): Perlon-Zeit. Berlin 1985, S. 37 ff.
148 Raymond Loewy: Häßlichkeit verkauft sich schlecht. Düsseldorf 1953. Ferner Odd Brochmann: Über Häßliches und Schönes. Berlin 1956. Christian Borngräber: »Stil novo«. Design in den 50er Jahren. Phantasie und Phantastik. Frankfurt am Main 1979. Andreas Schwarz: Design, Grafik Design, Werbung. Wolfgang Benz (Hg.): Die Bundesrepublik Deutschland. Geschichte in 3 Bdn; a. a. O., S. 222 ff.
149 Waren und Wohnen. Elefanten Press (Hg.): Bikini; a. a. O., S. 196. Rainer Raestrup: Alles Plastik. Die schöne Welt der 50er Jahre. Wechselwirkung, Nr. 19/1983, S. 31. W. Glenz: Kunststoffe - ein Werkstoff macht Karriere. München, Wien 1985.
150 Gert Selle: Die Geschichte des Design in Deutschland von 1870 bis heute. Entwicklungen der industriellen Produktkultur. Köln 1978, S. 169.
151 Paul Maenz: Die 50er Jahre. Formen des Jahrzehnts. Stuttgart 1978, S. 134 ff.
152 Kurt Pawek: Das Leben nach 45. magnum, Nr. 24/1959.
153 Irene Zander: Im Märchenwald der modernen Form. Die Mailänder Triennale 1954. Süddeutsche Zeitung, Jg. 1954.
154 Dies.: Tendenzen eines Zeitstils: das understatement. Beobachtungen auf der Mailänder Triennale 1957. Süddeutsche Zeitung, 24./25. 10. 1957. Ferner Gerhard Schön: Mehr als ein Warenhaus. Mailand eröffnet die XI. Triennale. Stuttgarter Zeitung, 10. 10. 1957. Giselher Wirsing: Platz an der Sonne für jedermann. Erkenntnisse und Gedanken auf der Triennale in Mailand. Christ und Welt, Nr. 39/1957.
155 Hans Wichmann: Gerät in der Wohnung. Die Wohnung. Bayerischer Werkbund, Heft 3. München 1962, S. 8.
156 Paul Maenz: Die 50er Jahre; a. a. O., S. 174.
157 Andreas Schwarz: Design, Grafik Design, Werbung; a. a. O., S. 228 ff.
158 Otl Aicher: innenseiten des kriegs. Frankfurt am Main 1985.
159 Andreas Schwarz: Design, Grafik Design, Werbung; a. a. O., S. 232.
160 Glas verdrängt die Mauern. Das Schönste, Heft 3/1958, S. 29 ff.
161 Hannelies Taschau: Landfriede. Zürich, Köln 1978, S. 77 f.
162 Der Bungalow. Wohn- und Empfangsgebäude für den Bundeskanzler in Bonn. Pfullingen o. J.
163 Erich Kühn: Die blühende Stadt. Geborgenheit im umschließenden Raum und Nähe zur Natur. Christ und Welt, 14. 3. 1957. Ferner Hans Paul Bahrdt: Humaner Städtebau. Hamburg 1968.
164 Anton Henze: Ronchamp. Le Corbusiers erster Kirchenbau. Recklinghausen 1956.
165 Richard Neutra: Wenn wir weiterleben wollen. Erfahrungen und Forderungen eines Architekten. Hamburg 1956.
166 Irene Zander: Nicht Form - sondern Rhythmus. Die Neue Zeitung, Jg. 1951.
167 Ders.: Das Gespenst der Wohnmaschinen. Süddeutsche Zeitung, 13./14./15. 8. 1955.

168 Vittorio M. Lampugnani: Architektur und Stadtplanung. Wolfgang Benz (Hg.): Die Bundesrepublik Deutschland. Geschichte in 4 Bde. Bd. 4: Kultur. Frankfurt am Main 1989, S. 212 f. Ferner Alfred Simon (Hg.): Bauen in Deutschland 1945-1962. Hamburg 1963. Wolfgang Pehnt: Neue deutsche Architektur. Stuttgart 1970. Alexander Mitscherlich: Thesen zur Stadt der Zukunft. Frankfurt am Main 1971. Jürgen Joedicke: Architektur im Umbruch. Geschichte, Entwicklung, Ausblick. Stuttgart 1980.

169 Eberhard Schulz: Der Niedergang der Städte. Frankfurter Allgemeine Zeitung, 29. 10. 1977. Ders.: Zwischen Glashaus und Wohnfabrik. Bremen 1959. Ders.: Die Prediger mit dem Reißbrett. Stuttgart 1964.

170 Gerhard Zwerenz: Bericht aus dem Landesinneren. City Strecke Siedlung. Frankfurt am Main 1972, S. 10 f.

171 Camilla Blechen: Zwischen Bauhaus und Zuckerbäcker-Stil. Der Ost-Berliner Architekt Hermann Henselmann wird achtzig. Frankfurter Allgemeine Zeitung, 2. 2. 1985. Hermann Henselmann: »Ich habe Vorschläge gemacht«. Hg. von Wolfgang Schäche. Berlin 1995.

172 Jörn Düwel: Frankfurt an der Oder. Grenzstadt nach Osten. Werner Durth u. a. (Hg.): 1945. Krieg - Zerstörung - Aufbau. Architektur und Stadtplanung 1940-1960. Schriftenreihe der Akademie der Künste. Bd. 23. Berlin 1995. S. 339, 344, 353.

173 Wolfgang Sachs: Die Liebe zum Automobil. Ein Rückblick in die Geschichte unserer Wünsche. Reinbek bei Hamburg 1984, S. 82. f. Ferner Hans Dollinger: Die totale Autogesellschaft. München 1972. Hermann Glaser: Das Automobil. Eine Kulturgeschichte in Bildern. München 1986.

174 Ulrich Kubisch/Volker Janssen: Borgward - Ein Blick zurück auf Wirtschaftswunder, Werkalltag und einen Automythos. Berlin 1984.

175 Ulrich Kubisch: Motor-Roller mobil. Vom zivilisierten Zweirad zum Fast-Automobil. Eine Geschichte der Massenmotorisierung. Berlin 1985.

176 Thomas Weymar: Ein Volk auf Achse. Wechselwirkung, Nr. 19/1983, S. 25.

177 Monika Sperr: Schlager. Das Große Schlager-Buch. Deutsche Schlager 1800-Heute. München 1978.

178 Karl Dietrich Bracher u. a. (Hg.): Geschichte der Bundesrepublik Deutschland in 5 Bdn. Bd. 2. Hans-Peter Schwarz: Die Ära Adenauer. Gründerjahre der Republik. 1949-1957. Stuttgart, Wiesbaden 1981, S. 380 f. Ferner Kaspar Maase: Freizeit. In: Wolfgang Benz (Hg.): Die Bundesrepublik Deutschland. Geschichte in 3 Bde. Bd. 2: Gesellschaft. Frankfurt am Main 1983, S. 214 ff. Stiftung Haus der Geschichte der Bundesrepublik Deutschland (Hg.): Endlich Urlaub - Die Deutschen reisen. Köln 1996.

179 Hans Magnus Enzensberger: Vergebliche Brandung der Ferne. Eine Theorie des Tourismus. Merkur, Nr. 126/1958, S. 719 f.

180 Horst Krüger: Camping - ein Sommermärchen. Deutsche Augenblicke. Bilder aus meinem Vaterland. München 1969, S. 266 ff.

181 Stephan Krawczyk: Das irdische Kind. Berlin 1996, S. 37.

182 Erich Dombrowski: Ausflüge - Ausflüchte? Frankfurter Allgemeine Zeitung, 24. 8. 1957.

183 Carl Diem: Der Sport im heutigen Leben. Gefahren und Aufgaben. Universitas, Heft 5/1955, S. 487 ff.
184 Frank Thieß: Olympia als moralische Idee. Neue Literarische Welt, Jg. 1953.
185 Friedhelm Baukloh: Massensport Fußball. Frankfurter Hefte, Heft 11/1952, S. 859 ff.
186 Elefanten Press (Hg.): Bikini. Die fünfziger Jahre; a. a. O., S. 295.
187 Alfred Georg Frei: Finale Grande. Die Rückkehr des Fußballweltmeisters 1954. Berlin 1994.
188 Heinz Maegerlein: Als der Sport ein Spaß war. Dieter Franck (Hg.): Die fünfziger Jahre; a. a. O., S. 170 ff.
189 Günter Gaus: Wo Deutschland liegt. Eine Ortsbestimmung. Hamburg 1983, S. 8, 37 ff., 45.
190 Jens Daniel: Ein Lebewohl den Brüdern im Osten. Der Spiegel, Nr. 1/1952, S. 3 ff.
191 Erich Kuby: Das ist des Deutschen Vaterland. 70 Millionen in zwei Wartesälen (1957); o. O. 1959, S. 194 f., 205. Friedrich Sieburg: Donnerkeil des Plauderers. Frankfurter Allgemeine Zeitung, 17. 8. 1957.
192 Norbert Muhlen: Das Land der großen Mitte. Notizen aus dem Neon-Biedermeier. Der Monat, Nr. 63/1953, S. 237 ff.
193 Gerhard Zwerenz: Ärgernisse - Von der Maas bis an die Memel. Köln 1961. Günther Busch: Gesamtdeutsche Ärgernisse. Merkur, Nr. 165/1961, S. 1093 f.
194 Gerhard Zwerenz: Aus dem Tagebuch eines Geflohenen. Reflexion und Kritik. Der Monat, Nr. 135/1959, S. 45.
195 Peter-Jochen Winters: Er glaubte an das Gute und Humane im Kommunismus. Frankfurter Allgemeine Zeitung, 14. 4. 1982. Hartmut Jäckel (Hg.): Ein Marxist in der DDR - Für Robert Havemann. München 1980. Silvia Müller/Bernd Florath (Hg.): Die Entlassung. Robert Havemann und die Akademie der Wissenschaften 1965/66. Berlin 1996.
196 Eva Müthel: Für dich blüht kein Baum. Frankfurt am Main 1959.
197 Erika von Hornstein: Flüchtlingsgeschichten. 43 Berichte aus den frühen Jahren der DDR. (Neuauflage) Nördlingen 1985.
198 Walter Kempowski: Im Block. Ein Haftbericht. Reinbek bei Hamburg 1969.
199 Bertolt Brecht: Gesammelte Werke. Bd. 9: Gedichte 2. Frankfurt am Main 1967, S. 678.
200 Manfred Hagen: DDR - Juni '53. Die erste Volkserhebung im Stalinismus. Stuttgart 1992. Ilko-Sascha Kowalczuk/Armin Mitter/Stefan Wolle (Hg.): Der Tag X - 17. Juni 1953. Die »innere Staatsgründung« der DDR als Ergebnis der Krise 1952/54. Berlin 1995.
201 Curtis Cate: Riß durch Berlin. Der 13. August 1961. Hamburg 1980. Jürgen Rühle/Gunter Holzweißig: 13. August 1961. Ilse Spittmann (Hg.): Die Mauer von Berlin. Köln 1981. Werner Müller: Die DDR und der Bau der Berliner Mauer im August 1961. Aus Politik und Zeitgeschichte. Beilage zur Wochenzeitung »Das Parlament«, 16. 8. 1986. Hans Georg Lehmann: Mit der Mauer leben? Die Einstellung zur Berliner Mauer im Wandel. Aus Politik und Zeitgeschichte. Beilage zur Wochenzeitung »Das Parlament«, 16. 8. 1986. Michael Lemke: Die

Berlinkrise 1958 bis 1963. Interessen und Handlungsspielräume der SED im Ost-West-Konflikt. Berlin 1995.

202 »Hoffnung kann enttäuscht werden«. Ernst Bloch in Leipzig. Dokumentiert und kommentiert von Volker Caysa/Petra Caysa/K. D. Eichler/Elke Uhl. Frankfurt am Main 1992.

203 Winfried Stephan/Michael Krüger (Hg.): Vaterland, Muttersprache. Deutsche Schriftsteller und ihr Staat seit 1945. Berlin 1979, S. 183 ff.

204 Friedrich Torberg: Soll man Brecht im Westen spielen? Monat, Nr. 161/1961, S. 59 f.

205 Kurt Fassmann: Bert Brecht. Drama im Zwielicht. Das Schönste, Heft 11/1959, S. 54 ff.

206 Das Schönste, Heft 9/1965, S. 20.

207 Uwe Johnson: Ingrid Babendererde. Reifeprüfung (1953). Frankfurt am Main 1985.

208 Heinz Ludwig Arnold (Hg.): Uwe Johnson. Text & Kritik, Nr. 65/66/1980, S. 22.

209 Uwe Johnson: Mutmaßungen über Jakob. Frankfurt am Main, Hamburg 1962, S. 178 f.

210 Kuno Raeber: Bei Uwe Johnson in Rom. Das Schönste, Heft 5/1962, S. 27 ff.

211 Gerhard Zwerenz: Das gespaltene Wort. Ein Pamphlet. Der Monat, Nr. 143/1960, S. 88.

212 Martin Ahrends: Allseitig gefestigt. Stichwörter zum Sprachgebrauch der DDR. München 1989.

213 Fritz J. Raddatz: Die gespaltene Sprache. Ein deutsch-deutscher Vergleich. Süddeutsche Zeitung, 5./6. 4. 1975.

214 Hartmut von Hentig: Berliner Gespräche. Beobachtungen aus Anlaß einer Studienfahrt im März 1961. Merkur, Nr. 165/1961, S. 1063.

215 Bertolt Brecht: Gesammelte Werke. Bd. 5: Stücke 5. Frankfurt am Main 1967, S. 2203.

216 Ders.: Der Tui-Roman. Ebd., Bd. 12: Prosa 2. Frankfurt am Main 1967, S. 611, 626.

217 Klaus Völker: Bertolt Brecht. Eine Biographie. München, 1978, S. 405.

218 Gottfried Benn: Probleme der Lyrik. Gesammelte Werke in 8 Bdn. Hg. von Dieter Wellershoff. Bd. 8: Autobiographische Schriften. Wiesbaden 1968, S. 2031.

219 Elisabeth Endres: Die Literatur der Adenauerzeit. München 1980, S. 91.

220 Gottfried Benn: Rilke; a. a. O., Bd. 7: Vermischte Schriften. Wiesbaden 1968, S. 1735.

221 H. G. Evers: Darmstädter Gespräch. Das Menschenbild unserer Zeit. Darmstadt 1950.

222 Eduard Beaucamp: Das programmierte Bewußtsein. Max Bense wird sechzig. Frankfurter Allgemeine Zeitung, Februar 1970. Max Bense: Ausgewählte Schriften in 4 Bdn. Hg. von Elisabeth Walther-Bense. Stuttgart 1997 f.

223 Hans Magnus Enzensberger: blindenschrift. Frankfurt am Main 1964, S. 58 f. Ders.: verteidigung der wölfe. Frankfurt am Main 1957, S. 70.

224 Hermann Glaser: Der erfolgreiche Sisyphos. Neues Forum, Nr. 284/285/1977, S. 36 ff. Reinhold Grimm: Hans Magnus Enzensberger. Materialien. Frankfurt am

Main 1984. Joachim Schickel: Über Hans Magnus Enzensberger. Frankfurt am Main 1970.
225 Hans Magnus Enzensberger: option auf ein grundstück. verteidigung der wölfe. Frankfurt am Main 1957, S. 68.
226 Ders.: landessprache. Frankfurt am Main 1960. S. 7.
227 Ders.: Die Sprache des »Spiegel« (1957). Einzelheiten I: Bewußtseins-Industrie. Frankfurt am Main 1964. Ferner ders.: Einzelheiten II: Poesie und Politik. Frankfurt am Main 1964. Ders.: Deutschland, Deutschland unter anderm. Äußerungen zur Politik. Frankfurt am Main 1967.
228 Ders.: Mausoleum. Siebenunddreißig Balladen aus der Geschichte des Fortschritts. Frankfurt am Main (1975)1994, S. 61.
229 Arnold Gehlen: Über die gegenwärtigen Kulturverhältnisse. Merkur, Nr. 100/1956, S. 530.
230 Ders.: Die Seele im technischen Zeitalter. Hamburg 1957.
231 Ders.: Moral und Hypermorál. Wiesbaden 1986, S. 96.
232 Friedrich Sieburg: Die Lust am Untergang - Selbstgespräch auf Bundesebene. Hamburg 1954.
233 Heinrich Böll: Angst vor der Gruppe 47. Merkur, Nr. 209/1965, S. 776.
234 Gunther Groll: Die Gruppe, die keine Gruppe ist. Süddeutsche Zeitung, 10. 4. 1948. Reinhard Lettau: Die Gruppe 47. Bericht. Kritik. Polemik. Ein Handbuch. Neuwied, Berlin 1967, S. 56 f.
235 Jürgen von Hollander: Wer und was ist die Gruppe 47? Die Neue Zeitung, 16. 5. 1950.
236 Ilse Aichinger: Spiegelgeschichte (1954). Wo ich wohne. Erzählungen, Dialoge, Gedichte. Frankfurt am Main 1963, S. 18.
237 Hans Georg Brenner: Ilse Aichinger - Preisträgerin der Gruppe 47. Die Literatur, 1. 6. 1952. Reinhard Lettau: Die Gruppe 47; a. a. O., S. 77.
238 Reinhard Lettau: Die Gruppe 47; a. a. O., S. 89.
239 Hermann Glaser: Bölls Aufsätze. Kritiken, Reden - Schnappschußprosa mit Überblende. Hanno Beth (Hg.): Heinrich Böll. Eine Einführung in das Gesamtwerk in Einzelinterpretationen. Kronberg/Ts. 1975, S. 103 ff.
240 Joachim Kaiser: Die Gruppe 47 und ich. Süddeutsche Zeitung, 5. 11. 1958.
241 Günter Grass: Rückblick auf die Blechtrommel. Oder: Der Autor als fragwürdiger Zeuge. Süddeutsche Zeitung, 12./13. 1. 1974. Ders.: Die Blechtrommel (1959). Darmstadt-Neuwied 1984. Franz Josef Görtz: Die Blechtrommel. Attraktion und Ärgernis. Ein Kapitel deutscher Literaturkritik. Darmstadt-Neuwied 1984.
242 Hans Egon Holthusen: Die literarische Opposition. Süddeutsche Zeitung, 26. 11. 1960.
243 Reinhard Lettau: Die Gruppe 47; a. a. O., S. 504.
244 Ebd., S. 222 f.
245 Peter Handke: Publikumsbeschimpfung und andere Sprechstücke. Frankfurt am Main 1966, S. 46 f. Ferner Rolf Günter Renner: Peter Handke. Stuttgart 1985.
246 Hans Werner Richter und die Gruppe 47. Frankfurt am Main, Berlin, Wien 1981, S. 106 ff. Ferner ders.: Briefe. Hg. von Sabine Cofalla. München 1997.

247 Harold Hurwitz: Die Pressepolitik der Alliierten. Harry Pross (Hg.): Deutsche Presse seit 1945. Bern, München, Wien 1965, S. 55.
248 Dieter Schröder: Der Anspruch einer Zeitung. Beilage der Süddeutschen Zeitung anläßlich der Ausstellung »40 Jahre Zeitgeschichte - 40 Jahre SZ«. München, 15. 11. 1985.
249 Frankfurter Allgemeine Zeitung, 1. 11. 1949. Ferner Frankfurter Allgemeine Zeitung für Deutschland. Das politische Weltgeschehen auf der Titelseite der FAZ vom 1. 11. 1949 bis zum 17. 11. 1980. Mit einem Vorwort von Bruno Dechamps. 2 Bde. Frankfurt am Main, Stuttgart 1980.
250 Hans Magnus Enzensberger: Journalismus als Eiertanz. Beschreibung einer Allgemeinen Zeitung für Deutschland (1962). Einzelheiten I: Bewußtseins-Industrie. Frankfurt am Main 1964, S. 18 ff.
251 Klaus Heinrich Meyer: Zeit und Zeitung. Zeitung für Deutschland. Der Monat, Nr. 252/1969, S. 104.
252 Hans Magnus Enzensberger: Die Sprache des »Spiegel«. (1957) Einzelheiten I; a. a. O., S. 75, 90 f. Ferner Paul Sacharnst: Der Spiegel - Entzaubert. Analyse eines deutschen Nachrichtenmagazins. Essen 1961. Dieter Just: Der Spiegel. Arbeitsweise, Inhalt, Wirkung. Hannover 1967. Hans Dieter Jaene: Der Spiegel. Ein deutsches Nachrichten-Magazin. Frankfurt am Main 1968. Franz-Hubert Tobling: Personendarstellung im »Spiegel«. Erläutert an Titel-Stories aus der Zeit der Großen Koalition. Tübingen 1983.
253 Theodor Eschenburg: Ein realistischer Träumer. Gerd Bucerius zum 75. Geburtstag. Die Zeit, 15. 5. 1981. Marion Dönhoff wird 75 Jahre alt. Widersprüche aushalten, Spannungen leben. Die Zeit, 30. 11. 1984.
254 Otto B. Roegele: Widerstehen zur rechten Zeit. Abschied von einem Journalisten, der die Gründerzeit verkörperte. Rheinischer Merkur, 9. 12. 1983.
255 Christian Schütze/Peter Diehl-Thiele: Ein leidenschaftlicher Erklärer. Zum Tod von Klaus Mehnert. Süddeutsche Zeitung, 6. 1. 1984. Christian Schütze: Mehr »Welt« als »Christ«. Zustandsbericht über eine Wochenzeitung. Der Monat, Nr. 244/1969, S. 95 ff.
256 Wilmont Haacke/Günter Pötter: Die politische Zeitschrift. Bd. II: 1900–1980. Stuttgart 1982. Janet K. King: Literarische Zeitschriften. 1945–1970. Stuttgart 1974.
257 Hans Magnus Enzensberger: Dokument aus der Finsternis des »Wirtschaftswunders«: »Texte und Zeichen«. Die Zeit, 2. 2. 1979. Hans Christian Kosler: Meisterschaft des anonymen Geistes. Zur Kabinetts-Ausstellung »Texte und Zeichen« in Marbach. Süddeutsche Zeitung, 17./18. 1. 1981.
258 Hans Magnus Enzensberger: verteidigung der wölfe. Frankfurt am Main 1957, S. 85.
259 Hans Jürgen Usko/Günter Schlichting: Kampf am Kiosk. Macht und Ohnmacht der deutschen Illustrierten. Hamburg 1961. Ferner Hans Albert Walter: Die Illustrierten - Schizophrenie als journalistisches Prinzip. I, II, III. Frankfurter Hefte, Heft 3/4/5/1965. Horst Holzer: Illustrierte und Gesellschaft. Zum politischen Gehalt von »Quick«, »Revue« und »Stern«. Freiburg i. Br. 1967. Otto

Walter Haseloff: »Stern«. Strategie und Krise einer Publikumszeitschrift. Mainz 1977.
260 Christian Schütze: Satire verkauft sich gut. Der Monat, Nr. 246/1969, S. 105 ff.
261 Ingrid Langer/El Sayed: Frauenzeitschriften. Frankfurter Hefte, Heft 7/1966, S. 473 f. Ferner Anglika Delille/Andrea Grohn: Blick zurück aufs Glück; a. a. O., S. 100 ff.
262 Eberhard Stammler: Traumwelt als Konsumware. Konkurrenzkampf unter der Diktatur des Publikumsgeschmacks. Christ und Welt, 18. 12. 1964.
263 Hans Magnus Enzensberger: Der Triumph der Bild-Zeitung oder Die Katastophe der Pressefreiheit. Merkur, Nr. 420/1983, S. 653. Ekkehart Mittelberg: Wortschatz und Syntax der Bildzeitung. Marburg 1967.
264 Kurt Becker: Axel Caesar Springer. Vom Verleger zum politischen Missionar. Die Zeit, 27. 9. 1985. Hans Dieter Müller: Der Springer-Konzern. Eine kritische Studie. München 1968.
265 Michael Koetzle (Hg.): twen. Revision einer Legende. München, Berlin 1995.
266 Werner Ross: Mit der linken Hand geschrieben. Der deutsche Literaturbetrieb. Zürich 1984, S. 46.
267 Günter Eich: Träume (1950). Träume. Vier Spiele. Berlin, Frankfurt am Main 1959, S. 189.
268 Heinz Schwitzke: Sprich, damit ich dich sehe. Sechs Hörspiele und ein Bericht über eine junge Kunstform. München 1960, S. 19.
269 Helma Sanders-Brahms: Frieden, Freiheit, gute Butter. Elefanten Press (Hg.): Perlon-Zeit. Berlin 1985, S. 9.
270 Heinz Werner Hübner: Wandel durch Anordnung. Hörfunk und Fernsehen in vier Jahrzehnten. Die Zeit, 2. 8. 1985.
271 Rolf Steiniger: Rundfunkpolitik im ersten Kabinett Adenauer. Winfried B. Lerg/Rolf Steiniger (Hg.): Rundfunk und Politik 1923-1973. Berlin 1975, S. 342.
272 Hans Bausch (Hg.): Rundfunk in Deutschland. Bd. 3. München 1980, S. 477.
273 Alexander Mitscherlich: Auf dem Weg zur vaterlosen Gesellschaft. Ideen zur Sozialpsychologie. München 1963, S. 423.
274 W. E. Süskind: Literatur - Rundfunk - Fernsehen. Die Deutsche Akademie für Sprache und Dichtung tagt. Süddeutsche Zeitung, Jg. 1955.
275 Elefanten Press (Hg.): Bikini; a. a. O., S. 265 f.
276 Peter Grubbe: Freiheit, die ich meine. Der Monat, Nr. 199/1976, S. 88.
277 Jürgen Pelzer: Kritik durch Spott. Satirische Praxis und Wirkungsprobleme im westdeutschen Kabarett (1945-1974). Frankfurt am Main 1985.
278 Der Berliner Kaputt-Kabarettist Wolfgang Neuss wird sechzig. Nürnberger Zeitung, 2. 12. 1983. Wolfgang Neuss: Wir Kellerkinder. Serenade für Angsthasen. Frankfurt am Main 1983.
279 Wolfgang R. Langenbucher/Ralf Rytlewski/Bernd Weyergraf (Hg.): Kulturpolitisches Wörterbuch; a. a. O., S. 298 f.
280 György Dalos: Proletarier aller Länder, entschuldigt mich. Das Ende des Ostblockwitzes. Frankfurter Rundschau, 31. 12. 1993.
281 Victor Klemperer: Ich will Zeugnis ablegen bis zum letzten. Tagebücher 1933-1945. Hg. von Walter Nowojski unter Mitarbeit von Hadwig Klemperer. Berlin 1955.

282 Victor Klemperer: Der Intellektuelle in der Gesellschaft. Aufbau, Heft 7/1946, S. 686.
283 Jens Reich: Vettern im Verrat. Eine Abrechnung mit der DDR-Intelligenz. Frankfurter Rundschau, 21. 3. 1992. Ders.: Abschied von den Lebenslügen. Die Intelligenz und die Macht. Berlin 1992, S. 173, 51, 174.
284 Wolfgang Engler: Jenseits des Machtprinzips. Die Zeit, 9. 4. 1993. Ders.: Die ungewollte Moderne. Ost-West Passagen. Frankfurt am Main 1995.
285 Günter Wirth: Gegenkultur aus bildungsbürgerlichem Geist. Frankfurter Allgemeine Zeitung, 1. 4. 1995.
286 »Ich bin kein Held, das ist nicht mein Job.« Ein Gespräch mit Heiner Müller über die Rolle der Intellektuellen im SED-Staat. Süddeutsche Zeitung, 14./15. 9. 1991.
287 Sarah Kirsch: Rückenwind. Gedichte. Ebenhausen bei München 1977, S. 51.
288 Jens Reich: Abschied von den Lebenslügen; a. a. O.
289 Günther Rüther: Die deutsche Literatur - ein Bindeglied der geteilten Nation? Günther Rüther (Hg.): Kulturbetrieb und Literatur in der DDR. Köln 1987, S. 11.
290 Manfred Jäger: Kultur und Politik in der DDR. 1945–1990. Köln 1994, S. 34.
291 Joachim-Rüdiger Groth: Partei, Staat und Literatur in der DDR - Grundlagen, Interpretationen und Hinweise für den Unterricht. Günther Rüther (Hg.): Kulturbetrieb und Literatur in der DDR; a. a. O., S. 59.
292 Manfred Jäger: Kultur und Politik in der DDR; a. a. O., S. 71.
293 Joachim-Rüdiger Groth: Partei, Staat und Literatur in der DDR; a. a. O., S. 64 f.
294 Walter Janka: Schwierigkeiten mit der Wahrheit. Reinbek bei Hamburg 1989, S. 105, 91, 128. Walter Janka: ... bis zur Verhaftung. Erinnerungen eines deutschen Verlegers. Berlin 1993. Ferner Elmar Faber/Carsten Wurm (Hg.): Autoren- und Verlegerbriefe des Aufbau-Verlages 1945–1969. Berlin 1995.
295 Literatur und Kommunismus. Ein Gespräch zwischen François Bondy und Hans Mayer. Der Monat, Nr. 185/1964, S. 56.
296 Joachim-Rüdiger Groth: Partei, Staat und Literatur in der DDR; a. a. O., S. 327.
297 Ebd., S. 69 f.
298 Wolfgang Emmerich: Kleine Literaturgeschichte der DDR. Leipzig 1996, S. 200 ff.
299 Volker Bohn: Deutsche Literatur seit 1945. Texte und Bilder. Frankfurt am Main 1993, S. 207. Ferner Günter Kunert: Erwachsenenspiele. Erinnerungen. München 1997.
300 Hans-Joachim Maaz: Der Gefühlsstau. Ein Psychogramm der DDR. Berlin 1990, S. 15.
301 Jan Faktor: Von Irrtum umklammert. Die Sonderrolle kritischer DDR-Intellektueller im Ostblock. Frankfurter Allgemeine Zeitung, 6. 9. 1993.
302 Theodor W. Adorno: Negative Dialektik (1966). Frankfurt am Main 1970, S. 241.
303 Rolf Wiggershaus: Die Frankfurter Schule. Geschichte. Theoretische Entwicklung. Politische Bedeutung. München, Wien 1986, S. 450, 492.
304 Max Horkheimer: Notizen von 1950 bis 1969. Dämmerung - Notizen in Deutschland. Hg. von Werner Brede. Frankfurt am Main 1974. Ferner Helmut Gumnior/Rudolf Ringguth: Max Horkheimer in Selbstzeugnissen und Bilddokumenten. Reinbek bei Hamburg 1973.

305 Hans Magnus Enzensberger: schwierige arbeit. In: blindenschrift. Frankfurt am Main 1964, S. 58 f.
306 Max Horkheimer/Theodor W. Adorno: Dialektik der Aufklärung. Philosophische Fragmente (1947, 1969). Frankfurt am Main 1971, S. 3 ff. Ferner Max Horkheimer: Gesammelte Schriften in 18 Bdn. Hg. von Alfred Schmidt und Gunzelin Schmid Noerr. Frankfurt am Main 1985 ff. Günter Rohrmoser: Das Elend der kritischen Theorie. Theodor W. Adorno. Herbert Marcuse. Jürgen Habermas. Freiburg im Breisgau 1970. Alfred Schmidt: Zur Idee der Kritischen Theorie. Elemente der Philosophie Max Horkheimers. München 1974. Gerhard R. Knapp: Theodor W. Adorno. Berlin 1980.
307 Max Horkheimer/Theodor W. Adorno: Dialektik der Aufklärung; a. a. O., S. 35.
308 Georg Picht: Atonale Philosophie. Theodor W. Adorno zum Gedächtnis. Merkur, Nr. 258/1969, S. 892.
309 Rolf Wiggershaus: Die Frankfurter Schule; a. a. O., S. 667 f.
310 Karl R. Popper: Ein Plädoyer für die intellektuelle Redlichkeit. Claus Grossner: Verfall der Philosophie. Hamburg 1971, S. 287.
311 Theodor W. Adorno: Was ist deutsch? Frankfurter Allgemeine Zeitung, 2. 4. 1966.
312 Alfred Schmidt: Übergang zur verwalteten Welt. Max Horkheimer und Theodor W. Adorno: »Dialektik der Aufklärung« (1947). Günther Rühle: Bücher, die das Jahrhundert bewegten. München, Zürich 1978, S. 150.
313 Friedrich P. Kahlenberg: Film. Wolfgang Benz (Hg.): Die Bundesrepublik Deutschland. Geschichte in 3 Bdn. Bd. 3: Kultur. Frankfurt am Main 1983, S. 367.
314 Heinz Ungureit: Filmpolitik in der Bundesrepublik. Filmkritik, Heft 1/1964, S. 13.
315 Paul Heimann: Das deutsche Filmwesen der Gegenwart. Universitas, Heft 4/1959. Martin Osterland: Gesellschaftsbilder in Filmen. Eine soziologische Untersuchung des Filmangebots der Jahre 1949 bis 1964. Stuttgart 1970.
316 Monika Sperr (Hg.): Schlager. Das Große Schlager-Buch; a. a. O.; Siegfried Schmidt-Joos: Geschäfte mit Schlagern. Bremen 1960.
317 Paul Sethe/Ferdinand Fried/Haris Schwab-Felisch: Das Fundament unserer Zukunft. Bilanz der Ära Adenauer: politisch - wirtschaftlich - kulturell. Düsseldorf, Wien 1964, S. 219 ff.
318 Zehn Jahre deutscher Nachkriegsfilm. Das Schönste, Heft 5/1956, S. 47 ff.
319 Nicola Chiaromonte: Bild und Wort. Anmerkungen zum intellektuellen Film. Merkur, Heft 11/1963, S. 1036 ff. Rolf Dörrlamm: Junger Film - alte Filmhilfe. Der Monat, Nr. 226/1967, S. 49 ff.
320 Peter W. Jansen: Anatomie einer Provokation. Der Modellfall Oberhausen. Merkur, Nr. 243/1968, S. 671.
321 Alexander Kluge: Lebensläufe. Anwesenheitsliste für eine Beerdigung (1962). Frankfurt am Main 1974.
322 Dieter Krusche: Reclams Filmführer. Stuttgart 1977, S. 193 f., 217.
323 Urs Jenny: Nach einem Jahr. Der junge deutsche Film. Merkur, Nr. 230/1967, S. 475, 478.
324 Peter W. Jansen: Ein Jahr Kinorebellion. Merkur, Nr. 248/1968, S. 1135 ff.
325 Zuschauer, Intendanten, Subventionen. Der Monat, Nr. 80/1955, S. 180, 169.

326 Joachim Kaiser: Schauspiel in der Bundesrepublik. Frankfurter Hefte, Heft 5/1952, S. 333 ff.
327 Henning Rischbieter: Theater. Wolfgang Benz (Hg.): Die Bundesrepublik Deutschland. Geschichte in 3 Bde. Bd. 3: Kultur. Frankfurt am Main 1983, S. 89.
328 Theodor W. Adorno: Theater - Oper - Bürgertum. Der Monat, Nr. 84/1955, S. 532 ff.
329 Hans-Klaus Jungheinrich: Mehr als die Demontage eines Denkmals. Enthüllendes über die Karriere Herbert von Karajans. Frankfurter Rundschau, Jg. 1983. Robert C. Bachmann: Karajan - Anmerkungen zu seiner Karriere. Düsseldorf 1983.
330 Walter Panofsky: Ein »Commonwealth« der Opernhäuser? Bericht über ein Gespräch mit Herbert von Karajan. Das Schönste, Heft 3/1962, S. 15.
331 Bayreuth: Die Götter dämmern. Der Spiegel, Nr. 10/1976, S. 150. Hans Daiber: Deutsches Theater seit 1945. Stuttgart 1976, S. 154 f.
332 Hartmut Zelinsky: Das erschreckende »Erwachen«, und wie man Wagner von Hitler befreit. Neue Zeitschrift für Musik, Heft 9/1983, S. 9.
333 Horst Koegler: Manager der Musik. Eine Reise durch das deutsche Konzertleben. Der Monat, Nr. 104/1957, S. 56. Beethoven, Mozart, Brahms beherrschen Europas Konzertsäle. Das Schönste, Heft 9/1958, S. 16 f.
334 Vision eines Lebens - vertont. Die Deutsche Oper am Rhein brachte die Neufassung der Oper »Karl V.« von Krenek. Das Schönste, Heft 5/1958, S. 19.
335 Hans Daiber: Deutsches Theater seit 1945. Stuttgart 1976, S. 144 f. Ferner Joseph Müller-Blattau: Der Weg der zeitgenössischen Oper - von Strawinsky bis Henze. Universitas, Heft 10/1964, S. 1044 f.
336 Wulf Kunold: Bernd Alois Zimmermann: Deutscher Musikrat. Zeitgenössische Musik in der Bundesrepublik Deutschland. Heft 3 (1950–1960) zur Schallplattendokumentation. Bonn 1982, S. 11 f.
337 Ulrich Dibelius: Musik; a. a. O., S. 116.
338 Hans Oesch: Einführung in die elektronische Musik. Universitas, Heft 2/1956, S. 170.
339 Karl H. Wörner: Der Komponist Karlheinz Stockhausen und sein Werk für moderne Musik. Universitas, Heft 7/1969, S. 726.
340 Ulrich Dibelius: Musik. Wolfgang Benz (Hg.): Die Bundesrepublik Deutschland. Geschichte in 3 Bde.; a. a. O., S. 125.
341 Martin Warnke: Von der Gegenständlichkeit und der Ausbreitung der Abstrakten. Dieter Bänsch (Hg.): Die fünfziger Jahre. Beiträge zu Politik und Kultur. Tübingen 1985, S. 425 ff.
342 Karin Thomas: Zweimal deutsche Kunst nach 1945; a. a. O., S. 28 f.
343 Ebd., S. 21 f.
344 Ebd., S. 106.
345 Doris Schmidt: Bildende Kunst. Wolfgang Benz (Hg.): Bundesrepublik Deutschland. Geschichte in 3 Bde.; a. a. O., S. 195.
346 Martin G. Buttig: Das große Treffen der Abstrakten. Der Monat, Nr. 131/1959, S. 78 f. Ferner documenta. 15. Juli bis 18. September 1955. Reprint der Katalogausgabe. München o. J.

347 Paul Sethe/Ferdinand Fried/Hans Schwab-Felisch: Das Fundament unserer Zukunft; a. a. O., S. 226.
348 Nationalgalerie/Staatliche Museen/Preußischer Kulturbesitz (Hg.): 1945–1985. Kunst in der Bundesrepublik Deutschland. Ausstellungskatalog. Berlin 1985, S. 686.
349 Hat sich die Avant-Garde ergeben? 400 Studenten wurden nach ihren Lieblingsautoren befragt und jeder fünfte entschied sich für Thomas Mann. Das Schönste, Heft 6/1959, S. 8.
350 Karl Otto Conrady: Das große deutsch Gedichtbuch. Kronberg/Ts. 1977, S. 948.
351 Hermann Burger: Paul Celans Bilder wissen mehr. Seine »Gesammelten Werke« in 5 Bdn. Frankfurter Allgemeine Zeitung, 10. 12. 1983.
352 Wolfgang Ignée: Nihilismus als Luxusartikel. Emil Staigers Rede über »Literatur und Öffentlichkeit« und die Folgen. Christ und Welt, 13. 1. 1967. Ferner Christoph Siegrist: Nationalliterarische Aspekte bei Schweizer Autoren. Rolf Grimminger (Hg.): Hansers Sozialgeschichte der deutschen Literatur. Bd. 10: Literatur in der Bundesrepublik Deutschland bis 1967. Hg. von Ludwig Fischer. München 1986, S. 670 f. William S. Schlamm: Vom Elend der Literatur. Pornographie und Gesinnung. Stuttgart 1966.
353 Karlheinz Deschner: Kitsch, Konvention und Kunst. Eine literarische Streitschrift. München 1957.
354 Alfred Oberlack: Schulbücher unter dem Dreschflegel. Bad Godesberg 1965.
355 Jürgen Habermas: Wozu noch Philosophie? Philosophisch-politische Profile. Frankfurt am Main 1981, S. 15 ff.
356 Hermann Glaser: Martin Heidegger und die Politik. Ein Dossier. Bundesrepublikanisches Lesebuch. München 1978, S. 120 ff.
357 Karl Jaspers: Notizen zu Martin Heidegger. Hg. von Hans Saner. München, Zürich 1978, S. 75, 77.
358 Rolf Hochhuth: Karl Jaspers oder Die Lebensfreundlichkeit. Eine Erinnerung, die an der Zeit ist. Frankfurter Allgemeine Zeitung, 20. 2. 1974.
359 Hermann Rudolph: Das Buch als Gewittervogel. Wiedergelesen: Karl Jaspers' »Wohin treibt die Bundesrepublik?« (1966). Frankfurter Allgemeine Zeitung, 7. 9. 1977.
360 Hans Fischer-Barnicol: Der Glaube als Befreiung. Rudolf Bultmann zum achtzigsten Geburtstag. Christ und Welt, 21. 8. 1964.
361 Friedrich Gogarten: Verhängnis und Hoffnung der Neuzeit. Stuttgart 1953. Ders.: Der Mensch zwischen Gott und Welt. Heidelberg 1952. Ders.: Jesus Christus, Wende der Welt. Grundfragen der Christologie. Tübingen 1966.
362 Paul Tillich: Gesammelte Werke. Stuttgart 1964.
363 Dorothee Sölle: Das Gespräch zwischen Christen und Marxisten. Merkur, Nr. 238/1968, S. 140. Dies.: Atheistisch am Gott glauben. Beiträge zur Theologie. Olten, Freiburg 1968. Dies.: Phantasie und Gehorsam. Überlegungen zu einer künftigen christlichen Ethik. Stuttgart 1968.
364 Carl Amery: Die Kapitulation oder Katholizismus heute. Reinbek bei Hamburg 1963, S. 23, 32, 27, 10. Ferner ders.: Fragen an Welt und Kirche. 12 Essays. Reinbek bei Hamburg 1967.

365 Franz Sonnenberger: Die Rekonfessionalisierung der bayerischen Volksschule 1945–1950. Zeitschrift für Bayerische Landesgeschichte, Jg. 1982.
366 Christian Geissler: Anfrage. Hamburg 1960. Dieter Lattmann: Die Antwort auf die »Anfrage«. Das Schönste, Heft 10/1960, S. 8.
367 Günter Hollenstein: Die Katholische Kirche. Wolfgang Benz (Hg.): Die Bundesrepublik Deutschland. Geschichte in 3 Bdn. Bd. 2: Gesellschaft. Frankfurt am Main 1983, S. 245 f.
368 Rolf Hochhuth: Der Stellvertreter. Reinbek bei Hamburg 1963. Bernd Balzer: Rolf Hochhuth. Der Stellvertreter. Grundlagen und Gedanken zum Verständnis des Dramas. Frankfurt am Main, Berlin, München 1986, S. 15, 47 f., 50 f.
369 Theodor Pfizer: Erklärung des Ausschusses zum Abschluß seiner Tätigkeit. Aus Politik und Zeitgeschichte. Beilage zur Wochenzeitung »Das Parlament«, 8. 9. 1965.
370 Georg Picht: Die deutsche Bildungskatastrophe. Analyse und Dokumentation. Olten, Freiburg i. Br. 1964.
371 Ders.: Die deutsche Bildungskatastrophe. Dunkel über der pädagogischen Provinz. Christ und Welt. Sonderdruck. Juni 1965, S. 1.
372 Jürgen Habermas: Vom sozialen Wandel akademischer Bildung. Merkur, Nr. 183/1963, S. 413 ff.
373 Helmuth Dolff (Hg.): 25 Jahre Deutscher Volkshochschulverband. Braunschweig 1978.
374 Horst Krüger: Das zerbrochene Haus. Eine Jugend in Deutschland. München 1966, S. 260.
375 Rudolf Wassermann: Justiz und Nationalsozialismus. Zur Aufarbeitung der NS-Vergangenheit durch die Justiz. Neuwied – Darmstadt o. J. Martin Hirsch/Diemut Majer/Jürgen Meinck (Hg.): Recht, Verwaltung und Justiz im Nationalsozialismus. Ausgewählte Schriften, Gesetze und Gerichtsentscheidungen von 1933–1945. Köln 1985.
376 Wulf Reimer: NS-Verbrechen: Bilanz nach 26jähriger Ermittlung. Süddeutsche Zeitung, 1. 3. 1984. Adalbert Rückerl (Hg.): NS-Prozesse. Nach 25 Jahren Strafverfolgung: Möglichkeiten – Grenzen – Ergebnisse. Karlsruhe 1972. Ferner Jörg Friedrich: Die kalte Amnestie. NS-Täter in der Bundesrepublik. Frankfurt am Main 1984.
377 Hans Gresmann: Das Münchener Spektakel um die »Deutschland-Stiftung e. V.« und ihr »Konrad-Adenauer-Preis«. Die Zeit, 10. 3. 1967.
378 Peter Weiss: Die Ermittlung. Oratorium im 11 Gesängen (1965). Reinbek bei Hamburg 1969, S. 185 f.
379 Jean Améry: Jenseits von Schuld und Sühne. Bewältigungsversuche eines Überwältigten. München 1966, S. 127.
380 Ralph Giordano: Die zweite Schuld oder Von der Last Deutscher zu sein. Hamburg 1987, S. 11 f.
381 Zygmunt Bauman: Dialektik der Ordnung. Die Moderne und der Holocaust. Hamburg 1992, S. 20.
382 Detlev Claussen: Nach Auschwitz. Ein Essay über die Aktualität Adornos. Dan Diner (Hg.): Zivilisationsbruch. Denken nach Auschwitz. Frankfurt am Main 1988, S. 57.

第三部分　变革的时代

1 Hans-Peter Schwarz: Geschichtsschreibung und politisches Selbstverständnis. Aus Politik und Zeitgeschichte. Beilage zur Wochenzeitung »Das Parlament«, B. 36/1982, S. 3 ff.
2 Hans Maier: Die Deutschen und die Freiheit. Perspektiven der Nachkriegszeit. Stuttgart 1985, S. 19.
3 Axel Schildt: Moderne Zeiten. Freizeit, Massenmedien und »Zeitgeist« in der Bundesrepublik der 50er Jahre. Hamburg 1995, S. 20, 416 ff. Ferner Kaspar Maase: Bravo Amerika. Erkundungen zur Jugendkultur der Bundesrepublik in den fünfziger Jahren. Hamburg 1993. Bernd Polster (Hg.): West Wind. Die Amerikanisierung Europas. Köln 1995. Alf Lüdtke/Inge Marßolek/Adelheid von Saldern (Hg.): Amerikanisierung. Traum und Alptraum im Deutschland des 20. Jahrhunderts. Stuttgart 1996. Hellmuth Karasek. »Go West!« Eine Biographie der fünfziger Jahre. Hamburg 1996.
4 Karl Markus Michel: Rückkehr zur Fassade. Kursbuch, Nr. 89/1987, S. 127.
5 Peter Merseburger: Grenzgänger. Innenansichten der anderen deutschen Republik. München 1988, S. 87 f.
6 Ebd., S. 84.
7 Egon Bahr: Zu meiner Zeit. München 1996. Ferner Heinrich Potthoff: Bonn und Ost-Berlin 1969–1982. Dialog auf höchster Ebene und vertrauliche Kanäle. Darstellung und Dokumente. Bonn 1997.
8 Hans Georg Lehmann: Chronik der Bundesrepublik Deutschland 1945/49 bis heute. München 1989, S. 107 f.
9 Peter Bender: Sind wir unschuldig an dem Monstrum? Schandmauer oder Schutzwall – auf jeden Fall das Ergebnis verfehlter Politik hüben wie drüben. Die Zeit, 8. 8. 1986.
10 Johannes Wendt: Zwischen Selbstprüfung und witzigen Anekdoten. Die SDS-Veteranen besinnen sich auf ihre Geschichte. Frankfurter Rundschau, 4. 7. 1985. Ferner Peter Mosler (Hg.): Was wir wollten, was wir wurden. Zeugnisse der Studentenrevolte. Reinbek 1988. Rainer Bieling: Die Tränen der Revolution. Die 68er zwanzig Jahre danach. Berlin 1988. Oskar Negt: Achtundsechzig. Politische Intellektuelle und die Macht. Göttingen 1995. Hans Magnus Enzensberger: Der Papier-Truthahn. Gedichte 1955–1970. Frankfurt am Main 1971, S. 153.
11 Peter Schneider: Lenz. Eine Erzählung. Berlin 1982 (1973), S. 37 ff.
12 Herbert Marcuse: Ober den affirmativen Charakter der Kultur. Kultur und Gesellschaft I. Frankfurt am Main 1965.
13 R. D. Brinkmann/R. R. Rygulla (Hg.): ACID. Neue amerikanische Szene. Darmstadt 1969, S. 11.
14 Hermann Glaser (Hg.): Jugend-Stil. Stil der Jugend. Thesen und Aspekte. München 1971. Uwe Schmitt: Die Blumenkinder sind lange verblüht. Woodstock – die Suche nach einer Legende. Frankfurter Allgemeine Zeitung, 7. 5. 1986.
15 Robert Jungk: Die Zukunft hat schon begonnen. Stuttgart (1952) o. J.
16 Emil-Peter Müller: Antiamerikanismus in Deutschland. Zwischen Care-Paket und

Cruise Missile. Köln 1986. Dan Diner: »Verkehrte Welten«. Antiamerikanismus in Deutschland. Frankfurt am Main 1993.

17 Spiegel-Spezial: Die wilden 68er. Die Spiegel-Serie über die Studentenrevolution. Hamburg 1988, S. 29 f.

18 Dieter Baacke: Untergrund. Einblick und Ausblick. Merkur, Heft 6/1970, S. 526 ff.

19 Bernward Vesper: Die Reise. Frankfurt am Main 1977, S. 10.

20 Genia Schulz: Brandblasen der Seele. Zur frühen Prosa und späten Lyrik Rolf Dieter Brinkmanns. Merkur, Heft 11/1985, S. 1015 ff. Rolf Dieter Brinkmann: Erkundungen für die Präzisierung des Gefühls für einen Aufstand: Träume. Aufstände/Gewalt/Morde. Reinbek bei Hamburg 1987. Ferner Gert Ueding: Schrille Stimme. Rolf Dieter Brinkmanns Erzählungen. Frankfurter Allgemeine Zeitung, 29. 6. 1985. Frank Schirrmacher: Blick in ein Gehirnalbum. Nachgelassene Tagebücher Rolf Dieter Brinkmanns. Frankfurter Allgemeine Zeitung, 25. 7. 1987.

21 Karl Dietrich Bracher u. a. (Hg.): Geschichte der Bundesrepublik Deutschland in 5 Bdn. Bd. 4: Klaus Hildebrand: Von Erhard zur großen Koalition. Geschichte und politisches Klima einer Republik 1963–1969. München 1984, S. 260 f.

22 Hermann Korte: Eine Gesellschaft im Aufbruch. Die Bundesrepublik Deutschland in den sechziger Jahren. Frankfurt am Main 1987, S. 41.

23 Hildegard Weiss: Die Ideologieentwicklung in der deutschen Studentenbewegung. München 1985. Willy Albrecht: Der Sozialistische Deutsche Studentenbund (SDS). Vom parteikonformen Studentenverband zum Repräsentanten der Neuen Linken. Bonn 1994.

24 Michael Schneider: Demokratie in Gefahr. Der Konflikt um die Notstandsgesetze: Sozialdemokratie, Gewerkschaften und intellektueller Protest (1958–1968). Bonn 1986.

25 Reinhold Oberlercher: Zweitausend Studenten als harter Kern wollten 1968 das System aushebeln. Rheinischer Merkur/Christ und Welt, 8. 4. 1988.

26 Hartmut von Hentig: Die große Beschwichtigung. Zum Aufstand der Studenten und Schüler. Merkur, Heft 5/1968, S. 385 ff.

27 Wilfried Röhrich: Geschichte und politisches Klima einer Republik. München 1988, S. 83 f. Ferner Jürgen Habermas: Protestbewegung und Hochschulreform. Frankfurt am Main 1969.

28 Herbert Marcuse: Triebstruktur und Gesellschaft. Ein philosophischer Beitrag zu Sigmund Freud. Frankfurt am Main 1965, S. 186.

29 Theodor W. Adorno: Die gegängelte Musik. Der Monat, Heft 56/1953, S. 182.

30 Peter Weiss: Hölderlin. Stück in zwei Akten. Frankfurt am Main 1971, S. 70, 191.

31 Hans Schwerte: Herakles und der Kentaur. Anmerkungen zu Peter Weiss. Hans Höller (Hg.): Hinter jedem Wort die Gefahr des Verstummens. Sprachproblematik und literarische Tradition in der »Ästhetik des Widerstands« von Peter Weiss. Stuttgarter Arbeiten zur Germanistik, Nr. 201. Stuttgart 1988, S. 2.

32 Hartmut von Hentig: Die große Beschwichtigung. Das Nürnberger Gespräch 1968: Opposition in der Bundesrepublik. Freiburg im Breisgau 1968, S. 167 f.

33 Spiegel-Spezial: Die wilden 68er; a. a. O., S. 50.
34 Christian Enzensberger: Versuch über den Schmutz. München 1968.
35 Reimut Reiche: Sexualität und Klassenkampf. Zur Abwehr repressiver Entsublimierung. Frankfurt am Main 1968.
36 Keine Angst vor dem Elfenbeinturm. Spiegel-Gespräch mit Theodor W. Adorno. Der Spiegel, Nr. 19/1969, S. 204.
37 Max Horkheimer: Notizen 1950 bis 1969 und Dämmerung. Notizen in Deutschland. Hg. von Werner Brede. Frankfurt am Main 1974, S. 210. Ferner Alfred Schmidt (Hg.): Max Horkheimer heute: Werk und Wirkung. Frankfurt am Main 1986.
38 Theodor W. Adorno: Jargon der Eigentlichkeit. Zur deutschen Ideologie. Frankfurt am Main 1964.
39 Jean Améry: Jargon der Dialektik. Merkur, Heft 11/1967, S. 1058.
40 Gretchen Dutschke: Rudi Dutschke. Ein deutscher Revolutionär. Köln 1996.
41 Harald Wieser: Rudi, ein deutsches Märchen. Der Spiegel, Nr. 16/1988, S. 101.
42 Karl Heinz Bohrer: Die Kinder Hitlers? Frankfurter Allgemeine Zeitung, 6. 9. 1977. Jillian Becker: Hitlers Kinder? Der Baader-Meinhof-Terrorismus. Frankfurt am Main 1978.
43 Dieter E. Zimmer: Der lange Marsch durch die eigenen Wesenheiten. Die Zeit, 17. 6. 1977.
44 Gerhard Mauz: Ein Phänomen der Verzweiflung. Der Spiegel, Nr. 33/1977.
45 Karl-Heinz Janßen: Die schrecklichen entlaufenen Wohlstandskinder. Die Zeit, 9. 9. 1977.
46 W. Guthermut: Warum Frauen jetzt die Terrorszene beherrschen. Abendzeitung, 5. 8. 1977.
47 Heinrich Böll: Will Ulrike Meinhof Gnade oder freies Geleit? Gabriele Dietz u. a. (Hg.): Klamm, Heimlich & Freunde. Die Siebziger Jahre. Berlin 1987, S. 119.
48 Ulrike Marie Meinhof: Deutschland Deutschland unter anderm. Aufsätze und Polemiken. Berlin 1995.
49 Stefan Aust: Der Baader-Meinhof-Komplex. Hamburg 1985, S. 592. Ferner Dorothea Hauser: Baader und Herold. Beschreibung eines Kampfes. Berlin 1997.
50 Ralf Schnell: Die Literatur der Bundesrepublik. Autoren, Geschichte, Literaturbetrieb. Stuttgart 1986, S. 343.
51 Ebd., S. 33 f.
52 Karl Marx: Das Kapital. Dritter Band. In: Karl Marx/Friedrich Engels: Werke. Bd. 23. Berlin-Ost 1970, S. 828.
53 Ders.: Auswahl und Einleitung von Franz Borkenau, Frankfurt am Main, Hamburg 1956, S. 56 f.
54 Irene Lusk: Che lebt. Eckhard Siepmann: Heiß und kalt. Die Jahre 1945–69. Berlin 1986, S. 575.
55 Frantz Fanon: Die Verdammten dieser Erde. Frankfurt am Main 1966. Ferner ders.: Aspekte der Algerischen Revolution. Frankfurt am Main 1969. Ders.: Schwarze Haut, weiße Masken. Frankfurt am Main 1980. Renate Zahar: Kolonialismus und Entfremdung. Zur politischen Theorie Frantz Fanons. Frank-

furt am Main 1969. David Daute: Frantz Fanon. München 1970. Detlev Claussen: List der Gewalt. Soziale Revolutionen und ihre Theorien. Frankfurt am Main 1982.

56 Worte des Vorsitzenden Mao Tse-tung. Peking 1967, S. 341 f.

57 Eckhard Siepmann: Heiß und kalt; a. a. O., S. 516.

58 Ebd., S. 628.

59 Jürgen Habermas: Strukturwandel der Öffentlichkeit. Untersuchungen von einer Kategorie der bürgerlichen Gesellschaft. Neuwied 1962.

60 Wolfgang Fritz Haug: Zur Kritik der Warenästhetik. Kursbuch, Nr. 20/1970, S. 140. Ders.: Kritik der Warenästhetik. Frankfurt am Main 1971. Ferner Roland Barthes: Mythen des Alltags. Frankfurt am Main 1964.

61 Karin Thomas: Zweimal deutsche Kunst nach 1945. 40 Jahre Nähe und Ferne. Köln 1985, S. 159 ff. Ferner Doris Schmidt: Bildende Kunst. Wolfgang Benz (Hg.): Die Bundesrepublik Deutschland. Geschichte in 3 Bdn. Bd. 3: Kultur. Frankfurt am Main 1983, S. 198 f.

62 Karin Thomas: Zweimal deutsche Kunst nach 1945; a. a. O., S. 114 f. Ferner Werner Haftmann: Malerei im 20. Jahrhundert. Eine Entwicklungsgeschichte. München 1979. Karl Ruhrberg: Die Gleichzeitigkeit des Gegensätzlichen. Hilmar Hoffmann/Heinrich Klotz: Die Sechziger. Die Kultur unseres Jahrhunderts. Düsseldorf/Wien/New York 1987.

63 Werner Hofmann u. a. (Hg.): Kunst in Deutschland 1898-1973. Hamburg 1973. Blatt 1963.

64 Karin Thomas: Zweimal deutsche Kunst nach 1945; a. a. O., S. 130.

65 Ebd., S. 137 f.

66 Karl Ruhrberg: Die Gleichzeitigkeit des Gegensätzlichen; a. a. O., S. 178.

67 Gabriel Laub: Siebzig Stunden Filmstrapazen. Die 15. Westdeutschen Kurzfilmtage in Oberhausen. Die Zeit, Nr. 14/1969.

68 Hilmar Hoffmann: Papas Kino stirbt. Hilmar Hoffmann/Heinrich Klotz: Die Sechziger. Die Kultur unseres Jahrhunderts. Düsseldorf/Wien/New York 1987, S. 189 f., 201.

69 Dieter Krusche: Reclams Filmführer; a. a. O., S. 645.

70 Rainer Werner Fassbinder: Die Anarchie der Phantasie. Gespräche und Interviews. Hg. von Michael Töteberg. Frankfurt am Main 1986. Ders. Die Kinofilme 1. und 2. Hg. von Michael Töteberg. München 1987.

71 Dieter Krusche: Reclams Filmführer; a. a. O., S. 627.

72 Rainer Werner Fassbinder: Die Anarchie der Phantasie; a. a. O., S. 9 f.

73 Georg Hensel: Spielplan. Schauspielführer von der Antike bis zur Gegenwart. Berlin 1986, S. 1524.

74 Hans Daiber: Deutsches Theater seit 1945. Bundesrepublik Deutschland, Deutsche Demokratische Republik, Österreich, Schweiz. Stuttgart 1976, S. 255 f.

75 Michael Buselmeier: Festspiele für integrierte Arbeiter. Recklinghausen, eine Fiktion in ihrem 23. Jahr. Die Zeit, 23. 5. 1969.

76 Jerzy Grotowski: Nacktheit auf dem Theater - sittlich oder obszön? Theater heute, Heft 8/1971, S. 1 ff. Ders.: Für ein armes Theater. Zürich 1986.

77 Hans Daiber: Deutsches Theater seit 1945; a. a. O., S. 257.
78 Erich Wendt über die Vierte Experimenta. Pfingsten, Fest der Rezipienten. Theater heute, Heft 7/1971, S. 32 f.
79 Günther Rühle: Theater in unserer Zeit. Frankfurt am Main 1976, S. 189 f.
80 Horst-Eberhard Richter: Die Chance des Gewissens. Erinnerungen und Assoziationen. Hamburg 1986, S. 194.
81 Hermann Vinke: Gustav Heinemann. Bornheim 1986. Rudolf Morsey: Heinrich Lübke. Eine politische Biographie. München, Wien, Zürich 1997.
82 Karl Dietrich Bracher u. a. (Hg.): Geschichte der Bundesrepublik Deutschland in 5 Bdn. Bd. 5/I. Wolfgang Jäger: Die Innenpolitik der sozialliberalen Koalition 1969–1974. Stuttgart, Mannheim 1986, S. 24 f.
83 Günter Grass über Willy Brandt. »Draußen – Schriften während der Emigration«. Der Spiegel, Jhg. 1966.
84 Gabriele Dietz u. a. (Hg.): Klamm, Heimlich & Freunde; a. a. O., S. 18.
85 Wolfgang Jäger: Die Innenpolitik der sozialliberalen Koalition 1969–1974; a. a. O., S. 154.
86 Arnulf Baring: Ein Politiker auf der Suche nach seiner Heimat. Kritische Anmerkungen zu drei Biographien über Willy Brandt. Die Zeit, 5. 3. 1976. Ferner Carola Stern (in Zusammenarbeit mit Manfred Görtemaker): Willy Brandt. Reinbek bei Hamburg 1976.
87 Arnulf Baring: Machtwechsel. Die Ära Brandt-Scheel. Stuttgart 1982.
88 Wolfgang Jäger: Die Innenpolitik der sozialliberalen Koalition 1969–1974; a. a. O., S. 160.
89 Reiner Kunze: Die wunderbaren Jahre. Lyrik. Prosa. Dokumente. Hg. von Karl Corino. Frankfurt am Main, Wien, Zürich 1978, S. 24, 26, 86.
90 Hans-Joachim Maaz: Der Gefühlsstau; a. a. O., S. 20.
91 Dorothee Wierling: Die Jugend als innerer Feind. Konflikte in der Erziehungsdiktatur der sechziger Jahre. Hartmut Kaelble/Jürgen Kocka/Hartmut Zwahr (Hg.): Sozialgeschichte der DDR. Stuttgart 1994, S. 404 ff.
92 Wilma Grossmann: Kindererziehung in der DDR. »Die ewigen Jasager beunruhigen mich!« Erziehung und Wissenschaft, Nr. 12/1991, S. 6 ff.
93 Dorothee Wierling: Die Jugend als innerer Feind; a. a. O., S. 408 f. Ferner Wolf Oschlies: »Lieber rückwärts aus dem Intershop als vorwärts zum nächsten Parteitag!« Bemerkungen zum DDR-Jugendjargon. Aus Politik und Zeitgeschichte, Beilage zur Wochenzeitung »Das Parlament«, 4. 10. 1986.
94 Wolf Oschlies: »Lieber rückwärts aus dem Intershop als vorwärts zum nächsten Parteitag«; a. a. O., S. 43.
95 Ulrich Plenzdorf: Die neuen Leiden des jungen W. Frankfurt am Main 1976, S. 26 f.
96 Trabi … find' ich gut. Mit Beiträgen von Heribert Hofner, Harald Kaiser und Willi Mertens. Hamburg 1990.
97 Hans-Joachim Maaz: Der Gefühlsstau; a. a. O., S. 31 f., 87. Ferner Heike Trappe: Emanzipation oder Zwang? Frauen in der DDR zwischen Beruf, Familie und Sozialpolitik. Berlin 1996.

98 Irene Böhme: Die da drüben. Sieben Kapitel DDR. Berlin 1982.
99 Peter Hübner: Die Zukunft war gestern. Soziale und mentale Trends in der DDR-Industriearbeiterschaft. Hartmut Kaelble/Jürgen Kocka/Hartmut Zwahr (Hg): Sozialgeschichte der DDR; a. a. O., S. 171 ff.
100 Frank Böckelmann/Bernhard Ziegler: Freizeit. Wolfgang R. Langenbucher/Ralf Rytlewski/Bernd Weyergraf (Hg.): Kulturpolitisches Wörterbuch; a. a. O., S. 215 ff.
101 Simone Hain/Stephan Stroux/Michael Schroedter: Die Salons der Sozialisten. Kulturhäuser in der DDR. Berlin 1996. Ulrich Hartung: Arbeiter- und Bauerntempel. DDR-Kulturhäuser der fünfziger Jahre – ein architekturhistorisches Kompendium. Berlin 1997.
102 Hans-Joachim Maaz: Der Gefühlsstau; a. a. O., S. 72 ff., 119.
103 Sarah Kirsch: Rückenwind. Ebenhausen bei München 1977, S. 18, 51.
104 Hans-Peter Lühr: Pluralismus von Identität. Das deutsch-deutsche Kulturbewußtsein. Problemkreise Angewandter Kulturwissenschaft. Hg. von Caroline Y. Robertson Wensauer. Heft 1/1997, Karlsruhe 1997, S. 42.
105 Ralf Rytlewski: Ein neues Deutschland? Der Bürger im Staat. Hg. von der Landeszentrale für politische Bildung Baden-Württemberg, Heft 3/1989, S. 153.
106 Gunther Mai: Weimarer Klassik und Nationalkultur in der Deutschen Demokratischen Republik 1949–1968. Erfurt 1994 (Manuskript), S. 14.
107 Jürgen Scharfschwerdt: Klassikrezeption in Schulbüchern der Bundesrepublik Deutschland und der DDR. Politik und Kultur, Nr. 2/1989, S. 65.
108 Iris Häuser: Wir wollen immer artig sein, denn nur so hat man uns gern. Jugendpolitik und das Verhältnis Jugendlicher zu Politik und Gesellschaft. Der Bürger im Staat. Hg. von der Landeszentrale für politische Bildung Baden-Württemberg, Heft 3/1989, S. 195. Ferner Barbara Hille/Walter Jaide (Hg.): DDR-Jugend. Opladen 1991.
109 Wolfgang Kühnel: »Doppelte Identität« zwischen offizieller Norm und eigener Erfahrung. DDR-Jugendliche mit ambivalenten Werten und pragmatischer Orientierung im Prozeß der deutsch-deutschen Einheit. Frankfurter Rundschau, 7. 10. 1991.
110 Freya Klier: Lüg Vaterland. Erziehung in der DDR. München 1990.
111 Andreas Kühne: Nonkonform in kleinster Auflage. Autonome Zeitschriften in der DDR. Süddeutsche Zeitung, April 1992.
112 Klaus Michael: Feindbild Literatur. Die Biermann-Affäre, Staatssicherheit und die Herausbildung einer literarischen Alternativkultur in der DDR. Aus Politik und Zeitgeschichte. Beilage zur Wochenzeitung »Das Parlament«, 28. 5. 1993, S. 30. Ferner Franz Fühmann: Schneewittchen. Ein paar Gedanken zu zwei jungen Dichtern. Sinn und Form, Nr. 28/1976, S. 1259 ff.
113 Peter Böthig/Klaus Michael (Hg.): MachtSpiele. Literatur und Staatssicherheit. Leipzig 1993, S. 202 ff.
114 Korruption, wohin man blickt. Das Manifest der ersten organisierten Opposition in der DDR. Der Spiegel, Nr. 1/2/1978. Detlef Pollack: Politischer Protest – Politisch alternative Gruppen in der DDR. Opladen 1996. Ulrike Poppe/Rainer

Eckert/Ilko-Sascha Kowalczuk (Hg.): Zwischen Selbstbehauptung und Anpassung. Formen des Widerstandes und der Opposition in der DDR. Berlin 1996.
115 Rudolf Bahro: Die Alternative. Zur Kritik des real existierenden Sozialismus. Köln, Frankfurt am Main 1977, S. 14 f., 178. Ders.: Eine Dokumentation. Köln 1977. Heinz Brandt: Die Alternative, die aus dem Kerker kam. Die Arbeiten Rudolf Bahros: erst damit verläßt Stalin den Raum. Frankfurter Rundschau, 18. 2. 1978.
116 Wolf Biermann: Das war's. Klappe zu. Affe lebt. Ein Nachruf auf die DDR. Die Zeit, 2. 3. 1990.
117 Ders.: Und als wir ans Ufer kamen. Alle Lieder. Köln 1991, S. 280.
118 Bernd Wagner: Tod der Intelligenz. Das Jahrzehnt nach der Biermann-Ausbürgerung. Frankfurter Rundschau, 20. 12. 1986.
119 Bernd Wagner: Tod der Intelligenz; a. a. O.
120 Manfred Jäger: Weggegangen, dageblieben, ausgestiegen, mitgelaufen. Verdrängte Konflikte unter Schriftstellern aus der ehemaligen DDR. Frankfurter Rundschau, 30. 9. 1992.
121 Siegfried Stadler über Peter Ensikat. »Ab jetzt geb ich nichts mehr zu.« Nachrichten aus den Ostprovinzen. (München 1993). Frankfurter Allgemeine Zeitung, 5. 2. 1994.
122 Barbara Meyer: Die literarische Satire in der DDR. Neue Zürcher Zeitung, 19./20. 4. 1986.
123 Antonia Grunenberg: Entgrenzung und Selbstbeschränkung. Zur Literatur der DDR in den achtziger Jahren. Alexander von Bormann: Kulturelle Affinität oder Diskulturalität? Wechselwirkungen in der Literaturentwicklung beider deutscher Staaten. Aus Politik und Zeitgeschichte. Beilage zur Wochenzeitung »Das Parlament«, 3. 10. 1987. Heinrich Mohr: Mein Blick auf die Literatur in der DDR. Aus Politik und Zeitgeschichte. Beilage zur Wochenzeitung »Das Parlament«, 11. 3. 1994.
124 Hans Joachim Schädlich: Tanz in Ketten. Zum Mythos der DDR-Literatur. Frankfurter Allgemeine Zeitung, 28. 6. 1990.
125 Regina General: Stimme einer Stimmung. Ein Gespräch mit Günter de Bruyn. Die Zeit, 9. 3. 1990. Günter de Bruyn: Vierzig Jahre. Ein Lebensbericht. Frankfurt am Main 1996.
126 Uwe Kolbe: Mauerschatten, ins Wort verlängert. Schreiben und Schweigen in der DDR. Neue Zürcher Zeitung, 10./11. 9. 1996.
127 Angela Drescher (Hg.): Dokumentation zu Christa Wolf: Nachdenken über Christa T. Hamburg 1991.
128 Rolf Michaelis: Zwei Welten in einem Land. Neue Strömungen und Tendenzen in der DDR-Prosa. Die Zeit, 16. 1. 1976. Fritz J. Raddatz: Ein neuer Ton in der Lyrik der DDR: Elegien statt Hymnen. Die Zeit, 23. 1. 1976.
129 Stephan Hermlin: ... das Vorrecht der Dichter, vernunftlos zu träumen. Rede auf dem DDR-Schriftstellerkongreß 30. 5. 1978. Frankfurter Rundschau, 3. 10. 1978. Ferner Karl Corino: Außen Marmor, innen Gips. Die Legenden des Stephan Hermlin. Düsseldorf 1997.

130 Christoph Hein: Die Zensur ist überlebt, nutzlos, paradox, menschen- und volksfeindlich, ungesetzlich und strafbar. X. DDR-Schriftstellerkongreß. Die Zeit, 4. 12. 1987.
131 Hans Joachim Schädlich: Tanz in Ketten; a. a. O.
132 Klaus Hensel: Lauter kleine Kriminalgeschichten ... in der Ausstellung über das Literatur-Zensurland DDR. Frankfurter Rundschau, 18. 5. 1991.
133 Heimo Schwilk: Mutige Verleger, dankbare Autoren. Rheinischer Merkur/Christ und Welt, 19. 4. 1991.
134 Manfred Jäger: Das Wechselspiel von Selbstzensur und Literaturlenkung in der DDR. Aus Politik und Zeitgeschichte. Beilage zur Wochenzeitung »Das Parlament«, 4. 10. 1991, S. 16, 24.
135 Die Kirche im Sozialismus: Ein ZEIT-Forum über die Rolle der Protestanten unter der SED-Diktatur. Die Zeit, 22. 3. 1991.
136 Rolf Henrich: Der vormundschaftliche Staat. Reinbek bei Hamburg 1990.
137 Die Kirche im Sozialismus; a. a. O. Albrecht Schönherr: Kirche im Sozialismus – der beschwerliche Weg der Protestanten in der DDR. Die Zeit, 7. 2. 1992.
138 Robert E. Goeckel: Die evangelische Kirche und die DDR. Konflikte, Gespräche, Vereinbarungen unter Ulbricht und Honecker. Leipzig 1995.
139 Horst Dähn (Hg.): Die Rolle der Kirchen in der DDR. Eine erste Bilanz. München 1993. Gerhard Besier: Der SED-Staat und die Kirche. 1969–1990. Die Vision vom »Dritten Weg«. Berlin, Frankfurt am Main 1995.
140 Vom Unverständnis der Amtskirche zur »Kirche von unten«. Frankfurter Rundschau, 21. 2. 1992. Ferner Manfred Richter/Elsbeth Zylla (Hg.): Mit Pflugscharen gegen Schwerter. Bremen o. J.
141 Die Kirche im Sozialismus; a. a. O.
142 Günter de Bruyn: Dieses Mißtrauen gegen mich selbst. Ein Beitrag zum Umgang mit den Stasi-Akten. Frankfurter Allgemeine Zeitung, 18. 2. 1993.
143 Hans-Jürgen Schmitt: Fast nichts ist wahr, fast alles ist Lüge. Ober die Gefahr, sich auf Stasi-Akten zu verlassen: das Dossier des Schriftstellers Franz Fühmann. Süddeutsche Zeitung, 11./12. 12. 1993. Franz Fühmann: »Im Berg«. Texte aus dem Nachlaß. Hg. von Ingrid Prignietz. Rostock 1991. Hans Richter: Franz Fühmann – Ein deutsches Dichterleben. Berlin 1992. Barbara Heinze: Franz Fühmann. Eine Biographie in Bildern, Dokumenten und Briefen. Rostock 1998.
144 Birgit Lahann: Genosse Judas. Die zwei Leben des Ibrahim Böhme. Berlin 1992.
145 Jan Faktor: Intellektuelle Opposition und alternative Kultur in der DDR. Aus Politik und Zeitgeschichte. Beilage zur Wochenzeitung »Das Parlament«, 11. 3. 1994, S. 32.
146 Hajo Steinert: Die Szene und die Stasi. Die Zeit, 29. 11. 1991.
147 Uwe Wittstock: Von der Stalinallee zum Prenzlauer Berg. Wege der DDR-Literatur 1949–1989. München 1989. Alexander Haeder/Ulrich Wüst: Prenzlauer Berg. Besichtigung einer Legende. Berlin 1994.
148 Sascha Anderson: Ein hoffentlich schöner und lang anhaltender Amoklauf. Zum Thema AIM 7423/91. Frankfurter Allgemeine Zeitung, 30. 10. 1991.
149 Iris Radisch: Ein ZEIT-Gespräch mit Sascha Anderson. Die Zeit, 1. 11. 1991.

150 Joachim Gauck über den Umgang der Deutschen mit ihrer Vergangenheit. Frankfurter Rundschau, 28. 1. 1995. Ferner Walter Süß: DDR-Staatssicherheit gegen Bürgerrechtler. Das Parlament, 4. 1. 1991. Lienhard Wawrzyn: Der Blaue. Das Spitzelsystem der DDR. Berlin 1991.
151 Joachim Walther: Wider die eilfertigen Rechercheure. Ein paar Beispiele und einige Grundsätze zur gegenwärtigen Debatte um Schriftsteller, Literatur und Staatssicherheit. Frankfurter Allgemeine Zeitung, 27. 1. 1993.
152 Ders.: Sicherungsbereich Literatur. Berlin 1996. Ferner Jürgen Fuchs: Landschafter der Lüge. Schriftsteller im Stasi-Netz. 5 Teile; a. a. O., Der Spiegel Nr. 47-51/1991.
153 Jens Reich: Abschied von den Lebenslügen: a. a. O., S. 43.
154 Hans Magnus Enzensberger: Baukasten zu einer Theorie der Medien. Kursbuch, Nr. 20/1970, S. 159 ff. Martin Walser: Über die neueste Stimmung im Westen. Kursbuch, Nr. 20/1970, S. 19 ff.
155 Fritz J. Raddatz: Zur deutschen Literatur der Zeit. 2. Die Nachgeborenen. Leseerfahrungen mit zeitgenössischer Literatur. Reinbek bei Hamburg 1987, S. 146.
156 Volker Ludwig/Detlef Michel: Eine linke Geschichte. Theaterstück mit Kabarett. Berlin 1980, S. 107 f.
157 Jörg Bopp: Trauer-Power. Zur Jugendrevolte 1981. Kursbuch, Nr. 65/1981, S. 155.
158 W. D. Narr: Die Generation der Ausgeschlossenen. Die Zeit, 20. 1. 1978.
159 Klaus Laermann: Kneipengerede. Zu einigen Verkehrsformen der Berliner »linken« Subkultur. Kursbuch, Nr. 37/1974. Franz Dröge/Thomas Krämer-Badoni: Die Kneipe. Zur Soziologie einer Kulturform. Frankfurt am Main 1987.
160 Andi Bauer: Mit Hammer, Sichel und Gitarre. Linke Off-Kultur der Siebziger. Gabriele Dietz u. a. (Hg.): Klamm, Heimlich & Freunde; a. a. O.
161 Thomas Ziehe: Pubertät und Narzißmus. Sind Jugendliche entpolitisiert? Frankfurt am Main-Köln 1975. Ders.: Worum geht es in der Narzißmus-Diskussion? Neue Sammlung, Heft 2/1981.
162 Heiratsanzeige. Die Zeit, 18. 7. 1980.
163 Helmut Heißenbüttel: Das Ende der Alternative. Einfache Geschichten. Stuttgart 1980, S. 16.
164 Rolf Schneider: Die Grünen – ein Unglück. Der Spiegel, Nr. 13/1980, S. 38 f.
165 Jörg Bopp: Wir machen es jetzt. Zur Moral der Jugendlichen. Kursbuch, Nr. 60/1980, S. 30 ff.
166 Peter Henkel: Nur noch 30 Prozent halten die Technik für einen Segen. Frankfurter Rundschau, 6. 3. 1982.
167 Jörg Bopp: Wir machen es jetzt; a. a. O., S. 42.
168 Denis Meadows: Die Grenzen des Wachstums. Bericht des Club of Rome zur Lage der Menschheit. Stuttgart 1972.
169 Karl-Werner Brand: Kontinuität und Diskontinuität in den neuen sozialen Bewegungen. Roland Roth/Dieter Rucht (Hg.): Neue soziale Bewegungen in der Bundesrepublik Deutschland. Bonn 1987, S. 31.
170 Herbert Gruhl: Ein Planet wird geplündert. Schreckensbilder unserer Politik. Frankfurt am Main 1975.

171 Erhard Eppler: Ende oder Wende? Von der Machbarkeit des Notwendigen. Stuttgart, Berlin, Köln, Mainz 1975.

172 Helke Sander vor der Delegiertenkonferenz des Sozialistischen Deutschen Studentenbundes 1968. Roland Roth/Dieter Rucht (Hg.): Neue soziale Bewegungen; a. a. O., S. 91.

173 Alice Schwarzer: So fing es an! Die neue Frauenbewegung. München 1983, S. 24.

174 Marie-Luise Weinberger: Aufbruch zu neuen Ufern? Grün-Alternative zwischen Anspruch und Wirklichkeit. Bonn 1984, S. 45. f. Ferner Marielouise Janssen-Jurreit: Sexismus. Über die Abtreibung der Frauenfrage. München 1976.

175 Richard Sennett: Die Tyrannei der Intimität. Entstehung und Verfall der öffentlichen Kultur. Frankfurt am Main 1982.

176 Nicolas Born: Die erdabgewandte Seite der Geschichte. Reinbek bei Hamburg 1979. Gerhard Roth: Winterreise. Frankfurt am Main 1978. Hannelies Taschau: Landfriede. Zürich, Köln 1978. Karin Struck: Trennung. Frankfurt am Main 1978. Peter Handke: Die linkshändige Frau. Frankfurt am Main 1976. Gabriele Wohmann: Abschied für länger. Neuwied, Darmstadt 1965. Dies.: Ernste Absicht. Neuwied, Darmstadt 1970. Martin Walser: Ein fliehendes Pferd. Frankfurt am Main 1978. Ders.: Jenseits der Liebe. Frankfurt am Main 1976. Ders.: Seelenarbeit. Frankfurt am Main 1979. Ferner Edgar Wilhelm: Das Ende von Beziehungen. Trennungsproblematik in der gegenwärtigen Literatur. Buch & Bibliothek, Nr. 4/1984, S. 321 ff.

177 Botho Strauß: Rumor. München 1980, S. 47.

178 Martin Koschorke: Zweitfamilien und Zweitpartnerschaften. Zur Struktur und Dynamik zusammengesetzter Beziehungssysteme. Referat (Manuskript) zur Tagung der IUFO, Kommission für Ehe und Eheberatung. Stein bei Nürnberg, Juni 1983, S. 16.

179 Heinz-Günter Vester: Thanatos' Wiederkehr - AIDS. Universitas, Heft 4/1986, S. 371 ff.

180 Hubert Fichte: Geschichte der Empfindlichkeit. 17 Bde. Frankfurt am Main 1987 ff. Volker Hage: Die Geschichte der Empfindlichkeit. Hubert Fichte und sein monumentaler Romanzyklus: Der verborgene Selbstentblößer. Die Zeit, 9. 10. 1987. Hubert Fichte: Hotel Garni. Frankfurt am Main 1987. Ders.: Homosexualität und Literatur 1. Frankfurt am Main 1987.

181 Carl Friedrich von Weizsäcker: Die Zeit drängt. Eine Weltversammlung der Christen für Gerechtigkeit, Frieden und die Bewahrung der Schöpfung. München 1986, S. 115.

182 Robert Jungk: Der Jahrtausendmensch. München, Gütersloh, Wien 1973. Ders.: Der Atomstaat. Vom Fortschritt in die Unmenschlichkeit, München 1977. Ders.: Zukunftswerkstätten. Hamburg 1981. Ders.: Ermutigung. Streitschrift wider die Resignation. Berlin 1987.

183 Fritjof Capra: Wendezeit. Bausteine für ein neues Weltbild. Bern, München, Wien 1986. Ferner Carlos Castaneda: Der Ring der Kraft. Der zweite Ring der Kraft. Das Feuer von innen. Die Kraft der Stille. Frankfurt am Main 1979–1986. Franz-Xaver Kaufmann: Religion und Modernität. Johannes Berger (Hg.): Die

Moderne – Kontinuitäten und Zäsuren. Göttingen 1986. Peter Jennrich: Die Okkupation des Willens. Macht und Methoden der neuen Kultbewegungen. Hamburg 1985. Sekten. Kursbuch, Nr. 55/1979. Willy Hochkeppel: Nebelwerfer als Aufklärer. Merkur, Heft 9/10/1985.
184 Günther Schiwy: Auf der Suche nach der verlorenen Einheit. New-Age-Spiritualität und Christentum. Buch & Bibliothek, Heft 40/1988, S. 186 ff. Johann Baptist Metz: Theologie angesichts der späten Moderne. Kursbuch, Nr. 422/1983, S. 904 f.
185 Jörg Bopp: Psycho-Kult – kleine Fluchten in die großen Worte. Kursbuch, Nr. 82/1985.
186 Adolf Holl: Wassermannzeit. Kursbuch, Nr. 86/1986, S. 17.
187 Rudolf Bahro: Logik der Rettung. Wer kann die Apokalypse aufhalten? Stuttgart 1987.
188 Hans Küng: Unfehlbar? Eine Anfrage. Köln 1975.
189 Ders.: Die alte Inquisition ist tot, es lebe die neue. Die Zeit, 4. 10. 1985.
190 Hans-Ulrich Jörges: Aachen – ein Katholikentag der zwei Kulturen. Verhinderte Reise in die Innerlichkeit. Süddeutsche Zeitung, 13./14. 9. 1986.
191 Robert-Julius Nüsse: Zeitansage oder Markt. Ein Überblick über die Evangelischen Kirchentage. Frankfurter Rundschau, Beilage zum 22. Deutschen Evangelischen Kirchentag in Frankfurt am Main vom 17.–21. 6. 1987.
192 Carl Amery: Bitte keine Panik an den Notausgängen. Über den Glanz und die Gefahren des laufenden Fantasy-Booms. Titel, Heft 1/1985, S. 50.
193 Gundolf S. Freyermuth: Software Fantasy. Frankfurter Rundschau, 3. 3. 1984.
194 Michael Ende: Die unendliche Geschichte. Stuttgart 1979, S. 168.
195 Marieluise Christadler: Opfer oder Retter der Gesellschaft? Die Rolle des Kindes in der Jugendliteratur. Horst Rabe (Hg.): Jugend. Beiträge zum Verständnis und zur Bewertung der Jugendrevolten. Konstanz 1984, S. 125.
196 Jürgen Habermas: Stichworte zur »Geistigen Situation der Zeit«. Frankfurt am Main 1979, S. 30 f.
197 John Kenneth Galbraith: Die Zukunft der Städte im modernen Industriesystem – Konzept der organischen Stadt. Rettet unsere Städte jetzt! Vorträge, Aussprachen und Ergebnisse der 16. Hauptversammlung des Deutschen Städtetages vom 25.–27. 5. 1971 in München. Stuttgart 1971, S. 16.
198 Olaf Schwencke/Klaus H. Revermann/Alfons Spielhoff: Plädoyers für eine neue Kulturpolitik. München 1974. Ferner Hermann Glaser/Karl Heinz Stahl: Die Wiedergewinnung des Ästhetischen. München 1974 (aktualisiert und erweitert: Bürgerrecht Kultur. Frankfurt am Main, Berlin, Wien 1983). Städtische Kulturpolitik. Empfehlungen, Richtlinien und Hinweise des Deutschen Städtetages zur Praxis städtischer Kulturpolitik 1946 bis 1970. Stuttgart 1971. Kultur in den Städten. Eine Bestandsaufnahme. Bearb. von Gerald Kreißig/Heidemarie Tressler/Jochen von Uslar. Stuttgart 1979. Hilmar Hoffmann: Kultur für alle. Perspektiven und Modelle. Frankfurt am Main 1979. Stadt und Kultur. Arbeitshilfen des Deutschen Städtetages zur städtischen Kulturpolitik. Bearb. von Jürgen Grabbe. Stuttgart 1986. Kultur vor Ort. Hinweise und Materialien zur Förderung der offenen Kulturarbeit in den Städten. Von Gerald Kreißig und Jürgen Grabbe.

Stuttgart 1987. Manfred Abelein, Die Kulturpolitik des Deutschen Reiches und der Bundesrepublik Deutschland. Köln, Opladen 1968. Wolfgang R. Langenbucher/Ralf Rytlewski/Bernd Weyergraf (Hg): Kulturpolitisches Wörterbuch; a. a. O. Hilmar Hoffmann: Kultur für morgen. Frankfurt am Main 1985. Erna Hekkel/Horst Keßler/Dieter Ulle/Klaus Ziermann u. a. (Hg.): Kulturpolitik in der Bundesrepublik von 1949 bis zur Gegenwart. Köln 1987.

199 Norbert Sievers: »Neue Kulturpolitik«. Programmatik und Verbandseinfluß am Beispiel der Kulturpolitischen Gesellschaft. Hagen 1988.

200 Odo Marquard: Die Unvermeidlichkeit der Geisteswissenschaften. Universitas, Heft 1/1987, S. 21 ff.

201 Michael Rutschky: Erfahrungshunger. Ein Essay über die siebziger Jahre. Köln 1980, S. 263.

202 Jörg Bopp: Wir machen es jetzt. Zur Moral der Jugendlichen. Kursbuch, Nr. 60/1980, S. 29. Hans Rombeck/Frank König: Pink Floyd. Bergisch Gladbach 1981.

203 Mark Hertsgaard: The Beatles. Die Geschichte ihrer Musik. München 1995.

204 Michael Rutschky: Wartezeit. Ein Sittenbild. Köln 1983, S. 227 ff.

205 Dieter Baacke: Jugend und Jugendkulturen. Darstellung und Deutung. Weinheim, München 1987, S. 151 ff.

206 Dieter Baacke: Bewegung beweglich machen Oder: Plädoyer für mehr Ironie. Dieter Baacke u. a. (Hg.): Am Ende - postmodern? Next Wave in der Pädagogik. Weinheim, München 1985, S. 197.

207 Helmut Fritz: Das Gegenbild der Protestgeneration. Yuppies in Deutschland. Frankfurter Rundschau, 27. 12. 1986. Ferner Matthias Horx: Aufstand im Schlaraffenland. Selbsterkenntnisse einer rebellischen Generation. München 1989.

208 Marie-Luise Weinberger: Von der Müsli-Kultur zur Yuppie-Kultur. Über den sozialen Wandel in innerstädtischen Revieren von Ballungsgebieten. Die Neue Gesellschaft/Frankfurter Hefte, Heft 4/1987, S. 353 ff.

209 Claus Leggewie: Jeder sei mutig auf seinem Platz. Nicht Superstars und große Programme, nur ein neues akademisches Milieu kann die Universitäten noch beleben. Die Zeit, 20. 5. 1986.

210 Bernd Erich Heptner: Als Hochsprache und Literatur verpönt waren. Geschichte eines Kulturkampfes. Frankfurter Allgemeine Zeitung, 9. 10. 1987.

211 »... der jugendfrohe Anfang der Tyrannis«. Schule & wir, Heft 6/1977.

212 Klaus Mollenhauer: Vergessene Zusammenhänge. Über Kultur und Erziehung. München 1983. Konrad Wünsche: Ideologiekritik und Emanzipation sind passé. Kultur erzieht sich selbst. Klaus Mollenhauer bricht mit seiner pädagogischen Vergangenheit. Die Zeit, 27. 1. 1984.

213 Jürgen Zimmer: Eine (fiktive) Berliner Kindheit. Pychosozial, Nr. 17/1983, S. 7 ff. Ders.: Der lange Marsch. Die Zeit, 2./3. 1984. Ders.: Die vermauerte Kindheit. Weinheim, Basel 1986.

214 Ekkehart von Braunmühl: Antipädagogik. Studien zur Abschaffung der Erziehung. Weinheim, Basel 1976. Ders.: Zeit für Kinder. Frankfurt am Main 1978. J. Oelkers/T. Lehmann: Antipädagogik. Herausforderung und Kritik. Braunschweig

1983. Michael Winkler: Stichworte zur Antipädagogik. Elemente einer historisch-systematischen Kritik. Stuttgart 1982.
215 Michael Winkler: Über das Pädagogische an der Antipädagogik. Zeitschrift für Pädagogik, Heft 1/1985, S. 75. Schule & Reform. Bestandsaufnahme und Perspektiven. Die Horen, Heft 121/1981, S. 3. Hartmut von Hentig: »Die Menschen stärken, die Sachen klären.« Ein Plädoyer für die Wiederherstellung der Aufklärung. Stuttgart 1985.
216 Andreas Kilb: Gesang von Amseln und alten Meistern. Über die Lyrikerin Ulla Hahn und den Zustand des deutschen Gedichts. Die Zeit, 25. 3. 1988.
217 Pina Bausch. Theatertanzgeschichten von Raimund Hoghe. Mit Fotos von Ulli Weiss. Frankfurt am Main 1986, S. 7. Norbert Servos: Pina Bausch – Wuppertaler Tanztheater oder Die Kunst, einen Goldfisch zu dressieren. Seelze 1997.
218 Horst Koegler: Tanztheater. Ballett-Jahrbuch 1986. Petra Schaeber: Flirten, Kokettieren, Anmachen, Aufreißen. Statt »Schwanensee« Geschlechterkampf. Vorwärts, 19. 1. 1985.
219 Wim Wenders/Sam Shepard: Paris, Texas. Drehbuch. Nördlingen 1985.
220 Peter Buchka: Wim Wenders triumphiert in Cannes. Sein Film »Paris, Texas« erschließt eine neue Dimension des Kinos. Süddeutsche Zeitung, 22. 5. 1984. Ders.: Augen kann man nicht kaufen. Wim Wenders und seine Filme. Frankfurt am Main 1985.
221 Dieter Wellershoff: Fromme Lügen. Zur Diskussion: Wim Wenders' »Paris, Texas«. Die Zeit, 15. 2. 1985.
222 Jörg von Uthmann: Zweischneidiges Lob. Wim Wenders im Spiegel amerikanischer Kritik. Frankfurter Allgemeine Zeitung, Jg. 1987. Gerhard Bechtold: Der »Fall Wenders« oder: die Kolonialisierung der Gehirne? Filmfaust, Nr. 37/1984, S. 32 ff.
223 André Müller spricht mit Wim Wenders über seinen Film »Der Himmel über Berlin«. Der Spiegel, Nr. 43/1987, S. 230 ff.
224 Norbert Grob: Alle Helden sind Engel. »Der Himmel über Berlin« und das Kino des Wim Wenders: neue Räume, Erfahrungen und Geschichten – Stimmen und Bilder einer Stadt. Die Zeit, 30. 10. 1987. Wim Wenders/Peter Handke: Der Himmel über Berlin – ein Filmbuch. Frankfurt am Main 1987.
225 Nationalgalerie/Staatliche Museen/Preußischer Kulturbesitz: a.r.penck. Ausstellung und Katalog: Lucius Grisebach in Zusammenarbeit mit Thomas Kirchner und Toni Stooss. München 1988, S. 16.
226 Heinrich Böll: Die verlorene Ehre der Katharina Blum oder: Wie Gewalt entsteht und wohin sie führen kann. Köln 1974.
227 Georg Alexander Heussen: Medientaktik. Nach dem Geiseldrama. Über das Abwägen von Zielen. Frankfurter Allgemeine Zeitung, 22. 8. 1988.
228 Reinhold Krämer: Nachliterarische Zeiten? Schreiben und Lesen in der Computer- und Mediengesellschaft. Bertelsmann Briefe; 121/1987, S. 14 ff. Otto B. Roegele (Hg.): Die Presse in der deutschen Medienlandschaft. Themenheft 6. Bundeszentrale für Politische Bildung. Bonn 1985.
229 Janet K. King: Literarische Zeitschriften 1945–1970. Stuttgart 1974.

230 Jürgen Busche: Das Ende eines Anfangs. »Alternative« - Zur Einstellung einer Zeitschrift. Frankfurter Allgemeine Zeitung, 16. 12. 1982.

231 Andreas Proksa: taz. Criticon, Heft 107/1988, S. 120.

232 Lutz Kuche: Strukturwandel auf dem Zeitschriftenmarkt. Harter Kampf um die Leser. Rheinischer Merkur/Christ und Welt, 3. 7. 1987.

233 Bernd-Jürgen Martini: Tendenzwende auf dem Zeitschriftenmarkt. Die Titelflut ebbt langsam ab. Rheinischer Merkur/Christ und Welt, 15. 7. 1988.

234 Hermann Kurzke: Die Dauerhaftigkeit der Kurzlebigen. Eine geht, eine kommt: Zur Lage der Kultur und Literaturzeitschriften. Frankfurter Allgemeine Zeitung, 21. 3. 1988. Josef Quack: Ein notwendiger Luxus. Zur Situation der Kulturzeitschriften. Frankfurter Allgemeine Zeitung, 6. 1. 1984.

235 Frank Schirrmacher: Ein Ende. »Westermann's«, die Yuppies und die Kulturzeitschriften. Frankfurter Allgemeine Zeitung, 24. 1. 1987.

236 Peter Glotz: Der streitbare Linkskatholik. Zum Tode des politischen Publizisten Eugen Kogon. Frankfurter Allgemeine Zeitung, 30. 12. 1987.

237 Erich Kuby: Der Fall »Stern« und die Folgen. Hamburg 1983.

238 ZEIT-Dossier: Die Magazin-Maschine. Der »Spiegel« von innen. Die Zeit, 25. 9. 1987. Erich Kuby: »Der Spiegel« im Spiegel. Das deutsche Nachrichten-Magazin - kritisch analysiert. München 1987. Martin Walser über Rudolf Augstein und den »Spiegel«. Mit keiner Seite dauerhaft befreundet. Der Spiegel, Nr. 8/1987, S. 248.

239 Reinhard Baumgart: Postmoderne - Fröhliche Wissenschaft? Die Zeit, 16. 10. 1987.

240 Michael Köhler: Postmodernismus. Ein begriffsgeschichtlicher Überblick. Amerikastudien, Nr. 22/1977. Charles Jencks: Die Sprache der postmodernen Architektur. Stuttgart 1980. Albrecht Wellmer: Zur Dialektik von Moderne und Postmoderne. Vernunftkritik nach Adorno. Frankfurt 1985. Burghart Schmidt: Postmoderne - Strategien des Vergessens. Ein kritischer Bericht. Darmstadt 1986. Christa Bürger/Peter Bürger (Hg.): Postmoderne: Alltag, Allegorie und Avantgarde. Frankfurt am Main 1987. Jacques Le Rider/Gérard Raulet (Hg.): Verabschiedung der (Post-)Moderne? Eine interdisziplinäre Debatte. Tübingen 1987. Rolf Günter Renner: Die postmoderne Konstellation. Theorie. Wolfgang Welsch (Hg.): Wege aus der Moderne. Schlüsseltexte der Postmoderne-Diskussion. Weinheim 1988. Text und Kunst im Ausgang der Moderne. Freiburg 1988. Heinrich Klotz: Kunst im 20. Jahrhundert - Moderne, Postmoderne, Zweite Moderne. München 1994.

241 Jürgen Habermas: Der Eintritt in die Postmoderne. Merkur, Nr. 421, Heft 7/1983, S. 752.

242 Friedrich Nietzsche: Vom Nutzen und Nachteil der Historie. Karl Schlechta (Hg.): Friedrich Nietzsche. Werke I. Frankfurt am Main, Berlin, Wien 1969, S. 267.

243 Umberto Eco: Nachschrift zum »Namen der Rose«. München, Wien 1984, S. 78 f.

244 Jean-François Lyotard: Beantwortung der Frage: Was ist postmodern? Ders.: Das postmoderne Wissen. Ein Bericht. Wien 1986.

245 Jürgen Habermas: Die Moderne - ein unvollendetes Projekt. Kleine Politische Schriften (I–IV). Frankfurt am Main 1981.

246 Wolfgang Welsch: Unsere postmoderne Moderne. Weinheim 1987. Ders.: Vernunft. Die zeitgenössische Vernunftkritik und das Konzept der transversalen Vernunft. Frankfurt am Main 1995. Christoph Menke/Martin Seel (Hg.): Zur Verteidigung der Vernunft gegen ihre Liebhaber und Verächter. Frankfurt am Main 1993. Peter Koslowski: Die postmoderne Kultur. Gesellschaftlich-kulturelle Konsequenzen der technischen Entwicklung. München 1988.
247 Helmut F. Spinner: Wissenschaft kommt nicht von Wissen, und Kunst kommt nicht von Können, aber Wissenschaft ist trotzdem keine Kunst. Merkur, Heft 9/10/1985, S. 861 ff.
248 Ulrich Beck: Die Erfindung des Politischen. Zu einer Theorie reflexiver Modernisierung. Frankfurt am Main 1993, S. 194. Ders.: Risikogesellschaft. Frankfurt am Main 1986.
249 Peter Sloterdijk: Kritik der zynischen Vernunft. Bd. 1. Frankfurt am Main 1983, S. 36 f.
250 Michael Rutschky: Über die Postmoderne. München und die Lebenskunst. Unterordnung der Wahrheit unter den Reiz. Frankfurter Rundschau, 28. 2. 1987.
251 Bernd Guggenberger: Sein oder Design. Die Dialektik der Abklärung. Berlin 1987, S. 29.
252 Niklas Luhmann: Liebe als Passion. Zur Codierung von Intimität. Frankfurt am Main 1982, S. 110.
253 Jörg Bopp: Wir wollen keine neuen Herren. Streitschriften zur Jugend- und Psycho-Szene. Frankfurt am Main 1982, S. 106 f., 101 ff.
254 Nürnberger Neue Lehrerzeitung, Heft 1/1986, S. 7.
255 Reinhard Baumgart: Verfluchte Passanten-Welt. Erotik des Trauerns: »Paare, Passanten«. Die Zeit, 25. 9. 1981.
256 Botho Strauß: Paare, Passanten. München, Wien 1981, Einbandtext.
257 Joachim Kaiser: Botho Strauß geht aufs Ganze. Wie sich der Autor vom dialektischen Denken freimacht. Süddeutsche Zeitung, 14. 10. 1981.
258 Botho Strauß: Niemand anderes. München, Wien 1987, S. 152.
259 Ders.: Kalldewey Farce. München, Wien 1981, S. 50 f.
260 Thomas Anz: Die neue Überheblichkeit. Der Dichter als Priester und Prophet. Anmerkungen zu Botho Strauß und Peter Handke. Frankfurter Allgemeine Zeitung, 17. 4. 1982.
261 Peter Handke: Die Stunde der wahren Empfindung. Frankfurt am Main 1975, S. 81.
262 Ders.: Über die Dörfer. Frankfurt am Main 1981, S. 120 f.
263 Werner Hofmann: Sehendes Sehen. Versuch über Max Imdahl. Merkur, Heft 12/1996.
264 Walter Grasskamp: Die unbewältigte Moderne. Kunst und Öffentlichkeit. München 1989. Rüdiger Bubner: Ästhetische Erfahrung. Frankfurt am Main 1989.
265 Peter Iden: Die 9. »documenta« gleicht der Erklärung eines Bankrotts. Frankfurter Rundschau, 13. 6. 1992.
266 Wolfgang Welsch (Hg.): Die Aktualität des Ästhetischen. München 1993, S. 15.
267 Ders.: Ästhetisches Denken. Stuttgart 1991, S. 10, 57.

268 Andreas Huyssen: Postmoderne - eine amerikanische Internationale? Andreas Huyssen/Klaus R. Scherpe (Hg.): Postmoderne. Zeichen eines kulturellen Wandels. Reinbek bei Hamburg 1986, S. 33 f.
269 Helmut Holzhey: Technologisches Zeitalter oder Postmoderne? Eine philosophische Tagung in Braunschweig. Neue Zürcher Zeitung, 2. 10. 1986.
270 André Glucksmann: Der negative Humanismus. Eine neue Protestkultur in Frankreich. Frankfurter Allgemeine Zeitung, 11. 2. 1987.
271 Mathias Schreiber: Gibt es eine postmoderne Moral? Die Aufklärung, der Todes-Schock und die Umkehrung des Denkens. Frankfurter Allgemeine Zeitung, 22. 3. 1984.
272 Jürgen Habermas: Der philosophische Diskurs der Moderne. Zwölf Vorlesungen. Frankfurt am Main 1985, S. 395.
273 Florian Rötzer (Hg.): Denken, das an der Zeit ist. Frankfurt am Main 1987, S. 14. f.
274 Dietmar Kamper. Hieroglyphen der Zeit. Texte vom Fremdwerden der Welt. München 1988.
275 Klaus Laermann: Das rasende Gefasel der Gegenaufklärung. Dietmar Kamper als Symptom. Merkur, Heft 3/1985, S. 211 ff. Dietmar Kamper: Zur Soziologie des Imaginären. München 1986. Ders.: Macht und Ohnmacht der Phantasie. Darmstadt, Neuwied 1986.
276 Klaus Laermann: Fiat nox! Ein Essay. Die Zeit, 2. 8. 1991.
277 Stephan Wehnowski: Wie Ratten im Labyrinth. Perspektiven der Soziologie: Die Provokationen im Werk von Niklas Luhmann. Süddeutsche Zeitung, 4./5. 6. 1988.
278 Eckhard Nordhofen: In den Gärten der Erkenntnis. Über den Philosophen Hans Blumenberg. Die Zeit, 8. 8. 1986.
279 Hans Blumenberg: Lebenszeit und Weltzeit. Frankfurt am Main 1986.
280 Reinhard Baumgart: Postmoderne - Fröhliche Wissenschaft? Über eine lange verschleppte, leergedroschene Frage. Die Zeit, 16. 10. 1987.
281 Francis Fukuyama: Das Ende der Geschichte. Wo stehen wir? München 1992. Ferner Martin Meyer: Ende der Geschichte. München 1993. Perry Anderson: Zum Ende der Geschichte. Berlin 1993.
282 Durs Grünbein: Schädelbasislektion. Gedichte. Frankfurt am Main 1991, S. 61.
283 Fritz J. Raddatz: Nicht Entwurf der Moderne, sondern Faltenwurf der Mode. Ein kritischer Blick auf den Lyriker Durs Grünbein. Die Zeit, 22. 9. 1995.
284 Jürgen Habermas: Eine Art Schadensabwicklung. Apologetische Tendenzen in der deutschen Zeitgeschichtsschreibung. Die Zeit, 11. 7. 1986.
285 Hans-Ulrich Wehler: Entsorgung der deutschen Vergangenheit? München 1988, S. 211. »Historikerstreit«. Die Dokumentation der Kontroverse um die Einzigartigkeit der nationalsozialistischen Judenvernichtung. München, Zürich 1987. Hilmar Hoffmann (Hg.): Gegen den Versuch, Vergangenheit zu verbiegen. Eine Diskussion um politische Kultur in der Bundesrepublik aus Anlaß der Frankfurter Römerberggespräche 1986. Frankfurt am Main 1987. Eike Hennig: Zum Historikerstreit. Was heißt und zu welchem Ende studiert man Faschismus? Frankfurt am Main 1988.

286 Daniel Jonah Goldhagen: Hitlers bereitwillige Vollstrecker; a. a. O. Volker Ullrich: Hitlers willige Mordgesellen. Ein Buch provoziert einen neuen Historikerstreit: Waren die Deutschen doch alle schuldig? Die Zeit, 12. 4. 1996.
287 Die Sprache des Erhabenen/Das Bild des Erhabenen/Die erhabene Tat. Merkur, Nr. 487/488/1989.
288 Museumskunde, Heft 2/1984, S. 98.
289 Rüdiger Thomas: Staatskultur und Kulturnation. Anspruch und Illusion einer »sozialistischen deutschen Nationalkultur.« Günter Feist/Eckhart Gillen u. a. (Hg.): Kunstdokumentation SBZ/DDR 1945–1990. Aufsätze. Berichte. Materialien. Berlin 1996, S. 33 f.
290 Lutz Niethammer unter Mitarbeit von Werner Trapp (Hg.): Lebenserfahrung und kollektives Gedächtnis. Die Praxis der »Oral History«. Frankfurt am Main 1980, S. 9 f. Detlev Puls (Hg.): Wahrnehmungsformen und Protestverhalten. Studien zur Lage der Unterschichten im 18. und 19. Jahrhundert. Frankfurt am Main 1979.
291 Hans-Ulrich Wehler: Wider eine frischfröhlich erzählende Geschichtswissenschaft. Frankfurter Rundschau, 22. 8. 1988. Ders.: Aus der Geschichte lernen? München 1988. Ferner Ursula A. J. Becher/Klaus Bergmann (Hg.): Geschichte – Nutzen oder Nachteil für das Leben. Sammelband zum 10jährigen Bestehen der Zeitschrift »Geschichtsdidaktik«. Düsseldorf 1986. Gerhard Paul/Bernhard Schoßig (Hg.): Die andere Geschichte. Geschichte von unten. Spurensicherung – Ökologische Geschichte – Geschichtswerkstätten. Köln 1986.
292 Gespräch mit Heinrich Klotz. Kunst und Kirche, Heft 2/1986. Ferner Jahrbuch für Architektur 1985/1986. Braunschweig, Wiesbaden 1986. Städte bauen. Kursbuch, Nr. 112/1993.
293 Robert Venturi: Komplexität und Widerspruch in der Architektur. Braunschweig, Wiesbaden 1978. Robert Venturi/Denise Scott Brown/Steven Izenour: Lernen von Las Vegas. Zur Ikonographie und Architektursymbolik der Geschäftsstadt. Braunschweig, Wiesbaden 1979. Stanislaus von Moos: Venturi, Rauch & Scott Brown. Bauten und Projekte. München 1987. Ferner Kenneth Frampton: Kritischer Regionalismus. Andreas Huyssen/Klaus R. Scherpe (Hg.): Postmoderne. Zeichen eines kulturellen Wandels. Reinbek bei Hamburg 1986, S. 151 ff. Charles Moore: Bauten und Projekte 1949–1986. Stuttgart 1987.
294 Dieter Bartetzko: Zwischen Bauwerk und Kulissenbau angesiedelt. Das Neue Frankfurt und seine Postmoderne. Gedanken zur Architektur am Main. Frankfurter Rundschau, 1. 6. 1984.
295 Manfred Sack: Das Zitatenmuseum. Von Schmäh- und Bravorufen hitzig untermalt, wurde in Stuttgart die neue Staatsgalerie gebaut. Die Zeit, 9. 3. 1984. Ferner Wolfgang Welsch: Nach welcher Moderne? Klärungsversuche im Feld von Architektur und Philosophie. Peter Koslowski/Robert Spaemann/Reinhard Löw (Hg.): Moderne oder Postmoderne? Zur Signatur des gegenwärtigen Zeitalters. Heppenheim 1986, S. 248. Hanno-Walter Kruft: Das Kunstmuseum als Kunstwerk? Beobachtungen zum Museumsbau der letzten Jahre. Neue Zürcher Zeitung, 4./5. 4. 1987.

296 Eduard Beaucamp: Konstruktiver Pop. Die Eröffnung der Neuen Staatsgalerie in Stuttgart. Frankfurter Allgemeine Zeitung, 10. 3. 1984.

297 Vittorio Magnago Lampugnani: Die Modernität des Dauerhaften. Essays zu Stadt, Architektur und Design. Berlin 1995, S. 38.

298 Pierre Bourdieu: Die feinen Unterschiede. Kritik der gesellschaftlichen Urteilskraft. Frankfurt am Main 1987, S. 59 ff.

299 Jean-François Lyotard: Philosophie und Malerei im Zeitalter ihres Experientierens. Berlin 1986, S. 69 ff.

300 Karlheinz Schmid: Manfred Schneckenburger. ZEIT-Magazin, Jg. 1987.

301 Ulrich Wanner: Die 8. documenta in Kassel huldigt der Postmoderne: Kunst in schicken Räumen kitzelt und kalauert. Der Geist ist Schnickschnack. Nürnberger Zeitung, 15. 6. 1987. Laszlo Glozer: Bedeutungsschwanger bis unterhaltsam. Die documenta 8 präsentiert sich als bunte Stimmungspalette. Süddeutsche Zeitung, 13./14. 6. 1987. Petra Kipphoff: Das hohe Fest der Beliebigkeit. Die Zeit, 19. 6. 1987.

302 Wolfgang Max Faust/Gerd de Vries: Hunger nach Bildern. Deutsche Malerei der Gegenwart. Köln 1982

303 Karin Thomas: Zweimal deutsche Kunst nach 1945; a. a. O., S. 225.

304 Günther Gercken: Figurative Malerei nach 1960. Christos M. Joachimides/Norman Rosenthal/Wieland Schmied (Hg.): Deutsche Kunst im 20. Jahrhundert. Malerei und Plastik 1905-1985. München 1986, S. 468.

305 Eduard Beaucamp: Die verbrannte Geschichte. Anselm Kiefer und die deutschen Mythen. Frankfurter Allgemeine Zeitung, 11. 4. 1984. Petra Kipphoff: Verbrannte Erde und gestürzte Trommler. Zwei Künstler des deutschen Dilemmas. Die Zeit, 13. 4. 1984.

306 Georg Hensel: Bluff dich durch die Postmoderne. Schnellkurs als Party-Service: Brauchbare Sätze, Zitate, Namen, Redensarten. Frankfurter Allgemeine Zeitung, 6. 6. 1987.

307 Peter Niebaum: »All is pretty« – Vom Schwindel zwischen modern(d)en Einbahnstraßen und postmodernen Sackgassen. Nebst Bemerkungen über Aufklärungskrisen und Krisenaufklärung. Anschläge, Jg. 1987.

308 Heiner Stachelhaus: Joseph Beuys. Köln 1987. Klaus Staeck (Hg.): Ohne die Rose tun wir's nicht. Für Joseph Beuys. Heidelberg 1986. Armin Zweite (Hg.): Beuys zu Ehren. München 1986. Götz Adriani/Winfried Konnertz/Karin Thomas: Joseph Beuys. Leben und Werk. Köln 1994.

309 Hanno Reuther: Die Fraktion der Bewunderer und die Bank der Spotter. Ein Versuch über Joseph Beuys und seine Gemeinde(n). Frankfurter Rundschau, 17. 8. 1985.

310 Wouter Kotte/Ursula Mildner: Das Kreuz als Universalzeichen bei Joseph Beuys. o. O. 1986.

311 Peter-Klaus Schuster: Der Mensch als sein eigener Schöpfer. Dürer und Beuys – oder das Bekenntnis zur Kreativität. Süddeutsche Zeitung, 22./23. 6. 1985.

312 Doris Schmidt: Missionar der Gewaltlosigkeit. Joseph Beuys starb 64jährig an Herzversagen. Süddeutsche Zeitung, 25./26. 1. 1986.

313 Peter Iden: Schönheit ist der Glanz des Wahren. Zum Tod von Joseph Beuys. Frankfurter Rundschau, 27. 1. 1986.
314 Walter Fenn: Der Künstler als Schamane. Zum Tode von Joseph Beuys. Nürnberger Nachrichten, 25./26. 1. 1986.
315 Heiner Bastian: Joseph Beuys. Blitzschlag mit Lichtschein auf Hirsch. Bern 1988.
316 Walter Fenn: Der Künstler als Schamane; a. a. O.
317 Peter-Klaus Schuster: Der Mensch als sein eigener Schöpfer; a. a. O.
318 Wolf-Eberhard von Lewinski: Die Kompositionslehrer und die Avantgarde. Der »Darmstädter Pluralismus« als Signal für die neueste Musik. Neue Zürcher Zeitung, 22./23. 11. 1986.
319 Hermann Danuser: Vier Kulturen der Musik. Paradigmen der Musikgeschichte des 20. Jahrhunderts. Neue Zürcher Zeitung, 19./20. 7. 1986.
320 Hans-Klaus Jungheinrich: Von Smokingherren dezent umschwärmt. Ein neues Stockhausen-Werk beim Metzer Musikfest. Frankfurter Rundschau, 2. 12. 1986.
321 Gerhard R. Koch: Das Neue und die Heilsherrschaft. Karlheinz Stockhausen zum Sechzigsten. Frankfurter Allgemeine Zeitung, 22. 8. 1988.
322 Ders.: Schrecken auf Entsetzen getürmt. Aribert Reimanns »Troades«. Uraufführung zur Eröffnung der Münchner Opernfestspiele. Frankfurter Allgemeine Zeitung, 9. 7. 1986.
323 Hans-Klaus Jungheinrich: Wie wir Tiere uns ansehen. Hans Werner Henzes neue Oper »Die englische Katze«. Frankfurter Rundschau, 4. 6. 1983.

第四部分　德国统一

1 Hans Magnus Enzensberger: Die Helden des Rückzugs. Frankfurter Allgemeine Zeitung, 9. 12. 1989. Ders.: Zickzack. Frankfurt am Main 1997.
2 Michail Gorbatschow: Die sozialistische Idee und die revolutionäre Umgestaltung. Der Spiegel. Dokument Januar 1990, S. 7. Konrad Löw: Das Prinzip Gorbatschow. Anspruch und Wirklichkeit. Köln 1989.
3 Thomas Blanke/Rainer Erd (Hg.): DDR – Ein Staat vergeht. Frankfurt am Main 1990. Hannes Bahrmann/Christoph Links: Wir sind das Volk. Die DDR zwischen 7. Oktober und 17. Dezember 1989. Eine Chronik. Berlin, Weimar, Wuppertal 1990. Horst Hensel: Hyänengelächter. Lesestücke auf einen deutschen Herbst. Köln 1990.
4 Peter Przybylski: Tatort Politbüro. Die Akte Honecker. Berlin 1991. Günter Schabowski: Das Politbüro – Ende eines Mythos. Reinbek bei Hamburg 1990. Egon Krenz: Wenn Mauern fallen. Die friedliche Revolution: Vorgeschichte – Ablauf – Auswirkungen. Wien 1990. Hans Modrow (Hg.): Das Große Haus. Insider berichten aus dem ZK der SED. Berlin 1994.
5 Cordt Schnibben: »Genosse, schlagen die uns tot?« Wie Erich Honecker und sein Politbüro die Konterrevolution erlebten. Der Spiegel, Nr. 18/1990, S. 199.

6 Ewald Lang (Hg.): Wendehals und Stasi-Laus. Demo-Sprüche aus der DDR. München 1990. Hans Uske: Die Sprache der Wende. Bonn 1986.

7 Wolfgang Schneider (Hg.): LEIPZIGER DEMOntagebuch. Leipzig, Weimar 1990. Neues Forum Leipzig: »Jetzt oder nie - Demokratie«. Leipziger Herbst '89. München 1990. Erich Loest: Nikolaikirche. Leipzig 1995.

8 Cordt Schnibben: »Makkaroni mit Schinken, bitte«. Wie Erich Honecker und sein Politbüro die Konterrevolution erlebten. Spiegel, Nr. 17/1990, S. 90.

9 Daniel Küchenmeister (Hg.): Honecker - Gorbatschow, Vieraugengespräche. Berlin 1995.

10 Robert Darnton: Der letzte Tanz auf der Mauer. Berlin-Journal 1989–1990. München 1991. Hans-Hermann Hertle: Der Fall der Mauer. Opladen 1996.

11 Bernhard Schäfers: Der Vereinigungsprozeß in sozialwissenschaftlichen Deutungsversuchen. Gegenwartskunde, Nr. 3/1991, S. 283. Ferner Abriß der DDR. Kursbuch, Nr. 101/1990. Christiane Lemke: Die Ursachen des Umbruchs 1989. Politische Sozialisation in der ehemaligen DDR. Opladen 1991. Bernd Faulenbach/Markus Meckel/Hermann Weber (Hg.): Die Partei hat immer recht. Aufarbeitung von Geschichte und Folgen der SED-Diktatur. Essen 1994. Getrennte Vergangenheit, gemeinsame Zukunft. Ausgewählte Dokumente, Zeitzeugenberichte und Diskussionen der Enquête-Kommission »Aufarbeitung von Geschichte und Folgen der SED-Diktatur in Deutschland« des Deutschen Bundestages 1992–1994. 4 Bde. München 1997.

12 Cordt Schnibben: »Genosse, schlagen die uns tot?«; a. a. O., S. 206.

13 Enger Radius. DDR-Ärzte untersuchten ihre ehemaligen Staats- und Parteiführer. Der Spiegel, Nr. 31/1990.

14 Hartmut Zwahr: Ende einer Selbstzerstörung. Leipzig und die Revolution in der DDR. Göttingen 1993.

15 Ilse Spittmann: Die DDR unter Honecker. Köln 1990.

16 Peter Bender: Ein Magnet, stärker als die Macht. Was in den alten Deutschlandplänen reine Utopie blieb, wird jetzt von der Wirklichkeit überholt. Die Zeit, 9. 2. 1990.

17 Detlef Nakath/Gerd-Rüdiger Stephan: Von Hubertusstock nach Bonn. Eine dokumentierte Geschichte der deutsch-deutschen Beziehungen auf höchster Ebene 1980–1987. Berlin 1995.

18 Hartmut Jäckel: Schiefe Bilder und der getrübte Blick aufs Ganze. Die DDR-Berichterstattung: Anmerkungen zu einem publizistischen Sündenfall. Frankfurter Rundschau, 11. 8. 1990.

19 Gerd-Rüdiger Stephan (Hg.): »Vorwärts immer, rückwärts nimmer!« Interne Dokumente zum Zerfall von SED und DDR 1988/89. Berlin 1995.

20 Süddeutsche Zeitung, 11./12. 11. 1989

21 Rudolf Augstein: Aufs Weltpodest geschleudert. Über Helmut Kohls Weg zum Staatskanzler. Der Spiegel, Nr. 40/1996. Ferner Karl Hartung: Neunzehnhundertneunundachtzig. Ortsbesichtigungen nach einer Epochenwende. Hg. von Freimut Duve. Frankfurt am Main 1990. Patricia Clough: Helmut Kohl. Ein Portrait der Macht. München 1997.

22 Hans-Dietrich Genscher: Erinnerungen. Berlin 1995, S. 813 f. Ferner Philip Zelikow/Condoleezza Rice: Sternstunde der Diplomatie – Die deutsche Einheit und das Ende der Spaltung. Berlin 1997.
23 Helmut Kohl: »Aus eigener Kraft allein hätten wir es nicht geschafft«. Fernsehansprache des Bundeskanzlers am 2. 10. 1990. Der Spiegel-Dokument, Dezember 1990, S. 10.
24 Leszek Kołakowski: Wir fürchten etwas Unbestimmtes. Was bedeutet der Zusammenbruch des Kommunismus philosophisch? Frankfurter Allgemeine Zeitung, 5. 2. 1994.
25 Günter Kunert: Traumverloren. Die Idee des Sozialismus scheitert. Frankfurter Allgemeine Zeitung, 30. 11. 1989.
26 Gregor Gysi: Das war's. Noch lange nicht! Autobiographie. Düsseldorf 1994.
27 Landolf Scherzer: Das letzte Gefecht. Wie der SED-Sekretär Hans-Dieter Fritschler die Wende in der DDR erlebt. Die Zeit, 5. 1. 1990.
28 Ders.: Der Erste. Köln 1986.
29 Thomas Neumann: Die Maßnahme. Eine Herrschaftsgeschichte der SED. Reinbek bei Hamburg 1991.
30 Der Spiegel, Nr. 50/1989, S. 30 ff.
31 Erich Honecker: »Die Strafe wird mich nicht mehr erreichen«. Frankfurter Rundschau, 4. 12. 1992.
32 Reinhard Merkel: Erich Honecker gehört nicht vor das Berliner Landgericht. Die Zeit, 28. 8. 1992. Jens Reich: Durch den Export wird der Rechtsstaat zum Esel. Bemerkungen zum Prozeß gegen Erich Honecker. Frankfurter Allgemeine Zeitung, 12. 1. 1993.
33 Irene Dische: Der zehnte Tag. Berlin 1993. Kursbogen zu Kursbuch, Nr. 111/1993.
34 Jens Reich: A la lanterne? Über den Strafanspruch des Volkes. Kursbuch, Nr. 111/1993, S. 11.
35 Peter-Ferdinand Koch: Das Schalck-Imperium lebt. Deutschland wird gekauft. München 1992.
36 Der Spiegel, Nr. 47/1989, S. 14. Autorenkollektiv Hans Modrow u. a.: Geächtet oder geachtet? Die DDR in der internationalen Staatengemeinschaft; Geschichte – Standpunkte – Dokumente. Berlin 1994. Uwe Thaysen: Der Runde Tisch oder: Wo blieb das Volk? Der Weg der DDR in die Demokratie. Opladen 1990.
37 Matthias Jung: Parteiensystem und Wahlen in der DDR. Aus Politik und Zeitgeschichte. Beilage zur Wochenzeitung »Das Parlament«, 29. 6. 1990.
38 Hans-Joachim Meyer: Mit Augenmaß und Festigkeit. Erinnerung an die Rolle von Lothar de Maizière im Prozeß der deutschen Einigung. Frankfurter Allgemeine Zeitung, 25. 5. 1991. Lothar de Maizère: Anwalt der Einheit. Berlin 1996.
39 Gerd Roellecke: Abgründe der Verfassungsdiskussion. Universitas, Heft 8/1996, S. 774.
40 Frankfurter Allgemeine Zeitung, 21. 12. 1990.
41 Günter Grass: Kurze Rede eines vaterlandslosen Gesellen. Die Zeit, 9. 2. 1990. Gespräch mit Günter Grass über »Eiertänze«, verpaßte Chancen der Sozialdemokratie und Fremdheiten beim Thema Deutschland. Frankfurter Rundschau, 27. 7. 1990.

42 Christoph Dieckmann: Das letzte Westpaket. Günter Grass' deutsches Geschichtsbuch »Ein weites Feld« wird im Osten geliebt als Verteidigung des Lebens in der DDR. Die Zeit, 1. 12. 1995.

43 Günter Grass: Ein weites Feld. Göttingen 1995, S. 558.

44 Roland H. Wiegenstein: Bilanzen & Kosten. Frankfurter Rundschau, 16. 6. 1990.

45 Richard Herzinger: Die obskuren Inseln der kultivierten Gemeinschaft. Heiner Müller, Christa Wolf, Volker Braun - deutsche Zivilisationskritik und das neue Antiwestlertum. Die Zeit, 4. 6. 1993. Ferner ders.: Masken der Lebensrevolution - Vitalistische Zivilisations- und Humanismuskritik in Texten Heiner Müllers. Berlin 1993.

46 Brigitte Seebacher-Brandt: Die Linke und die Einheit. Berlin 1991. Joschka Fischer: Die Linke nach dem Sozialismus. Hamburg 1992. Peter Glotz: Die Linke nach dem Sieg des Westens. Stuttgart 1992. Wolfgang Kowalsky/Wolfgang Schroeder (Hg.): Linke, was nun? Berlin 1993. Peter Glotz: Die Jahre der Verdrossenheit. Ein Tagebuch ohne Rücksichten 1993/94. Stuttgart 1996.

47 Sarah Kirsch: Schwarzer Peter. Frankfurter Allgemeine Zeitung, 28. 7. 1990.

48 Die Woche, 24. 11. 1995, 2. 6. 1995. (Günter Grass: Im deutschen Muspott. Gespräch über den Beschluß des West-PEN, sich nicht mit dem Ost-PEN zu vereinigen.) Rundbrief PEN, 16. 5. 1997.

49 Rolf Michaelis: Dein Wort in Goethes Ohr! Die Zeit, 10. 4. 1992.

50 Karl Otto Conrady (Hg.): Das große deutsche Gedichtbuch. München, Zürich 1992, S. 857.

51 Fritz J. Raddatz: Ein ZEIT-Gespräch mit Stefan Heym. Die Zeit, 6. 12. 1991.

52 Stefan Heym: Aschermittwoch in der DDR. Der Spiegel, Nr. 49/1989, S. 55.

53 Heiner Müller: Auschwitz kein Ende. Ein Gespräch mit jungen französischen Regisseuren. Berlin, September 1992. Drucksache 16 des Berliner Ensemble, S. 607.

54 Ders.: Krieg ohne Schlacht. Leben in zwei Diktaturen. Köln 1992.

55 Christa Wolf: Medea. Stimmen. München 1996.

56 Spiegel-Streitgespräch: Wolfgang Schäuble und Wolfgang Thierse über Fehler und Probleme im Umgang zwischen Ost und West. Der Spiegel, Nr. 34/1993, S. 24. Wolfgang Thierse: Mit eigener Stimme sprechen. München 1992. Ferner Johannes M. Becker: Ein Land geht in den Westen. Die Abwicklung der DDR. Bonn 1991. Bernd Giesen/Claus Leggewie (Hg.): Experiment Vereinigung. Ein sozialer Großversuch. Berlin 1991. Friedrich Schorlemmer: Bis alle Mauern fallen. Texte aus einem verschwundenen Land. Berlin 1991. Konrad Löw: ... bis zum Verrat der Freiheit. Die Gesellschaft der Bundesrepublik und die »DDR«. München 1993. Robert Hettlage/Karl Lenz (Hg.): Deutschland nach der Wende. Eine Bilanz. München 1995. Ursula Langkau-Alex/Thomas M. Ruprecht (Hg): Was soll aus Deutschland werden? Frankfurt am Main, New York 1995. Daniela Dahn: Westwärts und nicht vergessen. Vom Unbehagen in der Einheit. Berlin 1996.

57 Bernhard Schäfers: Ambivalenzen des Einigungsprozesses: Integration und Differenzierung. Gegenwartskunde, Nr. 1/1996, S. 113 ff., 121.

58 Christiane Kohl: »Andere nehmen den Strick«. Über Leipzigs neuen Oberbürgermeister Hinrich Lehmann-Grube. Der Spiegel, Nr. 31/1990, S. 38 ff.
59 Elisabeth Noelle-Neumann: Die Vorzüge der Freiheit stehen noch nicht im Mittelpunkt. Die neuen Bundesbürger und die Demokratie. Frankfurter Allgemeine Zeitung, 30. 9. 1991.
60 Marlies Menge: Sehnsucht nach dem Kaputten. Die Zeit, 12. 9. 1991.
61 Tina Rosenberg: Die Rache der Geschichte. Erkundungen im neuen Europa. München 1997.
62 Konrad Weiß: Verlorene Hoffnung der Einheit. Der Spiegel, Nr. 46/1993, S. 41. Ferner Hans Mayer: Der Turm von Babel. Erinnerungen an eine Deutsche Demokratische Republik. Frankfurt am Main 1991. Thomas Meyer: Was bleibt vom Sozialismus. Reinbek bei Hamburg 1991. Peter Bender: Unsere Erbschaft. Was war die DDR - was bleibt von ihr? Hamburg, Zürich 1992. Heinz Ludwig Arnold/Frauke Meyer-Gosau (Hg.): Die Abwicklung der DDR. Göttingen 1992. Eberhard Kuhrt/Gunter Holzweißig/Hannsjörg F. Buck u. a.: Am Ende des realen Sozialismus. Beiträge zu einer Bestandsaufnahme der DDR-Wirklichkeit in den 80er Jahren. Opladen 1996.
63 Wolfgang Thierse: Spielt euch jetzt nicht auf wie Sieger, ihr Westdeutschen. Frankfurter Rundschau, 8. 10. 1990. Ferner Manfred Stolpe: Demokratie wagen. Aufbruch in Brandenburg. Reden, Beiträge, Interviews 1990–1993. Marburg 1994. Ders.: Sieben Jahre. Sieben Brücken. Ein Rückblick in die Zukunft. Berlin 1997.
64 Klaus von Dohnanyi: Das deutsche Wagnis. München 1991. Ferner Klaus Hansen: Nichts trennt uns mehr als die gemeinsame Sprache. Deutsche Verständigungsprobleme. Universitas, Heft 3/1996.
65 Stolz aufs eigene Leben. Der Spiegel, Nr. 27/1995, S. 40 ff.
66 Joachim Brune u. a.: ... aber die Mauern bauen die Menschen sich selbst ... Speyer 1991.
67 Friedrich Schorlemmer: Ich sehe und säe unverdrossen das Senfkorn Hoffnung. Frankfurter Rundschau, 11. 10. 1993. Ferner Ruth Reiher/Rüdiger Läzer (Hg.): Von »Buschzulage« und »Ossinachweis«. Ost-West-Deutsch in der Diskussion. Berlin 1996.
68 Wolf Lepenies: Ressentiment und Überheblichkeit. Die Intellektuellen im deutschen Einigungsprozeß. Frankfurter Allgemeine Zeitung, 7. 3. 1992. Ders.: Folgen einer unerhörten Begebenheit. Die Deutschen nach der Vereinigung. Berlin 1992.
69 Elke Libbert: Wie auseinanderwächst, was zusammengehört. Frankfurter Allgemeine Zeitung, 7. 1. 1993.
70 Heiner Keupp: Phantasma »Deutsche Identität«. Süddeutsche Zeitung, 10. 11. 1994.
71 Christa Wolf: Was bleibt. Frankfurt am Main 1990, S. 107.
72 Frank Schirrmacher: Dem Druck des härteren, strengeren Lebens standhalten. Frankfurter Allgemeine Zeitung, 2. 6. 1990. Ferner Thomas Anz (Hg.): Es geht nicht um Christa Wolf. Der Literaturstreit im vereinten Deutschland. München 1991. Michael Braun: Jenseits der »Gesinnungsästhetik«. Was bleibt von der

Literatur aus der DDR? Aus Politik und Zeitgeschichte. Beilage zur Wochenzeitung »Das Parlament«, 4. 10. 1986.

73 Karl Otto Conrady (Hg.): Das große deutsche Gedichtbuch. München, Zürich 1992, S. 778.

74 Günther Rühle: »Was sollen wir tun?« Zur deutschen Dramatik nach 1945 - bis heute. Theater heute. Sondernummer 1996, S. 114 ff.

75 Urs Bircher/Martin Kreutzberg: Das Sprechtheater der achtziger Jahre in West und Ost. Politik und Kultur, Heft 3/1984, S. 49.

76 Wolfgang Emmerich: Kleine Literaturgeschichte der DDR; a. a. O., S. 350 f.

77 Ebd., S. 347 f.

78 Otto F. Riewoldt: Theaterarbeit. Über den Wirkungszusammenhang von Bühne, Dramatik, Kulturpolitik und Publikum. Hans-Jürgen Schmitt (Hg.): Die Literatur der DDR. Bd. 11 der Hanser Sozialgeschichte der deutschen Literatur vom 16. Jahrhundert bis zur Gegenwart. München, Wien 1983, S. 133.

79 Schauspielhaus Bochum (Hg.): Das Bochumer Ensemble. Ein deutsches Stadttheater 1979-1986. Königstein 1986.

80 Einfühlung und Analyse. Der Regisseur Thomas Langhoff im Gespräch. Theater heute, Heft 6/1981, S. 14.

81 Ruth Berghaus: Faszinierende Zeugin unseres Jahrhunderts. Leipziger Volkszeitung, Jg. 1996.

82 Christa Hasche/Traute Schölling/Joachim Fiebach: Theater in der DDR. Chronik und Positionen. Berlin 1994, S. 38, 76, 70, 43, 91, 77.

83 Elmar Schleef: Droge Faust Parsifal. Frankfurt am Main 1997.

84 Joachim Fest: Wozu das Theater? Der Spiegel, 20. 12. 1971.

85 Theater heute, Heft 1/79, S. 2.

86 Georg Hensel: Einladung zu Tagträumen. Frankfurter Allgemeine Zeitung, 14. 2. 1979.

87 Frankfurter Rundschau, 17. 5. 1976. Ferner Diedrich Diederichsen: Das babylonische Theater. Regie als Amoklauf. Nonkonformismus als Norm. Buch und Bibliothek, Heft 7/8/1983, S. 590 ff.

88 Claudia Balk (Hg.): Regie im Theater. Frankfurt am Main 1988/1989. Uwe B. Carstensen: Klaus Michael Grüber. Frankfurt am Main 1988. Günther Erken: Hansgünther Heyme. Frankfurt am Main 1989. Mechthild Lange: Peter Zadek. Frankfurt am Main 1989. Hannelene Limpach: Dieter Dorn. Frankfurt am Main 1989. Hans Joachim Ruckhäberle: Alexander Lang. Frankfurt am Main 1988. C. Bernd Sucher: Theaterzauberer 2. Von Bondy bis Zadek. 10 Regisseure des deutschen Gegenwartstheaters. München 1988. Jörg W. Gronius/Wend Kässens: Theater Macher. Gespräche. Bodenheim 1990.

89 Ein Gespräch mit dem Theaterregisseur Luc Bondy. Neue Zürcher Zeitung, 29./30. 10. 1994.

90 Christa Hasche/Traute Schölling/Joachim Fiebach: Theater in der DDR; a. a. O., S. 39.

91 Ebd., S. 21.

92 Ebd., S. 27.

93 Peter Hacks: Die Maßgaben der Kunst. Düsseldorf 1977, S. 111 f.
94 Christa Hasche/Traute Schölling/Joachim Fiebach: Theater in der DDR; a. a. O., S. 213.
95 Volker Braun: Die Übergangsgesellschaft. Volker Bohn: Deutsche Literatur seit 1945; a. a. O., S. 434.
96 Christa Hasche/Traute Schölling/Joachim Fiebach: Theater in der DDR; a. a. O., S. 111.
97 Genia Schulz: Something is Rotten in this Age of Hope. Heiner Müllers Blick auf die (deutsche) Geschichte. Merkur, Heft 5/1979, S. 479 f.
98 Eine kurze goldene Zeit beinahe der Gerechtigkeit. Gespräch mit dem Regisseur Thomas Langhoff. Süddeutsche Zeitung, 4. 1. 1990.
99 Heiner Müller: Krieg ohne Schlacht. Leben in zwei Diktaturen. Köln 1992.
100 Sebastian Popp/Bernd Wagner (Hg.): Das Theater und sein Preis. Beiträge zur Theaterreform. Hagen 1994, S. 81.
101 Gerhard Stadelmaier: Das Hybridtheater. Geblähter Apparat - magere Kunst. Frankfurter Allgemeine Zeitung, 3. 2. 1992.
102 Erich Pracht u. a.: Einführung in den sozialistischen Realismus. Berlin 1975.
103 Monika Flacke (Hg.): Auftragskunst der DDR 1949-1990. München 1995.
104 Günter Feist/Eckhart Gillen/Beatrice Vierneisel (Hg.): Kunstdokumentation SBZ/DDR 1945-1990. Aufsätze. Berichte. Materialien. Berlin 1996. Eckhart Gillen/Rainer Haarmann (Hg.): Kunst in der DDR. Köln 1990. Karin Thomas: Zweimal deutsche Kunst nach 1945; a. a. O.
105 Karin Thomas: Utopie und Menetekel des bildnerischen Eigensinns. Gabriele Muschter/Rüdiger Thomas (Hg.): Jenseits der Staatskultur. Traditionen autonomer Kunst in der DDR. München 1992, S. 108 f.
106 Peter Sager: Neue Formen des Realismus. Kunst zwischen Illusion und Wirklichkeit. Köln 1973. Rainer Zimmermann: Expressiver Realismus. Malerei der verschollenen Generationen. München 1994.
107 Eckhardt Gillen/Rainer Haarmann (Hg.): Kunst in der DDR. Köln 1990, S. 16.
108 Ders.: Kunst in der Sowjetzone und in der DDR. 1945-1990. Dia-Reihe. Inter Nationes Bonn.
109 Ebd.
110 Jörn Schütrumpf: Auftragspolitik in der DDR. Monika Flacke (Hg.): Auftragskunst der DDR; a. a. O., S. 21.
111 Ebd.
112 Günter Engelhard: Ein Grübler liebt den Kampf. art, Nr. 10/1989, S. 42.
113 Werner Tübke: Reformation - Revolution. Panorama Frankenhausen. Dresden 1988.
114 Antje von Graevenitz: Der Weg ist nicht zweigeteilt, sondern rund. Überlegungen zum Bilderstreit in (West-) Deutschland nach 1945. Siegfried Gohr/Johannes Gachnang (Hg.): Bilderstreit. Widerspruch, Einheit und Fragment in der Kunst seit 1960. Köln 1989, S. 228.
115 Siegfried Gohr: Humanismus oder Humanität? - Anmerkungen zur neueren deutschen Kunst. Gabriele Muschter/Klaus Honnef (Hg.): Westchor Ostportal. 12 Positionen zeitgenössischer Kunst in Deutschland. Berlin 1995, S. 14.

116 Art. Das Kunstmagazin (Hg.): Zeitvergleich. Malerei und Grafik aus der DDR. Hamburg 1982, S. 12.

117 Interview Johannes Gachnang mit Georg Baselitz 6. 11. 1975. Katalog Georg Baselitz: Zeichnungen. Groninger Museum. Groningen 1979.

118 Wolfgang Mattheuer: Die Schlacht der Vorurteile. Zum Streit zwischen deutsch-deutschen Künstlern. Frankfurter Allgemeine Zeitung, 17. 10. 1990. Ders.: Äußerungen. Leipzig 1990.

119 Landeshauptstadt Erfurt/Freistaat Thüringen (Hg.): Configura 2 - Dialog der Kulturen. Texte und Bilder zur Ausstellung. Erfurt 1995.

120 Eduard Beaucamp: Streit der Schneckenhäuser. Frankfurter Allgemeine Zeitung, 24. 7. 1991.

121 Verena Lueken: Metastasen des Nichts. Zum fünfundzwanzigsten Mal: Die Mainzer Tage der Fernsehkritik. Frankfurter Allgemeine Zeitung, 21. 5. 1992. Ferner Kurt Hickethier: Geschichte des deutschen Fernsehens. Stuttgart 1997.

122 Karl-Otto Saur/Rüdiger Steinmetz (Hg.): Fernsehkritik. Kritiker und Kritisierte. München 1988. Manfred Delling: Engagement für ein neues Medium. Ausgewählte Fernsehkritiken von 1964 bis 1993. Frankfurt am Main, Berlin, Bern, New York, Paris, Wien 1995.

123 Gerhard Schulze: Vernunft im nachtechnischen Zeitalter. Was tun, wenn alles getan ist? Neue Zürcher Zeitung, 30./31. 12. 1995. Ders.: Die Erlebnisgesellschaft. Kultursoziologie der Gegenwart. Frankfurt am Main, New York 1993.

124 Neil Postman: Das Verschwinden der Kindheit. Frankfurt am Main 1983. Ders.: Wir amüsieren uns zu Tode. Urteilsbildung im Zeitalter der Unterhaltungsindustrie. Frankfurt am Main 1985. Ders.: Die Verweigerung der Hörigkeit. Lauter Einsprüche. Frankfurt am Main 1988. Ders.: Das Technopol. Die Macht der Technologien und die Entmündigung der Gesellschaft. Frankfurt am Main 1992.

125 Marshall McLuhan: Die magischen Kanäle. Understanding media. Düsseldorf 1968, S. 90 Ders.: Die Gutenberg-Galaxis. Das Ende des Buchzeitalters. Düsseldorf, Wien 1968. Thomas Heinze: Medienanalyse als Kultur- und Gesellschaftskritik. Kurseinheit 1-3: Medientheorien. Fernuniversität/Gesamthochschule Hagen 1987.

126 Hannes Bahrmann: Der Siegeszug des neuen Mediums. Der Staatsbürger. Beilage der Bayerischen Staatszeitung, Nr. 2/1994, S. 2.

127 Peter Glotz: Die Attacke - Nachtgedanken zum zehnjährigen Geburtstag des privaten Fernsehens. Vorwärts, Dez. 1995, S. 10.

128 Freddie Röckenhaus: Wie viele Programme erträgt 1 Mensch? Die Zeit, 26. 11. 1993. Ferner Petru Dumitriu: ABC der neuen Medien. Heidelberg 1985. Eckart Gottwald/Regina Hibbeln/Jürgen Lauffer (Hg.): Alte Gesellschaft - Neue Medien. Opladen 1989. Die Medien. Kursbuch, Nr. 90/1987. Hilmar Hoffmann (Hg.): Gestern begann die Zukunft. Entwicklung und gesellschaftliche Bedeutung der Medienvielfalt. Darmstadt 1994.

129 Ien Ang: Das Gefühl Dallas. Zur Produktion des Trivialen. Bielefeld 1986.

130 Frank-Dieter Freiling: Die endlose Alltags-Story. 150mal »Lindenstraße«: Populär wie die Wetterkarte. Rheinischer Merkur/Christ und Welt, 9. 9. 1988.

131 Claudia Wegener: Reality-TV. Opladen 1994.
132 Jo Groebel/Uli Gleich: Gewaltprofile der deutschen Fernsehprogramme. Opladen 1993. Michael Kunczik: Gewalt im Fernsehen. Köln, Wien 1975. Ders.: Gewalt und Medien. Köln, Wien 1987. Helga Theunert: Gewalt in den Medien - Gewalt in der Realität. Gesellschaftliche Zusammenhänge und pädagogisches Handeln. Opladen 1987. Hans Robert Eisenhauer/Heinz-Werner Hübner (Hg.): Fernseh-Kritik. Gewalt in der Welt - Gewalt im Fernsehen. Mainz 1988. H. B. Brosius/T. Hartmann: Erfahrungen mit Horror-Videos bei Schülern unterschiedlicher Schultypen. Communications, Nr. 14/1988. B. H. Kniveton: Angst statt Aggression. Eine Wirkung brutaler Filme. Fernsehen und Bildung, Nr. 12/1978. Werner Glogauer: Kriminalisierung von Kindern und Jugendlichen durch Medien. Wirkungen gewalttätiger, sexueller, pornographischer und satanischer Darstellungen. Baden-Baden 1991.
133 Die Zeit, 5. 3. 1993.
134 Klaus Bresser: Was nun? - Über Fernsehen, Moral und Journalisten. Neuwied 1992. Paul Virilio: Krieg und Fernsehen. München 1993. John R. MacArthur: Die Schlacht der Lügen - Wie die USA den Golfkrieg verkauften. München 1993.
135 Bettina Hurrelmann: Fernsehen in der Familie. Auswirkungen der Programmerweiterung auf den Mediengebrauch. Weinheim 1989. Jan-Uwe Rogge/Klaus-Jensen: Über den Umgang mit Medien in Familien. Aus Politik und Zeitgeschichte. Beilage zur Wochenzeitung »Das Parlament«, 18. 1. 1986.
136 Nikolaus von Festenberg: Talk und Teufel. Über das Geschwätz im TV. Der Spiegel, Nr. 13/1996, S. 238. Jan Bielicki: Es plappert Über die Talkshow-Flut. Die Neue Gesellschaft/Frankfurter Hefte, Heft 9/1995, S. 817 f.
137 Hermann J. Huber: Die Absahner. Wie die populären TV-Stars mit eigenen Unternehmen Profit machen. Rheinischer Merkur/Christ und Welt, 18. 5. 1990.
138 Norbert Bolz: Der Sinn des Unsinns. Comedy im Fernsehen - die Lust am bedeutungsfreien Ritual. Die Zeit, 30. 5. 1997.
139 Niklas Luhmann: Die Realität der Massenmedien. Opladen 1996.
140 Rüdiger Kinsky: Über Medien-Wirklichkeit. Die Neue Gesellschaft/Frankfurter Hefte, Heft 1/1995, S. 44.
141 Heinz-Dietrich Fischer: Fernsehmoderatoren in der Bundesrepublik Deutschland. München 1983.
142 Michael Wolf Thomas: Umbau des Radios. Publizistik und Kunst, Jg. 1989.
143 Mathias Greffrath: Die Anpassung an imaginäre Konkurrenz ist eine Spirale nach unten. Frankfurter Rundschau, 9. 6. 1986.
144 Florian H. Fleck (Hg.): Zukunftsaspekte des Rundfunks. Stuttgart 1986. Ferner Otfried Jarren/Peter Widlok (Hg.): Lokalradio für die Bundesrepublik Deutschland. Berlin 1985.
145 Jurek Becker: Die Worte verschwinden. Der Spiegel, Nr. 2/1995, S. 160.
146 Harro Zimmermann: Wider die zweite Unmündigkeit. Einige Gedanken zur Radiokultur in Deutschland. Frankfurter Rundschau, 4. 5. 1994.
147 Urs Widmer: Auch der Rundfunk kann vom Kopf her stinken. du, Heft 6/1994, S. 79, 81.

148 Medien. Zwischen Ohnmacht und Faszination. PZ, Nr. 75/1993, S. 3. Karl-Eduard von Schnitzler: Meine Schlösser oder Wie ich mein Vaterland fand. Berlin 1989.
149 Wolfgang Mühl-Benninghaus: Medienpolitische Probleme in Deutschland zwischen 1945 und 1989. Heide Riedel (Hg.): Mit uns zieht die neue Zeit ... 40 Jahre DDR-Medien. Berlin 1994, S. 14.
150 K. Hickethier: Hörfunk. Wolfgang R. Langenbucher/Ralf Rytlewski/Bernd Weyergraf (Hg.): Kulturpolitisches Wörterbuch; a. a. O., S. 263.
151 Wolfgang Mühl-Benninghaus: Medienpolitische Probleme in Deutschland, S. 12 f.
152 Ebd., S. 11.
153 Manuela Glaab: Medien. Werner Weidenfeld/Karl-Rudolf Korte (Hg.): Handbuch zur deutschen Einheit. Frankfurt am Main, New York 1993, S. 464.
154 Workshop 11. 1. 1993. Einrichtung und Abwicklung. Heide Riedel (Hg.): Mit uns zieht die neue Zeit; a. a. O., S. 287.
155 Ebd., S. 289.
156 Thomas Schuler: Die Mörder sind unter uns. Die Zukunft der Defa-Filme liegt beim Fernsehen ... Süddeutsche Zeitung, 1./2. 6. 1996.
157 Frank Beyer im Gespräch mit Hans Müncheberg. In Heide Riedel (Hg.): Mit uns zieht die neue Zeit; a. a. O., S. 228.
158 Manfred Krug: Abgehauen. Düsseldorf 1997.
159 Harry Blunk/Dirk Jungnickel (Hg.): Filmland DDR. Ein Reader zu Geschichte, Funktion und Wirkung der Defa. Köln 1991.
160 Hans-Dieter Seidel: Der bewegte Markt. Komödien und sonst nichts? Zur Lage des deutschen Films. Frankfurter Allgemeine Zeitung, 28. 6. 1996.
161 Das Lachen macht's. Der Spiegel, Nr. 38/1996, S. 214 ff.
162 Rolf Geserick/Arnulf Kutsch (Hg.): Publizistik und Journalismus in der DDR. München, New York, London, Paris 1989.
163 Manuela Glaab: Medien; a. a. O., S. 467 f. J. Grubitzsch: Presselandschaft der DDR im Umbruch. Ausgangspunkte, erste Ergebnisse und Perspektiven. Media Perspektiven, Nr. 3/1990, S. 140 ff.
164 Manuela Glaab: Medien; a. a. O., S. 471 f.
165 Jan Hofmann: Einführungsreferat auf dem Treffen der bildungspolitischen Initiativgruppen in Ost-Berlin. Erziehung und Wissenschaft, Heft 5/1990, S. 6 ff.
166 Christoph Führ/Carl-Ludwig Furck: Handbuch der deutschen Bildungsgeschichte. Bd. VI und VII: 1945 bis zur Gegenwart. Bundesrepublik Deutschland. Deutsche Demokratische Republik. München 1997 f.
167 Gisela Helwig (Hg.): Schule in der DDR. Köln 1988. Ferner Heinrich Kanz: Deutsche Erziehungsgeschichte 1945–1985 in Quellen und Dokumenten. Frankfurt am Main 1987. Bernd-Reiner Fischer/Norbert Schmidt: Das zweifache Scheitern der DDR-Schule. Aus Politik und Zeitgeschichte. Beilage zur Wochenzeitung »Das Parlament«, 6. 9. 1991. Oskar Anweiler/Hans-Jürgen Fuchs u. a. (Hg.): Bildungspolitik in Deutschland 1945–1990. Bonn 1992. Sonja Häder/Heinz-Elmar Tenorth (Hg.): Bildungsgeschichte einer Diktatur. Bildung und Erziehung in der SBZ und DDR im historischgesellschaftlichen Kontext. Weinheim 1997.

168 Jan Hofmann: Einführungsreferat; a. a. O., S. 8.
169 Hans Joachim Meyer: Man hat den Lehrern eigenes Handeln systematisch abgewöhnt. Frankfurter Rundschau, 10. 5. 1990. Uwe Göbel/Winfried Schlaffke (Hg.): Bildungssituation und Bildungsaufgaben in den neuen Bundesländern. Köln 1991.
170 Ilka Gropengießer/Gunter Otto/Klaus-Jürgen Tillmann (Hg.): Schule. Friedrich Jahresheft XII/1994.
171 Hartmut von Hentig: Die Schule neu denken. München 1993, S. 9, 113, 205 ff. Ferner ders.: Bildung. München 1996.
172 Bildungskommission NRW (Hg.): Zukunft der Bildung. Schule der Zukunft. Denkschrift der Kommission beim Ministerpräsidenten des Landes Nordrhein-Westfalen. Neuwied, Kriftel, Berlin 1995, S. 86.
173 Peter Glotz: Keine Fragen mehr? Spekulationen über das Elend der deutschen Universität. Die Zeit, 15. 4. 1988.
174 Axel Hacke: Aus der großen Reform ist nichts geworden. Bilanz der Gründerzeit. Süddeutsche Zeitung, 30. 4./1. 5. 1988.
175 Bernd Henningsen: Von der Einsamkeit und Freiheit des Wissenschaftlers. Die Humboldtsche Universität und die Politik. Frankfurter Hefte, Nr. 12/1996, S. 1105 ff, 1110.
176 Alexander Fischer/Günther Heydemann: Geschichtswissenschaft in der DDR. Bd. I: Historische Entwicklung, Theoriediskussion und Geschichtsdidaktik. Bd. II: Vor- und Frühgeschichte bis Neueste Geschichte. Berlin 1988/1990. Ralph Jessen: Professoren im Sozialismus. Aspekte des Strukturwandels der Hochschullehrerschaft in der Ulbricht-Ära. Hartmut Kaelble/Jürgen Kocka/Hartmut Zwahr (Hg.): Sozialgeschichte der DDR; a. a. O., S. 217 f.
177 Mechthild Küpper: Die Humboldt-Universität. Abwicklung und Selbstreform. Berlin 1993.
178 Hans-Karl Klettenberg: Im Westen reformunfähig, im Osten reformunwillig. Frankfurter Rundschau, 30. 6. 1994.
179 Jesko Schulze-Reimpell: Auf den Marxisten klebt ein neues Etikett. Rheinischer Merkur/Christ und Welt, 18. 5. 1990.
180 Wolf Lepenies: Wir sind kein besiegtes Land. Gibt es Dinge und Strukturen der DDR-Wissenschaft, die in eine neue Zeit zu retten sind? Die Zeit, 23. 11. 1990.
181 Wilhelm Bleek/Lothar Mertens: DDR-Dissertationen. Promotionspraxis und Geheimhaltung von Doktorarbeiten im SED-Staat. Opladen 1994. Dies. (Hg.): Bibliographie der geheimen DDR-Dissertationen. Bd. 1: Bibliographie. Bd. 2: Register. München 1994.
182 Hans-Ulrich Wehler: Hart widersprechen und mit dem Unfug stets konfrontieren. Ein Gespräch. Frankfurter Rundschau, 24. 9. 1992.
183 Klaus-Jürgen Scherer: Hochschule Ost. Einige Aspekte und Eindrücke. Frankfurter Hefte, Nr. 12/1996, S. 1120 ff.
184 Rüdiger Liedtke: Die neue Skandal-Chronik. 40 Jahre Affären und Skandale in der Bundesrepublik. Frankfurt am Main 1989. Fritz Lietsch/Bernhard Micha-

lowski (Hg): Die Bananenrepublik. Skandale und Affären in der Bundesrepublik. Eine Chronik. München 1997.

185 Thomas Mann: Deutsche Hörer! Fünfundfünfzig Radiosendungen nach Deutschland. Werke. Das essayistische Werk. Taschenbuchausgabe in 8 Bdn. Hg. von Hans Bürgin. Bd. 3: Politische Schriften und Reden. Frankfurt am Main, Hamburg 1968, S. 290.

186 Christian Schütze: Des Volkes letzter Trumpf. Für Skandale gelten Gesetze, die jeder kennen sollte - vor allem der Politiker. Süddeutsche Zeitung, 11./12. 2. 1984. Ders.: Die Kunst des Skandals. München, Bern 1967.

187 Wolfram Schütte: Treue und Liebe, nicht Glauben. Selbstgespräch am Ultimo. Heinrich Bölls posthumer Roman »Frauen vor Flußlandschaft«. Frankfurter Rundschau, Jg. 1985. Heinrich Böll: Frauen vor Flußlandschaft. Roman in Dialogen und Selbstgesprächen. Köln 1985, S. 7.

188 Peter-Ferdinand Koch: Der Fund. Hamburg 1990.

189 Paul Pucher: Der Pfälzer und der Bayer. Über die Gegenspieler Helmut Kohl und Franz Josef Strauß. Der Spiegel, Nr. 35/1985, S. 64.

190 Daniel Koefer/Karl-Heinz Janßen: Sie kamen bei Nacht und Nebel. Vor zwanzig Jahren erschütterte die Spiegel-Affäre die Republik. Neues über die Rolle von Strauß und der FDP. Die Zeit, 22. 10. 1982.

191 Sighard Neckel: Die Wirkungen politischer Skandale. Aus Politik und Zeitgeschichte. Beilage zur Wochenzeitung »Das Parlament«, 9. 2. 1990, S. 6 ff. Rolf Ebbinghausen/Sighard Neckel (Hg.): Anatomie des politischen Skandals. Frankfurt am Main 1989.

192 Claus Leggewie: Der Geist denkt rechts. Wo Politik vorgedacht wird: Ein Streifzug durch die konservativen Denkfabriken der Bundesrepublik. Die Zeit, 16. 10. 1987. Ders.: Der Geist steht rechts. Ausflüge in die Denkfabriken der Wende. Berlin 1987.

193 Johannes Gross: Die Misere der öffentlichen Gefühle. Oder Trübsinn würzt den Genuß des Wohlstands. Frankfurter Allgemeine Zeitung, 1. 3. 1980.

194 Hagen Schulze: In manchem überholt, aber nicht überwunden. Über Geschichte und Zukunft des Nationalstaates. Frankfurter Allgemeine Zeitung, 27. 4. 1991. Ders.: Staat und Nation in der europäischen Geschichte. München 1994.

195 Helmut König: Von der Masse zur Individualisierung. Die Modernisierung des Konservatismus in der Bundesrepublik. Leviathan, Heft 2/1988, S. 269.

196 Jörg Bergmann/Claus Leggewie: Die Täter sind unter uns. Beobachtungen aus der Mitte Deutschlands. Kursbuch, Nr. 113/1993, S. 17.

197 Peter Ködderitzsch/Leo A. Müller: Rechtsextremismus in der DDR. Göttingen 1990. Frank Schumann: Glatzen am Alex. Rechtsextremismus in der DDR. Berlin 1990.

198 Thomas Nipperdey: Die Deutschen wollen und dürfen eine Nation sein. Wider die Arroganz der Post-Nationalen. Frankfurter Allgemeine Zeitung, 13. 7. 1990.

199 Christian Meier: Wir brauchen Vertrauen. Über die Notwendigkeit eines nationalen Selbstbewußtseins. Der Spiegel, Nr. 5/1995, S. 154.

200 Spiegel-Gespräch mit Almuth Berger: Nie zur Toleranz erzogen. Der Spiegel, Nr. 14/1990, S. 108 f.

201 Hans-Uwe Otto/Roland Merten (Hg.): Rechtsradikale Gewalt im vereinten Deutschland. Opladen 1994.
202 Heimo Schwilk/Ulrich Schacht (Hg.): Die selbstbewußte Nation. »Anschwellender Bocksgesang.« Berlin 1994, S. 20.
203 Rainer Zitelmann: Wohin treibt unsere Republik? Berlin 1995.
204 Ernst Nolte: Streitpunkte. Heutige und künftige Kontroversen um den Nationalsozialismus. Berlin, Frankfurt am Main 1993.
205 Thomas E. Schmidt: Die Demokratie als Seinsverfehlung. »Die selbstbewußte Nation« – Ein »konservatives Manifest« aus dem UllsteinVerlag. Frankfurter Rundschau, 5. 10. 1994.
206 Gerhard A. Ritter/Merith Niehuss: Wahlen in der Bundesrepublik Deutschland. Bundestags- und Landtagswahlen 1946–1987. München 1987.
207 Christian Graf von Krockow/Peter Lösche (Hg.): Parteien in der Krise? Das Parteiensystem der Bundesrepublik und der Aufstand des Bürgerwillens. München 1986. Demokratie auf dem Prüfstand. Eine Veranstaltungsreihe des Bertelsmann Forums 1988–1989. Bertelsmann Briefe, Heft 124, Juni 1989. Hans Apel: Die deformierte Demokratie – Parteienherrschaft in Deutschland. Stuttgart 1991. Erwin und Ute Scheuch: Cliquen, Klüngel und Karrieren. Über den Verfall der politischen Parteien – eine Studie. Reinbek bei Hamburg 1992. Hans-Peter Bartels/Trutz Graf Kerssenbrock: Abgewählt. Wie den Parteien das Volk abhanden kam. Düsseldorf 1994. Hans-Georg Betz: Krise oder Wandel? Zur Zukunft der Politik in der postindustriellen Moderne. Hans Herbert von Arnim: Ist Kritik an den politischen Parteien berechtigt? Hans Rattinger: Abkehr von den Parteien? Dimensionen der Parteiverdrossenheit. Jürgen W. Falter/Siegfried Schumann: Nichtwahl und Protestwahl. Zwei Seiten einer Medaille. Aus Politik und Zeitgeschichte. Beilage zur Wochenzeitung »Das Parlament«, 12. 3. 1993. Hildegard Hamm-Brücher: Wege in die und Wege aus der Politik(er)verdrossenheit. Claus Leggewie: Die Kritik der Politischen Klasse und die Bürgergesellschaft. Aus Politik und Zeitgeschichte. Beilage zur Wochenzeitung »Das Parlament«, 30. 7. 1993.
208 Joseph Huber: Abschied vom Parteienstaat. Die Zeit, 11. 11. 1988.
209 Hans Heigert: Abgeordneter – eine Karriere. Süddeutsche Zeitung, 25./26. 10. 1986.
210 Die liberale Demokratie braucht die Parteien. Aber der Machtanspruch der Parteien gefährdet die Demokratie. Bundespräsident Richard von Weizsäcker im Gespräch mit Gunter Hofmann und Werner A. Perger. Die Zeit, 19. 6. 1992. Gunter Hofmann/Werner A. Perger (Hg.): Weizsäckers Parteienkritik in der Diskussion. Frankfurt am Main 1992. Aufstand in den Parteien. Positionspapier von Rebellen aus CDU, SPD und Grünen. Der Spiegel. Dokument, Heft 3/1993.
211 Thomas Darnstädt/Gerhard Spörl: Streunende Hunde im Staat. Der Spiegel, Nr. 13/1993, S. 147.
212 Konrad Adam: Sehnsucht nach Programm. Frankfurter Allgemeine Zeitung, 4. 3. 1987.

213 Heiner Geißler: Zugluft. Politik in stürmischer Zeit. München 1990.
214 Warnfried Dettling: Das Erbe Kohls. Frankfurt am Main 1994.
215 Hartmut von Hentig: Alles tun können, was anderen nicht schadet - oder: Der diskrete Charme des Liberalismus. Merkur, Heft 400/1981, S. 960 ff.
216 Theo Rütten: Der deutsche Liberalismus 1945 bis 1955. Baden-Baden 1984.
217 Peter Lösche/Franz Walter: Man glaubt der Partei kein Wort mehr. Die Freien Demokraten haben ihre Bindung an soziale Milieus und an politische Prinzipien verloren. Frankfurter Allgemeine Zeitung, 7. 12. 1995. Franz Walter: Wie modern ist die FDP? Die Zeit, 7. 6. 1996.
218 Ralf Dahrendorf: Das Elend der Sozialdemokratie. Merkur, Nr. 12/1987, S. 1024, 1034, 1037. Jonathan Carr: Helmut Schmidt. Düsseldorf 1993.
219 Karl Dietrich Bracher u. a. (Hg.): Geschichte der Bundesrepublik Deutschland in 5 Bdn. Bd. 2: Wolfgang Jäger: Die Innenpolitik der sozial-liberalen Koalition. 1974-1982. Stuttgart 1987, S. 263.
220 Ralf Dahrendorf: Das Bündnis der Selbstbewußten. Die Zeit, 24. 9. 1982.
221 Oskar Lafontaine: Das Gesicht der Zukunft. Reformpolitik in einer veränderten Welt. Hamburg 1988.
222 Jürgen Leinemann: Junge, das mußt du durchhalten. Über Johannes Rau und das Anekdotische. Der Spiegel, Nr. 5/1986, S. 43 ff.
223 Manon Maren-Grisebach: Philosophie der Grünen. München 1982. Gerd Langguth: Der grüne Faktor - Von der Bewegung zur Partei? Zürich 1984. Klaus Gotto/Hans-Joachim Veen (Hg.): Die Grünen - Partei wider Willen. Mainz 1984. Emil-Peter Müller: Die Grünen und das Parteiensystem. Köln 1984. Anna Hallersleben: Von der Grünen Liste zur Grünen Partei. Göttingen 1984. Thomas Kluge (Hg.): Grüne Politik. Frankfurt am Main 1984. Sabine Stamer (Hg.): Von der Machbarkeit des Unmöglichen. Hamburg 1985. Wolfram Bickerich (Hg.): SPD und Grüne - das neue Bündnis. Hamburg 1985. Brigitte Jäger/Claudia Pinl: Zwischen Rotation und Routine. Die Grünen im Bundestag. Köln 1985. K.-J. Scherer/F. Vilmar: Ökosozialismus? Rotgrüne Bündnispolitik. Berlin 1985. Thomas Ebermann/Rainer Trampert: Die Zukunft der Grünen. Hamburg 1985. Oliver Tolmein (Hg.): Ökorepublik Deutschland - Erfahrungen und Perspektiven rotgrüner Zusammenarbeit. Hamburg 1986. Manfred Langner (Hg.): Die Grünen auf dem Prüfstand. Analyse einer Partei. Bergisch-Gladbach 1987. Rudolf van Hüllen: Ideologie und Machtkampf bei den Grünen. Bonn 1990. Michael Schroeren (Hg.): Die Grünen. Zehn bewegte Jahre. Wien 1990. Verena Krieger: Was bleibt von den Grünen. Hamburg 1991. Joachim Raschke: Bilanz und Neubeginn. Marburg 1991. Udo Knapp: Das Wagnis. Ökologische Realpolitik; pragmatisch, staatsfern, mehrheitsbewußt, grün. Frankfurt am Main 1991. Hubert Kleinert: Aufstieg und Fall der Grünen. Analyse einer alternativen Partei. Bonn 1992. Ders.: Vom Protest zur Regierungspartei. Die Geschichte der Grünen. Frankfurt am Main 1992. Joachim Raschke: Die Grünen. Wie sie wurden, was sie sind. Bund Verlag 1993. Peter Gatter: Die Aufsteiger. Ein politisches Porträt der Grünen. Hamburg 1987.
224 Bernd Guggenberger: Zwischen Feldküche und Familientreffen. Die Umweltpartei im Umbruch: Rigide Gesinnungsethik muß der Verantwortungsethik weichen.

Die Zeit, 21. 6. 1985. Carl Offe: Zwischen Protest- und Parteipolitik. Die Zeit, 10. 10. 1986.

225 Helmut Fogt: Die Mandatsträger der Grünen. Zur sozialen und politischen Herkunft der alternativen Parteielite. Aus Politik und Zeitgeschichte. Beilage zur Wochenzeitung »Das Parlament«, 15. 3. 1986.

226 Jürgen Leinemann: Rebell und Macher. Der Spiegel, Nr. 22/1995, S. 40 ff. Joschka Fischer: Von grüner Kraft und Herrlichkeit. Reinbek bei Hamburg 1984.

227 Hans Herbert von Arnim: Das Münchhausenproblem der politischen Klasse. Der Staat – Beute der Parteien? Frankfurter Rundschau, 19. 2. 1993. Ferner Jean-Marie Guéhenno: Das Ende der Demokratie. München, Zürich 1994.

228 Robert Hughes: Nachrichten aus dem Jammertal. Wie sich die Amerikaner in political correctness verstrickt haben. München 1994.

229 Theo Sommer: Ein Abgrund von Doppelmoral. Die Zeit, 21. 5. 1993.

230 Ein Manifest: Weil das Land sich ändern muß. Die Zeit, 13. 11. 1992. Herbert Riehl-Heyse: Jedem das Seine, mir das meiste. Süddeutsche Zeitung, 20./21. 2. 1993.

231 Jürgen Habermas: Die zweite Lebenslüge der Bundesrepublik: Wir sind wieder »normal« geworden. Die Zeit, 11. 12. 1992.

232 K. Schwarz: Demographische Randbedingungen neuer Stadtstrukturen. Zeitschrift für Bevölkerungswissenschaft, Heft 4/1987. E. Spiegel: Neue Haushaltstypen. Entstehungsbedingungen, Lebenssituation, Wohn- und Stadtortverhältnisse. Hamburg 1985.

233 Marion Gräfin Dönhoff: Auch die Freiheit hat ihre Grenzen. Die Zeit, 1. 4. 1994.

234 Ralf Dahrendorf: Die Zukunft der Bürgergesellschaft. Frankfurter Rundschau, 24. 1. 1992. Ferner Wilhelm Heitmeyer (Hg.): Bundesrepublik Deutschland: Auf dem Weg von der Konsens- zur Konfliktgesellschaft. 2 Bde. Frankfurt am Main 1997.

235 Hans-J. Misselwitz: Nicht länger mit dem Gesicht nach Westen. Das neue Selbstbewußtsein der Ostdeutschen. Bonn 1996.

236 Klaus von Beyme: Zivilgesellschaft contra Staatsversagen. Frankfurter Rundschau, 23. 1. 1993.

237 Friedbert Pflüger: Richard von Weizsäcker. Ein Porträt aus der Nähe. Stuttgart 1990. Werner Filmer/Heribert Schwan (Hg.): Richard von Weizsäcker. Düsseldorf 1989. Ferner Richard von Weizsäcker: Vier Zeiten. Erinnerungen. Berlin 1997.

238 Günter Scholz: Die Bundespräsidenten. Biographien eines Amtes. Heidelberg 1992.

239 Volker Gransow: Mikroelektronik und »Freizeit«. Politisch-kulturelle Folgen einer technischen Revolution. Berlin 1982, S. 7.

240 Christian Mollenhauer: Mikroperipherik. Mitteilungen der Fachhochschule für Technik, Nürnberg, Jg. 1986.

241 Eric W. Leaver/J. J. Brown: Die Fabrik der Zukunft; o. O. 1947.

242 Klaus Kemper: Der Tod des klassischen Industriearbeiters. Die Mikroelektronik schafft eine ganz neue Arbeitswelt. Frankfurter Allgemeine Zeitung, 15. 3. 1986.

243 Peter Brödner: Fabrik 2000. Berlin 1985, S. 118.

244 Georg Klaus (Hg.): Wörterbuch der Kybernetik. Bd. 1. Frankfurt am Main 1969, S. 380. David Ritschie: Gehirn und Computer. Die Evolution einer neuen Intelligenz. Stuttgart 1987. Computerkultur. Kursbuch, Nr. 75/1984.

245 Theodore Roszak: Der Verlust des Denkens. Über die Mythen des Computer-Zeitalters. München 1986. Willi Köhler: Der Verlust des Denkens. Frankfurter Hefte, 5/1987, S. 475 ff.

246 Jochen Köhler: Die unwünschbare Maschine. Warum Computer existentiell dumm sind. Frankfurter Rundschau, 11. 1. 1986.

247 Hubert L. Dreyfus: Künstliche Intelligenz. Von den Grenzen der Denkmaschine und dem Wert der Intuition. Reinbek bei Hamburg 1987, S. 99 ff.

248 Peter Zec: Informationsdesign. Die organisierte Kommunikation. Zürich 1988, S. 107 f. Ferner Hermann Glaser: Das Verschwinden der Arbeit. Die Chancen der neuen Tätigkeitsgesellschaft. Düsseldorf, Wien, New York 1988.

249 Horst Kern/Michael Schumann: Das Ende der Arbeitsteilung? Rationalisierung in der industriellen Produktion. München 1984, S. 44 ff.

250 Klaus Haefner: Mensch und Computer im Jahre 2000. Ökonomie und Politik für eine human computerisierte Gesellschaft. Basel/Boston/Stuttgart 1984.

251 Ulrich Beck: Kapitalismus ohne Arbeit. Über Mythen der Politik, globale Wirtschaft und die Zukunft der Demokratie. Der Spiegel, Nr. 20/1996, S. 140 ff.

252 Jeremy Rifkin: Die dritte Säule der neuen Gesellschaft. Die Zeit, 2. 5. 1997. Ferner: Für eine Zukunft in Solidarität und Gerechtigkeit. Die Hauptgedanken des Wortes der Kirchen zur wirtschaftlichen und sozialen Lage in Deutschland. Frankfurter Allgemeine Zeitung, 1. 3. 1997.

253 Hermann Sallinger: Handikap-Punkte. Neue Wege aus der Arbeitslosigkeit. Universitas, Heft 10/1987, S. 1065 f.

254 Axel Bust-Bartels: Beseitigung der Massenarbeitslosigkeit durch soziale Innovation? Alternativen zur Arbeitsmarktpolitik. Aus Politik und Zeitgeschichte. Beilage zur Wochenzeitung »Das Parlament«, B. 43/1987, S. 3 ff. Ders. Vollbeschäftigung ohne Niedriglohn. Opladen 1999. Ferner Gerhard Schröder: Es gibt Arbeit für alle. Living. Das Kulturmagazin, Nr. 2/3, 1994, S. 47.

255 Horst W. Opaschowski: Wie leben wir nach dem Jahr 2000? Szenarien über die Zukunft von Arbeit und Freizeit. BAT Freizeit-Institut. Hamburg 1987.

256 Streitgespräch zwischen André Gorz, Peter Glotz und Tilman Fichter: Kapitalistisches Konsummodell und Emanzipation. Die neue Gesellschaft/Frankfurter Hefte, Heft 5/1986, S. 393.

257 Konrad Adam: Mit dem sozialen Netz im Trüben fischen. Der Wohlfahrtsstaat schafft die Risiken, vor denen er schützen will. Frankfurter Allgemeine Zeitung, 7. 3. 1992.

258 Meinhard Miegel: Es hat die Menschen deformiert. Tabus und Illusion verschleiern das historische Versagen des Sozialstaates. Frankfurter Allgemeine Zeitung, 2. 4. 1996.

259 Franz Müntefering: Der Sozialstaat ist nötig. Wider die verführerische Philosophie seiner Zerstörung. Frankfurter Allgemeine Zeitung, 15. 4. 1996.

260 Ulrich Beck: Kapitalismus ohne Arbeit; a. a. O., S. 142.

261 Ders.: Risikogesellschaft – Auf dem Weg in eine andere Moderne. Frankfurt am Main 1986. Ferner J. Brüggemeier: Tschernobyl, 26. April 1986. München 1997.
262 Peter Kafka: Gegen den Untergang. Schöpfungsprinzip und globale Beschleunigungskrise. München, Wien 1994, S. 110 ff. Ders.: Das Grundgesetz vom Aufstieg. Wege zum wirklichen Fortschritt. München, Wien 1989.
263 Ulrich Beck: Die Erfindung des Politischen. Zu einer Theorie reflexiver Modernisierung. Frankfurt am Main 1993, S. 169.
264 Joseph Huber: Zukunftsfragen der Sozialdemokratie. Frankfurter Hefte, Heft 8/1987, S. 676 ff. Ders.: Die Regenbogengesellschaft. Ökologie und Sozialpolitik. Frankfurt am Main 1985.
265 Friedrich Schiller: Die Ideale. Karl Otto Conrady (Hg.): Das große deutsche Gedichtbuch. Kronberg (Ts.) 1977, S. 294 f.

人名索引

索 引

索 引

图片说明

Archiv Dr. Karkosch, Gilching S. 483
Archiv für Kunst und Geschichte, Berlin S. 319, 451 (Foto: Binder)
Berlinische Galerie, Landesmuseum für moderne Kunst, Photogr. Sammlung, Berlin (Herbert Hensky) S. 439
Bickel, Moidele, Berlin S. 508
Bildarchiv Hermann Glaser, Roßtal S. 31, 44, 49, 71, 260, 301
Bildarchiv Preußischer Kulturbesitz, Berlin S. 90 (Foto: Hanns Hubmann), S. 176 (Foto: Friedrich Seidenstücker), S. 205 (Foto: Hanns Hubmann) S. 289
Bundesarchiv, Koblenz S. 237
Fotoagentur Voller Ernst, Berlin S. 37, 232 (Fotos: Jewgeni Chaldej)
Galerie Alex Lachmann, Köln S. 47 (Foto: Jewgeni Chaldej)
Grass, Günter, Berlin/Verlag Gerhard Steidl, Göttingen S. 549
Kartografie Achim Norweg, München S. 39
Keystone, Hamburg S. 103, 487 (Foto: Peez)
Kneidl, Helga, Hamburg S. 427
Köln Messe/Art Cologne S. 527
Landesbildstelle Berlin S. 109, 228
Märkisches Museum, Berlin S. 281 (Foto: Volker Kreidler, Dresden)
Münchner Stadtmuseum S. 87, 209, 357, 365
Neue Staatsgalerie Stuttgart S. 504 (Foto: Peter Walser, Stuttgart)
Sächsische Landesbibliothek Dresden, Abt. Deutsche Fotothek S. 22, 217 (Fotos: Richard Petersen.)
Schaarschuch, Kurt S. 63, 69
Schauspielhaus Zürich S. 121
Schiller-Nationalmuseum, Marbach a. N. S. 135
Schürer, Hans, München S. 155, 189
Stiftung Deutsche Kinemathek, Berlin S. 297
Süddeutscher Verlag, Bilderdienst, München S. 55, 81, 144 (Foto: S. M.), S. 161 (Foto: Fosch), S. 253, 308, 337, 388 (Franz Hug), S. 401, 405, 411 495, 536 (Fotos: AP), S. 423, 479 (Foto: Franz Huber-Winter), S. 617 (Foto: Udo Thomas)
Technische Universität Berlin S. 223
Ullstein Bilderdienst, Berlin S. 20, 199 (Fotos: Fritz Eschen), S. 232, 245 (Foto: Ullstein - ADN - Bildarchiv), S. 257 (Foto: L. Kindermann), S. 269, 275, 325 (Foto: dpa), S. 397 (Foto: Hans Dieter Sallein), S. 475 (Foto: BAR), S. 493 (Foto: Binder/Thiele), S. 543 (Foto: PEEWEE), S. 625 (Foto: Stark-Otto), S. 631 (Foto: Buddy Bartelsen), S. 643 (Luftbild: Ullstein Bilderdienst, Computer-Visualisierung: J. Brockmann u. Dalecki & Partner, Hamburg),
VG Bildkunst, Bonn 344, 577

Trotz aller Bemühungen ist es dem Verlag nicht gelungen, sämtliche Rechteinhaber der Abbildungen ausfindig zu machen. Wir bitten darum, sich mit dem Verlag in Verbindung zu setzen, damit wir eventuelle Korrekturen bzw. übliche Vergütungen vornehmen können.

译后记

德国的5月向来是一年中最好的时节。2015年5月，我再次来到位于纽伦堡郊外的格拉瑟先生家中拜访。距离上一次来访已经过去四五年。其间，《德意志文化（1945～2000年）》中文版的初稿定稿，格拉瑟先生在纽伦堡市政厅庆祝了他的85岁生日，我成了他一手创办并奋斗过的协会的会员，他失去了青梅竹马的妻子，我失去了姥姥，我在汉堡大学社会与经济学院正式开课。

吃饭的时候，格拉瑟喝了很多酒，因此变得健谈。在那简朴的乡间餐馆里，我们发散性地聊了很多公共和私人话题，然而最多被提到的还是启蒙。

我一直不认为启蒙是一个“西方式原教旨主义”的命

题。远至中学历史课本上出现了画像的伏尔泰、孟德斯鸠和浓墨重彩的五四运动，再到马哲课上一笔带过、不明所以的康德，近者如法兰克福学派的“启蒙辩证法”和“未竟事业”的哈贝马斯，甚至中国学者许纪霖的“启蒙已死，启蒙虽死犹生”，大到仰望星空的大家，小到在历史考试上答卷子的中学生，许多人在不同的环境里谈论启蒙。启蒙，不仅是狄德罗的百科全书、康德的三大批判或罗尔斯的政治正义，也是康梁、鲁迅等先辈终其一生奔走呐喊甚至为之喋血的目标。它是我们这个现代社会的根基，是隐藏在我们当下的社会、政治和文化问题后的终极命题。

启蒙不仅仅是一次运动，还是一种精神、一种文化。回到源头，康德说，启蒙是成熟人敢于运用理性的一种能力。走过17、18、19、20世纪，我们在“启蒙”的名义下，信过自由平等博爱，信过以实证为基础的现代科学是了解宇宙奥秘的终极手段，信过技术和经济的发展会给人类带来福祉。然而时至今日，曾经的“自由平等博爱”被发现或沦为极权政府煽动群众的幌子；或沦为国际寡头制定单方面游戏规则、为了敛财无所不用其极的托词；或沦为官僚及其衍生机构一手权钱交易、一手丢给普罗大众的止痛药。技术的进步在带来便利的同时也让人类面对着前所未有的困境：核技术使地球毁灭成为可能，基因科技则在一步步挑战人类的伦理底线。尽管经济的指数日益向上，却既不能阻止20世纪70年代的德国莱茵河和21世纪初弥漫于华北地区的雾霾或全世界都在讨论的食品安全问题，损害数以万计人的健康和生命，也不能帮助我们在日益繁华的水泥森林里少一些疏离感和迷惘，甚至连抑郁症、校园暴力、空巢老人这样的案例都随之大大增加。我们似乎更幸福，我们似乎更不幸。所以，我们究竟该相信什么？

通读全书，似乎很难简简单单地“一言以蔽之”作者想要表达什么。的确，在许多地方，作者似乎给我们造成了一种“不敢下定结论”或曰“不敢站队”的印象：刚刚在欢欣纳粹政权的覆灭和痛斥其对德国和全人类的伤害，接着就指出盟军的占领有许多拿不上台面的事；刚刚为阿登纳领导下的经济复苏感到欣慰，然后又立刻说明阿登纳的为人及著述多有虚伪之处；刚刚对东德的“海怪施塔西”极尽讽刺，然后又不忘多嘴去写东德国家对文化的做法类似于一个保险柜；刚刚为西德的多元文化摇旗呐喊，马上又对“一切皆有可能”带来的价值沦丧和粗鄙盛行表示担忧；刚刚满怀激情地描述了两德统一和全球化，回头就开始说它们让旧有的问题进一步发酵。他似乎是在发现的同时也一直在自我质疑，质疑的不仅仅是结论，还有发现本身，甚至他似乎有意在书中“左右手互搏”。

在每个人都有机会成为“五分钟名人”的时代，有多少“人生导师”孜孜不倦于对其他人布道：“我这样才是对的，其他的想法？呸，要么俗，要么蠢，要么有说不出口的原因。”“这才是人生/本学科的终极奥秘，而我是多么聪明，一眼就洞见。”相较于他们的酣畅淋漓、铁板钉钉，本书有些地方似乎太过于唯唯诺诺、唠唠叨叨。而相较于盛行于世的“大师学者”，格拉瑟似乎太过小心谨慎，谨慎到了让人看着不痛快、难以号令教众的地步。人家都忙不迭地把自己捧上神坛。而这本书的态度，何止是远离神坛，简直是有意识地不愿意自己或任何一种理论被抬上神坛。所以写着写着，突然害怕稍稍有那么一点挨上神坛了，他立刻把自己拉下来。

这也许同他经历过纳粹统治有关。但这种“不轻易站队”的态度正是一个学者或任何一个负责任的人都应该有的态度，而对任何形式的“神坛”的警惕和距离让他成为一个真正的启蒙主义者。因为他永远都会为“会不会不是这样呢”“还有没有其他可能呢”留下问号，所以他也永远对世间万象抱有孩子般的真诚与好奇。这种态度反映到本书里，就是作者虽然运用了自己的判断，但这种判断仅仅用来对每一件事给出阐释和评说的可能，他对每一种历史和社会现象做到无差别的对待，从而忠实地，然而又不是没有观点地把万象呈于读者眼前。这是任何一个以“都听我说!”为宗旨的自负之人永远不能达到的境界。运用理性，常常迫使人离开那轻松的、提供保护的空间，像探测飞船那样独自在充满未知和各种不确定的茫茫宇宙中飞行，所以这才需要“敢于”。

吃饭接近末尾的时候，格拉瑟喝下一杯李子利口酒，对我说:“我终究是一个启蒙主义者。启蒙是我的信仰。”

我很喜欢本书结尾提到的拉丁谚语:“荆棘之路通向星空。”那条荆棘路也许不仅是奔走呐喊，不仅是皓首穷经，不仅是高处不胜寒的孤独，甚至不仅是九死不悔的决心，还是我们内心深处随时随地的清醒和谦卑，以及由之而来的对自己的怀疑。怀疑是痛苦的，但正是这怀疑化作动力，指向无穷尽的未来。仿佛教堂的尖顶之上，永远不会达到，而又永远在努力接近的广袤上苍。

我们这一代以及我们的上代甚至上上代人，凡略受过些教育的，有几个不曾在心里幻想过欧洲？除了发达和富裕以外，那更是西岱岛的“午夜巴黎”和飘扬着香颂的左岸、是维也纳金色的交响乐、是康桥的月光、是晨曦中布拉格的查理十字桥、是圣马可广场蓝天下的鸽子。那是几百年甚至上千年来与我们遥相呼应的遥远文明，到了近代，却纷纷摇身一变成了殖民者。然而，它们所带来的，除了屈辱，还有摩登与文明。

它们的出现，让我们在漫长的“存天理灭人欲”后开始思索“人”和“自由”的意义，让我们重新懂得“睁眼看世界”。因此，如果我们对“西方世界”有复杂的感情，那么对欧洲则是又爱又恨或者不得不爱。莎士比亚的戏剧、19 世纪的小说、西洋古典乐、蒙娜丽莎的微笑、康德和马克思的哲思、红酒、交谊舞，甚至在教堂里踏着玫瑰花瓣、身披白纱举行婚礼，所有这一切伴随着我们中国人取得自由、伴随着我们发展、伴随着我们重回大国行列，也融入了我们的审美。就连学术界也“言必称希腊”，以“死去的白人男性”为尊。

同美国相比，它于经济和科技的发达之外更有一种诗意的魅力。就连这块大陆的名字，都是被宙斯诱拐的金牛背上的美丽少女，多么撩人。任何对于欧洲的观察，总是容易首先去描绘那层绮丽的面纱。

然而这层绮丽的面纱下面是什么？或曰，即使欧洲天生是美人，自带绮丽面纱，那么戴面纱的美人究竟是什么样，她在想什么，这面纱又是怎么织起来的？

翻译这本书，就是希望揭开面纱，看见美人脸上的雀斑，甚至知道美人也有生理期——但这样的美人，更加真实。

中国崛起了。伴随着崛起中的中国的，应该还有我们对世界的认知。我们不可能再像过去一样，对欧美简简单单地说一句“帝国主义”就置之不理。现在的中国，必须跟许许多多的国家和民族打交道，这其中就有欧洲。知其然，也要知其所以然，才能知己知彼、立于不败。

然而，盛行的舆论乃至学界中，不乏对此几乎无知的人。对于欧美世界，要么是“外国的月亮的确更圆”式的“体制好，人民素质好，经济好，哪儿都好”的论调，要么是粗暴煽情的“欧美阴谋论”。两者看似南辕北辙，其实出自相同的一点：没有逻辑、没有思考、不负责任，甚至连起码的虚心研究都没有。

可毛泽东都说过“没有调查就没有发言权”。欧美也并非铁板一块，而是各自有各自的成因，亦有各自的结果。我们常说“欧美”“美欧”，好像自己已经很懂。可是，有几个人说得出大陆学派和英美学派研究方法的区别，又有几个人能解释欧洲大陆和美国的社会保障体系为何如此不同呢？有几个人坐下来研究“欧洲价值观”和“美国价值观”的区别何在，又是怎么体现在它们的对外对内政策上的呢？

翻译这本书，就是希望从源头开始，一步一步地厘清当代欧洲社会的某种脉络——说当代欧洲未免有些托大，但德国如今是欧洲的龙头，也是欧洲的缩影。就价值观体系来说，德国的哲思可以说是奠定现当代欧洲文化和政治语境的基石。所以，希望可以借此书管中窥豹。但最重要的，也是希望自己戒骄戒躁，同时给国内读者提供一种可能的、或许是更加全面的视角。

感谢社会科学文献出版社，宽容我的“较劲”和缺乏经验。感谢歌德学院给我的支持，给初出茅庐的我的第一本书以赞助基金的荣誉。

感谢各位前辈对我的一切鼓励和帮助。尤其要感谢我母校——四川外国语大学和武汉大学——的各位恩师：谢谢你们给我打下良好基础。

感谢朱毅超。她是玛克西米利安－慕尼黑大学的语言学硕士，为本译著第二部分的初稿提供了大力帮助。

此译著献给我的父母，两个普通的中国知识分子，教育我、支持我。

尤其感谢并亦将此译著献给我的姥姥：孙家清。她是中国传统书香世家的大家闺秀、是老一辈中国共产党人、是共和国的建造者、是永不懈怠的进步学生，也是奉献的母亲。她是我萌生翻译这本书的想法之初时就聆听并立刻支持且一直鼓励我所做之事的人。她告诉了我，光明与美好长存，值得许多人努力。

周睿睿

2016 年 4 月

图书在版编目(CIP)数据

德意志文化：1945～2000年：全2册／（德）格拉瑟（Glaser，H.）著；周睿睿译．--北京：社会科学文献出版社，2016.6（2018.1重印）
（莱茵译丛）
ISBN 978-7-5097-7684-1

Ⅰ.①德… Ⅱ.①格… ②周… Ⅲ.①文化研究-德国 Ⅳ.①G151.6

中国版本图书馆CIP数据核字（2015）第147318号

·莱茵译丛·
德意志文化（1945～2000年）（全2册）

著　　者／［德］赫尔曼·格拉瑟
译　　者／周睿睿

出 版 人／谢寿光
项目统筹／段其刚　董风云
责任编辑／张金勇　张　骋

出　　版／社会科学文献出版社·甲骨文工作室（010）59366551
地址：北京市北三环中路甲29号院华龙大厦　邮编：100029
网址：www.ssap.com.cn
发　　行／市场营销中心（010）59367081　59367018
印　　装／三河市尚艺印装有限公司

规　　格／开　本：889mm×1194mm　1/32
印　张：28.25　字　数：612千字
版　　次／2016年6月第1版　2018年1月第3次印刷
书　　号／ISBN 978-7-5097-7684-1
著作权合同登记号／图字01-2012-6607号
定　　价／98.00元(全2册)